Christina Schoch
Dancing Queen und Ghetto Rapper

Reihe Medienwissenschaft

Band 12

Dancing Queen und Ghetto Rapper

Die massenmediale Konstruktion des ‚Anderen'

Eine systemtheoretische Analyse der
hegemonialen Diskurse über Ethnizität
und Geschlecht in populären Musikvideos

Christina Schoch

Centaurus Verlag & Media UG 2006

Zur Autorin:
Christina Schoch, geb. 1978, absolvierte ein Studium der Angewandten Kultur-wissenschaften an der Universität Lüneburg (Abschluss M.A.) sowie ein Studium Communication Studies an der University of Glamorgan, Großbritannien (Abschluss B.A.). Sie war von 2003 bis 2005 Promotionsstipendiatin des DFG-Graduiertenkollegs „Identität und Differenz. Geschlechterkonstruktion und Inter-kulturalität (18.-21. Jahrhundert)" und promovierte 2006 mit dieser Arbeit im Fach-bereich Medienwissenschaften der Universität Trier. Nach Abschluss eines Volon-tariats in der Pressestelle des Festspielhauses Baden-Baden ist Christina Schoch derzeit in der Pressestelle der Albert-Ludwigs-Universität Freiburg im Breisgau tätig.

Die Deutsche Bibliothek – CIP-Einheitsaufnahme

Schoch, Christina:
Dancing Queen und Ghetto Rapper : Die massenmediale Konstruktion des ‚Anderen'. Eine systemtheoretische Analyse der hegemonialen Diskurse über Ethnizität und Geschlecht in populären Musikvideos. / Christina Schoch. –
Herbolzheim : Centaurus-Verl., 2006
(Reihe Medienwissenschaft ; Bd. 12)
Zugl.: Trier, Univ., Diss., 2006
ISBN 978-3-8255-0638-4   ISBN 978-3-86226-317-2 (eBook)
DOI 10.1007/978-3-86226-317-2

ISSN 0177-2775

Satz: Vorlage der Autorin

Umschlaggestaltung: Jasmin Morgenthaler
Umschlagabbildung: *Club Dancer*. © Jan Ulrich. Das Photo wurde zur Verfügung gestellt von Photocase.com.

„Radio, television, film and the other products of media culture provide materials out of which we forge our very identities, our sense of selfhood; our notion of what it means to be male or female; our sense of class, of ethnicity and race, of nationality, of sexuality, of 'us' and 'them'. Media images help shape our view of the world and our deepest values: what we consider good or bad, positive or negative, moral or evil. Media stories provide the symbols, myths and resources through which we constitute a common culture and through the appropriation of which we insert ourselves into this culture."

Douglas Kellner (1995)

INHALTSVERZEICHNIS

ABKÜRZUNGSVERZEICHNIS

AC	Acquisition Committee
BET	Black Entertainment Television
BMG	Bertelsmann Music Group
CCCS	Centre for Contemporary Cultural Studies
GB	Großbritannien
GfK	Gesellschaft für Konsumforschung
GJ	Geschäftsjahr
IFA	Internationale Funkausstellung
IFPI	International Federation of the Phonographic Industry
MTV	Music Television
NAC	National Amusements Corporation
NWA	Niggaz With Attitude
PR	Public Relations
RIAA	Recording Industry Association of America
R 'n' B	Rhythm and Blues
VH-1	Video Hits 1
Viacom	Video and Audio Communications
VMCP	Verband der Musikclipproduzenten
VÖ	Veröffentlichungswoche
WASEC	Warner American Express Satellite Entertainment Company

ABBILDUNGSVERZEICHNIS

1 EINLEITUNG

Ekstatisch tanzende Bikinimädchen, Soft-Pornographie, lesbische Liebesszenen; gewaltverherrlichender Gangsta Rap, Street Credibility, Luxusorgien und Prollkultur. – Sex sells, Macht macht an. Immer wieder provozierend oder alles schon mal dagewesen? Popkultur lebt auch von der Provokation und – wenn sie wirkt – von ihrer Wiederholung. Musikvideos als wichtige Bestandteile der Popkultur haben es immer wieder geschafft, in diesem Sinne zu provozieren. Und sie haben es auch geschafft, dass ehemals Provozierendes heute zum Standardrepertoire massenmedialer Unterhaltungskultur gehört.

Ein Musikvideo ist zunächst einmal Werbung: für einen Interpreten, ein Image, eine Platte – für ein Konsumprodukt; aber auch für einen Lebensstil, einen Habitus, ein Bekenntnis zu einer Strömung innerhalb der zeitgenössischen, jugendlichen Popkultur. Verkörpert wird all dies – im wahrsten Sinne des Wortes – durch die Männer und Frauen, die Interpreten, Bands und sonstigen Darsteller, die die Musikvideos bevölkern. Sie singen und musizieren, sie tanzen und schauspielern und sind als ästhetisierte ‚Stilikonen' massentaugliche Vorbilder, der profanen, komplexen Situation des Rezipienten entrückt. Und doch – und das macht sie für uns ‚Weltliche' so interessant – inszenieren sie auf den alltagsfernen und schon von daher eher glamourösen Höhen des Pop-Olymps die ganze Palette menschenmöglicher Gefühlsregungen: Sie trauern und triumphieren, sie sind am Ende eines Videoclips himmelhochjauchzend, wo sie drei Minuten zuvor noch zu Tode betrübt waren. Sie verlieben und entlieben sich, kehren ihr Innerstes nach Außen und sind uns in dieser inszenierten Gefühlswelt doch äußerst nah. Das macht Musikvideos so interessant – für Produzenten wie für Rezipienten: Sie liefern die wesentlichen Informationen des aktuellen Popdiskurses in drei Minuten – vertont, vertextet und visualisiert; schnell, bunt, rhythmisch. Vor allem wirkt das Musikvideo als spezifische Gattung in komplexen gesellschaftlichen Kommunikationsbeziehungen, wenn es denn erfolgreich ist, trendsetzend oder zumindest einen Trend fortschreibend.

> „Von der ökonomischen Seite aus betrachtet stellt das Musikvideo lediglich eine besondere Form von Ware dar, die Mehrwert erzeugen soll. Mit ihm ist eine spezifische Form der Produktion und Distribution verbunden. Ästhetisch gesehen bildet das Musikvideo ein Set kultureller Praktiken, eine Synthese unterschiedlicher Ikonographien und Rhetoriken und damit ein Konglomerat verschiedenster Ausdrucksmittel."[1]

---

[1] Hoffmann in ders./von Osten 1999, S. 67. An dieser Stelle soll kein weiterer Versuch einer Begriffsdefinition von Musikvideos vorgenommen werden; die bisherigen, notwendigen, Bemühungen haben gezeigt, dass es sich immer nur um Annäherungen handelt, welche dem Phänomen Musikvi-

In diesem Zitat werden gewissermaßen die ‚zwei Seiten der Medaille' genannt, die auch im wissenschaftlichen Diskurs häufig sowohl Ausgangspunkt der Betrachtung als auch Anlass zu Kontroversen über den Sinn und Unsinn von Musikvideos sind. Zum einen hat der Videoclip als massenmediales, kommerzielles Phänomen eine nicht zu leugnende ökonomische Komponente, zum anderen kann er aber auch das ästhetische Produkt künstlerischer Ambitionen sein. In jedem Fall werden im Musikvideo auf die eine oder andere Weise unterschiedliche kulturelle Diskurse verarbeitet.

Die vorliegende Arbeit widmet sich beiden Perspektiven, indem sie sowohl die ökonomischen als auch die kulturellen Komponenten von Musikvideos behandelt. Beide Aspekte, so wird zu sehen sein, sind untrennbar miteinander verbunden und müssen aus diesem Grund in eine ganzheitliche Betrachtung des Gegenstandes einbezogen werden. Angesichts der Komplexität und Reichhaltigkeit, welche Musikvideos als kulturwissenschaftliche Forschungsgegenstände bieten, konzentriert sich die folgende Untersuchung auf zwei wesentliche Aspekte der visuellen Darstellungen in Musikclips: die (Re-)Produktion von ethnisierenden und vergeschlechtlichenden Diskursen durch die Inszenierung von Personen entlang der dichotomen, hegemonialen[2] Zuordnung ‚weiß' – ‚nicht-weiß' (‚schwarz' bzw. ‚farbig') und ‚männlich' – ‚nicht-männlich' (‚weiblich'). Oder einfacher formuliert: Es geht um die Inszenierung von aus eurozentrischer Perspektive ‚markierter', d.h. ‚nicht-weißer', Ethnizität sowie um die Inszenierung von ‚Weiblichkeit' bzw. ‚Nicht-Männlich-Sein' in Verbindung mit bestimmten, ethnisierenden und vergeschlechtlichenden Zuschreibungen. Der Schwerpunkt der Betrachtung liegt damit auf denjenigen, die im hegemonialen gesellschaftlichen Diskurs der westlichen Hemisphäre (Nordamerika, Europa) als ‚Andere' codiert sind: den als ‚nicht-weiß' und ‚nichtmännlich' Klassifizierten. Insofern geht die Arbeit von der Existenz einer männlich-

---

deo in seiner vollständigen Komplexität nicht gerecht werden können. Im Anschluss an Thorsten Quandt, der sich intensiv mit einschlägigen Begriffsbestimmungen auseinandergesetzt hat, sollen hier lediglich jene Aspekte genannt werden, die mit dem Begriff Musikvideo unabdingbar zusammenhängen: Demnach ist ein Musikvideo rein pragmatisch betrachtet, d.h. unabhängig von eventuellen künstlerischen und ästhetischen Aspekten, zunächst eine mit Hilfe technischer Mittel hergestellte, vorproduzierte und gespeicherte Verbindung von Bildern und Musik, wobei die musikalische Komponente jeweils ein einzelnes Musikstück umfasst. Vermittelt und rezipiert werden Musikvideos über audiovisuelle Medien. Dabei kann das Musikvideo verschiedenen Kommunikationszielen dienen – eingesetzt wird es im massenmedialen Kontext vor allem zu Werbezwecken. In diesem Sinne kommuniziert es in Bild und Ton enthaltene ‚Botschaften', die als Informationen für die anvisierten Zielgruppen potentiell relevant sind (Quandt 1997, S. 16 und 18).
[2] Zum Begriff der Hegemonie siehe Kap. 2.2.1.

weiß-heterosexuellen Normativität als sozialem Paradigma der sog. modernen Gesellschaften aus.[3]

Bei den visuellen Darstellungen von Musikvideos und in den Texten der jeweiligen Titel spielen die Kategorien ,Ethnizität' und ,Geschlecht' eine zentrale Rolle. Dies hat mehrere Gründe: Zunächst bewirkte die musikhistorische und damit zusammenhängend die medientechnologische Entwicklung eine veränderte Relevanz der Kategorien ,Ethnizität' und ,Geschlecht' im populärmusikalischen Diskurs. Den Faktor ,Ethnizität' betreffend brachte die Entstehung unterschiedlicher populärer Musikstile, die z.T. klar ethnisch markiert sind, ganz neue Musikkulturen hervor.[4] So treten im Rap bis auf wenige Ausnahmen – z.b. der aus Detroit/USA stammende Marshall Mathers, alias Eminem, alias Slim Shady – auf massenmedialer Ebene vor allem afrikanischstämmige Interpreten in Erscheinung, während der klassische Rock immer noch von europäischstämmigen, meist männlichen Einzelinterpreten und Bands dominiert wird. Andrew Goodwin spricht in diesem Zusammenhang von „musical codes of ethnicity"[5], ähnlich wie Peter Wicke von der „Kodierung kultureller Identitäten durch Musik"[6]. Das Vorhandensein verschiedener Stile ist zwar keineswegs neu, jedoch bekam ihre Existenz durch erweiterte technische Möglichkeiten der massenmedialen Repräsentation – vor allem durch das Musikfernsehen – eine völlig neue (visuelle) Komponente. Populäre Musik wird seit der Etablierung des Videoclips als zentrales Marketinginstrument des Musikbusiness mit Bildern unterlegt (siehe Kap. 3.7.4); im Zuge dessen haben sich musikstilbezogene Bilderwelten mit einer spezifischen Rhetorik herausgebildet, die wie auch die Musik selbst, ethnisch konnotiert sein können (z.B. die Demonstration von materiellem Wohlstand und verfügbaren sexualisierten Frauen in Videos von Rappern oder die Darstellung ,harter', Frauen ausschließender Männlichkeit in Clips von Rockmusikern[7]). In jüngerer Vergangenheit lässt sich die Relevanz des Faktors Ethnizität im popmusikalischen Diskurs auch anhand der Besetzung gecasteter Bands beobachten – hier scheint sich das Prinzip einer auf der visuellen, personellen Ebene ethnisierten ,Mischform' durchzusetzen. In Boygroups wie *Blue* und *O-Town* sind verschiedene, phänotypisch markierte Ethnizitäten vertreten; in den 1990er Jahren wurde die britische Popgruppe *Spice Girls* mit vier ,weißen' und einer ,farbigen' Sängerin zur erfolgreichsten Girlgroup aller Zeiten, und das Mädchentrio *Sugar Babes* setzt sich

---

[3] Vgl. dazu Marschik in Hepp/Winter 1997, S. 219 sowie Hooks 1994, S. 11 (in Bezug auf mediale Repräsentationen).

[4] Vgl. v.a. in Bezug auf die Einflüsse afrikanischer bzw. afroamerikanischer Musik Wicke in ders. 2001, S. 15 und 20; Frith 1992; Middleton in Wicke 2001, S. 64, 74 und 99 sowie Carl 2004.

[5] Goodwin 1992, S. 31.

[6] Wicke in ders. 2001, S. 59.

[7] Vgl. Richard in Helms/Phleps 2003, v.a. S. 81-86 sowie Lewis 1995, Kap. 2 u.3.

aus einer asiatischstämmigen, einer afrikanischstämmigen und einer europäischstämmigen Sängerin zusammen.[8]

Was die Inszenierung von Geschlecht betrifft, so war im historischen Kontext der Popularisierung von Musik die Darstellung von (vergeschlechtlichter) Körperlichkeit zunächst in Bezug auf das Tanzen von grundlegender Bedeutung. Der Tanz mit seinen meist klar zugeordneten Geschlechterrollen brachte durch die verschiedenen musikstilistischen Epochen hindurch immer neue Formen der Ausdrucksmöglichkeit hervor, auch in Bezug auf das hegemoniale – heterosexuelle – Geschlechtermodell, und trug so zur Etablierung dieses Modells mit seinen aufeinanderbezogenen Polen Mann – Frau in der populären Musik bei.[9] Zudem hatte die Herausbildung des Liedes als dominante Form populärer Musik – Peter Wicke spricht in diesem Zusammenhang von einer „Hegemonie der Liedform"[10] – mit dem zentralen Thema der (heterosexuellen) Liebe eine Verfestigung der Bedeutung konventioneller Geschlechterkategorien in der populären Musik zur Folge. Vor allem das Genre der Ballade spielte und spielt in diesem Kontext eine wichtige Rolle, deren Texte „auf die Wonnegefühle der sentimentalen Romanze orientiert [waren], definiert entlang dem Stereotyp bürgerlicher heterosexueller Beziehungen".[11] Dieser Tatbestand spiegelt sich auch bei der Visualisierung im Videoclip wider – die Beziehung zwischen Mann und Frau ist hier das dominierende Thema.[12] Die Bedeutung der heterosexuellen Beziehung als zentrales Thema populärer Musik hatte beträchtliche Auswüchse. Beispielsweise hat die afroamerikanische Rap-Kultur „eine der politisch reaktionärsten und frauenfeindlichsten Formen von Popmusik im gesamten Jahrhundert hervorgebracht".[13] Nicht nur die Texte, sondern auch die visuellen Darstellungen beschreiben Frauen häufig in stark sexualisierter, manchmal sogar fast pornographischer Art und Weise (sog. booty videos). Jedoch finden sich ebenso in den Videos anderer musikalischer Stile explizit sexualisierte Darstellungen; so kam beispielsweise die erste Version des Videos *Fiesta* (2002) des Schmusepop-Sängers R. Kelly auf den Index, da es sich haarscharf an der Grenze zum Pornographischen bewegte. Daneben gibt es allerdings auch eine Anzahl zeitgenössischer Interpretinnen, die sich in ihren visuellen Präsentationen teilweise explizit vom Modus der (körperlichen) Verfügbarkeit abgrenzen. Umstrittenstes Beispiel ist in diesem Zusammenhang die amerikanische Sängerin Madonna. Wohl keine Interpretin war und

---

[8] Wie Doris Mosbach für den Bereich der Werbung herausgefunden hat, handelt es sich in der medialen Darstellungspraxis bei dieser Trias um ein grundlegendes ethnisches Kategorienschema (Mosbach 1999, S. 182).

[9] Vgl. Wicke in ders. 2001, S. 41-59 sowie ders. 2001, v.a. S. 98-148.

[10] Wicke in ders. 2001, S. 23.

[11] Middleton in Wicke 2001, S. 75.

[12] Vgl. Fahlenbrach 2002, S. 6; Middleton in Wicke 2001, S. 75; Bechdolf 1999, S. 103; Wicke in ders. 2001, S. 20 sowie Vincent/Davis/Boruszkowski 1987, S. 752-754.

[13] Middleton in Wicke 2001, S. 105.

ist im Hinblick auf die Konstruktion und Inszenierung von Weiblichkeit so häufig Gegenstand wissenschaftlicher Betrachtungen.[14] Während die einen sie als Vorkämpferin einer Befreiung der Frau aus konventionellen Geschlechterrollen feiern, kritisieren andere sie als typisches sexualisiertes Opfer eines männlich-hegemonialen Diskurses.[15]

Angesichts der inhaltlichen Relevanz der Inszenierung von Ethnizität und Geschlecht und aufgrund des Status von Musikvideos als – im wahrsten Sinne des Wortes – *bedeutungsvollen* Elementen des zeitgenössischen popkulturellen Diskurses lohnt sich also ein genauerer Blick auf ethnisierende und vergeschlechtlichende Darstellungen – *Inszenierungen* von Ethnizität und Geschlecht – in populären Videoclips. Eine entsprechende empirische Untersuchung kann Aufschluss darüber geben, wie es um die Repräsentation dieser zentralen sozialen Kategorien im (fiktionalen) massenmedialen Diskurs steht, worin die Gründe für ihre spezifische mediale Reproduktion liegen und wie sich diese Reproduktionen im Kontext musikbezogener Jugendkulturen verorten lassen.

---

[14] Siehe dazu v.a. den Sammelband von Schwichtenberg (*The Madonna Connection*, 1993).
[15] Vgl. dazu Geuen/Rappe in Helms/Phleps 2003 sowie Brown/Schulze in Dines/Humez 1995, S. 508.

2 MUSIKVIDEOS ALS GEGENSTAND KULTURWISSENSCHAFTLICHER FORSCHUNG

Die vermehrte (kultur)wissenschaftliche Auseinandersetzung mit populärkulturellen Bestandteilen der Alltagswelt, wie z.b. Musikvideos (aber auch TV-Soaps, Trivialromane, Popmusik im Allgemeinen etc.), also jenen Dingen, die dem konventionellen akademischen Kanon zufolge von den Hervorbringungen der sog. Hochkultur zu trennen sind (bildende und darstellende Künste, ‚klassische' Musik und Literatur), ist maßgeblich den im England der 1950er Jahre entstandenen Cultural Studies zu verdanken.[16] Das Kulturverständnis der Cultural Studies zeichnet sich vor allem durch seine außergewöhnliche Breite und Offenheit aus. Prinzipiell werden alle kulturellen Erzeugnisse und Vorgänge, welche den Alltag von Menschen prägen, zunächst wertfrei als bedeutungsgenerierende Phänomene verstanden – sogenannte ‚signifying practices'. Kulturelle Formen wie Film, Fernsehen, populäre Musik usw., die in traditionellen kulturtheoretischen Ansätzen noch immer häufig nicht berücksichtigt werden, waren innerhalb der Cultural Studies von Beginn an wichtige Untersuchungsgegenstände.[17] Damit wird der Dualismus von Hoch- und Populär- bzw. Massenkultur aufgehoben, wie er vor allem in Deutschland durch die Kritische Theorie der Frankfurter Schule äußerst einflussreich verbreitet wurde. In der Perspektive der Cultural Studies bringen die sog. Kulturindustrien nicht einfach nur den Konsumenten manipulierende Waren in Umlauf, wie Adorno und Horkheimer noch in der *Dialektik der Aufklärung* (1947 in deutscher Sprache erschienen)

---

[16] Siehe dazu u.a. Bloedner in Engelmann 1999; Bromley in ders./Göttlich/Winter 1999 sowie Turner 1998, S. 38-77 und Hepp 1999, S. 78-91. Der Terminus Cultural Studies ist *nicht* mit dem deutschen Begriff der Kulturwissenschaften gleichzusetzen, da beide auf unterschiedliche Ursprünge zurückgehen und teilweise unterschiedliche Ziele verfolgen. Zur Rezeption und Entwicklung der Cultural Studies im deutschsprachigen Raum siehe u.a. Mikos in Hepp/Winter 1997 sowie Göttlich/Winter in Bromley/dies. 1999 und Hepp 1999, S. 99-108.

[17] Maßgeblich sind in diesem Zusammenhang die Arbeiten der drei sog. Gründerväter der Cultural Studies: In *The Uses of Literacy* (1957) gab Richard Hoggart wichtige Anstöße zur Frage nach dem Einfluss von Massenkultur auf Arbeiterkultur und Arbeiteralltag. Raymond Williams entwickelte diesbezüglich in *Culture and Society* (1958) und *The Long Revolution* (1961) maßgebliche Konzepte. Bekannt geworden ist vor allem seine frühe Forderung, Kultur als ‚a whole way of life', d.h. ‚gesamte Lebensweise' zu betrachten. Dieser Gedanke wird heute als Ausgangspunkt für den breiten Kulturbegriff der Cultural Studies betrachtet. E.P. Thompson vertiefte schließlich in *The Making of the English Working Class* (1963) den historischen Hintergrund der Thematik. Einen institutionellen Rahmen erhielt die Forschung 1963 durch die Gründung des *Centre for Contemporary Cultural Studies* (CCCS) an der Universität Birmingham. Viele der (ehemaligen) Mitglieder zählen zu den bekanntesten Vertretern der Cultural Studies, u.a. Stuart Hall, Richard Johnson, Dorothy Hobson, Angela McRobbie, David Morley, Paul Willis und Lawrence Grossberg (vgl. dazu auch Bromley in ders./Göttlich/Winter 1999).

schrieben, sondern sie stellen auch verhandelbare Bedeutungsrepertoires zur Verfügung, durch die soziale Wirklichkeit überhaupt erst erfahrbar wird. Die Unterscheidung zwischen ‚Hochkultur' und einer ‚niederen (Populär-)Kultur' ist aus Sicht der Cultural Studies insofern problematisch, als in diesem Modell einer quasi monolithischen, homogenisierten Massenkultur das Ideal ‚authentischer', künstlerisch emanzipierter und unabhängiger Kunstwerke entgegengesetzt wird.[18] Kritisch gesehen wird in diesem Zusammenhang auch das Verständnis von Massenkultur als ideologischer Betrug an einer passiven Konsumentenmasse. Mit dieser Auffassung werden kritische, subversive und emanzipatorische Aspekte auf privilegierte Artefakte der sog. Hochkultur beschränkt. Der Gegenwartskultur angemessener wäre im Sinne der Cultural Studies ein breites Begriffsverständnis von Kultur, im Rahmen dessen kritisches Potential an jeder Stelle des gesellschaftlichen Prozesses möglich ist. Mit dem erweiterten Kulturbegriff, wie er von den Cultural Studies seit den 1950er Jahren entwickelt wurde, verbindet sich die zeitgemäße Forderung, dass alle Bedeutung hervorbringenden Prozesse es wert sind, ihnen mit derselben analytischen Ernsthaftigkeit zu begegnen wie den Formen der sog. Hochkultur. Auf diese Weise wird die (wissenschaftliche) Praxis einer unterschiedlichen Bewertung von ‚high'- und ‚low'-culture aufgegeben und den Gegebenheiten einer alltagsbezogenen Relevanz gerade von populärkulturellen Gegenständen angepasst. Im Anschluss daran fragen die Cultural Studies sowohl nach den Mechanismen, die kulturelle Artefakte hervorbringen, als auch nach den unterschiedlichen Bedeutungen, die diesen Artefakten im größeren gesellschaftlichen Kontext wie auch in der Lebenswelt des Einzelnen zukommen.[19]

Eine zentrale Rolle spielen in diesem Zusammenhang die Hervorbringungen der sog. Massenmedien[20]. In ihrer Gesamtheit repräsentieren sie das, was jenseits der Welt des persönlich Erfahrbaren (Familie, Arbeitsplatz, Nachbarschaft etc.) als ‚Wirklichkeit' wahrgenommen wird. Die Rede ist in diesem Zusammenhang häufig auch von der *Medienrealität*. Der Begriff der ‚Medienrealität' bezeichnet dabei zunächst einmal die Gesamtheit der von den Medien (im institutionellen Sinne) hervorgebrachten Texte und Bilder.[21] Zugleich verweist er aber auch darauf, dass es sich letztendlich bei der Realität, die außerhalb der persönlichen Erfahrungen wahr-

---

[18] V.a. Raymond Williams und andere Vertreter des Centre for Contemporary Cultural Studies (CCCS) haben den elitären Begriff der Massenkultur zurückgewiesen, welcher in seiner monolithisch-homogenen Konnotierung kulturelle Widersprüche und oppositionelle Praktiken von vornherein ausblendet (vgl. Kellner in Bromley/Göttlich/Winter 1999, S. 350).

[19] Vgl. Engelmann in ders. 1999, S. 17.

[20] Unter dem Begriff *Massenmedien* werden im vorliegenden Kontext all jene Medien verstanden, über die durch Techniken der Verbreitung und Vervielfältigung mittels Schrift, Bild und/oder Ton optisch bzw. akustisch Aussagen an eine unbestimmte Anzahl von Menschen vermittelt werden können (vgl. Burkart 1998, S. 168).

[21] Vgl. Jäckel/Peter 1997, S. 51 sowie Klaus/Lünenborg 2000, S. 197.

genommen wird, immer um eine medial vermittelte Realität handelt. Medien selektieren, filtern und verarbeiten Informationen, die sie dann an die Rezipienten weitergeben.[22] Für den Einzelnen haben mediale Artefakte die Funktion, Bedeutungen in der Welt zu schaffen, sie verstehen, beschreiben und definieren zu können; auf diese Weise haben sich Massenmedien mittlerweile als unverzichtbarer Bestandteil in der Lebenswelt des Einzelnen etabliert – zumindest, was die technologisierten Gesellschaften der Industrienationen betrifft. Der individuellen Ebene übergeordnet besteht die Rolle von Massenmedien jedoch auch darin, „kognitive und soziale Systeme über Vorstellungen, Bilder, Symbole zu verbinden."[23]

> „Societies and cultures only ever make sense of the world (...) by translating both their animate and their inanimate inhabitants into symbolic entities. The symbols employed are diverse and their import varies from one society to another, one culture to another. Such symbols include words, visual images and the codes and conventions that shape the value systems and patterns of behaviour of particular communities."[24]

Kultur, verstanden als Gesamtheit der in einem sozialen Gefüge relevanten Bilder, Symbole und Codes und der durch sie vermittelten Bedeutungen, wird in diesem Sinne vor allem durch massenmediale Kommunikation vermittelt und konstituiert – ohne Massenkommunikation[25] gäbe es die Gegenwartskultur in ihrer spezifischen Ausprägung nicht (Fernseh-, E-mail-, Internetkultur usw.). Massenmedien und Kultur sind heute untrennbar miteinander verknüpft – sie konstituieren die Medienkultur, in der wir leben. Lawrence Grossberg, einer der führenden Vertreter der britischen Cultural Studies, weist in diesem Zusammenhang auf die Bedeutung von (massenmedial vermittelter) Populärkultur als wirtschaftlicher Faktor wie auch als

---

[22] Verschiedene theoretische Ansätze der Kommunikationswissenschaft wie die Modelle vom Gatekeeper und der Schweigespirale, die Nachrichtenwerttheorie oder die Agenda-Setting-Hypothese befassen sich mit diesem konstruktivistischen Wirklichkeitsmodell, indem sie untersuchen, auf welche Weise Informationen in die Nachrichten gelangen oder eben nicht (siehe einführend zu den verschiedenen Ansätzen Burkart 1998 Kap. 5: Massenkommunikation, insbes. S. 236-309). Zusammen verweisen diese Ansätze darauf, dass Realität in der heutigen (westlich-industrialisierten Alltags-) Welt ein mediales Konstrukt ist. Massenmedien werden vor diesem Hintergrund nicht nur als Techniken der Kommunikation, als neutrale Instrumente zur Verbreitung und Speicherung von Information gesehen, sondern als Instanzen der Selektion und Sinngebung, die aktiv an der gesellschaftlichen Konstruktion von Wirklichkeit beteiligt sind (zur entsprechenden Debatte innerhalb der Kommunikationswissenschaften siehe a.a.O., S. 267-272 und 295-309).
[23] Luger in Saxer 1998, S. 120.
[24] Cavallaro 2001, S. 3.
[25] Im Anschluss an die gängige Definition von Gerhard Maletzke soll unter *Massenkommunikation* jener Kommunikationstyp verstanden werden, „bei dem Aussagen öffentlich (d.h. ohne begrenzte oder personell definierte Empfängerschaft), indirekt (d.h. bei räumlicher oder zeitlicher oder raum-zeitlicher Distanz zwischen den Kommunikationspartnern) und einseitig (d.h. ohne Rollenwechsel zwischen Aussagendem und Aufnehmendem) durch technische Verbreitungsmittel (sog. ,Massenmedien' [s.o., C.S.]) an ein disperses Publikum (...) vermittelt werden" (Burkart 1998, S. 168).

Sozialisationsfeld hin. „Sie [die Populärkultur, C.S.] beeinflusst maßgeblich, wie Menschen sich selbst verstehen und ihrem Leben und der Welt einen Sinn geben."[26] Populärkultur, so stellt Grossberg weiter fest, ist aus diesem Grund ein „wichtiger und mächtiger Bestandteil der materiellen historischen Realität, der die Entwicklungsmöglichkeiten unserer Existenz entscheidend kanalisiert."[27] Aus diesen Tatsachen erwachsen die (Heraus-)Forderungen an die zeitgenössische Kulturanalyse: Es geht darum, zu verstehen, wie Populärkultur[28] das Alltagsleben einer Gesellschaft prägt, wie die Mechanismen ihrer Hervorbringung funktionieren und welche Bedeutungsstrukturen ihren Artefakten innewohnen.

> „Der Cultural Studies-Ansatz fragt also danach, wie es zu dominanten kulturellen Formen kommt und warum es überhaupt diese dominanten kulturellen Formen gibt, während andere marginalisiert werden. Er untersucht weiter, wie eine bestimmte kulturelle Ordnung konsolidiert wird, in wessen Interesse dies geschieht und welche Konsequenzen das hat (z.B. ‚typische', als ‚natürlich' wahrgenommene Kulturformen bestimmter sozialer Gruppen)."[29]

Bei den Arbeiten der Cultural Studies geht es somit nicht um eine rein gegenstandszentrierte Betrachtungsweise, sondern immer auch um eine vom Gegenstand abstrahierende umfassendere Kultur- und Gesellschaftsanalyse. Entsprechend bezeichnet Rainer Winter als „das bis heute wesentliche Ziel der Cultural Studies" auch „die Untersuchung kultureller Praktiken und Institutionen im Kontext von gesellschaftlichen Machtverhältnissen"[30]. „Nicht die zweckfreie Wissensproduktion ist das Ziel, sondern die Produktion von Wissen, auf Grund dessen die Lösung aktueller soziokultureller Probleme ermöglicht werden könnte."[31]

Die vorliegende Arbeit schließt an diesen Ansatz an, indem sie den Gegenstand – das Musikvideo – und seine empirische Analyse zwar in den Mittelpunkt der Be-

---

[26] Grossberg in Bromley/Göttlich/Winter 1999, S. 215.
[27] Grossberg, a.a.O., S. 216.
[28] Die Grenzen bzw. Unterschiede zwischen Populärkultur und Massenkultur sind in der neueren Literatur häufig nicht deutlich markiert. Einige Autoren trennen sehr genau zwischen Populärkultur – „produced by ‚the people', [as] actively made by them and expressing their distinctive social experiences, attitudes and values", und Massenkultur, welche die negative Bedeutung von „media manipulation of popular taste and the passive consumption of commodified culture" enthält (McGuigan in Ferguson/Golding 1997, S. 138). Andere Autoren wiederum verstehen Populärkultur im Sinne einer 'aufoktroyierten' Kultur "von Eliten für Nichteliten", in Abgrenzung zur Volkskultur als "Kultur von Nichteliten für Nichteliten" und Elite- oder ‚hoher' Kultur als „Kultur von Eliten für Eliten" (Saxer in ders. 1998, S. 24). In der vorliegenden Arbeit wird übergeordnet der Begriff der Populärkultur verwendet, verstanden als Menge jener kulturellen Artefakte, die im Gegensatz zur ‚Volkskultur', im Sinne von Brauchtum, massenhaft verbreitet und in einem arbeitsteiligen, ökonomisierten Prozess produziert und distribuiert wird.
[29] Jäckel/Peter 1997, S. 50.
[30] Winter in Engelmann 1999, S. 37.
[31] Pürer 2003, S. 514.

trachtung stellt, ausgehend davon jedoch auch den übergeordneten sozialen Kontext – in diesem Fall das Feld der Massenmedien und der Musikökonomie – in die Analyse miteinbezieht. Auf diese Weise sollen die Ergebnisse der empirischen Untersuchung in den größeren gesellschaftlichen Funktionszusammenhang gestellt und eine ganzheitliche Betrachtung des Phänomens Musikvideo gewährleistet werden.

Vor der genaueren Darstellung des Untersuchungsansatzes wird im Folgenden zunächst ein Blick auf bisher erfolgte kulturwissenschaftliche Auseinandersetzungen mit dem Phänomen Musikvideo im Zusammenhang mit der Repräsentation von Ethnizität und Geschlecht geworfen.

2.1 Forschung über Musikvideos

Mit der oben beschriebenen Öffnung der akademisch institutionalisierten Geisteswissenschaften für die Phänomene der sog. Populärkultur ist auch das zeitgenössische mediale Produkt Musikvideo zum Gegenstand universitärer Forschung geworden. Vor allem die Gründung des mittlerweile weltweit sendenden Musikkanals MTV (Music Television) 1981 in den USA sowie 1987 in Europa (London) hatte seit den mittleren und späten 1980er Jahren die Veröffentlichung einer Reihe US-amerikanischer und britischer Studien zum Thema Musikfernsehen im Allgemeinen und Musikvideos im Besonderen zur Folge.[32] Mit der Ausstrahlung von MTV in deutscher Sprache (seit 1997) wurde das Phänomen massenmedial verbreiteter, visualisierter Musik auch im Wissenschaftsbetrieb des deutschsprachigen Raums zum Thema.[33]

„Wie kann und sollte man mit dem Phänomen Videoclip wissenschaftlich umgehen?"[34] – diese Frage stellt sich umso dringender, als bereits ein kursorischer Überblick über das Forschungsfeld ‚Musikvideo' deutlich macht, dass es anscheinend genauso viele methodische Ansätze und Erkenntnisinteressen wie Arbeiten zu diesem Thema gibt.[35] Die Forschungslage zum Thema Musikvideos stellt sich – bildlich gesprochen – als eine Insellandschaft dar, in der die einzelnen Arbeiten mit

---

[32] Maßgeblich u.a. die Arbeiten von E. Ann Kaplan (*Rocking around the Clock*, 1987) und Lisa Lewis (*Gender Politics and MTV*, 1990) sowie Andrew Goodwin (*Dancing in the Distraction Factory*, 1992) und Jack Banks (*Monopoly Television*, 1996), siehe auch den Band *Sound and Vision* von Simon Frith et al. (1993).

[33] Siehe dazu v.a. den Band von Neumann-Braun (*VIVA MTV!*, 1999); die drei Bände von Altrogge (*Tönende Bilder*, 2001) sowie Kurp et al. (*Musikfernsehen in Deutschland*, 2002) und *Kunsthalle und Supermarkt*, eine „forschungsorientierte Literatursichtung" von Neumann-Braun et al. (in Rundfunk und Fernsehen, 45. Jhg. 1997/1).

[34] Helms/Phleps in dies. 2003.

[35] Gesichtet wurde im vorliegenden Kontext Forschungsliteratur aus dem deutschsprachigen und aus dem angelsächsichen Raum.

ihren jeweiligen Erkenntnisinteressen und Methoden relativ unverbunden nebeneinander stehen. Insofern existiert auch kein ‚Forschungsdiskurs' im klassischen Sinne, sondern vielmehr ein Konglomerat verschiedenster Einzelarbeiten. Dies hat mehrere Gründe: Zunächst handelt es sich beim Musikclip um einen Gegenstand, der keiner Disziplin eindeutig zuzuordnen ist. So gibt es u.a. medien- bzw. kommunikationswissenschaftliche, musikwissenschaftliche, soziologische, ethnologische, historische, ökonomische und vor allem zahlreiche allgemeine kulturwissenschaftliche Arbeiten, die sich mit Musikvideos auseinandersetzen. Je nach wissenschaftlichem Vorverständnis des jeweiligen Autors kommen dabei unterschiedliche theoretische Ansätze – semiotische, feministische, diskursanalytische, kulturkritische usw. – zum Einsatz.[36] Beispielhaft sei hier der von Klaus Neumann-Braun herausgegebene Sammelband VIVA MTV! (1999) genannt. Die hier zusammengetragenen Arbeiten veranschaulichen besonders deutlich den heterogenen Charakter der theoretischen und methodischen Herangehensweise an den Gegenstand Musikvideo: So analysiert z.B. Ramona Curry zwei Musikvideos von Madonna, *Express Yourself* und *Open Your Heart*, im Anschluss an Frederic Jameson entlang der Konzepte von Pastiche und Parodie und arbeitet auf diese Weise eine feministische Auslegung der beiden Clips heraus. Achim Doderer und Klaus Neumann-Braun legen eine musikwissenschaftliche Analyse von Robert Miles' Clip *Fable* vor; Hans J. Wulff arbeitet in seiner Analyse von *Cult of Personality* der Band Living Colour mit dem Konzept der Sprechakttheorie. Michael Altrogge analysiert den Clip *Alphabet Street* von Prince mit Hilfe des von Derrida geprägten Begriffs der ‚Différance' und Kobena Mercer arbeitet in ihrer Analyse von Michael Jacksons Musikvideo *Thriller* mit filmtheoretischen bzw. genretheoretischen Methoden.

Bereits Anfang der 1990er Jahre stellte Andrew Goodwin in diesem Zusammenhang fest, und an der Richtigkeit dieses Befundes hat sich bis heute nichts geändert:

> „One explanation for the poverty of music video analysis lies in the absence of a field
> of concepts adequate to this new form. (...) These difficulties have opened the way for
> a plethora of 'readings'. (…) This is the practice of constructing textual readings not
> on the basis of a theorized relation between text and production, or between text and
> consumption, but rather between text and *theory*."[37]

In dieser Äußerung wird einer der zentralen Schwachpunkte der kulturwissenschaftlichen Auseinandersetzungen mit Musikvideos deutlich: die Dominanz theoretischer Konzepte, die dem Gegenstand gewissermaßen ‚übergestülpt' werden, und die damit einhergehende empirische Vernachlässigung des Gegenstandes und seines Kon-

---

[36] Vgl. dazu auch Jacke in Helms/Phleps 2003, S. 32. Jacke macht im Folgenden einen eigenen Vorschlag zur disziplinübergeordneten Kategorisierung und wissenschaftlichen Auseinandersetzung mit Videoclips (a.a.O., S. 32-37).

[37] Goodwin 1992, S. 20; Hervorhg. im Orig.

textes selbst. Theorien sind Hilfsmodelle, die dazu betragen, sich einem Gegenstand – der im Mittelpunkt der wissenschaftlichen Betrachtung stehen sollte – zu nähern. Sie können *nicht* als paradigmatischer Ausgangspunkt einer wahrheitsbezogenen Aussage dienen, für die ein Artefakt lediglich als ‚Hilfsgegenstand' fungiert, um die Theorie selbst zu bestätigen. Insofern kann auch jegliche theoretische Herangehensweise an den Gegenstand Musikvideo nur eine Hilfe im Zusammenhang mit der empirischen Auseinandersetzung mit dem Material sein.

Neben dem bestehenden wissenschaftlichen Anspruch in Bezug auf die Auseinandersetzung mit Videoclips handelt es sich bei dem populärkulturellen Medienprodukt Musikvideo jedoch auch um ein dankbares Thema für eher feuilletonistische denn wissenschaftliche Ausführungen jeglicher Art. Vor allem in diesem Sektor hat sich seit der Gründung von MTV Anfang der 1980er Jahre das kontinuierliche Interesse an Musikvideos als Ausgangspunkt von Betrachtungen über den Zustand der (Medien-)Gesellschaft im Allgemeinen und der Jugendkultur im Besonderen niedergeschlagen.[38] Insgesamt gesehen existiert inzwischen eine Vielzahl von Arbeiten zum Thema Musikvideos, so dass in quantitativer Hinsicht von einem Mangel an Literatur jedenfalls nicht mehr die Rede sein kann. Dominierend sind in diesem Zusammenhang, wie die aufgeführten Beispiele zeigen, Produktanalysen, d.h. die Auseinandersetzung mit Videoclips findet schwerpunktmäßig auf der inhaltlichen bzw. gestalterischen Ebene statt. Arbeiten, die sich mit dem Rezeptions- oder vor allem dem Produktionskontext auseinandersetzen, sind weniger verbreitet.[39] Hierin liegt – wie in Bezug auf die Auseinandersetzung mit den Faktoren ‚Ethnizität' und ‚Geschlecht' zu sehen sein wird – ein zentrales Defizit der (kultur)wissenschaftlichen Beschäftigung mit Musikvideos.

2.1.1 *Stand der Forschung zur Inszenierung von Ethnizität und Geschlecht in Musikvideos*

Unter der Fülle der verschiedenen Aspekte, die im Zusammenhang mit Musikvideos bisher Gegenstand der wissenschaftlichen Betrachtung waren, haben die Faktoren ‚Geschlecht' und ‚Ethnizität' immer wieder das Interesse von Vertretern unterschiedlicher Fachrichtungen gefunden. Dabei wurden die Kategorie ‚Geschlecht' und ihre unterschiedlichen Repräsentationsweisen jedoch ungleich häufiger thema-

---

[38] So kritisiert beispielsweise Michael Altrogge, der die wohl gründlichste Studie zum Gegenstand Musikvideo der letzten Jahre vorgelegt hat, die häufig nur essayistischen Ausführungen zum Thema sowie das begrenzte wissenschaftliche und empirische Niveau vieler Arbeiten (vgl. Altrogge 2001a, S. 4).
[39] Einen Überblick über einschlägige Rezeptionsstudien gibt Gleich 1995.

tisiert als die Kategorie ‚Ethnizität'.[40] Der Forschungsstand zum Thema ‚Ethnizität' im weitesten Sinne ist im Zusammenhang mit Musikvideos sehr überschaubar. Die Auseinandersetzung mit diesem Aspekt findet im Wesentlichen im Zusammenhang mit Rap als Ausdruck ‚schwarzer' Lebenskultur statt[41], gelegentlich auch mit einem expliziten Fokus auf weibliche afroamerikanische Interpreten.[42] Entsprechende Arbeiten kommen in der Regel zu dem Schluss, „music video is a key site for the workings of sexism, racism, and classism as well as a site for resistance."[43] Ähnliche Aussagen treffen Einzelclipanalysen, die sich mit der Kategorie ‚Geschlecht' – dabei fast ausschließlich mit dem Aspekt ‚Weiblichkeit'[44] – auseinandersetzen.[45] Entsprechend liegt der Konsens der Arbeiten auch darin, dass Musikvideos zwar vielfach stereotype Muster von Geschlecht und Ethnizität transportieren, andererseits aber auch die Möglichkeit zu widerständigen, subversiven und antihegemonialen Präsentationen geben. Dieser zutreffende Befund, der auf die Vielfalt der Inszenierungsmöglichkeiten von Musikvideos hinweist[46], basiert in der Regel – und darin liegt zumeist das Optimierungspotential entsprechender Arbeiten – auf *Einzel*analysen, die nicht ohne weiteres auf eine allgemeinere Ebene hin objektivierbar sind. Erschwerend hinzu kommt in einigen Fällen die mangelnde methodische Nachvollziehbarkeit eines Befundes bzw. eine insgesamt fehlende fundierte methodisch und theoretisch angeleitete Vorgehensweise. In vielen Arbeiten über Musikvideos schlägt sich zudem die Mode nieder, einzelne Clips fast ausschließlich auf ihr subversives Potential hin zu untersuchen[47] und die wichtige Rolle des Entstehungs- und Rezeptionskontextes bei Aussagen über den Bedeutungsgehalt von Musikvideos außer Betracht zu lassen. Die Suche nach den Leerstellen bzw. den subversiven Ansätzen innerhalb hegemonialer massenmedialer Diskurse ist und bleibt zwar notwendig, um die Popkultur vom Verdacht der Manipulation durch allmächtige Unterhaltungsindustrien zu befreien. Als Endstation einer kritischen Analyse ist sie der Sache jedoch nicht dienlich, wenn sie durch die Fokussierung auf einzelne Artefakte der Massenmedien das größere Ganze, nämlich die wichtige Rolle des Produktions- und des Rezeptionskontextes, aus dem Blick verliert.

Einige wenige Studien, vornehmlich aus den 1980er Jahren, setzen sich auf quantitativer Ebene mit der Darstellung von Geschlecht und Ethnizität in Musikvi-

---

[40] Relativ aktuell ist der Sammelband von Helms/Phleps (*Clipped Differences*, 2003).

[41] Siehe u.a. Hoffmann/Buß/Wulf 2001; Forman 2000; Brent Zook in Dines/Humez 1995.

[42] U.a. Richard in Helms/Phleps 2003; Henscher in Helms/Phleps 2003; Shelton 1997; Perry in Dines/Humez 1995.

[43] Shelton 1997, S. 108.

[44] Eine der wenigen Ausnahmen: McDonald in Whiteley 1997.

[45] U.a. Dibben 1999; Funk-Hennings in Helms/Phleps 2003.

[46] Siehe dazu Rösing in Helms/Phleps 2003, v.a. S. 22.

[47] Vgl. dazu Langhoff in ders./Kemper/Sonnenschein 2002, S. 272, in Bezug auf postkoloniale Geschlechterstudien Pühl/Paulitz/Marx/Helduser in dies. 2004, S. 18.

deos auseinander. Der Schwerpunkt liegt dabei auf der Kategorie ‚Geschlecht' und ihrer Reproduktion in Videoclips[48], in wenigen Studien geht der Faktor ‚Ethnizität' in die Analyse mit ein[49]. Die entsprechenden Befunde belegen die Dominanz der weiß-männlich-heterosexuellen Norm in den visuellen Darstellungen der meisten Videoclips. Diese Dominanz bezieht sich sowohl auf das rein quanitativ häufigere Erscheinen männlicher (und weißer) Interpreten und Darsteller als auch auf die in Verbindung mit ihnen gezeigten Inszenierungen von Frauen als in der Regel verfügbare, abhängige, sexualisierte Objekte. Insgesamt verweisen die Ergebnisse der Studien auf ein stereotypes Bild männlich-hegemonialer und, soweit in die Untersuchungen mit einbezogen, *weiß*-männlich-hegemonialer Darstellungen von Ethnizität und Geschlecht, welches vor allem in den Anfangsjahren von MTV vorherrschend war (siehe Kap. 3.8.1). Im Gegensatz zu Einzelclipanalysen treffen diese quantitativen Studien Aussagen über die (Re-) Produktion der Kategorien ‚Ethnizität' und ‚Geschlecht' auf einer breiten Ebene; die Frage, *wie* diese Reproduktionen im konkreten Fall aussehen, bleibt aufgrund der methodischen Herangehensweise quantitativer Untersuchungen weitgehend unbeantwortet. Zudem bleiben Fälle, welche die übliche, konventionelle Darstellungspraxis durchbrechen, in der Regel unberücksichtigt.

2.1.2 Weiterer Forschungsbedarf

Die Befunde der existierenden qualitativen und quantitativen Untersuchungen zur Reproduktion von Ethnizität und Geschlecht in Musikvideos machen vor allem zwei Dinge deutlich: Zum einen sind Videoclips außerordentlich facettenreiche und vielseitige mediale Produkte, wenn es um die Repräsentation von Ethnizität und Geschlecht geht. Zum anderen ist das, was an Bildern geboten wird, trotz der vielfältigen Inszenierungsmöglichkeiten im Großen und Ganzen als Reproduktion des männlich-weiß-heterosexuellen Diskurses und insofern als stereotyp einzustufen.

Warum also eine weitere Untersuchung zum Thema Ethnizität und Geschlecht in Musikvideos? Zwei wichtige Punkte blieben, wie der Blick auf den Forschungsstand zeigt, in der Auseinandersetzung mit der Thematik bisher weitgehend unberücksichtigt: auf der konkreten, inhaltlichen Ebene die Notwendigkeit einer methodischen Auseinandersetzung mit medialen Darstellungen sowohl in qualitativer als auch in quantitativer Hinsicht, um so eine *umfassende Aussage* über verbreitete, und damit auch weniger verbreitete, Inszenierungsweisen machen zu können; auf der abstrakten, strukturellen Ebene der Versuch einer Erklärung für das Zustandekom-

---

[48] U.a. Vincent/Davis/Boruszkowski 1987; Seidmann 1992.
[49] U.a. Brown/Campbell 1986; Rich/Woods/Goodman/Emans/DuRant 1998.

men eben jener Darstellungspraktiken, um so eine *ganzheitliche Sicht* auf die Inszenierungen von Musikvideos zu bekommen, die von der (notwendigerweise) einge-
schränkten Sichtweise auf einzelne Clips abstrahiert. Diese ganzheitliche Sicht verlangt zugleich einen Zugang zum Material sowohl auf der theoretischen als auch auf
der empirischen Ebene; dabei liefert die Empirie den Befund, die Theorie eine Er-
klärungshilfe für die Analyse und Interpretation des Befundes. In diesem Sinne geht
es dem Ansatz der vorliegenden Arbeit (genauer dazu Kap. 2.2) nicht um eine erneute Bestätigung stereotyper Darstellungsweisen in Bezug auf die Kategorien
‚Ethnizität' und ‚Geschlecht' oder die Herausarbeitung des subversiven Potentials
einzelner Videoclips. Die folgende Untersuchung stellt den Versuch dar, eine ganzheitliche Sichtweise auf die Thematik zu gewinnen, indem sie zunächst einen auf
breiter Materialbasis beruhenden Befund über gängige Inszenierungsweisen systematisch herausarbeitet und anschließend auf der Metaebene ein Modell zur Erklärung dieser existenten Inszenierungsweisen entwickelt. Die Arbeit schließt mit ihrem Erkenntnisinteresse an den oben (Kap. 2) vorgestellten Cultural Studies-Ansatz
an, der in den Artefakten der massenmedial verbreiteten Populärkultur zentrale
Schnittstellen der Produktion und Reproduktion von zeitgenössischen Diskursen,
auch von Diskursen über Ethnizität und Geschlecht, sieht.[50] Im Hinblick auf die
angeführte Kritik an eher einzelgegenstands- und theoriezentrierten kulturwissenschaftlichen Arbeiten über Musikvideos nimmt die folgende Untersuchung insofern
eine breitere Perspektive ein, als sie sich dem Gegenstand im Sinne einer umfassenden Betrachtungsweise sowohl quantitativ als auch qualitativ empirisch annähert
und darüber hinaus, im Sinne eines ganzheitlichen Herangehens, den für die inhaltlichen Darstellungen von Musikvideos relevanten ökonomischen Entstehungs- und
massenmedialen Verbreitungskontext einbezieht. Aufgrund des übergeordneten
Erkenntnisinteresses, das sich auf eine umfassende und ganzheitliche Perspektive
hinsichtlich der Inszenierungen von Ethnizität und Geschlecht bezieht, werden sowohl die theoretischen Vorüberlegungen (Kap. 3 und 4) als auch die empirische
Befragung des Materials (Kap. 5) gründlich vorgenommen, um die Ergebnisse abschließend (Kap. 6) zu einer theoretisch *und* empirisch fundierten Aussage über die
Inszenierungen von Ethnizität und Geschlecht in Musikvideos zusammenzuführen,
die sowohl die inhaltliche Ebene der konkreten Darstellungen als auch die strukturelle Ebene der ihnen zugrunde liegenden Entstehungsbedingungen mit einbezieht.
Die Theorie ist in diesem Zusammenhang grundlegend für die empirische Auseinandersetzung mit dem im Mittelpunkt der Betrachtung stehenden Material – sie
wird auf die empirischen Ergebnisse *angewendet* und hilft somit, diese zu analysieren und zu interpretieren.

---

[50] Siehe dazu Bloedner in Engelmann 1999, S. 71; Hall in Räthzel 2000a, S. 43 sowie Hall in Mehlem et al. 1994b, S. 199.

2.2 Erkenntnisinteresse und Grundannahmen

Das Erkenntnisinteresse der Arbeit speist sich aus drei Aspekten: 1. der Bedeutung der sozial und individuell relevanten (da lebensbestimmenden) Kategorien ‚Ethnizität' und ‚Geschlecht' als zentralen Darstellungselementen von Videoclips (siehe Kap. 1); 2. dem Status von Musikvideos als wichtigen Bestandteilen des popkulturellen, medialen Alltagsdiskurses (v.a. in der Lebenswelt Jugendlicher, siehe Kap. 6.2.2 und 6.2.4); und 3. ihrer Verortung im ökonomischen und massenmedialen Kontext (Entstehung und Verbreitung, siehe Kap. 3.7 und 3.8).

Ausgehend vom ersten Punkt geht die Untersuchung im *ersten Schritt* der Frage nach, *wie* aus hegemonialer Perspektive ‚markierte' Ethnizität und Geschlecht (siehe dazu Kap. 2.2.1) in Musikvideos inszeniert werden und in welchem Umfang dies geschieht. Herausgefunden werden soll, ob sich auf der Grundlage einer *breiten* Materialbasis bestimmte Inszenierungen nicht-weißer und nicht-männlicher Personen wiederholen und wenn ja, ob sich Funktionen dieser Darstellungen hinsichtlich der Beziehung von ‚Eigenem' (im Sinne der männlich-weiß-heterosexuellen Norm) und ‚Anderem' (im Sinne all dessen, was als ‚nicht-männlich', ‚nicht-weiß', ‚nicht-heterosexuell' klassifiziert ist) bestimmen lassen. Zu fragen ist auch, welche Darstellungsweisen im Falle eines vorhandenen ‚Inszenierungsmusters' mehrheitlich ausgeblendet oder marginalisiert werden und welche Schlüsse sich angesichts verbreiteter Markierungen von Ethnizität und Geschlecht auf die zeitgenössische (jugendbezogene) Popkultur ziehen lassen.

In einem *zweiten Schritt* wird die Entwicklung eines strukturellen Erklärungsmusters für die herausgearbeiteten Inszenierungs- bzw. Markierungspraktiken vorgestellt, d.h. es geht um die Frage, *warum* bestimmte Darstellungsweisen zur Anwendung kommen. An dieser Stelle soll herausgearbeitet werden, welche Konsequenzen die Verortung von Musikvideos im ökonomischen und massenmedialen Kontext für die konkrete Inszenierungspraxis von Ethnizität und Geschlecht hat sowie ob und inwieweit in diesem Zusammenhang Strukturen existieren, die bestimmte Markierungspraktiken begünstigen.

Im Mittelpunkt der Untersuchung stehen somit das ‚Wie' und das ‚Warum' der Inszenierung bzw. Markierung von Ethnizität und Geschlecht. Dabei geht es nicht um eine ästhetische oder dramaturgische Analyse relevanter Inhalte von Videoclips, sondern um die *systematische* Herstellung eines Befundes hinsichtlich der Frage, wie und in welchem Umfang als ‚nicht-weiß' markierte Ethnizität und als ‚nicht-männlich' markiertes Geschlecht inszeniert werden sowie um die daran anschließende Analyse von Strukturen, von Mechanismen und Funktionen, die diesen Inszenierungen als ökonomischen, massenmedialen und popkulturellen Artefakten zugrunde liegen.

Der Fokus des Interesses richtet sich dabei auf die in Musikvideos gezeigten („nicht-weißen' und „nicht-männlichen') Darsteller, d.h. die zusätzlich zu den Interpreten gezeigten Personen. Die Darsteller stehen deshalb im Mittelpunkt der Betrachtung, da diese nicht, wie häufig die Interpreten, mit teilweise komplexen und widersprüchlichen Images behaftet sind, die bei einer Analyse im Hinblick auf ethnische und geschlechtliche Repräsentationen immer in Rechnung zu stellen sind (eine Aufgabe, die nur in detaillierten Einzelanalysen zu lösen wäre). Gerade weil Darsteller meist nicht im Mittelpunkt der Visualisierung stehen (in der Regel steht die körperliche Präsenz des Interpreten im Vordergrund[51]), kann ihre Inszenierung Aufschlüsse darüber geben, wie und inwieweit (hegemoniale) Diskurse von Ethnizität und Geschlecht in Musikvideos repräsentiert werden. Es wird davon ausgegangen, dass entsprechende Inszenierungen – ganz im diskursiven Sinne (siehe Kap. 4.1) – weitgehend „automatisiert' hervorgebracht werden, dass sich also diskursives Wissen in Bezug auf die Kategorien „nicht-weißer Ethnizität' und „nicht-männlichen Geschlechts' in der Repräsentation von Nebendarstellern widerspiegelt.

Zudem bestehen bei Musikvideos besondere Kommunikationsbedingungen: Die kurzen Rezeptionszeiten (in der Regel drei bis vier Minuten pro Clip) und die Tatsache, dass keine gesprochene Sprache verwendet wird, machen eine besonders ausgeprägte Zeichenökonomie und -prägnanz notwendig, um Inhalte schnell und unkompliziert vermitteln zu können. In diesem Zusammenhang handelt es sich bei den Darstellern in Musikvideos um inszenierte, signifikante Menschen; ihre körperlichen Eigenschaften, das Aussehen, werden in kommunikativer Absicht in Szene gesetzt. Das Erscheinen der Darsteller in Musikvideos ist an ihre körperlichen Voraussetzungen gebunden – um so mehr, als sie non-verbal agieren. Es kann also davon ausgegangen werden, dass die in den Clips ausgewählten Darsteller sorgfältig nach ihrem Aussehen und dessen Zeichenpotential ausgewählt und in Szene gesetzt werden – wobei das bewusste *Auswählen* von bestimmten Darstellern nicht zugleich auf eine bewusste Art der *Inszenierung* schließen lässt. Der Darstellung von „nicht-weißen' Personen in Clips von „weißen' Interpreten, um die es in der vorliegenden Arbeit geht, kommt insofern ein besonderer Stellenwert zu, als an die Darsteller aufgrund ihres differentiellen Erscheinungsbildes immer eine latent ethnische Verweisfunktion geknüpft ist.[52] Wie Stuart Hall es ausdrückt: „Difference signifies. It

---

[51] Vgl. Bloss in Wicke 2001, S. 204.

[52] Diese Aussage wird aus einer notwendigerweise europäischen Perspektive gemacht, welche sich aus der europäischen (deutschen) Sozialisation der Verfasserin sowie der Einbindung in einen europäischen (deutschen) akademischen Kontext ergibt. Insofern sind die Begriffe des „Fremden', „Anderen' und „Exotischen' im vorliegenden Kontext auf die europäische Perspektive bezogen. Es wird davon ausgegangen, dass die Darstellung von „nicht-weißen' Menschen in Musikvideos einen Zeichenprozess auslöst, in dem für einen europäischstämmigen Rezipienten auf das „Andere' eines Menschen verwiesen wird.

speaks."[53] Der folgenden Untersuchung liegt insofern die Annahme zugrunde, dass in Musikvideos Körpermerkmale als ethnisch signifikante Zeichen eingesetzt werden, die als Repräsentanten von Diskursen über markierte Ethnizität fungieren. In der Inszenierung ‚nicht-weißer' und auch ‚nicht-männlicher' Darsteller können diese Diskurse in einem Spektrum von affirmativ bis subversiv reproduziert werden und geben zugleich Hinweise auf die Reproduktion (impliziter) hierarchisierter Machtmomente, die in der visuellen Inszenierung des sog. Anderen zum Ausdruck kommen.

Um die Untersuchung nicht ausufern zu lassen, d.h. zum einen, um die relevanten Kontextfaktoren (v.a. Aspekte von Produktion und Rezeption) überschaubar zu halten, zum anderen, um die Fülle des Materials bewältigen und die Ergebnisse im Hinblick auf spezifische, prototypische Musikvideos verdeutlichen zu können, wird folgende Abgrenzung des Themas vorgenommen: Die vorliegende Untersuchung beschränkt sich 1. auf kommerziell erfolgreiche Videos des populärmusikalischen Mainstreams, bei denen von einer breiten Rezeption ausgegangen werden kann, 2. auf die visuelle Darstellung von Menschen, 3. auf eine begrenzte Anzahl von Videos der Jahre 1971 bis 2003 und 4. auf eine alltagsbezogene Erfassung nicht-weißer Ethnizität (siehe Kap. 2.2.1, 4.2 und 5.1.3.1). Letzteren Punkt betreffend bedeutet dies, dass der Begriff *Ethnizität* im Folgenden an die Gruppierung menschlicher phänotypischer Varietäten gemäß eurozentrischer Lebensraumvorstellungen anschließt. Im Kontext der Arbeit kommen diesbezüglich die dominierenden visuellen Wahrnehmungen phänotypischer Merkmale (Hautfarbe, Physiognomie) und die darauf bezogenen eurozentrischen Zuschreibungen von bestimmten (mentalen) Merkmalen und Eigenschaften zum Tragen. Diese Anwendung ist dem spezifischen Erkenntnisinteresse der Arbeit geschuldet, dem es nicht nur um die Dekonstruktion, sondern – als Voraussetzung dafür – auch um die empirisch fundierte Erfassung dessen geht, was auf seinen konstruktiven Charakter hin zu hinterfragen ist. Es ist evident, dass sich diese Übernahme von Alltagswahrnehmungen und -vorstellungen aus einem nicht unproblematischen Rassekonzept speist. Der kulturelle Impetus, den der Begriff der ‚Ethnizität' im Vergleich zur biologisch konstruierten ‚Rasse' in sich trägt, kann über den strukturellen Rassismus einer hierarchisierenden Differenzierung von Menschengruppen – sei sie nun biologisch oder kulturell angelegt – nicht hinwegtäuschen. Auch wenn Eske Wollrad im Anschluss an Paul Mecheril und Kien Nghi Ha mit Recht darauf hinweist, dass die Verwendung eines ‚netten' Begriffs für humanoide Differenzierungen der kritischen Reflexion der damit einhergehenden Hierarchisierung nicht dienlich ist[54], so wird im vorliegenden Kontext

---

[53] Hall in ders. 1997b, S. 230.
[54] Wollrad 2005, S. 28.

der Begriff der ‚Ethnizität' aus Gründen der Vermeidung einer Perpetuierung gewaltvoller Termini verwendet (siehe auch Kap. 2.2.1 und 1).

Mit der Fokussierung auf die visuelle Inszenierung des ‚Anderen' bezieht sich die Untersuchung auf den sog. Bildüberlegenheitseffekt[55], d.h. die Tatsache, dass visualisierte mediale Inhalte in der Regel eine nachhaltigere Wirkung erzielen als auditive (in diesem Fall musikalische) oder textliche Elemente. Die Auseinandersetzung mit den musikalischen Aspekten von Musikvideos setzt zudem eine spezifische (musikalische) Kompetenz voraus, die hier nicht gewährleistet ist; deshalb wird diese Seite der Thematik im vorliegenden Kontext weitgehend ausgeblendet – zumal andernfalls der Rahmen der Arbeit auch gesprengt würde. Die textliche Ebene der Musikvideos wird aus Gründen der Handhabbarkeit des Materials nicht mit einer eigenen Erhebungskategorie in der empirischen Untersuchung erfasst. Dennoch wurden die Texte zu allen in die Untersuchung eingeflossenen Videos von der Verfasserin gelesen und relevante Textstellen hinsichtlich der Kategorien ‚Geschlecht' und ‚Ethnizität' in die Analyse mit einbezogen. Ebenso können auch visuelle Verweise auf ‚nicht-weiße' Ethnizität, welche sich auf der nicht-personalen Ebene abspielen (z.B. die exotische Ausstattung einer Kulisse, Landschaften etc.) nur in Einzelfällen berücksichtigt werden. Zwar wurden diese bildlichen Verweise in der Vorstudie der empirischen Untersuchung noch berücksichtigt (siehe Anhang), für die Hauptstudie erwies sich die Erhebung dieser Kategorien jedoch als zu umfangreich und komplex für den Rahmen der vorliegenden Arbeit.

2.2.1 Zum Umgang mit und dem Begriffsverständnis von Ethnizität und Geschlecht

Die vorliegende Arbeit trägt in ihrem Titel die Formulierung der „hegemonialen Diskurse über Ethnizität und Geschlecht in populären Musikvideos". Hegemonie wird im Anschluss an die kulturwissenschaftliche Rezeption Antonio Gramscis im Folgenden verstanden als „die Dominanz einer bestimmten kulturellen oder ideologischen Auffassung in einer Gesellschaft"[56], die zustande kommt als

> „'spontaneous' consent given by the great masses of the population to the general direction imposed on social life by the dominant fundamental group; this consent is 'historically' caused by the prestige (and consequent confidence) which the dominant group enjoys because of its position and function in the world of production."[57]

Ähnlich formuliert Michèle Barrett im Anschluss an Gramsci:

---

[55] Vgl. Mosbach 1999, S. 94ff.
[56] Ghosh-Schellhorn in Nünnig 2001, S. 242.
[57] Gramsci zit. nach Allan 1999, S. 84.

„Gramsci (...) conceptualises hegemony as political, cultural and social authority" –
„Hegemony is best understood as the *organisation of consent* – the processes through
which subordinated forms of consciousness are constructed without recourse to violence or coercion." [58]

Auf den vorliegenden Kontext übertragen bedeutet dies, dass es sich bei dem ‚hegemonialen' Diskurs über Ethnizität und Geschlecht um eine Perspektive auf die
ethnisierten und vergeschlechtlichten ‚Anderen' handelt, die von einem ‚westlich'
(nordamerikanisch und europäisch) sowie ‚männlich', ‚weiß' und ‚heterosexuell'
codierten Kontext ausgeht. Diese Ausrichtung des Blickes bezieht sich auf die historisch und soziokulturell herausgebildete Zuschreibungsmacht dieser Metaposition
(siehe auch Kap. 4), die das ‚Eigene' als dominant, das ‚Andere' als subdominant in
einer hierarchisierten Weltordnung verortet. Hegemonialen Status erreicht diese
Ordnung durch ihre machtvolle Existenz als normativ gesetzte Zuschreibungsmacht.
Diese Zuschreibungsmacht äußert sich, indem sie dem ‚Eigenen' das ‚Andere'
(‚nicht-weiße', ‚nicht-männliche' und ‚nicht-heterosexuelle') gegenüberstellt und
dieses mit bestimmten, z.B. über phänotypische Merkmale klassifizierten, Attribu-
tierungen belegt, mit Hilfe derer das ‚Eigene' in der dominanten, normativ-
‚unsichtbaren' das ‚Andere' in der subdominanten, markiert-‚sichtbaren' Position
des hierarchisierten Weltbildes verortet wird.

Zwar begründet sich Gramscis Hegemonie-Konzept noch auf der Untersuchung
von gesellschaftlichen Klassen-Beziehungen, seine übergeordnete Idee eines Über-
denkens des marxistisch-deterministischen Modells sozialer Hierarchien wurde im
Kontext der Cultural Studies jedoch weiterentwickelt und für die Analyse (populär)kultureller Prozesse fruchtbar gemacht – ein Bereich im Übrigen, mit dem auch
Gramsci selbst sich auseinandersetzte[59]. Gramsci zufolge basiert Hegemonie weniger auf dem Prinzip der ‚Herrschaft', sondern auf (inhaltlichen) Auseinandersetzungen, ‚Verhandlungen', bzw. dem ‚Kampf um Bedeutungsmacht' zwischen hierarchisch unterschiedlich verorteten sozialen Gruppen. Insofern ist ein hegemonialer
Zustand – und dies unterscheidet ihn von früheren kritisch-marxistischen Ideologie-
Konzepten – nicht statisch, nicht ‚naturhaft' gegeben und beinhaltet immer auch das
Potential zur Änderung bestehender Verhältnisse. „Hegemony offers a more subtle
and flexible explanation than previous formulations [bspw. das Ideologie-Konzept
Althusserscher Prägung, C.S.] because it aims to account for domination as something that is won, not automatically delivered".[60] Hegemonie äußert sich in persönlichen Gedanken, in Verhalten und Einstellungen, aber auch in der materiellen Existenz von kulturellen Praktiken und Artefakten. Aufgrund ihrer Alltagsrelevanz ist

---

[58] Barrett 1991, S. 56 und 54, Hervorhg. im Orig.
[59] Vgl. Gramsci 1987.
[60] Turner 1998, S. 196.

v.a. die sog. Populärkultur gewissermaßen ein „battleground upon which dominant views secure hegemony"[61]. Es geht bei den Erscheinungen der Populärkultur, wie z.b. dem Musikvideo, nicht um eine Manipulation von Massen oder eine Ideologisierung der Jugend, sondern um das Aushandeln von Bedeutungsmacht. Nicht eine mächtige, omnipräsente ‚Kulturindustrie' indoktriniert eine passive, manipulierbare Konsumentenmasse, sondern beide Seiten – Produzenten und Konsumenten – stehen in einem wechselseitigen Aushandlungsprozess, um ihre Interessen (Gewinnerwirtschaftung auf der einen und Unterhaltung bzw. ‚Vergnügen' auf der anderen Seite) möglichst erfolgreich durchzusetzen. Der Ansatz von Gramsci schuf so die Voraussetzung, (Populär-)Kultur weniger als ein einseitiges ideologisch-manipulatives Produkt von Kulturindustrien zu sehen, sondern vielmehr als Ort sozialer Auseinandersetzungen, an dem sowohl für als auch gegen die Kultur des ‚Machtblocks' in einer Gesellschaft gekämpft und geworben wird.

Der hier verwendete Hegemonie-Begriff bezieht sich auf das in Kap. 4.1 vorgestellte Diskurskonzept, in dem von Diskursen als ‚Gesamtheit der gesagten und nicht gesagten Äußerungen zu einem gesellschaftlichen Thema, die innerhalb eines bestimmten historischen Zeitraumes Gültigkeit besitzen', die Rede ist. Der Terminus ‚Gültigkeit' verweist dabei auf den hegemonialen Status eines Diskurses zu einem bestimmten historischen Zeitpunkt – beispielsweise in Bezug auf den Diskurs über Ethnizität und Geschlecht. D.h. es existiert ein als ‚wahr' akzeptiertes – hegemoniales – ‚Wissen' über die Kategorien ‚Ethnizität' und ‚Geschlecht', welches diese zum einen in ihren spezifischen strukturellen Ausprägungen (die Unterscheidung zwischen ‚nicht-weiß' und ‚weiß' bzw. ‚weiblich' und ‚männlich') etabliert, sie zum anderen aber auch ‚inhaltlich' mit bestimmten Zuschreibungen (Eigenschaften, Merkmalen etc.) ‚füllt' (genauer dazu siehe Kap. 4.2). ‚Hegemonialdiskursiv' ist dieses Wissen insofern, als es zwar im hegemonialen Diskurs verortet ist und somit eine bestimmte ‚Ideologie' prägt, die sich beispielsweise in einer Hierarchisierung humanoider Kategorisierungen äußert, jedoch keinesfalls eine unanfechtbare, naturgegebene ‚Wahrheit' a priori darstellt.

Mit der Bezeichnung der „hegemonialen Diskurse über Ethnizität und Geschlecht in populären Musikvideos" im Titel der vorliegenden Arbeit ist, anschließend an die vorangegangenen Ausführungen, zugleich die spezifische Perspektive der Untersuchung festgelegt: Der Blick richtet sich auf die massenmediale Repräsentation jener, die gemäß dem hegemonialen Diskurs als ‚Andere' verortet sind – die, über die gesprochen wird: Frauen und Farbige. Diejenigen also, die – ausgehend von der ordnungsstiftenden Norm – implizit immer als ‚nicht-weiß' und ‚nicht-männlich' klassifiziert sind. Diese Auseinandersetzung findet im Rahmen der vorliegenden Arbeit von unterschiedlichen Positionen her statt: In der Betrachtung

---

[61] Turner, a.a.O., S. 94.

von Nicht-Weiß-Sein spiegelt sich die eigene, europäischstämmig im Sinne von ‚weiß' codierte Ethnizität der Verfasserin wider. In der Betrachtung von Weiblichkeit wird der Diskurs männlich-hegemonialer Geschlechterzuschreibungen sozusagen von einer ‚Betroffenen' aufgenommen und thematisiert. Diese ambivalente Position wird eingenommen, da es in der vorliegenden Arbeit um die *Überschneidung* der Kategorien ‚Geschlecht' und ‚Ethnizität' im Kontext übergeordneter gesellschaftlicher Machtverhältnisse geht. Dabei liegt aus methodischen Gründen das erste Moment der Betrachtung auf dem Aspekt nicht-weißer Ethnizität, auf welche im Anschluss die Kategorie ‚Geschlecht' bezogen wird (siehe Kap. 5.1).

Wenn die Anführung der Begriffe ‚Ethnizität' und ‚Geschlecht' im vorliegenden Kontext also in die alltagssprachliche Terminologie von ‚Farbigen' und ‚Frauen' bzw. im Falle von Musikvideos in ‚farbige' und ‚weibliche' Darsteller übersetzt werden kann, so geschieht diese Begriffsverwendung aufgrund einer Verortung der übergeordneten Perspektive der Fragestellung (nach dem ‚Wie' und dem ‚Warum' der Inszenierung nicht-weißer Ethnizität und nicht-männlichen Geschlechts, siehe genauer dazu Kap. 2.2) im hegemonialen Diskurs. Diese Selbst-Verortung hat Gründe, die dem übergeordneten Erkenntnisinteresse der Arbeit geschuldet sind – der Auseinandersetzung mit der Inszenierung des ‚Anderen' – wirft zugleich jedoch nicht unerhebliche Probleme auf: Eine Arbeit, die die Frage stellt, wie das ‚Andere' in einem bestimmten Kontext repräsentiert wird, hat zur Konsequenz, dass das ‚Andere', das durch den hegemonialen gesellschaftlichen Diskurs der westlichen Hemisphäre ‚Marginalisierte', durch seine Benennung und somit erneute Klassifizierung – hier: ‚nicht-weiß', ‚nicht-männlich' – festgeschrieben und reproduziert wird. Die ‚Norm', das ‚Weiße' und ‚Männliche', bleibt weiter unsichtbar, jedoch als „master signifier"[62] zuschreibend (deskriptiv) und als zuschreibend gesetzt (präskriptiv), und impliziert so „eine Ontologisierung und damit die Tendenz, einer statischen und ahistorischen Seinskategorie"[63]. Eben durch die Thematisierung des ‚Anderen', wird dieses in seiner Andersheit ‚markiert' und normativ gesetztes Weiß-Sein in diesem Zug konstituiert; der Gegenstand der Betrachtung wird zum ethnisierten und vergeschlechtlichten Objekt. Hinzu kommt im vorliegenden Kontext, dass aufgrund des Anspruchs einer über den einzelnen Gegenstand hinausgehenden Analyse, ethnisierte und vergeschlechtlichte, auf phänotypischen Merkmalen basierende *Kategorisierungen* auf breiter Basis angewendet werden. Dem Dilemma einer (impliziten) Reproduktion hegemonialer Diskurse durch die Benennung der ihnen zugrunde liegenden Kategorien kann sich keine Arbeit, die sich mit einer entsprechenden Thematik auf anwendungsorientierter, d.h. gegenstandsbezogener Ebene auseinandersetzt, entziehen – sei sie nun explizit dekonstruktivistisch ausgerichtet oder nicht.

---

[62] Seshadri-Crooks 2000, S. 3.
[63] Wollrad 2005, S. 21.

Die vorliegende Arbeit setzt mit ihrem Interesse bei der Kenntnisnahme lebenswirklicher und massenmedialer Gegebenheiten an; sie nimmt zur Kenntnis, dass die Kategorien ‚Ethnizität' und ‚Geschlecht' in ihren hegemonialdiskursiven Ausprägungen der Zweigeschlechtlichkeit und der Unterscheidung zwischen ‚weiß' und ‚nichtweiß' gerade in Bezug auf Videoclips existierende, relevante Größen sind, mit denen im Prozess der Produktion mehr oder weniger intentional gearbeitet wird (siehe Kap. 1). Der Ansatz der Untersuchung geht davon aus, dass nur auf der Ebene einer vorurteilsfreien Akzeptanz der Kategorien, so wie sie im popmusikalischen Diskurs nun einmal tatsächlich gehandhabt werden, auch mit ihnen gearbeitet werden kann, um sie im Zuge einer intensiven Auseinandersetzung mit ihren Anwendungen in der Repräsentation (in diesem Fall in Musikvideos) kritisch zu reflektieren. Diese Herangehensweise schließt an die Erkenntnis an:

„Ein ausschließlich dekonstruktivistischer Impetus ist in der gegenwärtigen gesellschaftlichen Situation *politisch reaktionär*, denn er kann mit dem Verweis auf den fiktionalen Charakter von Weißsein die Tatsache einfach umgehen, dass auch Fiktionen reale Effekte haben und Weißsein den Besitz von gewissen Privilegien und deren Inanspruchnahme Machtausübung bedeutet."[64]

Insofern ist es *nicht* das Anliegen der vorliegenden Arbeit, konstruierte Kategorien, Zuschreibungen und Stereotypisierungen implizit zu reproduzieren und damit festzuschreiben. Es geht zunächst einmal um das Akzeptieren einer massenmedialen, in diesem Fall durch Musikvideos (re)produzierten, Realität: die Existenz von dichotomen ‚Geschlechter'- und ‚Ethnizitäts'kategorien in der Inszenierung. Die Akzeptanz dieser medial repräsentierten ‚Realität' ist notwendige Bedingung für die Auseinandersetzung mit den von ihr hervorgebrachten, gesellschaftsrelevanten und alltagsrealen Konsequenzen, den im obigen Zitat genannten ‚reale[n] Effekte[n]' – der Etablierung einer ethnisch und geschlechtlich kodierten Gesellschaftsordnung, der sozialen Verortung von Individuen auf der Basis vergeschlechtlichender und ethnisierender Zuschreibungen, der Funktionalisierung der Kategorien ‚Ethnizität' und ‚Geschlecht' für die Erhaltung bestehender Hierarchien und der Existenz eines diesen Konsequenzen zugrunde liegenden Machtgefüges. Die methodisch notwendige Operationalisierung der Fragestellung (bezogen auf die Frage nach ethnisierenden und vergeschlechtlichenden Inszenierungspraktiken) durch Kategorisierungen, wie sie im empirischen Teil der Arbeit vorgenommen wird (Kap. 5.1.3.1), ist Bestandteil der systematischen Herausarbeitung eines Befundes über die in Musikvideos repräsentierte ‚Realität', die grundlegend ist für eine kritische Auseinandersetzung mit eben diesen Repräsentationen.

Im Folgenden wird an den entsprechenden Stellen der Begriff der *markierten Ethnizität* verwendet, um zu verdeutlichen, dass es sich bei dem Terminus ‚Ethnizi-

---

[64] Wollrad 2005, S. 19.

tät' immer noch um eine Bezeichung aus hegemonialer und zugleich unsichtbarer – farbloser – Perspektive normativen ‚Weiß-Seins' handelt. Auf diese Weise sollen verharmlosende Neutralisierungen im Sinne einer imaginierten Gleichheit – die in der Lebenswirklichkeit nicht existent ist – vermieden und das Machtgefälle vom Bezeichnenden (Markierenden) zum Bezeichneten (Markierten) präsent bleiben, ebenso wie die impliziten Hierarchisierungen ethnisierter (phänotypischer) Menschenkategorien auf der Basis naturalisierender Zuschreibungen. Im selben Sinne wird der Begriff der *Inszenierung* als Mittel der Reproduktion dieser im hegemonialen Diskurs verorteten Wissensfragmente und Zuschreibungen verwendet. Inszenierung wird somit nicht im Sinne einer ästhetischen oder dramaturgischen Kategorie verwendet, sondern bezeichnet die Reproduktion diskursiv produzierten Wissens. Der Begriff ‚Geschlecht' wird ohne einen weiteren Zusatz verwendet – auch wenn die in ihm implizierten Hierarchisierungen durch die Hegemonie heterosexueller Zweigeschlechtlichkeit auf diese Weise weniger deutlich werden und obwohl es auch bei dieser Kategorie um eine phänotypische Markierung von ‚Weiblichkeit' bzw. ‚Männlichkeit' geht. Die Entscheidung für diese Begriffsverwendung wurde getroffen, da zum einen im massenmedialen Diskurs das Refugium des normativunsichtbaren Männlichen durch ambivalente und heterogene Inszenierungen von Männlichkeit wie Weiblichkeit – zwar langsam aber beständig – mehr und mehr in Frage gestellt wird (siehe Kap. 4.4); zum anderen, da die Exponierung von inszeniertem Nicht-Weiß-Sein gegenüber inszenierter Weiblichkeit angesichts der gesetzten (weiß-männlichen) Norm die Lebensrealität ‚weißer' Gesellschaften widerspiegelt, in denen der Status des Nicht-Weiß-Seins, zumal des ‚gegenderten' Nicht-Weiß-Seins[65], als ‚Anderes' im Alltagskontext noch weitaus tiefer und fester verankert ist als der Status des ‚Nicht-Männlich-Seins' als ‚Anderes'. Wohlgemerkt bezieht sich diese Aussage *nicht* auf die strukturellen Verankerungen und Ursprünge beider Subkategorien als ‚Abweichung' von der Norm, sondern auf die Auswirkungen ihrer Existenz im lebensweltlichen Alltagskontext. Desweiteren werden anstelle der Begriffe ‚schwarz' bzw. ‚farbig' und ‚weiblich' (in substantivierter Form ‚Schwarzer' bzw. ‚Farbiger' und ‚Frau') häufig die Bezeichnungen *nicht-weiß* und *nicht-männlich* bzw. *Nicht-Weiß-Sein* und *Nicht-Männlich-Sein* verwendet. Durch diese Terminologie soll die Existenz ethnisierender und vergeschlechtlichender Kategorisierungen als bezogen auf und abweichend von einer in der Regel unsichtbaren, d.h. nicht thematisierten Norm präsent bleiben.

---

[65] Vgl. Wollrad 2005, S. 90ff.

Die vorliegende Arbeit besteht – abgesehen von den einführenden Darlegungen – aus drei großen Teilen: den *theoretischen und praktischen Grundlegungen* (1), der *Empirischen Studie* zur Inszenierung von Ethnizität und Geschlecht in Musikvideos (2) und der *Analyse der Ergebnisse* (3); letzteres zum einem vor dem Hintergrund historischer und zeitgenössischer Diskurse, zum Anderen im Hinblick auf den ökonomischen Entstehungs- und den massenmedialen Verbreitungskontext von Musikvideos. Die grundlegenden Untersuchungen in den ersten beiden Teilen (Theorie und Empirie) sind jeweils für sich genommen notwendige Voraussetzungen für eine ganzheitliche und umfassende – theoretisch und empirisch fundierte – Auseinandersetzung mit der Inszenierung von Ethnizität und Geschlecht in Musikvideos. In ihrer Zusammenführung am Ende der Arbeit bieten sie eine Antwort auf die Frage, auf welche Weise und warum bestimmte Darstellungen von markierter Ethnizität und Geschlecht in Musikvideos inszeniert werden.

Zu (1): Im Theorieteil soll ein Zugang zu den Fragen entwickelt werden, wie sich das Musikvideo im Kontext seines ökonomischen Entstehungs- und massenmedialen Verbreitungszusammenhangs verstehen, und wie sich die inhaltliche Dimension der visuellen Darstellungen in Videoclips ganzheitlich fassen lässt. Der theoretische Zugang zu diesen Fragen ist notwendig, da nur auf einer strukturellen Ebene, die zunächst von der konkreten Verortung des Musikvideos im massenmedialen Kontext von Plattenfirmen und Musikfernsehen und den konkreten inhaltlichen Darstellungen einzelner Clips abstrahiert, übergeordnete Aussagen zur Frage nach der Repräsentation von Ethnizität und Geschlecht möglich sind.

Zum ersten Punkt, der Verortung des Musikvideos im Kontext von Ökonomie (Musikindustrie/Plattenfirmen) und Massenmedien (Musikfernsehen), wird eine systemtheoretische Analyse durchgeführt. Zwar handelt es sich bei Musikvideos, wie gezeigt werden wird, originär um ökonomische Produkte – zumindest was die in der vorliegenden Untersuchung interessierenden Mainstream-Clips betrifft. Losgelöst vom Entstehungskontext finden sie jedoch erst durch Massenmedien *Verbreitung* – zentrale Voraussetzung für den letztlich bedeutungsgenerierenden Vorgang der Rezeption. Aus diesem Grund wendet sich die Untersuchung in weiten Teilen dem Bereich der Massenmedien zu. Um dieses komplexe Feld umfassend begreifen und darstellen zu können, wird im Anschluss an Niklas Luhmann auf systemtheoretische Erklärungen Bezug genommen. Dabei handelt es sich um eine strukturelle Betrachtungsweise, bei der es um die Erfassung der Eigenrationalitäten und Funktionsweisen des massenmedialen Systems geht. Diesem Ansatz liegt die Auffassung zugrunde, dass die Hervorbringungen der Kultur sich nur dann umfassend verstehen lassen, wenn die Rationalitäten ihrer Entstehung und ihres Funktionierens in Rechnung gestellt werden. Im Anschluss an die systemtheoretischen Grundlegungen werden Entstehungs- und Verbreitungskontext von Musikvideos, d.h. die Musikindustrie[66] und der TV-Musiksender MTV einer kurzen Betrachtung unterzogen, um auch auf der Praxisebene einen kontextuellen Rahmen für die ganzheitliche Auseinandersetzung mit dem Gegenstand abzustecken

Anschließend an den systemtheoretischen Teil wird in Bezug auf die Kategorien ‚Ethnizität' und ‚Geschlecht' ein Diskursbegriff entwickelt, der für die Auseinandersetzung mit den visuellen Inhalten von Musikvideos sowohl konkret, was den einzelnen Clip betrifft, als auch auf der Metaebene einer übergeordneten inhaltlichen Betrachtung fruchtbar gemacht werden kann. Dabei geht es darum, Ethnizität und Geschlecht als gesellschaftliche Diskurse im Sinne eines hegemonialen Wissens über diese Kategorien zu fassen, das konstitutiv für die existierende Gesellschaftsstruktur ist und zugleich in seinen konkreten inhaltlichen Äußerungen (z.B. in Musikvideos) wirklichkeitsinszenierende Bedeutungen schafft. Um die Ergebnisse der empirischen Untersuchung in die hegemonialen Diskurse über Ethnizität und Geschlecht einordnen zu können, werden zentrale Elemente dieser Diskurse (auf der Basis von Sekundärliteratur) herausgearbeitet.

Zu (2) und (3): Die Herausarbeitung der theoretischen Grundlegungen sowie das Aufzeigen relevanter Kontextfaktoren auf der Praxisebene stellen die notwendige, jedoch noch nicht hinreichende Bedingung einer fundierten Auseinandersetzung mit der Repräsentation von markierter Ethnizität und Geschlecht in Musikvideos dar. Hinzu kommt deshalb eine umfassende empirische Analyse, welche eine größere Anzahl von Videoclips auf ihre visuellen Inszenierungen von nicht-weißer Ethnizität und nicht-männlichem Geschlecht befragt. Die Ergebnisse der theoretischen Überlegungen sowie der empirischen Studie werden am Ende der Untersuchung analysiert und in einem auf diese Weise theoretisch und empirisch unterfütterten Erklärungsansatz gefasst, der Aufschluss darüber gibt, wie bestimmte Inhalte in Musikvideos zustande kommen, und wie ihre Aussagen in den Kontext massenmedialer Bedeutungsproduktion eingeordnet werden können. Kern dieses Ansatzes ist die Zusammenführung von Systemtheorie und Diskursbegriff, welche eine Aussage darüber ermöglicht, wie und warum bestimmte mediale Inhalte generiert werden. Dreh- und Angelpunkt jeglichen medialen Outputs, so wird gezeigt werden, ist das Funktionieren strukturbedingter Rationalitäten (im Sinne von Eigengesetzlichkeiten), die einem größeren strukturellen Zusammenhang gehorchen und so präferierte populärkulturelle Hervorbringungen zur Folge haben.

---

[66] Der Begriff *Musikindustrie* entstand in den 20er Jahren des 20. Jahrhunderts, als sich die kommerzielle Verwertung von Tonträgern weltweit durchzusetzen begann. „Gemeint ist damit die systematische Herstellung, Konservierung und Vermarktung von Musikwerken (Noten, Aufzeichnungen etc.) nach den Gesetzen der industriellen Massenproduktion, d.h. integriert in eine arbeitsteiligkooperative und rationalisierte Produktionsweise auf technischer Grundlage" (Kurp/Hauschild/Wiese 2002, S. 80).

Ziel der Arbeit ist es, eine ganzheitliche Perspektive auf den Gegenstand Musik-video zu entwickeln, die 1. Auskunft über Inszenierungsweisen von Geschlecht und markierter Ethnizität auf einer breiten, systematisierten Materialbasis geben kann und 2. auf der Grundlage dieses Befundes, unter Einbeziehung von konkreten Kontextfaktoren wie auch (meta)theoretischen Fundierungen, einen Erklärungsansatz für das Zustandekommen eben jener Darstellungspraktiken liefert.

3 SYSTEMTHEORETISCHE ERFASSUNG MASSENMEDIALER STRUKTUREN

Die Systemtheorie stellt *einen möglichen Ansatz* für die theoretische Konzeption von Massenmedien dar[67]; dabei handelt es sich um einen Ansatz, der in der zeitgenössischen Kommunikationswissenschaft zunehmend an Bedeutung gewinnt.[68] Die Wahl einer systemtheoretischen Analyse gründet sich im vorliegenden Zusammenhang vor allem auf zwei Aspekte: Zum einen bietet die Systemtheorie, wie sie von Niklas Luhmann entwickelt wurde, wesentliche Vorteile durch eine *universale Gegenstandserfassung*. Sie zählt zu den sog. Makrotheorien, d.h. sie zeichnet sich durch eine ganzheitliche Erfassung des Gegenstandsbereiches aus. Eine systemtheoretische Analyse ist auf die Betrachtung struktureller Zusammenhänge ausgerichtet, d.h. sie agiert zunächst unabhängig von der konkreten Ebene medialer Inhalte; wie alle Makrotheorien zeichnet sie sich durch einen hohen Abstraktionsgrad aus.[69] Sie ist in der Lage, um es mit Ulrich Saxer zu formulieren, Medienkommunikation als ein soziales „Totalphänomen"[70] zu erfassen. „Der Universalitätsanspruch einer Theorie wie der Systemtheorie besteht darin, daß sie die Welt, also all das, was potentiell ihren gesamten Gegenstandsbereich ausmachen könnte, mit ihren Beobachtungsinstrumenten abdecken kann."[71] Wie Luhmann selbst betont, bedeutet der Anspruch auf Universalität jedoch nicht, dass die Theorie auch Anspruch auf ausschließliche Richtigkeit oder Alleingeltung erhebt.[72] Zum anderen, dies ist der zweite Grund für die Wahl einer systemtheoretischen Perspektive, richtet sich eine systemtheoretische Betrachtungsweise auf die Erfassung *systemeigener Rationalitäten*. Gefragt wird, nach welchen Kriterien oder Regeln Systeme arbeiten. Dieser Ansatz gibt also Aufschluss darüber, *wie* Massenmedien funktionieren. Damit gibt er auch Hinweise, wie bestimmte Medieninhalte zustande kommen. Im Kontext der vorlie-

---

[67] Eine Auflistung weiterer Ansätze findet sich bei Pürer 2003, S. 23-27 sowie ausführlicher bei Burkart 1998, S. 411-520.

[68] Vgl. dazu u.a. Pürer 2003, S. 25 und 164; Lieb in Schmidt/Westerbarkey/Zurstiege 2001, S. 26f; Meier/Jarren 2001, S. 148. Einen Überblick über die Hauptrichtungen kommunikationswissenschaftlicher Rezeption und Anwendung der soziologischen Systemtheorie geben Marcinkowski 1993, S. 20-25 sowie Weber 2000, S. 15 und 52.

[69] Vgl. Pürer 2003, S. 23f. Als weitere Makrotheorien nennt Pürer im kommunikationswissenschaftlichen Zusammenhang u.a. kritisch-theoretische, neomarxistische, radikal-konstruktivistische und materialistische Ansätze. Für eine genauere Auflistung vgl. a.a.O., S. 24f.

[70] Saxer in Kaase/Schulz 1989, S. 87.

[71] Jahraus in ders. 2001, S. 329f. Ähnlich formuliert Luhmann diesen Universalitätsanspruch selbst – vgl. Luhmann 1987, S. 33.

[72] Luhmann 1987, S. 34.

genden Arbeit kann die Systemtheorie so einen Beitrag zur Klärung der Frage leisten, warum Geschlecht und Ethnizität in Musikvideos auf bestimmte, empirisch herauszuarbeitende Weisen (siehe Kap. 5) repräsentiert werden. Es wird also davon ausgegangen, dass spezifische Systemrationalitäten Auswirkungen auf die inhaltliche Konzeption medialer Produkte haben. Die systemtheoretisch erarbeiteten normativen Annahmen gewinnen zusätzliche Überzeugungskraft, wenn sie empirisch abgesichert werden können. Dazu wird in Kap. 5 eine entsprechende Untersuchung durchgeführt. Die Verknüpfung von systemtheoretischer Durchdringung des Untersuchungsgegenstandes und empirischer Absicherung stellt sich in methodischer Hinsicht als Kombination qualitativer und quantitativer Untersuchungsmodelle dar. Dadurch kann eine Verbreiterung der Wissensbasis erzielt werden, die die Tragbarkeit und Belastbarkeit der gewonnenen Aussagen deutlich erhöht.

3.1 Prämisse einer systemtheoretischen Analyse von Massenmedien: Massenkommunikation als System

Massenkommunikation wird im Folgenden verstanden als selbstreferentiell-geschlossen operierendes Funktionssystem der Gesellschaft. Wie andere gesellschaftliche Systeme regelt es den Umgang mit anderen Systemen sowie mit seiner Umwelt nach eigenen Kriterien und Selektionsweisen und reproduziert sich dadurch selbst (autopoietisch). Dahinter steckt der übergeordnete Gedanke, dass moderne Gesellschaften im Gegensatz zu früheren, hierarchisch organisierten Gesellschaften durch funktionale Differenzierung organisiert sind. Das bedeutet, dass zur Lösung spezifischer gesellschaftlicher Probleme zuständige Funktionssysteme ausgebildet werden – beispielsweise das Rechtssystem mit einer verbindlichen Rechtsordnung zur Wahrung von Gerechtigkeit oder das politische System zur Regulierung von Machtverhältnissen. Systeme haben in diesem Sinne also eine *problemlösende Funktion*. Dabei ist jedes System auf einen bestimmten Aspekt gesellschaftlicher Reproduktion bzw. Problemlösung spezialisiert und schließt dadurch alle übrigen Systeme von dieser spezifischen Funktion aus.

Im Folgenden soll ein konkreter Gegenstandsbereich, die Massenmedien, mit Hilfe systemtheoretischer Begrifflichkeiten analytisch erfasst werden. Die Analyse der Funktionsweise und der Struktur des funktional spezialisierten und selbstreferentiell geschlossenen Systems der Massenmedien soll Hinweise darauf geben, auf welche Sachverhalte und Ereignisse in der gesellschaftlichen Umwelt das System in Form eigener systemischer Operationen anspricht. Durch die Herausarbeitung dieser Systemrationalitäten soll die Grundlage für die spätere inhaltliche Analyse des massenmedialen Phänomens Musikvideo geschaffen werden. Auf diese Weise wird ein analytischer Bezugsrahmen für die theoretische Einordnung und Interpretation der empirischen Daten geschaffen.

Bei der Systemtheorie, wie sie von Luhmann im Anschluss an frühere Entwürfe entwickelt wurde, handelt es sich um eine *Theorie*. Sie geht von bestimmten, empirisch und erkenntnistheoretisch nicht überprüften bzw. überprüfbaren Grundannahmen aus. So lautet der erste Satz im ersten Kapitel von Luhmanns Grundlagenwerk *Soziale Systeme*: „Die folgenden Überlegungen gehen davon aus, daß es Systeme gibt." Und weiter: „Sie beginnen also nicht mit einem erkenntnistheoretischen Zweifel."[73] Wie bei allen Theorien handelt es sich hier also um eine Konstruktionsleistung, die bestimmte Dinge voraussetzt – in diesem Fall die Existenz sozialer Systeme. In den Worten von Oliver Jahraus:

> „So gilt konsequent für die Theorie [die Systemtheorie, C.S.] selbst das, was sie für soziale Prozesse behauptet, nämlich daß sie nicht auf Letztbegründungsebenen zurückgeführt werden kann, sondern dass ihr Vorhandensein auf Entscheidungsmomente, auf dezisionistische und damit auf kontingente Akte (da ja jede Entscheidung auch anders ausfallen kann) zurückgeführt werden muss. (...) Was Luhmann mit (sozialem) ‚System' bezeichnet, ist der Gesellschaft nicht abgeschaut, sondern stellt eine theoretische Hervorbringung dar."[74]

Das System ist also nicht etwas, was man in der der ‚Realität' so vorfinden könnte. Es ist ein theoretisches Instrument zur Beobachtung der Realität. Die Systemtheorie beobachtet die Gesellschaft und das, was sich in der Gesellschaft an Strukturen, an ‚Systemen' herausbildet. Darin liegt ihr konstruktivistisches Moment.[75] Gesellschaft als System zu beobachten bedeutet nicht, den Systemcharakter der Gesellschaft als ihren Wesenskern heraus zu destillieren. Es bedeutet, Gesellschaft überhaupt erst als System zu entwerfen. In diesem Sinne setzt die Systemtheorie einen willkürlichen Beginn, um einen Anfangsgrund für weitere Konzeptualisierungen zu schaffen. Sie setzt beim System an und behandelt Systeme quasi als ontologisch vorgegeben, obwohl sie eigentlich Resultate von Beobachtungen sind.

---

[73] Luhmann 1987, S. 30; vgl. auch Baecker in ders. 2002, S. 7f.

[74] Jahraus in ders. 2001, S. 300f.

[75] Diesen konstruktivistischen Charakter der Systemtheorie hat Luhmann selbst in seinen späteren Werken weiterentwickelt. Zentral ist dabei die Feststellung der prinzipiellen Beobachterabhängigkeit aller Wirklichkeitsbeschreibungen – entsprechend nimmt die Stellung des Beobachters in Luhmanns späteren Arbeiten einen erhöhten Stellenwert ein (sehr deutlich z.B. Luhmann in Baecker 2002).

3.2 Funktionen von Massenmedien: Beobachtung und Thematisierung

In den sog. modernen Gesellschaften erhält Kommunikation eine besondere Bedeutung durch die Existenz von Massenmedien.[76] Die daraus resultierende Massenkommunikation wird systemtheoretisch verstanden als selbstreferentiell-geschlossen operierendes Funktionssystem der Gesellschaft. Jedes System erfüllt innerhalb der Gesellschaft eine spezifische Funktion, welche auf der Grundlage von Systemcodes bzw. -rationalitäten ausgeführt wird. Die Codes dienen der Komplexitätsreduzierung von Umwelteinflüssen[77] und ziehen zugleich die Grenzen des betreffenden Teilsystems. Dies ermöglicht es ihnen, eine eigene Identität auszubilden und sich gegenüber der Umwelt abzugrenzen; nur auf diese Weise kann ein System überhaupt als solches existieren.

Systemtheoretisch betrachtet liegt die primäre Funktion der Massenmedien auf übergeordneter, sozusagen auf einer Metaebene, und äußert sich in der Selbstbeobachtung der Gesellschaft. Die Funktion der Massenmedien besteht darin, durch aktuelle Veröffentlichungen von ‚Informationen' im weitesten Sinne, einen Beitrag zur permanenten Selbstbeobachtung der Gesellschaft und ihrer Teilsysteme zu leisten.[78] In funktionell ausdifferenzierten, ‚modernen' Gesellschaften bedarf es einer systemübergreifenden Instanz, welche in der Lage ist, eine Beschreibung der Beobachtungen aus den verschiedenen Teilsystemen vorzunehmen und diese wiederum einzelnen Subsystemen zugänglich zu machen. Die Massenmedien *publizieren* das, was in einzelnen Gesellschaftssystemen thematisch kursiert. Diese Überlegungen führen Luhmann zu der Aussage „Was wir über unsere Gesellschaft, ja über die Welt, in der wir leben, wissen, wissen wir durch die Massenmedien."[79] Das System der Massenmedien wirkt dabei aus einer beobachtenden Distanz, da es eben nicht den spezifischen Systemrationalitäten des Wirtschaftssystems, des politischen Systems etc. unterliegt, sondern mit eigenen Kriterien der Information und der Publizi-

---

[76] Luhmann versteht darunter „Techniken, die der Extension der Kommunikation auf Nichtanwesende dienen, vor allem Druck und Funk" (Luhmann in Jahraus 2001a, S. 81) bzw. „alle Einrichtungen der Gesellschaft (...), die sich zur Verbreitung von Kommunikation technischer Mittel der Vervielfältigung bedienen" (Luhmann 2004, S. 10). Im kommunikationswissenschaftlichen Kontext werden unter dem Begriff *Massenmedien* all jene Medien verstanden, über die durch Techniken der Verbreitung und Vervielfältigung mittels Schrift, Bild und/oder Ton optisch bzw. akustisch Aussagen an eine unbestimmte Anzahl von Menschen vermittelt werden können (vgl. Burkart 1998: 168).
[77] Mit Komplexität ist die Gesamtheit aller möglichen Ereignisse gemeint. Sie impliziert eine Vielfalt an Möglichkeiten und liegt dann vor, wenn mehrere unterschiedliche Ereignismöglichkeiten offen stehen und eintreten können. Dabei gibt es stets mehr Möglichkeiten des Erlebens und Handelns, als aktualisiert werden können – in diesem Sinne bedeutet Komplexität zugleich Selektionszwang und verweist auf die Funktion der Erfassung und Reduktion von Umweltkomplexität durch soziale Systeme (vgl. Burkart 1998, S. 449).
[78] Luhmann 2004, S. 173.
[79] Luhmann, a.a.O., S. 9.

tät operiert. Bei der ‚Realität der Massenmedien', die vor allem von konstruktivistischer und neomarxistisch-kritischer Seite häufig kritisiert wird, handelt es sich nach den systemtheoretischen Prämissen also um einen „Effekt der funktionalen Differenzierung der modernen Gesellschaft"[80] und nicht etwa um einen bewussten Manipulationsversuch medialer Institutionen bzw. Akteure.

Das In-Kontakt-Treten mit anderen Subsystemen der Gesellschaft geschieht über das Vorhandensein von *Themen*. Themen sind unumgängliche Erfordernisse der Kommunikation; sie stellen die Fremdreferenz des massenmedialen Systems dar. Themen dienen somit der – im systemtheoretischen Terminus – strukturellen Kopplung, d.h. der Möglichkeit der Kontaktaufnahme der Massenmedien mit anderen Gesellschaftsbereichen und sie sind dabei „so elastisch und so diversifizierbar, daß die Massenmedien über ihre Themen alle Gesellschaftsbereiche erreichen können."[81] Der gesellschaftliche Erfolg der Massenmedien beruht demnach auf der Durchsetzung der Akzeptanz von Themen. Massenmedien beobachten also Themen in der Umwelt des Systems der Massenkommunikation (wobei die Umwelt andere Systeme einschließt), verarbeiten sie gegebenenfalls publizistisch und stellen sie anschließend für öffentliche Kommunikation bereit. Damit haben sie die Möglichkeit zur Generierung von Aufmerksamkeit von Seiten der Rezipienten geschaffen; denn erst durch das funktional spezialisierte publizistische System wird Themen Öffentlichkeit zuteil – eine unabdingbare Voraussetzung für breite Aufmerksamkeit. Publikation von Themen ist also die besondere Leistung des Systems der Massenmedien. Das Besondere an diesem Vorgang liegt dabei im Vergleich zu anderen sozialen Systemen, die ja auch Thematisierungsleistungen vollbringen, in der *übergeordneten* Leistungsfunktion von Massenkommunikation. Während alle anderen Systeme ausschließlich über Themen ihrer subsystemischen Kommunikation verfügen (rechtliche Kommunikation im Rechtssystem, politische Kommunikation im politischen System etc.), kommuniziert dass massenmediale System potentiell alle Themen des umfassendsten Sozialsystems Gesellschaft. Das massenmediale System geht über die thematischen Beschränkungen einzelner Subsysteme hinaus, indem es deren Themen aufnimmt, verarbeitet und für die Gesamtgesellschaft, also für *alle* gesellschaftlichen Subsysteme bereitstellt. Auf der Seite der Rezipienten bedeutet dies, dass durch mediale Thematisierung alle möglichen Teilnehmer angesprochen werden. Denn publizistische Themen zeichnen sich dadurch aus, dass sie in der Regel niemanden – zumindest nicht aus inhaltlichen Gründen – von vorneherein aus der massenmedialen Kommunikation ausschließen. Jeder kann bei Bedarf Anschlusskommunikation zu den veröffentlichten Themen vollziehen. Dabei können Themen von den Massenmedien selbst erzeugt werden oder andere Systeme liefern

---

[80] Luhmann, a.a.O., S. 10.
[81] Vgl. Luhmann, a.a.O., S. 29.

Beiträge zur publizistischen Thematisierung. Letzteres dürfte mittlerweile die Regel sein, da nahezu alle gesellschaftlichen Systeme versuchen, Resonanz im massenmedialen System zu erzeugen – genannt sei hier nur das Stichwort Public Relations. Der Erfolg hängt dabei wesentlich davon ab, ob die jeweiligen Themen in der Lage sind, die systeminternen Veröffentlichungskriterien der Massenkommunikation zu erfüllen, ob sie also gemäß dem systeminternen Code der Massenmedien anschlussfähige Kommunikation bereitstellen (siehe Kap. 3.3).

Beim Musikvideo handelt es sich um ein mediales Produkt, das – wie alle anderen Medienerzeugnisse – inhaltlich mit bestimmten Themen und Informationen besetzt ist. Als populärkulturelles Medienprodukt verarbeitet das Musikvideo Themen bzw. Informationen des popkulturellen Diskurses bzw. bringt diese hervor. Es kann also davon ausgegangen werden, dass auch bei der Darstellung von Ethnizität und Geschlecht auf die Themen und Inszenierungspraktiken dieses Diskurses zurückgegriffen wird. Bei der Visualisierung von Musik im Videoclip, der auf die Initiative einer Plattenfirma hin produziert wird, besteht ein wichtiges Ziel darin, dass das Video vom massenmedialen System ‚akzeptiert', d.h. veröffentlicht wird. Von Interesse ist nun also die Frage, wie Musikvideos als Erzeugnisse des ökonomischen Systems (siehe Kap. 3.7) es schaffen, Anschluss an die Systemrationalitäten des massenmedialen Subsystems Musikfernsehen (MTV) zu erreichen, wie ihre Inhalte also beschaffen sein müssen, um vom massenmedialen System akzeptiert zu werden. Um diese Frage zu beantworten, ist eine Betrachtung des massenmedialen Codes notwendig.

3.3 Massenmediale Systemrationalitäten – Codes

Das System der Massenmedien beobachtet die Systeme seiner Umwelt, um daraus Informationen für potentielle Veröffentlichungen abzuleiten. Auf der Basis der systemeigenen Unterscheidung von Selbstreferenz und Fremdreferenz stellt sich nun aber die Frage, wie die Anschlussfähigkeit, d.h. die Übernahme von Themen anderer Subsysteme, erkannt werden kann. Da Systeme immer nur operational geschlossen existieren können und nur mittels struktureller Kopplung Kontakt mit der Umwelt aufnehmen, geht es darum, *wie* über die mögliche Aufnahme systemfremder Elemente in das eigene System entschieden wird.

Dies geschieht im Fall von Funktionssystemen wie den Massenmedien durch einen binären Code, der unter Ausschließung dritter Möglichkeiten einen positiven und einen negativen Wert fixiert.[82] „Der positive Wert bezeichnet die im System

---

[82] Diese starre Dichotomisierung wird von Stefan Weber kritisiert, der ein Weiterdenken der Systemtheorie mittels der Distinktionstheorie von Rodrigo Jokisch und des Non-Dualismus von Josef Mitte-

gegebene Anschlussfähigkeit der Operationen: das, womit man etwas anfangen kann. Der negative Wert dient nur der Reflexion der Bedingungen, unter denen der positive Wert eingesetzt werden kann."[83] Benutzt wird durch die Verwendung des Codes eine *Unterscheidung*, also nicht ein Prinzip, eine Zielvorstellung oder eine Wesensaussage, sondern eine Leitdifferenz, die inhaltliche Aspekte zunächst offen lässt. Ein Code dient der Selbstbestimmung des Systems; er bestimmt, welche Operationen zum System gehören und welche anders oder gar nicht codierten Operationen in der Umwelt des Systems ablaufen. Ohne einen solchen Reflexionswert wäre das System allem, was kommt, undifferenziert ausgeliefert. Es könnte sich nicht von der Umwelt unterscheiden und könnte somit auch keine eigene Reduktion von Komplexität, keine eigenen Selektionen, organisieren – es wäre nicht existent.

Als Code für das System der Massenmedien bezeichnet Luhmann die Unterscheidung von Information und Nichtinformation.[84] Information ist der positive Wert, mit dem das System arbeiten kann und mit dem es die Möglichkeiten seines eigenen Operierens bezeichnet. Nach der ersten Selektion Information/Nichtinformation unternimmt das System weitere Unterscheidungen in Form von Kategorisierungen. Kategorisierungen stecken „Möglichkeitsräume ab[stecken], in denen der Auswahlbereich für das, was als Kommunikation geschehen kann, vorstrukturiert ist."[85] Der Code Information/Nichtinformation genügt also nicht, sondern es sind zusätzliche Einordnungen erforderlich, die das, was als Information erwartet werden kann, aufgliedert in Selektionsbereiche wie Sport, Politik, Kunst etc.

Im Anschluss an Frank Marcinkowski (1993) soll der Code Information/Nichtinformation an dieser Stelle weitergedacht und präzisiert werden. Die Frage ist, welchen Kriterien eine Information unterliegen muss, um veröffentlicht, d.h. vom massenmedialen System aufgenommen zu werden. Aufgrund der Tatsache, dass die Funktion von Massenkommunikation in der Veröffentlichung, d.h. der Publizierung von systemübergreifenden Themen liegt, entwickelt Marcinkowski in diesem Zusammenhang den Code öffentlich/nicht öffentlich.[86]

> „Erst die Ausstattung von Themen mit Publizität, also die Verwendung der Unterscheidung von öffentlich und nicht öffentlich, stellt eine teilsystemische Besonderheit dar. Die ‚systematische', operative Verwendung dieser Unterscheidung für gesell-

---

rer vorschlägt. Die Distinktionstheorie, so Weber, ermögliche sowohl die Beobachtung gradueller Autonomiestufen von Systemen als auch die Beobachtung des Übergangs von funktionaler Differenzierung zu anderen Differenzierungsformen (vgl. Weber 2000, insbes. S. 64 und 83).

[83] Luhmann 2004, S. 35.
[84] Luhmann, a.a.O., S. 36.
[85] Luhmann, a.a.O., S. 38.
[86] Luhmann, a.a.O., S. 53, 65; vgl. auch Meier/Jarren 2001, S. 148.

schaftliche Kommunikation etabliert eine spezifische System/Umwelt-Differenz und kennzeichnet insofern den Ausgangspunkt der Herausbildung eines publizistischen Systems. Publizistik kommuniziert Themen im Medium der Öffentlichkeit."[87]

Die systemkonstituierende System/Umwelt-Differenz der Publizistik bzw. der Massenmedien verläuft also nicht entlang der Unterscheidung von Themen und ‚Unthemen', sondern entlang der Unterscheidung von öffentlichen und nicht öffentlichen (bzw. lediglich systemöffentlichen) Themen. Bei der Übernahme von systemexternen Themen in das System der Massenmedien spielt, so kann festgehalten werden, die Unterscheidung von öffentlichkeitsrelevanten und -irrelevanten Aspekten eines Themas eine zentrale Rolle. Wie Marcinkowski selbst betont, ist der Code öffentlich/nicht öffentlich jedoch zu abstrakt, um für sämtliche Systemoperationen praktikabel zu sein. Deshalb weist er im Anschluss an Luhmann auf sog. „Sekundärcodes"[88] (Selektoren bzw. Veröffentlichungskriterien – siehe Kap. 3.4) hin, die von der Leitdifferenz abgeleitet und auf diese bezogen sind.

> „Sie [die Sekundärcodes, C.S.] stellen sozusagen die geronnenen Erfahrungen und das systemintern ‚gelernte' Wissen darüber dar, welche Themen und Beiträge (inkl. welche Arten der Präsentation, Platzierung etc.) Aufmerksamkeit beim potentiellen Publikum erreichen können. So sind etwa die sogenannten ‚Nachrichtenwertfaktoren' an Kriterien der journalistischen Relevanz und Professionalität einerseits, aber eben andererseits auch an Kriterien der Publikumsakzeptanz orientiert. In unterschiedlichen publizistischen Subsystemen werden sachlich spezialisierte Sekundärcodes entwickelt (Sportpublizisitk, politische Publizistik, Wissenschaftspublizistik) (...)."[89]

Im Anschluss an verschiedene Studien weist Marcinkowski darauf hin, dass tatsächlich eine deutliche Dominanz standardisierter und routinisierter journalistischer Selektions-, Verarbeitungs- und Präsentationsweisen gegeben ist.[90]

Als Konsequenz der Überlegungen von Luhmann und Marcinkowski lässt sich festhalten, dass sich aus massenmedialer Perspektive in Bezug auf zur Verfügung stehende Themen also immer die Frage stellt, was *veröffentlichbar* und was *nicht veröffentlichbar* ist – gemäß publizistischen Veröffentlichungskriterien. Insofern soll hier der Code veröffentlichbar/nicht veröffentlichbar als maßgebliche Unterscheidung der Anschlussfähigkeit von Themen im massenmedialen System eingeführt werden. Die sich daraus ergebenden publizistischen Kriterien für die Veröffentlichung sind sozusagen das Nadelöhr, durch das alles muss, was nach Veröffentlichung strebt bzw. was vom massenmedialen System zur Veröffentlichung in Betracht gezogen wird. Die Kritierien können dabei differieren, je nachdem, in welchem Medium, in welcher Organisation oder abhängig von welchem Akteur (Jour-

---

[87] Marcinkowski 1993, S. 53.
[88] Marcinkowski, a.a.O., S. 69. Auch Gabriele Siegert verwendet diesen Begriff (2001, S. 168).
[89] Marcinkowski, a.a.O., S. 70.
[90] Marcinkowski, a.a.O., S. 100-105.

nalist bzw. Medienschaffender) die Publikation stattfinden soll. So gelten beim Musikfernsehen für die Aufnahme von Musikvideos in das Programm andere Kriterien als beispielsweise in der Nachrichtenredaktion eines öffentlich-rechtlichen Rundfunksenders. Aufgrund der Fülle unterschiedlicher und für einzelne Bereiche unterschiedlich relevanter Veröffentlichungskriterien soll im Folgenden kurz auf einige von Luhmann so benannte „Selektoren"[91] eingegangen werden, die im vorliegenden Zusammenhang (in Bezug auf populärkulturelle mediale Produkte des Unterhaltungssektors) von Interesse sind. Im Zusammenhang mit Musikvideos werden in Kap. 5.2 und 6 spezifische Veröffentlichungskriterien empirisch herausgearbeitet. Der Begriff ‚Veröffentlichungskriterium' wird dabei im Sinne der von Marcinkowski beschriebenen ‚Sekundärcodes' bzw. ‚Nachrichtenwerte' und in Anlehnung an den von Luhmann verwendeten Terminus ‚Selektor' verwendet, bezieht sich im vorliegenden Zusammenhang jedoch auf die Ergebnisse der empirischen Untersuchung. Die Verwendung des an sich ebenfalls in Betracht kommenden Begriffs ‚Nachrichtenwert' wird im vorliegenden Zusammenhang vermieden, da dieser Terminus kommunikationswissenschaftlich besetzt ist[92] und daher hier zu Missverständnissen führen könnte. Die Bezeichnung ‚Veröffentlichungskriterium' wird im Folgenden verwendet, da sich dieser Begriff zwar in seiner inhaltlichen Funktionsbestimmung an die wissenschaftlichen Termini von ‚Nachrichtenwert' bzw. ‚Selektor' anschließt, jedoch im vorliegenden Kontext explizit auf das empirische Material – die Musikvideos – bezogen wird und sich aufgrund dieser Bezugnahme auf einen bestimmten fiktionalen medialen Gegenstand nicht in den breiteren kommunikationswissenschaftlichen Zusammenhang der Nachrichtenwerttheorie einordnen lässt.

3.4 Selektoren – Veröffentlichungskriterien

Die von Luhmann aufgeführten Selektoren, die *Veröffentlichungskriterien* für mediale Inhalte, decken sich weitgehend mit dem, was die Nachrichtenwerttheorie innerhalb der Kommunikationswissenschaften an Erkenntnissen hervorgebracht hat[93] und geben einen aufschlussreichen Hinweis darauf, wie große Teile der Massenmedien auf inhaltlicher Ebene funktionieren. Zunächst stellt Luhmann fest: „Information selbst kann nur als (wie immer geringe) Überraschung auftreten."[94] Nur so kann Aufmerksamkeit bei den Rezipienten erreicht werden. Luhmanns Feststellung weist darauf hin, dass ein veröffentlichungsrelevantes Thema bestimmten Kriterien, und zwar Kriterien, die Überraschendes hervorbringen, genügen muss. Dies bedeutet

---

[91] Luhmann 2004, S. 58.
[92] Vgl. Burkart 1998, S. 275-279.
[93] Burkart, ebd.
[94] Luhmann 2004, S. 57f.

zum einen, dass die Information *neu* und idealerweise auch *aktuell* sein muss. Möglichst sollte sie mit bestehenden Erwartungen brechen; Wiederholungen sind unerwünscht. Dabei, und dies ist von zentraler Bedeutung, erfordert das Erkennen von Neuheiten vertraute Kontexte; Themen müssen sich auf ein 'Hintergrundwissen' beziehen, mit dessen Hilfe Rezipienten (mediale) Informationen schnell auffassen und einordnen können. Teile dieses Wissens sind z.b. „Typen"[95] wie Erdbeben, Unfälle, Firmenzusammenbrüche etc. oder auch temporäre Geschichten, z.b. Reformen oder Affären, zu denen jeden Tag etwas Neues berichtet wird. Daneben gibt es Serien von Neuheiten, etwa an der Börse oder beim Sport, bei denen immer etwas Neues anfällt. Es handelt sich also immer um *Überschneidungen und Differenzierungen* von Vertrautem und Unbekanntem. Dies ist, was Luhmann als „Standardisierung aber auch Differenzierung"[96] massenmedialer Programme bezeichnet hat. Als ein weiterer Selektor gelten *Konflikte*. Konflikte bedeuten gleichzeitig auch Ungewissheit und Spannung, da über eine Lösung, und damit über Gewinner und Verlierer, erst in der Zukunft entschieden wird. Besonders zur Aufmerksamkeitsgenerierung geeignet und damit als Informationswert bestätigt sind *Normverstöße* – sowohl im rechtlichen als auch im moralischen Sinne. In der medialen Darstellung nehmen Normverstöße häufig den Charakter von *Skandalen* an. Weiterhin gibt es auch eine ausgeprägte Präferenz für *Außergewöhnliches* (Luhmann nennt in diesem Zusammenhang das Beispiel vom Alligator im Baggersee). Und natürlich gibt es immer ein gesteigertes Interesse an *Personen*. Dies betrifft vor allem Prominente, aber auch persönliche Schicksale von Unbekannten.[97]

Es ist also festzuhalten, dass sich das Mediensystem trotz seiner prinzipiellen Themenoffenheit an seiner eigenen Veröffentlichungsrationalität orientiert. Dabei strukturieren Veröffentlichungskriterien bzw. Selektoren systemintern die Selektion von Umweltwahrnehmungen. Im Anschluss an die Auseinandersetzung mit den genannten Selektoren kommt Luhmann zu dem Schluss:

> „Aller Selektion, und das gilt für die alltägliche Kommunikation ebenso wie für die herausgehobene der Massenmedien, liegt also *ein Zusammenhang von Kondensierung, Konfirmierung, Generalisierung und Schematisierung* zugrunde, der sich in der Außenwelt, über die kommuniziert wird, so nicht findet. Das steckt hinter der These, daß erst die Kommunikation (oder eben: das System der Massenmedien) den Sachverhalten Bedeutung verleiht. Sinnkondensate, Themen, Objekte entstehen, um es mit einem anderen Begriff zu formulieren, als 'Eigenwerte' des Systems massenmedialer Kom-

---

[95] Luhmann, a.a.O., S. 59.
[96] Luhmann, a.a.O., S. 12.
[97] Vgl. a.a.O., S. 58-72. Luhmann nennt hier auch weitere Selektoren wie Quantitäten und lokalen Bezug, die an dieser Stelle jedoch nicht näher ausgeführt werden.

munikation. Sie werden im rekursiven Zusammenhang der Systemoperationen erzeugt und sind nicht darauf angewiesen, daß die Umwelt sie bestätigt."[98]

Zwei wesentliche Punkte werden hier angesprochen: Zum einen handelt es sich bei der wahrgenommenen Realität immer um eine massenmedial ‚bearbeitete' und vermittelte Realität. Das System der Massenmedien liefert „Welt- und Gesellschaftsbeschreibungen, an denen sich die moderne Gesellschaft innerhalb und außerhalb des Systems ihrer Massenmedien orientiert."[99] Diese Erkenntnis selbst ist nicht neu. Neu ist vielmehr, und dies ist der zweite Punkt, dass es sich um eine Realität handelt, die so ist, wie sie ist, weil sie aufgrund bestimmter Systemrationalitäten entstanden ist. Die Hervorbringung bestimmter Realitätsversionen wohnt den Massenmedien als selbstreferentielles, nach bestimmten Codes operierendes System inne. Diese These unterscheidet sich damit von medientheoretischen Ansätzen wie beispielsweise der kritischen oder der neomarxistischen Theorie, welche von einem bewussten Manipulationsmoment der Massenmedien ausgehen. Allerdings ist zu beachten, dass die Ansätze von z.T. völlig unterschiedlichen Denkvoraussetzungen ausgehen. Während die Systemtheorie ein hochabstrakter, struktureller Ansatz ist, argumentieren andere Theorien wesentlich inhaltsbezogener. Luhmann selbst weist in diesem Zusammenhang darauf hin: „Es ist wichtig, die wie immer beschränkten Möglichkeiten der Manipulation und des teils überzogenen, teils nicht durchdringenden Manipulationsverdachts als eine system*interne* Problematik zu begreifen und nicht als einen Effekt, den die Massenmedien in der Umwelt des Systems erzeugen".[100]

Für den vorliegenden Zusammenhang lässt sich nun festhalten, dass sich bei der Produktion von Musikvideos im Hintergrund immer die Frage stellt, was im Hinblick auf die Akzeptanz eines Clips im massenmedialen System (konkret: im Musikfernsehen) veröffentlichbar und was nicht veröffentlichbar ist. Wie alle anderen Medienerzeugnisse unterliegen die inhaltlichen Darstellungen von Videoclips bestimmten Veröffentlichungskriterien die, soweit sie erfüllt sind, die Videos an das massenmediale System anschlussfähig machen. Entsprechend stellt sich bei der Darstellung bzw. Inszenierung von Geschlecht und Ethnizität im Prozess der Produktion von Musikvideos immer die Frage, was sich zur Veröffentlichung eignet. Um diese Frage gegenstandsbezogen beantworten zu können, wird in Kap. 5 das Material (die Musikvideos) auf seine konkreten Darstellungspraktiken hin befragt. Eine größere Menge von Videoclips (426) wird darauf hin untersucht, ob es bestimmte wiederkehrende Darstellungspraktiken gibt, in denen Geschlecht und Ethnizität inszeniert werden. Aus den empirischen Ergebnissen können diejenigen

---

[98] Luhmann 2004, S. 74f, Hervorhg. im Orig.
[99] Luhmann, a.a.O., S. 174.
[100] Luhmann a.a.O., S. 80, Hervorhg. im Orig.

Veröffentlichungskriterien erschlossen werden, die im Zusammenhang mit der Darstellung von Ethnizität und Geschlecht relevant sind.

3.5 Ökonomisierung des massenmedialen Systems

Da es sich beim Musikvideo zwar um ein Element des massenmedialen Mainstreams handelt, es ursprünglich jedoch einem ökonomischen Entstehungskontext (dem musikindustriellen Sektor) entstammt (siehe Kap. 3.7), stellt sich nun die Frage, wie der Zusammenhang zwischen ökonomischem und massenmedialem System (systemtheoretisch) beschaffen ist und wie sich die beiden Sektoren wechselseitig beeinflussen.

Seit der Einführung des privaten Rundfunks in Deutschland in den 1980er Jahren ist häufig – zumeist mit negativer Konnotation – die Rede von einer Kommerzialisierung oder Ökonomisierung des Mediensektors.[101] Die Liberalisierung und Öffnung nicht nur des deutschen sondern insgesamt des europäischen Rundfunkmarktes in den 1970er und 1980er Jahren hat bewirkt, „daß sich Medienprodukte in einer Konkurrenzsituation verkaufen können müssen"[102]. Die Vorherrschaft ökonomischer Prinzipien, d.h. das Anstreben von finanziellem Gewinn, beeinflusste so zunehmend die Kriterien medialer Produktion. Systemtheoretisch betrachtet könnte man sagen, dass während der vergangenen Jahrzehnte, vor allem was den Bereich des Fernsehens betrifft, ein „Einbau[s] kommerziell ausgerichteter Rationalitäten ins System [der Massenmedien, C.S.]"[103] stattgefunden hat[104] bzw. dass zwei unterschiedliche Rationalitäten aufeinandertreffen: „die Veröffentlichungsrationalität des Mediensystems und die Geldrationalität des Wirtschaftssystems".[105] Ökonomisie-

---

[101] Vgl. dazu ausführlich die Beiträge in Medien & Kommunikationswissenschaft, 49. Jahrgang 2/2001. Hier wird die Problematik ausführlich aus unterschiedlichen Perspektiven (Wirtschaftswissenschaft, Systemtheorie, Politökonomie, Organisationssoziologie, Unternehmensstrategie, Wirtschaftspolitik) betrachtet. Einen (von vielen) Überblick(en) über die Merkmale der Ökonomisierung von Massenmedien, in diesem Fall konkret des Journalismus, gibt Stefan Weber. Seine Auflistung differenziert verschiedene Auswirkungen der Ökonomisierung auf der Gesellschaftsebene, der Organisationsebene, der Interaktionsebene und der Textebene (vgl. Weber 2000, S. 22f).

[102] Müller 2001, S. 69.

[103] Marcinkowski 1993, S. 95. Natürlich kann, streng systemtheoretisch genommen, kein Einbau von systemfremden Rationalitäten in ein System stattfinden, da dies die Existenz des Systems zerstören würde. Der Mechanismus des ‚Einbaus' ökonomischer Rationalitäten in das massenmediale System wird weiter unten (Kap. 3.6) systemtheoretisch erklärt.

[104] Zwar waren die Medien – zumindest in den marktwirtschaftlich organisierten Gesellschaften – schon immer Teil des wirtschaftlich organisierten Sektors der Privatwirtschaft; neu ist jedoch „die radikale Subsumtion des *gesamten* Mediensystems unter die allgemeinen Kapitalverwertungsbedingungen" (Knoche 2001, S. 178, Hervorhg. im Orig.).

[105] Siegert 2001, S. 168.

rung bzw. Kommerzialisierung von Massenmedien meint, dass publizistische Ziele zunehmend ökonomischen Kriterien untergeordnet werden.[106] D.h. die Publikation von Themen durch das System der Massenmedien wird zunehmend über Hilfsindikatoren wie Einschaltquoten, Zuschauerzahlen, Haushaltsreichweiten, Auflagenhöhen etc. operationalisiert. Kommunikationserfolg wäre damit also primär an die Lösung des Erreichbarkeitsproblems geknüpft bzw. – in ökonomischem Terminus – an Absatzerfolg. Die traditionellen publizistischen Ziele im Dienst der demokratischen Gesellschaft (Aufklärung, Kritik, Kontrolle etc.) werden mehr und mehr durch marktorientierte, ökonomische Ziele ersetzt. Dies hängt wiederum zusammen mit einer zunehmenden Ausrichtung auf Publikumspräferenzen und die Interessen der Werbeindustrie: der Rezipient wird zum Konsumenten. Medienprodukte werden als Waren in Konkurrenz zu anderen Waren gestaltet und die Funktion der Medien als Werbeträger wird ausgebaut – mit entsprechenden Folgen für die Inhalte der Medienprodukte.[107] Der Unterhaltungswert von Medienprodukten ist in diesem Zusammenhang von zentraler Bedeutung.

Vor allem private Medienanbieter, beispielsweise Musikfernsehesender wie MTV, sind geprägt durch eine unternehmerische und kundenorientierte Ausrichtung. Wesentlich ist nicht ein demokratischer Auftrag, wie bei den öffentlich-rechtlichen Rundfunksendern (Meinungsbildungs-, Forums-, Informationsfunktion etc.), sondern die Erzielung von Gewinnen. Als Anbieter von Medienkultur müssen sie zugleich ihre Marktanteile wahren und mehren. Am Beispiel von MTV zeigt sich sehr deutlich, dass ‚Kommerz' nichts ist, was den Medien durch irgendeine ökonomische Übermacht aufoktroyiert wird, sondern dass er den Strukturen des Systems innewohnt. MTV wird hervorgebracht bzw. existiert durch einen Mechanismus, der den Sender von Programmlieferungen aus dem ökonomischen System abhängig macht: Die Musikindustrie liefert Musikvideos als Programminhalte, der Sender stellt ein Distributionsmedium zur Erreichung von Kunden zur Verfügung, die Konsumgüterindustrie hat ein Umfeld für die Platzierung von zielgruppengerechter Werbung und finanziert so wiederum den Sender.

---

[106] Zu beachten ist jedoch, dass die Beeinflussung ökonomischer bzw. publizistischer Systemrationalitäten gegenseitig verläuft. Es zeichnet sich nicht nur eine Ökonomisierung der Medien ab, sondern auch eine Mediatisierung der Ökonomie (vgl. Siegert 2001, S. 174).
[107] Vgl. Heinrich 2001, S. 165.

3.6 Zusammenhang von massenmedialem und ökonomischem System: Interpenetration und Leistungsaustausch

Ein theoretisches Problem ergibt sich nun jedoch aus der Frage, wie der Tatbestand eines kommerzialisierten bzw. ökonomisierten massenmedialen Systems systemtheoretisch gedacht werden kann. Denn unter systemtheoretischen Prämissen ist es nicht möglich, von einer Übernahme des ökonomischen Codes Zahlung/Nichtzahlung[108] bzw. gewinnbringend/nicht gewinnbringend in das System der Massenmedien auszugehen. Dies ergibt sich daraus, dass jedes System selbstreferenziell-geschlossen nach dem jeweils eigenen Code operiert und es nicht möglich ist, Codes aus anderen Systemen zu übernehmen, ohne die Autonomie und damit die Existenz eines Systems zu gefährden. Kein Fremdcode kann Dominanz über ein Funktionssystem gewinnen, ohne es gleichzeitig zu zerstören.

Marcinkowski löst dieses Problem unter Rückgriff auf Luhmann mit dem Hinweis, dass die „subsidiäre Inkorporation ‚systemfremder' Unterscheidungsmechanismen"[109] einem System durchaus zugestanden werden kann. Die Existenz eines dominierenden Systemcodes schließt den Einfluss anderer Wertgesichtspunkte, die bei einzelnen Kommunikationsselektionen relevant werden können, demnach nicht automatisch aus. „In dieser Auslegung ist das im binären Schematismus ausgedrückte Wertdual eines Systems nicht universal determinierend, sondern dominierend, was aber nicht ausschließt, daß andere Wertduale ‚im Hintergrund' ihre Bestimmungskraft haben."[110] In Bezug auf das System der Wirtschaft formuliert Luhmann diese Möglichkeit folgendermaßen:

> „Die Orientierung an anderen Werten [Luhmann bezieht sich hier auf Codes, C.S.] (…) bleibt selbstverständlich möglich, denn die ausgeschlossenen Drittwerte können auf der Ebene der Programme des Wirtschaftssystems durchaus berücksichtigt werden. Sie fungieren dann aber ökonomisch mediatisiert, sind dann eingeschlossene ausgeschlossene Drittwerte, entparadoxierte Paradoxien oder ‚Parasiten' im Sinne von Michel Serres."[111]

Auf Massenmedien bezogen bedeutet dies, dass systemfremde Codes wie die des Wirtschaftssystems durchaus Einfluss auf die publizistische Produktion haben können. Es kann jedoch nicht die Rede von einer ‚Übernahme' wirtschaftlicher Systemrationalitäten sein, da sonst das massenmediale System als solches nicht mehr existieren würde. Die Frage ist also nicht, ob sich systemfremde Rationalitäten sozusagen in andere Systeme ‚einschleichen' können, sondern wie sich verschiedene Codierungen zueinander verhalten.

---

[108] Luhmann 1989, S. 243.
[109] Marcinkowski 1993, S. 180.
[110] Marcinkowski, a.a.O., S. 181.
[111] Luhmann 1989, S. 246.

Präzisieren lassen sich diese noch eher vagen Überlegungen durch das Konzept der Interpenetration. Dabei geht es um die wechselseitige Durchdringung von Systemen und die entsprechende Vernetzung von Systemlogiken. Im Mittelpunkt steht der gegenseitige Leistungsaustausch[112] von Systemen, der durch die jeweiligen, systemeigenen Codes gesteuert wird.

> „Von *Penetration* wollen wir sprechen, wenn ein System die eigene *Komplexität* (und damit: Unbestimmtheit, Kontingenz und Selektionszwang) *zum Aufbau eines anderen Systems zur Verfügung stellt.* (…) *Interpenetration* liegt entsprechend dann vor, wenn dieser Sachverhalt wechselseitig gegeben ist, wenn also beide Systeme sich wechselseitig dadurch ermöglichen, daß sie in das jeweils andere ihre vorkonstituierte Eigenkomplexität einbringen."[113]

Es ist also möglich, dass Systeme von fremden Systemrationalitäten beeinflusst werden, ohne die autopoietische Existenz des Systems selbst in Frage zu stellen. Die interpenetrierenden Systeme bleiben füreinander Umwelt. „Die Eigenselektion und Autonomie der Systeme wird durch Interpenetration nicht in Frage gestellt."[114] Interpenetration lässt sich dabei nicht als Modell einer Beziehung von zwei getrennten Dingen vorstellen, z.B. als zwei sich teilweise überschneidende Kreise. Entscheidend ist, „daß die Grenzen des einen Systems [welche ja durch den Code erst definiert werden, C.S.] in den Operationsbereich des anderen übernommen werden können."[115] Jedes an Interpenetration beteiligte System realisiert dabei in sich selbst das andere als dessen Differenz von System und Umwelt, ohne selbst zu zerfallen. Interpenetration bezeichnet also nicht eine Überschneidung von Systemrationalitäten, sondern einen wechselseitigen Beitrag zur Systemkonstitution. Die Systemleistungen, die interpenetrierende Systeme füreinander erbringen, bestehen nicht in einem Input von Ressourcen, von Energie oder Information – auch wenn das natürlich möglich bleibt; Interpenetration greift tiefer und betrifft den Kommunikationszusammenhang eines Systems. Dabei findet dieses wechselseitige Beisteuern von systemeigener Komplexität in Form von Kommunikation statt. Nur durch Interpenetration, so stellt Luhmann in diesem Zusammenhang fest, ist Evolution überhaupt möglich.[116]

Die Interpenetration von massenmedialem und ökonomischem System wird deutlich auf der Ebene der publizierten Medieninhalte. Sie zeigt sich darin, dass zahlreiche Medieninhalte nicht nur auf der Grundlage traditioneller publizistischer Krite-

---

[112] Leistung bezeichnet in der systemtheoretischen Terminologie die Beziehung von Systemen untereinander, Funktion beschreibt das Verhältnis von Systemen zu ihrer Umwelt – wobei andere Systeme immer Teil dieser Umwelt sind.

[113] Luhmann 1987, S. 290, Hervorhg. im Orig.

[114] Luhmann, a.a.O., S. 291.

[115] Luhmann, a.a.O., S. 295.

[116] Luhmann, a.a.O., S. 294.

rien produziert werden, sondern aus ökonomischem Kalkül. Beiträge sollen nicht nur informieren, aufklären, meinungsbildend wirken usw. sondern auch oder in erster Linie ökonomisch erfolgreich sein. Ökonomisch erfolgreich zu sein bedeutet im massenmedialen Kontext vor allem, Werbekunden zu binden. Bei kommerziellen Rundfunksendern, im Printsektor und anderen medialen Kontexten ist ökonomischer Erfolg in diesem Sinne existentiell notwendig, da die entsprechenden Unternehmen sich mehrheitlich über Werbung finanzieren. Die Ausrichtung von Medieninhalten auf die Zielgruppen der Konsumgüterindustrie und *nicht* auf die Erfüllung eines übergeordneten Grundversorgungsauftrags, wie er für die öffentlich-rechtlichen Rundfunksender durch die Rechtsprechung des Bundesverfassungsgerichts festgelegt ist[117], hat angesichts dieser Tatsache Konsequenzen für die inhaltliche Gestaltung von Programmen.[118]

Neben dem, was Marcinkowski „Einbau"[119] ökonomischer Rationalitäten in das massenmediale System genannt hat – die Interpenetration, lässt sich jedoch auch die systemische Verbindung des *Leistungsaustauschs* zwischen Massenmedien und Ökonomie beobachten. Der Transfer von Leistungen des einen Systems zum anderen bedeutet, dass Leistungen konvertiert werden müssen, um anschlussfähig für andere Systeme zu sein. Leistungsaustausch zwischen den Systemen kann nur auf der Grundlage wechselseitiger Anpassungen stattfinden. D.h. Leistungen müssen so gestaltet werden, dass sie im anderen System kommunikative Anschlussfähigkeit gewährleisten. So gestaltet das ökonomische System beispielsweise (Werbe-) Botschaften in Form von PR-Beiträgen und stattet sie mit den Veröffentlichungskriterien des Mediensystems aus. Auf diese Weise ist die Anschlussfähigkeit der Botschaft im massenmedialen System gegeben und die Leistung der Veröffentlichung kann erbracht werden. Umgekehrt gilt, dass die Massenmedien durch die Schaffung eines bestimmten Programmprofils Rezipienten binden, die als Konsumenten für das ökonomische System von Interesse sind. Die Kaufkraft dieser Rezipienten macht das massenmediale Programm wiederum anschlussfähig für das ökonomische System und dessen Leistung der ‚Zahlung' für Werbeschaltungen, Sponsoring etc. „In der Beziehung zwischen Medien- und ökonomischem System muss also Geld in Publizität und Publizität in Geld übersetzt werden, damit die einzelnen Handlungen

---

[117] Urteil vom 04.11.1986.

[118] Die zu beobachtende Angleichung der Programminhalte von öffentlich-rechtlichen und kommerziellen Rundfunksendern hat ihre Gründe vor allem in der Konkurrenzsituation beider Rundfunksektoren. Da kommerzielle Sender in den großen Programmbereichen Unterhaltung und Fiction teilweise mehr Zuschauer binden als die Öffentlich-Rechtlichen, entsteht für letztere das Problem der Rechtfertigung von Gebührenzahlungen und -erhöhungen (Zahlen, Daten und Fakten zu dieser Situation sind u.a. zu finden in den jährlich herausgegebenen Media Perspektiven Basisdaten).

[119] Marcinkowski 1993, S. 95.

anschlussfähig sind."[120] Die Intensität dieser Konvertierungsprozesse und die Bemühungen, die in den reibungslosen Ablauf dieser Konvertierungen gesteckt werden – allen voran die Investitionen in Medien-, Werbe- und Publikumsforschung –
belegen die Relevanz der Beziehungen bzw. der gegenseitigen Abhängigkeit zwischen massenmedialem und ökonomischem System. Insgesamt zeichnet sich nicht
nur eine Ökonomisierung der Medien ab, sondern auch eine Mediatisierung der
Ökonomie.[121]

Im Folgenden sollen die Erkenntnisse der vorangegangenen systemtheoretischen Analyse der Hervorbringung und Verbreitung von Medieninhalten auf der
praktischen Produktions- und Verbreitungsebene von Musikvideos konkretisiert
werden. Dazu wird zunächst ein Überblick über wesentliche Faktoren in Bezug auf
den musikindustriellen Sektor sowie den Musikfernsehsender MTV gegeben; abschließend werden die theoretische und die anwendungsorientierte Ebene in einer
Schlussfolgerung zusammengeführt.

3.7   Systemische Praxis I: Das Produktionssystem – Musikindustrie

Gerade was den Faktor Produktion, also den musikindustriellen Bereich betrifft,
weist die Forschung über Musikvideos Defizite auf. Die weitaus meisten Arbeiten
konzentrieren sich, wie bereits dargestellt wurde (Kap. 2.1), auf die Untersuchung
des Produktes selbst, einige beschäftigen sich mit der Rezeption von Clips. Wie
Goodwin betont, spielt jedoch bei der Auseinandersetzung mit dem Gegenstand
Musikvideo selbst gerade die Berücksichtigung der institutionellen Strukturen, d.h.
die Beziehung zwischen dem Produkt und den dazugehörigen Institutionen, eine
wichtige Rolle:

> „While I do *not* argue that textual meanings can be 'read off' from institutional con-
> texts, I suggest that the organization of the music and media industries sets clear pres-
> sures and limits, partly due to essentially promotional rhetoric of the music video clip."
> – "the promotional demands of music video explain many of its textual features."[122]

Die wissenschaftliche Auseinandersetzung mit den Prozessen der Musikindustrie,
so David Sanjek, verläuft hauptsächlich entlang zweier Argumentationslinien: Zum
einen betont eine an marxistische Vorstellungen angelehnte Sichtweise den Waren-
charakter populärer Musik. Diese wird demnach von einer mächtigen Kulturindust-

---

[120] Siegert 2001, S. 172.
[121] Siegert weist in diesem Zusammenhang darauf hin, dass diese Entwicklungen sich auch auf andere gesellschaftliche Teilbereiche ausweiten, so dass man letztendlich von einer „ökonomisierten
Medien- und Informationsgesellschaft" sprechen kann (vgl. Siegert 2001, S. 174).
[122] Goodwin 1992, S. xviii und 29, Hervorhg. im Orig., vgl. auch a.a.O. S. 168.

rie mit dem Ziel hervorgebracht, den Markt und die mittels Musik transportierten Bedeutungen zu bestimmen und zu kontrollieren. Zum anderen gibt es die Auffassung, eine vollkommene und effektive Kontrolle durch die ‚Kulturindustrie' sei nicht möglich, da die Rezipienten den Produkten eigene und durchaus auch subversive Bedeutungen zuschreiben – eine Ansicht, die vor allem im Rahmen des ‚agency'-Konzepts der Cultural Studies vertreten wird. Angesichts der verbreiteten eher vagen Mutmaßungen über den Einfluss der Musikindustrie schlägt Sanjek vor: „We need more accurately and deliberately to examine the corporate structures that produce the material artifacts about which we theorize and through which we make sense of our lives."[123] Die institutionelle, d.h. musikindustrielle Dimension ist bei einer Auseinandersetzung mit Musikvideos im vorliegenden Kontext angesichts des zugrunde liegenden Erkenntnisinteresses (nach dem ‚Wie' und dem ‚Warum' der Darstellung von Ethnizität und Geschlecht) also insofern von zentraler Bedeutung, als sie mögliche Hinweise auf die Darstellungspraktiken von Videoclips bzw. auf die Strukturen, die bestimmte Inszenierungen hervorbringen, gibt. Denn bestimmte Darstellungskriterien manifestieren sich – wie bereits die systemtheoretische Analyse nahegelegt hat – bereits in den institutionellen Strukturen und Entscheidungsprozessen, die das Produkt Musikvideo hervorbringen und vermarkten.

3.7.1 Die Bedeutung der Ökonomie für den populärmusikalischen Prozess

Historisch betrachtet bewirkte neben der Industrialisierung und der damit einhergehenden Etablierung von ‚Freizeit' durch die Trennung von Wohn- und Arbeitsplatz vor allem die Erschließung neuer Kommunikationstechnologien wie Grammophon, Rundfunk oder Film eine „schrittweise Integration von Musik in den Gesamtzusammenhang von Massenkultur als einem breite soziale Schichten übergreifenden System von kulturellen Werten und Praktiken."[124] Diese Entwicklung ging einher mit einer zunehmenden Bindung der Musik an den Warenmechanismus, wobei sich kommerzielle Interessen und Publikumspräferenzen gegenseitig beeinflussten. Nicht zu unterschätzen ist in diesem Zusammenhang der Einfluss der Werbung auf die Etablierung populärer Musik: Da die Investitionen der Werbeindustrie sich vor allem auf jene Rundfunksendungen konzentrierten, in denen die von den Hörern bevorzugten populären Titel liefen, waren die Rundfunkanbieter bemüht, die Programmstrukturen ihren Geldgebern entsprechend anzupassen. Neben dem Rundfunk bedeutete auch für die Tonträgerindustrie die Konzentration auf die beliebten und weit verbreiteten populären Formen von Musik ein Minimum an kommerziellen

---

[123] Sanjek 1997, S. 75; vgl. auch Gurk in Holert/Terkessidis 1997, S. 20.
[124] Wicke in ders. 2001, S. 21.

Risiken. Auf diesen Grundlagen entwickelte sich ein komplexes, vernetztes System von Rundfunk-, Werbe- und Musikindustrie: Die Musikindustrie beliefert die Rundfunkstationen mit günstigem Programmmaterial, diese wiederum werben durch die Ausstrahlung für die entsprechenden Musikprodukte und schaffen mit ihren auf den Massengeschmack ausgerichteten Programmstrukturen und -inhalten ein attraktives Umfeld für die Werbeindustrie.

Die gesamte Geschichte der Popularisierung von Musik[125] macht deutlich: „Industrie und Marktbeziehungen sind der populären Musik als *Musik* immanent und keine nur äußerlich wirkenden wesensfremden Kräfte."[126] Im Mittelpunkt des populärmusikalischen Prozesses steht die oben beschriebene Interessenkonstellation von Seiten der unterschiedlichen Systeme von Rundfunk-, Werbe- und Musikindustrie. Diese bringt das Bedingungsgefüge hervor, innerhalb dessen populäre Musik, und damit auch Musikvideos, entstehen. Was die Interessen der Musikindustrie, also der Plattenfirmen betrifft, so folgt der Vertrieb von Tonträgern nicht in erster Linie ästhetischen oder musikalischen Kriterien sondern einem Kosten-Nutzen-Kalkül (Code: gewinnbringend/nicht gewinnbringend), bestehend aus den Komponenten des Nachfrage- und Produktionspotentials sowie den damit verbundenen technischen, logistischen u.a. Möglichkeiten. Musik ist zwar *Mittel* zum Zweck des Absatzes von Tonträgern, d.h. der Generierung von Gewinnen, sie ist jedoch nicht unbedingt Zweck des musikindustriellen Prozesses selbst. Es geht also nicht in erster Linie um die Schaffung von Musik, sondern um die Schaffung möglichst gewinnbringender und absatzfördernder musikalischer *Produkte*. Die Ökonomie dieses Prozesses verlangt wiederum die Bindung von Musik an ein Trägermedium, denn die Generierung von Gewinn ist nur möglich, wenn „das Musizieren von seiner zeitlichen Vergänglichkeit befreit [wird] und in einer gegenständlichen Form verfügbar gemacht [wird]."[127] Dem Musikalischen sind damit unmittelbar technologische Bedingungen gesetzt. Die privaten Rundfunkanbieter hingegen interessieren sich nicht für die Mechanismen des Tonträgerabsatzes, wie es bei den Plattenfirmen der Fall ist, sondern richten ihr Bestreben darauf, passendes Material (in diesem Fall Musikvideos) für die Gewinnung von Werbekunden zu bekommen. Ihr primäres Interesse ist es, der Werbeindustrie, sozusagen ihrer Kundschaft und damit den Garanten für ihre wirtschaftliche Existenz, adäquate Zielpublika zu liefern.

Die dargelegten Zusammenhänge zeigen, dass populäre Musik – die sog. U(nterhaltungs)- im Gegensatz zur E(rnsthaften)-Musik – *nicht* der Ausgangspunkt eines industriellen Verwertungsprozesses ist, sozusagen das „Rohmaterial, um das alle streiten"[128], sondern das *Ergebnis* eines Prozesses.

---

[125] Siehe dazu ausführlich Wicke 2001.
[126] Wicke 1992, S. 6-42, keine genauen Seitenangaben, Hervorhg. im Orig.
[127] Wicke in ders. 1993a, keine Seitenangaben.
[128] Frith 1987 zit. nach Wicke 1993, keine Seitenangaben.

„Die Industrialisierung von Musik kann nicht als ein Prozeß verstanden werden, der sich an der Musik vollzieht, sondern es ist ein Prozeß, in dem Musik entsteht – ein Prozeß, der ökonomische, technologische und musikalische Kriterien vermischt (und durcheinander bringt)."[129]

Dadurch, dass das musikindustrielle System die Bedingungen hervorbringt, unter denen populäre Musik entsteht, und auf die sowohl Musiker als auch Publika reagieren, definiert sie, was populäre Musik überhaupt sein kann.

„Insofern ist der Industrieprozeß der Popmusik nicht etwas bloß Äußerliches, nicht nur als ökonomische Nutzung eines kulturellen Prozesses zu verstehen, der seinem Wesen nach eigentlich frei von ökonomischen Triebkräften wäre."[130]

Und auch in einem weiteren wichtigen Aspekt – nämlich das Publikum betreffend – gibt die Musikindustrie die Bedingungen vor. Dadurch nämlich, dass sie festlegt, wessen Nachfrage und ökonomisches Potential sie als hinreichend profitabel akzeptiert, um für diese Nachfrage zu produzieren, definiert und konstituiert die Musikindustrie auch den Markt, d.h. die verschienenen Publika. Dieser Markt wiederum definiert sich auf der Grundlage einer nüchternen Kosten-Nutzen-Analyse. Insofern wird der gesamte Komplex der Populärmusik von den Mehrheitsentscheidungen (d.h. der Entscheidung, einen Tonträger zu kaufen) unter jenen Minderheiten getragen, welche die Tonträgerindustrie zuvor als Markt definiert hat.

Diese Erkenntnisse scheinen die Annahme zu bestätigen, dass das System der Musikindustrie das musikalische Geschehen voll und ganz unter seine Kontrolle gebracht hat. Dies trifft auch insoweit zu, als es gelungen ist, den im Prinzip unkontrollierbaren Musikmarkt durch Konzentration und Zentralisation einigermaßen operationalisierbar zu machen, so dass vor allem die Majors der Branche ihre Produktionsrisiken erheblich minimieren konnten. Dennoch decken im Durchschnitt von zehn Veröffentlichungen sieben nicht einmal die Produktions- und Vertriebskosten, zwei sind gerade kostendeckend und nur eine ist wirklich gewinnbringend; insgesamt gesehen ist also nur jede zehnte Platte wirklich einträglich. Dieses Verhältnis, so Wicke, hat sich seit den 1950er Jahren, als sich die noch heute präsenten Grundstrukturen der Musikindustrie herausgebildet haben, nicht mehr wesentlich geändert.[131] Das bedeutet, dass die Musikindustrie, ungeachtet des inzwischen erreichten Konzentrationsgrades und der immer effizienter gewordenen Vermarktungsmethoden, ihre Erfolgsquote nicht maximieren, den Musikprozess also nicht ‚marktgerechter' machen konnte.

„Das Erfolgsgeheimnis der Musikbranche besteht eben ganz und gar nicht darin, wie immer wieder unterstellt, ihre überwiegend jugendlichen Konsumenten zu Opfern von

---

[129] Frith 1987, ebd.
[130] Wicke in ders. 1993a, keine Seitenangaben.
[131] Wicke, a.a.O.

irgendwelchen ausgeklügelten Verkaufstechniken zu machen, sondern es liegt vielmehr in einem möglichst verlustarmen Umgang mit dieser Relation."[132]

Die Musikindustrie kann das Marktgeschehen, das Angebot und die Nachfrage von
Musikprodukten, also nicht wirklich kontrollieren und manipulieren, sondern sie
setzt den Rahmen bzw. die Bedingungen dessen, was als Populärmusikprozess definiert wird. Sie schafft Produkte, für die dann durch Marketing, Promotion und möglichst hohe Chartpositionen ein Zielpublikum aufgebaut wird. Es geht also weniger
um die Musik selbst, sondern um Angebotsstrategien, für welche die Musik das
Mittel zum Zweck ist: „Genau genommen produziert die Musikindustrie nicht Musik, sondern Publika, in immer wieder neuen Zusammensetzungen und in immer
größeren Dimensionen (...)."[133]

3.7.2 Institutionelle Strukturen der Produktion

Heute sind populäre Musikprozesse nahezu vollständig an die Instanzen der Musikindustrie gebunden.[134] Ein wesentlicher Grund hierfür liegt sowohl in der Bindung
nahezu aller modernen Musikstile an technisch teilweise sehr aufwändige Produkti-
onsprozesse als auch in der Abhängigkeit von professionellen Vermarktungsstrate-
gien der großen Plattenfirmen. Dabei sind die meisten Plattenfirmen heute eingebunden in transnationale Unterhaltungskonzerne, die Musik im Rahmen einer Kette
von Einnahmequellen vermarkten, welche nicht mehr an ein bestimmtes Medium
gebunden sind und die sich ständig erweitern; Cross-Media-Marketing lautet in diesem Zusammenhang das Stichwort (z.B. die Einbindung von Titeln in Kinofilme als
Soundtrack oder die Funktion als Werbesong). Große Musikkonzerne fungieren
mittlerweile vor allem als Vermarkter von Rechten und nur in zweiter Linie als Produzenten von Tonträgern. Mit der Vermarktung der Rechte an einem Song werden,
vorausgesetzt er ist erfolgreich, wesentlich höhere Umsätze erzielt als durch den

---

[132] Wicke, a.a.O.
[133] Wicke, a.a.O. Der Mechanismus existiert in dieser Form seit den 1950er Jahren. Vorher, bis Ende
der 1940er Jahre, verlief der kommerzielle Prozess angebotsabhängig, d.h. die Plattenfirmen verkauften, was sie produzieren konnten (ebd.).
[134] Zur historischen Entwicklung der Musikindustrie siehe ausführlich Garofalo in Wicke 2001, S.
107-149. Garofalo teilt die Geschichte des Musikbusiness in drei Phasen ein: 1. Die Dominanz der
Musikverlage in der Zeit, als Noten das vorrangige Mittel für die Verbreitung populärer Musik waren, 2. die Dominanz der Plattenfirmen, welche die Vorherrschaft übernahmen als die technische
Entwicklung die Konservierung von Musik auf Tonträgern erlaubte und 3. die Dominanz der trans-
nationalen Unterhaltungskonzerne. In der vorliegenden Arbeit wird lediglich die letzte Phase thematisiert.

Verkauf der Tonträger.[135] Auch für Muskvideos gilt, dass die Vermarktung des Rechts, einen Clip auszustrahlen, mehr Geld bringt als der Verkauf der Videos an die Endkonsumer.[136]

Die Musikbranche wird gegenwärtig beherrscht von den vier sog. Majors[137]: der Universal Music Group, Sony BMG, EMI und Warner Music, die zusammen ungefähr drei Viertel des weltweiten Musikmarktes kontrollieren, welcher insgesamt rund 30 Milliarden Dollar umfasst.[138] Dieses Oligopol ist das Ergebnis mehrerer Fusionen seit den späten 1960er Jahren, welche zu einer starken, sowohl horizontalen als auch vertikalen, Konzentration auf dem internationalen Musikmarkt geführt haben.[139] Die Oligopolstruktur ist dabei nur die Oberfläche eines nahezu undurchschaubaren Netzwerks von Kapitalverflechtungen, welche hinter den einzelnen Unternehmen stehen und die sich durch eine Vielzahl von Labeln[140], intermedialen Querverbindungen und Vertriebsabkommen auszeichnen. Angesichts der immer größer werdenden Umsatzverluste der Branche, die auch durch Umstrukturierungen, Kündigungen von zahlreichen Plattenverträgen und einen massiven Personalabbau nicht aufgefangen werden konnten, nahm der Fusionsdruck auch bei den Majors weiter zu. Zuletzt kündigten der japanisch-amerikanische Sony-Konzern und die

---

[135] Vgl. Wicke in ders. 1993a, keine Seitenangaben sowie Rutten 1991, keine Seitenangaben. Die erste Band, bei der die Einnahmen aus dem Verkauf diverser Merchandising-Produkte höher lagen als durch den Verkauf von Platten, war der Prototyp aller Boygroups, *New Kids on the Block* (vgl. Hoffmann in ders./von Osten 1999, S. 70).

[136] Banks 1998, S. 302.

[137] Die folgenden Ausführungen beziehen sich auf die musikindustrielle Ebene dieser Majors, da im Wesentlichen die von ihnen in Auftrag gegebenen Videos – der Mainstream – für die vorliegende Arbeit von Interesse ist und entsprechend die übergroße Mehrzahl der in die empirische Studie einfließenden Clips darstellt. Hinzuweisen ist jedoch darauf, dass der kreative Input der sog. Independents, der von den Majors mehr oder weniger unabhängigen Plattenfirmen, von großer Bedeutung für den populärmusikalischen Prozess ist. Auf diese Ebene kann aus Gründen des begrenzten Umfangs der Arbeit nicht genauer eingegangen werden. Zum Verhältnis von Majors und Independents siehe u.a. Smudits 2002 sowie Kurp/Hauschild/Wiese 2002, S. 82f und direkt in Bezug auf Musikvideos Banks 1998, S. 304-306.

[138] Unter Berufung auf die IFPI (International Federation of the Phonographic Industry) macht die Frankfurter Allgemeine Zeitung folgende Angaben zu den Umsatzanteilen am Weltmarkt (vor der Fusion von Sony und BMG): Universal 23,5%, EMI 13,4%, Sony 13,2%, Warner 12,7%, BMG 11,9% und Sonstige 25,3% (Frankfurter Allgemeine Zeitung vom 19.06.04, S. 9). Ohne die Angabe einer Quelle gibt der Spiegel betreffend die Marktanteile nach Verkäufen an: Universal Music Group 25,9%, Sony Music 14,1%, EMI 12,0%, Warner Music 11,9%; BMG 11,1% und Sonstige 25% (Schulz in Der Spiegel Nr. 46/2003 vom 10.11.03, S. 220). Diese Angaben entsprechen denen der Zeit (Hamann in Die Zeit, Nr. 47 vom 13.11.03, S. 21f).

[139] Für die Marktbewegungen und Fusionen im Detail siehe ausführlich Harker, kein Datum, keine Seitenangaben; Kurp/Hauschild/Wiese 2002, S. 86f; Garofalo in Wicke 2001, S. 146-148; Rutten 1991, keine Seitenangaben.

[140] Allein BMG vereinigt unter einem Dach 200 Labels, also Plattenfirmen, in 42 Ländern (mobil Nr. 11/2003, S. 38).

deutsche Bertelsmann-Gruppe die Fusion ihrer Musiksparten an. Ein Vorvertrag wurde im November 2003 geschlossen[141], der Abschluss der Fusion wurde im August des folgenden Jahres verkündet.[142] Durch die Fusion, die Einsparungen von rund 300 Millionen Euro bringen soll, entstand der zweitgrößte Musikkonzern der Welt mit einem Umsatzvolumen von ungefähr fünf Milliarden Dollar. Sony BMG kontrolliert damit ein Viertel des globalen Musikmarktes. Auch die zum AOL Time Warner-Konzern gehörende Warner Music und die britische EMI verhandelten 2003 über einen Zusammenschluss, nachdem die BMG zuvor fast sechs Monate ergebnislos mit Warner Music über einen möglichen Zusammenschluss gesprochen hatte. Diese Fusion gilt jedoch als unwahrscheinlich, da die Kartellbehörden nach einer Fusion von BMG und Sony Music wahrscheinlich keine weiteren Fusionen dieses Ausmaßes zulassen werden.[143] Der mit Abstand weltweit größte Musikfernsehsender MTV selbst ist, wie weiter unten dargestellt wird, mit dem Oligopol der größten Tonträgerhersteller eng verknüpft:

> „MTV Networks Inc. is highly integrated with the major labels through contractual agreements which provide guaranteed access for the majors' popular and emerging acts. Besides these pacts, MTV has a conservative programming policy that primarily features established acts already signed to major labels."[144]

Infolgedessen stammt die übergroße Mehrzahl der von MTV ausgestrahlten Clips von Interpreten, die vertraglich an einen der Majors gebunden sind. Auf diese Weise stellt sich die Musikbranche als ein netzwerkartiger Komplex dar, in welchem unbekannte und nicht mainstream-orientierte Interpreten und Bands es sehr schwer haben, mit ihrer Musik die breite Öffentlichkeit zu erreichen.

Wesentlich für die Struktur der Musikindustrie ist die Einteilung des Musikmarktes in verschiedene Musikstile, die Genres. Diese Kategorien erlauben die gezielte Vermarktung einzelner Alben und Interpreten durch die Konstruktion spezifischer Zielgruppen und ermöglichen außerdem den Vertrieb unterschiedlicher Produktlinien. Die Genre-Kultur des Musikbusiness funktioniert in Bezug auf die zeitgenössische populäre Musik stark ethnisierend, d.h. es wird deutlich zwischen ‚schwarzer' (Rap/HipHop, R & B, Soul) und ‚weißer' (Rock, Pop) Musik unterschieden. Die Major Companies begannen Anfang der 1970er Jahre ein eigenes Repertoire für die sog. schwarze Musik einzuführen. Grund hierfür waren sowohl ökonomische Überlegungen als auch sozialer und politischer Druck der Öffentlichkeit sowie all-

---

[141] Die Fusionspläne betreffen nur das Tonträgergeschäft, nicht jedoch die CD-Presswerke und Musikverlage (vgl. Schulz in Der Spiegel Nr. 46/2003 vom 10.11.03, S. 220).

[142] www.musikmarkt.de, Mitteilung vom 06.08.04, k. A. d. Autors.

[143] Vgl. Hamann in Die Zeit Nr. 47 vom 13.11.03, S. 21f; N.N. in Frankfurter Allgemeine Zeitung vom 19.06.04, S. 9; N.N. in Frankfurter Allgemeine Zeitung vom 7.11.03, S. 17; Schulz in Der Spiegel Nr. 46/2003 vom 10.11.03, S. 220.

[144] Banks 1998, S. 306.

gemeine musikkulturelle Entwicklungen. Druck wurde vor allem von der US-amerikanischen Bürgerrechtsbewegung und der *National Association for the Advancement of Colored People* ausgeübt, die sich auch für eine gleichberechtigte Bezahlung und Repräsentation farbiger Interpreten und Beschäftigter im Musikgeschäft einsetzten. Schließlich folgten die Majors einer 1971 von der Harvard Business School verfassten Studie, welche die Einführung von schwarzen Repertoire-Kategorien empfahl (eine Praxis, die bei Radiosendern schon seit den 1920ern üblich war).[145] Heute unterscheidet die RIAA (Recording Industry Association of America) in ihrem *Consumer Profile* ganz klar zwischen ‚weiß' konnotierten Musikstilen wie Rock, Country und Pop und den ‚schwarz' konnotierten Genres Rap/HipHop und R&B/Urban. Letzteres setzt sich dabei zusammen aus den Stilrichtungen R&B, Blues, Dance, Disco, Funk, Fusion, Motown, Reggae und Soul.[146]

3.7.3 Zahlen und Tendenzen

Weltweit sind CDs mit einem Anteil von 76,1% das mit Abstand meistproduzierte Tonträgermedium. Ihr Anteil am Absatz ist 2002 im Vergleich zum Vorjahr um rund 3% gestiegen. Der Absatzanteil an DVD-Videos beträgt insgesamt 1,6%, der von VHS-Videos nur 0,4%.

Abb. 1: Absatzanteile der Tonträgerarten 2002 weltweit (in Prozent)

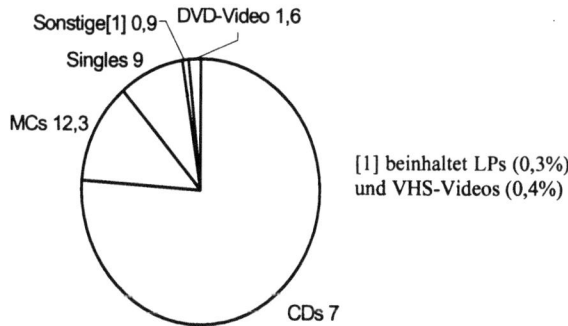

Quelle: Jahreswirtschaftsbericht des Bundesverbandes der Phonographischen Industrie/Deutsche Landesgruppe der IFPI (International Federation of the Phonographic Industry) 2002, S. 58, abgerufen unter www.ifpi.de/jb/2003/54-60.pdf am 12.09.04

---

[145] Vgl. Negus 1998, S. 369.
[146] www.riaa.com, abgerufen am 12.09.04.

Was den deutschen Musikmarkt betrifft, so sank nach erheblichen Umsatzverlusten in den Jahren 2001 und 2002 von jeweils über 10% der Umsatz 2003 erneut – insgesamt war in der Branche ein Rekordverlust von 19,8% zu verzeichnen (Umsatzrückgang von 2,054 Milliarden Euro im Jahr 2002 auf 1,648 Milliarden 2003). In der Summe sank der Branchenumsatz seit 1997 um fast 40%.[147]

In Deutschland wurden im Jahr 2003 insgesamt 183,2 Millionen Musikmedien verkauft – im Vergleich zu 223,9 Millionen im Vorjahr. Dies entspricht einem Absatzrückgang von insgesamt 18,2%. Die Repertoiresegmente Pop und Rock machten 2003 45,2% des gesamten Umsatzes aus. CDs sind weiterhin das den Absatz dominierende Medium und wurden 2003 insgesamt 133,6 Millionen mal verkauft – dies entspricht 79% des Gesamtumsatzes.[148] Insbesondere Singles und aktuelle Neuerscheinungen verloren, wie auch in den Jahren zuvor, überdurchschnittlich an Marktanteilen. Der Absatz der Singles sank um 32,8% von 36,3 auf 24,4 Millionen Stück. Hauptgrund für diesen Rückgang, so der Jahreswirtschaftsbericht 2004 des Bundesverbandes der Phonographischen Wirtschaft, sind das massenhafte illegale Brennen von CDs sowie Downloads von Musikdateien aus dem Internet. Dabei werden – im Zusammenhang mit dem Absatzrückgang der Single – aktuelle Titel offensichtlich immer häufiger aus dem Internet geladen. „Während die Nachfrage nach Musik auch in den letzten Jahren kontinuierlich gestiegen ist, wird trotzdem immer weniger gekauft – aber immer mehr kopiert."[149] Nach Angaben des Bundesverbandes der phonographischen Wirtschaft wurden 2004 rund 382 Musiktitel illegal aus dem Internet heruntergeladen.[150]

Im Gegensatz zu diesen Entwicklungen sind Musik-DVDs seit ca. einem halben Jahrzehnt ein boomendes Segment. Der Umsatz stieg von 2002 bis 2003 um 47,5%. Insgesamt lag die Zahl der verkauften Exemplare 2003 bei 7,9 Millionen Stück; der Absatz stieg von 3,4 Millionen Stück im Jahr 2002 erneut um mehr als das Doppelte auf fast 8 Millionen an. „Damit hat die DVD den Eintritt in den Massenmarkt erfolgreich geschafft."[151] Es wird vermutet, dass die DVD als digitales Medium Schritt für Schritt neben die CD tritt – eine These, die angesichts stagnierender Absätze im ersten Halbjahr 2005 jedoch umstritten ist.[152] Hingegen lag die Zahl der

---

[147] Jahrbuch 2004 der Phonographischen Wirtschaft (hg. vom Bundesverband der Phonographischen Wirtschaft e.V./Deutsche Landesgruppe der IFPI e.V.), S. 7.

[148] Der Verkaufspreis einer CD teilt sich üblicherweise folgendermaßen auf: Herstellung 0,61 Euro, Künstler 0,72 Euro, Gema 1,08 Euro, Mehrwertsteuer 2,49 Euro, Musikkonzern 2,99 Euro, Aufnahmetechnik 3,01 Euro, Großhandelsspanne 3,34 Euro, Einzelhandelsspanne 3,76 Euro (Hamann in Die Zeit Nr. 47 vom 13.11.03, S. 22, Zahlen basierend auf Angaben der IFPI).

[149] Jahrbuch 2004 der Phonographischen Wirtschaft (hg. vom Bundesverband der Phonographischen Wirtschaft e.V./Deutsche Landesgruppe der IFPI e.V.), S. 22.

[150] Welke in Stuttgarter Zeitung vom 12.09.05, S. 14

[151] Jahrbuch 2004 der Phonographischen Wirtschaft, a.a.O., S. 24.

[152] Welke in Stuttgarter Zeitung vom 12.09.05, S. 14

verkauften VHS-Musikvideos 2003 mit 1,7 Millionen Exemplaren deutlich unter der Vorjahreszahl von 2,9 Millionen (aber noch immer signifikant über den Absatzzahlen in der zweiten Hälfte der 1990er Jahre). Dank der DVD legten Musikvideos insgesamt, also DVD und VHS zusammen, deutlich um 59,3% zu.

Abb. 2: Ton- und Bildtonträgerabsatz in der Bundesrepublik Deutschland 1994-2003 (in Mio. Stück)

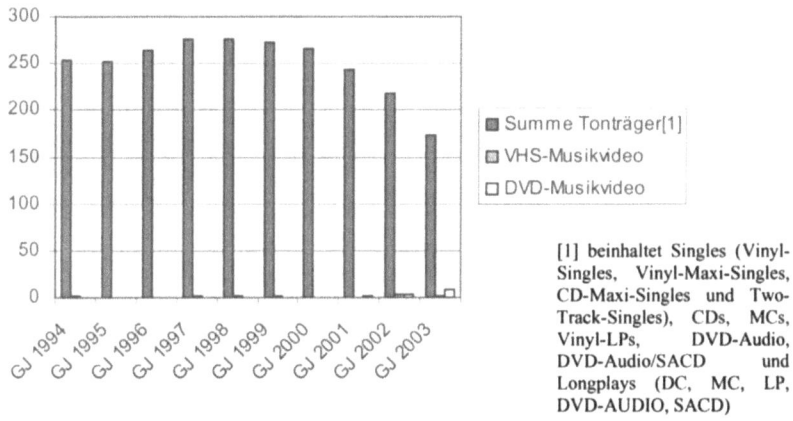

[1] beinhaltet Singles (Vinyl-Singles, Vinyl-Maxi-Singles, CD-Maxi-Singles und Two-Track-Singles), CDs, MCs, Vinyl-LPs, DVD-Audio, DVD-Audio/SACD und Longplays (DC, MC, LP, DVD-AUDIO, SACD)

Abb. 3: Absatzentwicklung von Musikvideos 1994-2003 (in Tsd. Stck.)

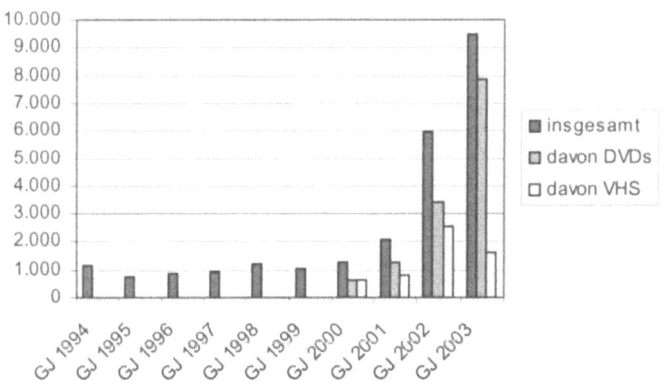

Quelle (für beide Grafiken): Jahreswirtschaftsbericht des Bundesverbandes der Phonographischen Industrie/Deutsche Landesgruppe der IFPI (International Federation of the Phonographic Industry) 2003, S. 27, abgerufen unter www.ifpi.de/jb/2004/absatz.pdf, am 12.09.04

Gerd Gebhardt, Vorsitzender der deutschen Phonoverbände, deutet diese Entwicklung in einem Vortrag auf der IFA (Internationale Funkausstellung) 2003 folgendermaßen:

> „Musikvideos waren im Kaufsegment bisher immer ein Nischenprodukt. Jetzt boomen sie und bescheren den Musikformaten ganz neuen Aufwind. Ob Alben, Videocompilations, Konzertmitschnitte oder Opernaufnahmen – die DVD ist mit Sicherheit ein Träger der Zukunft. (…) Die DVD tritt schon heute neben die CD. Hier zeichnen sich klare Perspektiven für die Musikfirmen ab."[153]

Unabhängig von den optimistischen Prognosen von Seiten der Musikindustrie, was die Zukunft der Musik-DVD betrifft, befindet sich die Musikvideoproduktion jedoch gegenwärtig in einer „existenziellen Krise"[154] – der massive ökonomische Einbruch bei den Plattenfirmen wirkt sich auch auf die ‚Zulieferer' aus. Cornelius Rönz, Herstellungsleiter bei der Berliner Produktionsfirma *Blow Film*, bei der jährlich bis zu 50 Videos entstehen, beklagt im *Spiegel*, die Plattenfirmen hätten Anfang 2002 das Budget für Musikvideos halbiert.[155] Neben der Senkung von Personalkosten versuchen die Plattenfirmen der Absatzkrise vor allem mit der Senkung der Marketingkosten zu begegnen. Lediglich für etablierte große Stars werden noch große Summen für die Clip-Produktion ausgegeben.[156] Hinzugefügt werden muss jedoch, dass auch bei den Produktionsfirmen in den 1990ern Konzentrationen stattgefunden haben. Wie Axel Schmidt beschreibt, entstand ein Oligopol großer Unternehmen, die zumeist Tochterfirmen großer Medienkonglomerate sind. Diese kaufen kleinere Firmen auf und arbeiteten eng mit den großen Plattenfirmen zusammen. Der größte Teil der Aufträge wird an die großen Video-Produktionsfirmen vergeben, die im Verbund mit global operierenden Medienkonzernen genügend Finanzkraft haben, um die Bedingungen der Plattenfirmen zu erfüllen. „So verbindet die Major Record Labels und die großen Produktionsfirmen heute eine Art Stammkundenverhältnis."[157] In der Videoclipbranche zeichnet sich auf diese Weise ein ähnliches Bild wie bei den Plattenlabels ab, wo am Ende nur die Großen überlebten und viele kleine Firmen zur Aufgabe bzw. Übernahme durch große Musikkonzerne genötigt wurden.

---

[153] „Die Musik macht's". Keynote zur IFA (Internationale Funkausstellung) am 03.09.2003.
[154] Rosenbach in Der Spiegel Nr. 42/2003 vom 13.10.03, S. 114f.
[155] Rosenbach, a.a.O., S. 115; vgl. auch Beier/Wellershoff in Der Spiegel Nr. 1/2004, S. 136.
[156] Der Clip zu Herbert Grönemeyers Hit *Demo* kostete beispielsweise 74.000 Euro, *Frozen* von Madonna 350.000 Dollar. Lag der Durchschnittspreis für ein in Deutschland produziertes Musikvideo Ende der 1990er Jahre noch bei 60.000 Euro, so sind es mittelweile 30.000 Euro (Rosenbach in Der Spiegel Nr. 42/2003 vom 13.10.03, S. 115; Beier/Wellershoff in Der Spiegel Nr. 1/2004, S. 135).
[157] Schmidt, A. in Neumann-Braun 1999, S. 121.

Neben der allgemeinen Rezession der Musikindustrie hat jedoch auch die veränderte Programmpolitik der Musikfernsehsender negative Auswirkungen sowohl auf große als auch kleine Video-Produktionsfirmen. Zur Hauptsendezeit werden häufig keine Clips mehr ausgestrahlt, sondern normale Fernsehformate, Serien wie *The Osbournes*, Reality- und Dating-Shows wie z.b. *The Real World* und *Dismissed* sowie Zeichentrickserien (Animes). Für den Sender hat dies den Vorteil, dass die Zuschauer eher an ein Format gebunden werden, d.h. weniger häufig wegzappen und so für eine höhere Durchschnittsquote sorgen. Angesichts dieser Entwicklung können viele Produktionsfirmen von Musikvideos alleine nicht mehr existieren und drehen, um finanziell zu überleben, vermehrt Filme für die Werbung. Der Verband der Musikclipproduzenten (VMCP) hatte Anfang 2002 noch 23 Mitglieder, ein Jahr später waren es nur noch 11.[158]

3.7.4 Vermarktung populärer Musik durch Musikvideos

Von der vermehrten Praxis der Herstellung von Tonträgern in Eigenproduktion durch das Selbstbrennen von CDs[159] sind zwei zentrale Säulen der Musikindustrie betroffen – die Produktion und die Distribution. In diesen Bereichen ist ein schleichender Funktionsverlust der großen Plattenfirmen zu verzeichnen. Umso größer ist die Bedeutung der dritten klassischen Säule der Musikindustrie: die Vermarktung. Hier spielt das Musikvideo eine zentrale Rolle.

Parallel zu einer Video-Produktion, die heute als Marketinginstrument im Musikbusiness unerlässlich ist, läuft immer als übergeordneter Vorgang die Promotion einer Single. Das Musikvideo ist nur Teil einer umfangreichen Kampagne – wenn auch oft der Wichtigste.[160] Entschieden werden muss zunächst, welcher Song eines Albums sich als Veröffentlichung, als Auskopplung, anbietet. Die Veröffentlichung einer Single dient dazu, den Rezipienten einen Kaufanreiz für das später erscheinende Album zu bieten; dieser Anreiz wird durch die Produktion eines Videos zusätzlich verstärkt. Die Frage, welcher Titel als erstes ausgekoppelt werden soll, gestaltet sich insoweit schwierig, als oft nur auf das Meinungsbild innerhalb der Plattenfirma bzw. erste Tests bei Konzerten oder Umfragen bei Fans zurückgegrif-

---

[158] Rosenbach in Der Spiegel Nr. 42/2003 vom 13.10.03, S. 115; vgl. auch N.N. in Frankfurter Allgemeine Zeitung vom 17.07.04, S. 18 sowie Niggemeier in Frankfurter Allgemeine Zeitung vom 25.06.04, S. 46.

[159] Vgl. Jahrbuch 2004 der Phonographischen Wirtschaft (hg. vom Bundesverband der Phonographischen Wirtschaft e.V./Deutsche Landesgruppe IFPI e.V.), S. 16.

[160] Das Musikvideo hat die Veröffentlichung einer Single heute als zentrales Marketinginstrument abgelöst – auch wenn beides meist Hand in Hand geht (vgl. dazu Kurp/Hauschild/Wiese 2002, S. 111).

fen werden kann. Ist die Entscheidung über die zu veröffentlichende Single gefallen, so muss als erstes die Zielgruppe, welche die Platte kaufen soll, umrissen werden. Im Hinblick auf die Vermarktung durch einen Clip im Musikfernsehen ist klar, dass die Käuferschicht sich aus einem vornehmlich jungen Publikum zusammensetzen sollte. Bevor die Kampagne dann endgültig gestartet wird, wird die Veröffentlichungswoche (VÖ) festgelegt, auf die sich alle Anstrengungen konzentrieren.[161]

Von zentraler Bedeutung für die Vermarktung von Popsongs ist der gesamte Rundfunksektor. Musikindustrie und Massenmedien sind unmittelbar miteinander verbunden, wobei – wie oben bereits systemtheoretisch dargestellt wurde – die Massenmedien als Instrumente für die Publikation der zu verkaufenden Tonträger fungieren. Das massenmediale System generiert Öffentlichkeit für die zu verkaufenden Produkte, *die* entscheidende Voraussetzung für die Erzielung von Gewinnen mittels Verkauf – dem letztendlichen Ziel der Plattenfirmen. Wichtig sind in diesem Zusammenhang die Charts, vor allem die 1940 vom Branchenmagazin *Billboard* eingeführte wöchentliche Veröffentlichung der 100 meist verkauften Platten.[162] Das Programmkonzept der Chart-Show legte die Basis für das Hit-Konzept der Musikindustrie. Ziel ist es seitdem, die Interpreten möglichst weit vorne in den Charts zu platzieren (unter den Top 40), um so den wirtschaftlichen Erfolg eines Albums zu garantieren. Durch die Herausbildung unterschiedlicher musikalischer Kategorien ist dem Rundfunk zudem eine Orientierung für die Programmgestaltung gegeben, ebenso wie der Musikbranche ein effektiver Ansatz zur Generierung ganz bestimmter Zielgruppen. Voraussetzung für eine eventuelle Chartplatzierung ist, dass ein Titel in die Playlist der Radiosender wie auch der Musikfernsehsender aufgenommen wird. Die Playlist ist sozusagen der Schlüssel für die Veröffentlichung eines Titels und die damit verbundene Generierung von Aufmerksamkeit, welche für den Kauf eines Tonträgers zunächst einmal Voraussetzung ist. Promoter der Plattenfirmen besuchen aus diesem Grund gezielt Sender und Redaktionen, um diese von einer Aufnahme ihrer Songs in die Playlist zu überzeugen; in diesem Zusammenhang fungieren die Musikredaktionen der Rundfunksender als Gatekeeper.

Auch wenn unterschiedliche Songs im Einzelnen verschiedene Zielgruppen ansprechen, so ist die generelle Voraussetzung für die breite Akzeptanz eines Titels die Anpassung eines Songs bzw. des entsprechenden Videos an den Mainstream (abgesehen von wenigen und zumeist nicht sehr reichweitestarken Spartensendern). Mainstreamproduktionen sind für die Zuhörer- bzw. Zuschauerquote wichtig, da sie eine große Zahl von Rezipienten erreichen und somit das Programm attraktiv für

---

[161] Vgl. www.clipland.de/Wissen/Musikvideos/Produktion/, k. A. d. Autors, abgerufen am 29.10.03.
[162] Zugrunde liegt den Charts die Einteilung in zwei Hauptgruppen, die eine klare ethnische Ausrichtung besitzen: die Rubrik Rhythm & Blues zielt auf den afroamerikanischen, die Kategorie Country & Western auf den europäischen Teil des Musikmarktes (vgl. Wicke in ders. 1993, keine Seitenangaben).

Werbekunden wird bzw. bleibt. Ein Problem für Produktionen abseits des Mainstreams besteht deshalb darin, dass z.b. besonders die Hörfunkstationen in den hart umkämpften Radiomärkten der Ballungsgebiete kaum Risiken eingehen. Neuheiten werden dort erst nach einer ausgiebigen Testphase in das Programm aufgenommen. Nichtsdestotrotz werden die Plattenfirmen von Seiten des Hörfunks kritisiert, dass ihre Veröffentlichungspolitik sich durch fehlende Konzepte und mangelnde Bereitschaft zu Innovationen auszeichne. Eine ‚Zwickmühle' entsteht zusätzlich dadurch, dass sich die Radio-Programmmacher an den Playlists der Fernseh-Musikkanäle orientieren, während diese wiederum auf die Erfolge oder Misserfolge eines Titels im Hörfunk Bezug nehmen.[163] Platziert sich ein Titel jedoch auf Anhieb in den Charts, so ist sein Verbleiben in der Playlist der Rundfunksender gesichert; ist dies nicht der Fall, so wird er mit großer Wahrscheinlichkeit nicht mehr ausgestrahlt.

Ist ein Titel in die Playlist der Radio- und Fernsehsender aufgenommen, gilt es von Seiten der Plattenfirma, die Verkaufsanreize durch weitere Werbemaßnahmen zu intensivieren. Der Zeitraum zwischen der ersten Ausstrahlung eines Songs im Rundfunk und der Woche der Veröffentlichung eines Titels auf Tonträgern beträgt oft nur zwei Wochen. Ziel ist es, in dieser Zeit darauf hinzuwirken, dass die Zahl der verkauften Tonträger in der Veröffentlichungswoche möglichst hoch ausfällt. Als Nachbearbeitung der Veröffentlichung wird dann noch einmal die mediale Präsenz des Interpreten intensiviert. D.h. es werden Interviews für Zeitschriften, Radio- und Fernsehsendungen gegeben oder im Handel Verkaufsaktionen bzw. Autogrammstunden veranstaltet. Nur wenn die Marketingmaschine weiterläuft, gelingt es, dass der möglichst senkrechte Start der Veröffentlichung in einen gleichmäßigen Erfolg übergeht. Gelingt dies nicht, so ist die Gefahr groß, dass ein Titel genauso schnell wieder von der medialen Bildfläche verschwindet, wie er gekommen ist. Nach einiger Zeit werden deshalb in der Regel zur Erinnerung weitere Werbespots im Rundfunk geschaltet bzw. man geht in eine zweite Werbephase für eine weitere Auskoppelung über. Wichtig ist es in jedem Fall, durch neue (Presse-)Meldungen, ggf. auch imagefördernde und öffentlichkeitswirksame Konzerte, Aufmerksamkeit zu erregen. Weitere gängige Maßnahmen sind u.a. die Herstellung von Handyklingeltönen, sog. Ringtones, mit dem Refrain des Titels oder Merchandisinggeschenke an Sender, die dort wiederum in Gewinnspielen verlost werden.

Erst im Anschluss an diese Maßnahmen kann erwogen werden, ob die Veröffentlichung eines gesamten Albums sinnvoll, d.h. gewinnbringend ist. Die zentrale Frage ist, ob durch die Werbekampagne im Vorlauf, die sich auf die Veröffentlichung von Single und Video konzentrierte, genug Kaufanreize für ein ganzes Album geschaffen sind.

---

[163] Kurp/Hauschild/Wiese 2002, S. 112.

„Nur mit dem höheren Preis des Albums [...] läßt sich mit einem Tonträger sowie der teueren vorhergegangenen Werbekampagne überhaupt Geld verdienen. Es zeigt sich also erst ziemlich am Ende, ob die viele Arbeit und die vielen kleinen Komponenten zum Erfolg geführt haben."[164]

Dabei sind allein die Kosten für ein Musikvideo nicht unbeträchtlich. In Deutschland reichen sie (die Angaben schwanken) von ca. 15.000 Euro für günstige Produktionen bis zu 250.000 Euro; Dieter Gorny spricht von eine Spanne zwischen 20.000 und einer Million Euro.[165] In den USA können es teilweise schon mehrere Millionen Dollar sein, die für ein Video veranschlagt werden. Angeführt wird die Liste der teuersten Clips von *Scream*, ein Titel, der gemeinsam von Janet und Michael Jackson gesungen wurde und heute zu den ständigen Ausstellungsstücken des New Yorker Museum of Modern Art gehört. Dieser Clip löst mit 30 Millionen Dollar Produktionskosten *Thriller* von Michael Jackson ab, der lange Zeit an der Spitze stand. Schon fast durchschnittlich kostenintensiv ist ein Clip wie *Larger than Life* von den Backstreet Boys für 5 Millionen Dollar.

3.7.5 Zusammenfassung

Die vorangegangenen Ausführungen machen deutlich, dass es sich beim Musikvideo in erster Linie um ein *ökonomisches Produkt* handelt.[166] Es wird aufgrund bestimmter Abläufe und Zielsetzungen im musikindustriellen System hervorgebracht. Als Teil eines übergeordneten Vermarktungsvorgangs ist es ein Mittel zum Zweck der Gewinnwirtschaftung, dem wesentlichen Ziel der verantwortlichen Plattenfirmen. Der Prozess der Generierung von populärer Musik ist mit dem Komplex der Musikindustrie, der beherrscht wird von den vier großen ,Majors', eng verknüpft. Diese großen Plattenfirmen besitzen die Kapazitäten für eine gewinnbringende (d.h. unvermeidlich massenhafte) Produktion, Distribution und Vermarktung von populärer Musik. In den letzten Jahren waren die Umsätze des Musikgeschäftes allerdings rückläufig. Lediglich bei Musik-DVDs ist ein kontinuierlicher Anstieg der Absatzzahlen zu beobachten; die Bedeutung der Visualisierung von Musik nimmt also zu. Zu beobachten ist angesichts der allgemeinen negativen Absatzentwicklung eine Konzentration auf den musikalischen Mainstream, d.h. vor allem auch auf die großen, etablierten Stars. Aufgrund der unsicheren Marktlage wird das Risiko einer Investition in ,unberechenbare' Bereiche weitgehend vermieden. Es ist deshalb zu

---

[164] www.clipland.de/Wissen/Musikvideos/Produktion/, k. A. d. Autors, abgerufen am 29.10.03.
[165] Hamann in Die Zeit Nr. 47, vom 13.11.03, S. 21.
[166] Natürlich gibt es auch Clips, die einem explizit künstlerisch geprägten Bereich entstammen (Laurie Anderson, Nam June Paik etc.); dabei handelt es sich um Produkte, die meist außerhalb des massenmedialen Mainstreams von MTV & Co in begrenzten Rezeptionskontexten veröffentlicht werden.

vermuten, dass sich – auch was die Visualisierung von Musik im Hinblick auf die Darstellungen von Ethnizität und Geschlecht betrifft – eine Konzentration auf den Mainstream, d.h. auf konventionelle Darstellungspraktiken, beobachten lässt.

3.8 Systemische Praxis II: Das Verbreitungssystem – Musikfernsehen (MTV)

Eine neue Dimension erreichte das rund um die Ware Musik angeordnete System von Rundfunk-, Werbe- und Musikindustrie mit der massenhaft verbreiteten Visualisierung von Musik – dem Musikfernsehen –, das völlig neue Möglichkeiten der Wertschöpfung bot.

> „Mit dem 1981 eingeführten Music Television entsteht ein neues, noch viel umfassenderes Integrationsfeld. ‚Lifestyle' wird zur Kategorie, in der eine bestimmte Lebensweise, der dazugehörige Warenkosmos und das gesamte Spektrum der populären Kulturformen zusammenschließen."[167]

Die Visualisierung des naturgemäß auditiven Mediums Musik hatte Folgen für den kommerziellen Sektor der Rock- und Popmusik. „Das Imagestyling eines Musikers wurde mit Blick auf MTV in den Achtzigern oftmals wichtiger als Sound, Rhythmus und Melodie oder gar eine inhaltliche Aussage."[168] New Wave, Synthie-Pop und die sog. New Romatics, Bands wie *Duran Duran, The Human League, Soft Cell, Spandau Ballet* und *Ultravox* prägten auf diese Weise die Anfangsjahre des Musikfernsehens. Auch wenn sich die Mittel der visuellen Gestaltung seit den 1980er Jahren verändert haben, ist die Bedeutung der Inszenierung einer bestimmten Clip-Ästhetik und die Vermittlung eines spezifischen (imagegerechten) ‚Styles' nach wie vor wesentlich bei der Visualisierung eines Titels.

3.8.1 *Entwicklung von MTV zum globalen Medienunternehmen*

Video killed the Radio Star, ein Titel der Band *Buggles*, war bezeichnenderweise das erste Video, das MTV am 1. August 1981 von New York aus sendete. Der weltweit erste Sender, der rund um die Uhr Musikvideos ausstrahlt, wurde von WASEC (Warner American Express Satellite Entertainment Company) gegründet, einem 1979 entstandenen gemeinsamen Subunternehmen von Warner Communications und Amex, einem Konzern von American Express. WASEC war auf Kabel- und Satellitenprogramme spezialisiert, einer neuen und expandierenden Branche der

---

[167] Wicke in ders. 2001, S. 22.
[168] Adolph in Bleicher 1997, S. 165.

Fernsehindustrie. Insofern kam der Impuls, einen Musiksender zu gründen, eher aus der Medien- bzw. Fernsehbranche als aus dem Musikbusiness. Der neue Musikkanal, ausgestattet mit einem Startkapital von 20 Mio. Dollar[169], sollte die begehrte Zielgruppe der 12- bis 34jährigen erschließen, die über herkömmliche Fernsehprogramme nur schwer zu erreichen waren. Diese Zielgruppe ist bis heute für die Werbeindustrie besonders relevant, da sie als kaufkräftig, konsumfreudig und in ihren Vorlieben noch beeinflussbar gilt.

Eine technische Voraussetzung für die Entstehung von MTV war zunächst die Ausweitung von TV-Programmplätzen durch die Einführung des Kabelfernsehens, welche den Bedarf an neuen Programminhalten und entsprechenden Publika sprunghaft ansteigen ließ.[170] Diese Sachlage traf sich mit den Interessen der Musikindustrie, die aufgrund einer rückläufigen Konjunkturentwicklung auf der Suche nach neuen Absatzmöglichkeiten war.[171] Die Gründung von MTV fiel in eine Phase der ersten tiefgreifenden Rezession innerhalb der Musikbranche seit dem Siegeszug des Rock ‚n' Roll. 1979 erfuhr die Musikindustrie erstmals nach dem Zweiten Weltkrieg einen deutlichen Umsatzrückgang; es dauerte bis 1984, bis der Abwärtstrend aufgefangen werden konnte und sogar bis 1987, bis das Produktionsniveau von 1979 wieder erreicht war.[172]

Durch das Zusammenwirken dieser beiden Interessen von Seiten der Kabelnetzbetreiber und der Musikindustrie wurde der populäre Musikmarkt auch auf der visuellen Ebene des Fernsehens kommerziell erschlossen. Dabei ermöglichte es die Symbiose aus Werbung und Musikclips den Betreibern, die Kosten für den Sender äußerst niedrig zu halten und dennoch ein ansprechendes Programm zu gestalten, ohne allzu offensichtlich in den Verdacht zu geraten, ein 24stündiger Werbekanal zu sein. Das Konzept eines rund um die Uhr Videoclips ausstrahlenden Fernsehsenders ging auf; sowohl die jugendliche Zielgruppe als auch die werbetreibende Wirtschaft und die Musikindustrie waren begeistert. 1984 konnte MTV erstmals Gewinne in Höhe von 12 Mio. Dollar verbuchen[173] und wurde zum börsennotierten MTV Networks. Der eigentliche Erfolg bestand jedoch darin, dass MTV neben der Überwindung der Absatzkrise im Tonträgermarkt durch die Steigerung des Konsums von Popmusik auch noch bewirkte, dass der Videoclip zur „conditio sine qua non pop-

---

[169] Vgl. Kurp/Hauschild/Wiese 2002, S. 118.

[170] Bereits vor der Gründung von MTV hatte es verschiedene Ansätze gegeben, jugendspezifische Sendungen und populäre Musik in das allgemeine Fernsehprogramm zu integrieren. Doch erst die technologische Entwicklung schuf Raum für Spartenprogramme und Nischenangebote (vgl. Kurp/Hauschild/Wiese 2002, S. 119).

[171] Vgl. dazu Kurp/Hauschild/Wiese 2002, S.117 sowie Schmidt, A. in Neumann-Braun 1999.

[172] Für genaue Zahlen siehe Bloss in Wicke 2001, S. 192; vgl. auch Wicke in ders. 1993a, keine Seitenangaben.

[173] Bloss in Wicke 2001, S. 192.

musikalischen Erfolgs"[174] wurde. Inzwischen ist das Musikvideo, nicht zuletzt dank der internationalen Marktführerschaft von MTV, zum integralen Bestandteil des musikindustriellen Prozesses geworden. Bereits 1984 gab es in den Top 100 der Billboard Album Charts nur drei Titel, zu denen es kein Video gab; und seit 1983 gibt es in der maßgeblichen Branchenzeitschrift Billboard eine gesonderte Chartkategorie für Videoclips.[175]

Die finanziellen Verluste der Anfangsjahre sind u.a. auch auf die geringe Reichweite des Senders zurückzuführen, den zum Sendestart nur 1,8 Mio. Haushalte empfangen konnten. Doch bereits 1996 wurde MTV aufgrund einer konsequenten Expansionspolitik von jedem vierten Fernseh-Haushalt empfangen. 1987 wurde zunächst MTV Europe[176] gegründet, 1989 folgte der Start in Osteuropa. Ein Jahr später, 1990, wurden MTV Brazil und MTV Asia ins Leben gerufen. 1993 ging MTV Latino auf Sendung, ein Programm für Lateinamerika und die Hispanics in den USA. Es folgten 1995 MTV Mandarin für China, Hong Kong und Taiwan und 1996 MTV India. Seit 1997 wird MTV Central Europe (Deutschland, Österreich, Schweiz) 24 Stunden in deutscher Sprache ausgestrahlt. Seit demselben Jahr gibt es MTV Australia und seit 1998 MTV Nordic für die skandinavischen Staaten. Im gleichen Jahr wurde ein Ableger in Russland, MTV Russia, gegründet sowie 1999 MTV Polska und ein Ableger in Korea. Im Jahr 2000 ging schließlich MTV Japan auf Sendung.[177] Seit Mitte der 1990er Jahre ist es aufgrund technischer Entwicklungen möglich, sog. Lokale Fenster zu öffnen. D.h. zu bestimmten Zeiten werden in bestimmten Ländern oder Regionen Programmteile in der jeweiligen Landessprache ausgestrahlt. Heute erreicht MTV nach eigenen Angaben 330,7 Millionen Haushalte in 140 Ländern und kann in 17 Sprachen empfangen werden. Es gibt 29 regionale Sender in Asien, Europa, Lateinamerika, Russland und den USA und 15 regionale Webseiten sowie Digitalkanäle für Europa und die USA.[178] In Deutschland liegt die technische Reichweite von MTV über Kabel bei 17,60 Mio. Haushalten (91,1%) und über Satellit bei 11,55 Mio. Haushalten (93,3%).[179]

---

[174] Schmidt 1999, zit. nach Kurp/Hauschild/Wiese 2002, S. 119.

[175] Bloss in Wicke 2001, S. 196.

[176] Zu MTV Networks Europe gehören MTV Central für Deutschland, Österreich und die Schweiz, MTV UK/Ireland, MTV European und MTV Southern (Italien, Spanien, Portugal und Griechenland). Die Gesellschafter von MTV Networks Europe sind zu 49,99 Prozent MTV Networks Europe Inc. und zu 50,01 Prozent Viacom Networks Europe Inc. – beide Unternehmen sind hundertprozentige Tochtergesellschaften der Viacom International Inc./USA (vgl. Kurp/Hauschild/Wiese 2002, S. 126). Für genauere Informationen speziell zu MTV Germany siehe a.a.O., S. 126-131.

[177] www.mtv-media.de/html/index.html, abgerufen am 12.09.04; vgl. auch Kurp/Hauschild/Wiese 2002, S. 124.

[178] www.mtv.de/20jahre/mtv20jahre.rtf, k. A. d. Autors, abgerufen am 12.09.04.

[179] Media Perspektiven Basisdaten 2004, S. 8.

Von Anfang an verfolgte MTV eine konsequente Monopolstrategie. So wurde die Ausstrahlung von zahlreichen Videos durch Lizenzverträge mit den Plattenfirmen an MTV gebunden. Die ersten einer Reihe von Verträgen wurden in diesem Zusammenhang 1984 mit CBS, RCA, MCA und Geffen geschlossen. Wenig später folgten Abkommen mit Warner, Atlantic, Asylum, Polygram und Capitol Records. Allein das Abkommen mit den ersten vier Plattenfirmen kostete pro Jahr angeblich ca. 4.575.000 Millionen Dollar. Meist ermöglichten es diese Verträge MTV, 20% der von einem Label produzierten Clips auszuwählen, die dann für den Zeitraum von bis zu einem Jahr ausschließlich von MTV ausgestrahlt wurden. Als Gegenleistung verpflichtete sich MTV, 10% der produzierten Clips in jedem Fall auszustrahlen. Auf diese Weise konnte MTV exklusiv die erfolgversprechenden Videos der Stars ausstrahlen und besaß somit ein attraktives Angebot für den Verkauf von Werbezeiten. Die Plattenfirmen dagegen konnten sicher sein, dass auch neue, unbekannte Interpreten medial präsent wurden. Gegen diese Verträge wurde mehrfach gerichtlich vorgegangen, die Klagen hatten vor Gericht jedoch keinen Erfolg. Später schloss MTV auch Exklusivverträge direkt mit Interpreten ab, so dass die Ausstrahlung ihrer Videos MTV vorbehalten blieb.[180] In einem zweiten Schritt versuchte MTV die Kabelnetzbetreiber zu verpflichten, für niedrige Lizenzpreise ausschließlich MTV zu senden. Auf diese Weise wurde nicht nur die Reichweite des Senders ausgeweitet, sondern auch die Konkurrenz erheblich blockiert. 1982 startete eine Kampagne, um die amerikanischen Kabelnetzbetreiber zum Einspeisen des neuen Musikprogramms zu bewegen. Anzeigen und Werbespots mit dem Slogan „I want my MTV" und der Telefonnummer des jeweiligen zuständigen Kabelnetzbetreibers wurden geschaltet. Prominente, die sich für diese Kampagne zur Verfügung stellten, waren u.a. Mick Jagger, Pete Townsend und David Bowie.[181]

1993 expandierte MTV auch in andere Geschäftsfelder und gründete *MTV Productions* sowie ein Jahr später *MTV Interactive*, die für die Entwicklung von Videospielen, CD-ROMs und anderen Werbeträgern zuständig sind. Darüber hinaus hält der Sender eigene Anteile an (Musik-)Verlagen und Radiosendern und betreibt eine eigene Filmabteilung, *MTV Films*. Gewinne erzielt der Sender mittlerweile vor allem mit der Vergabe von Rechten, etwa für Downloads, Compilations und vor allem Handy-Klingeltöne (angeblich bis zu 2,4 Millionen Euro pro Klingelton[182]). Seit 1995 besitzt der Sender eine eigene Homepage im Internet (mittlerweile gibt es 15 regionale Webseiten) und versucht so, die Marke MTV auch im Online-Bereich zu nutzen.[183] Heute gehört MTV weltweit zu den fünfzig bekanntesten Marken und

---

[180] Vgl. Banks 1996b, S. 177; vgl. auch ders. 1998, S. 297f sowie Schmidt, A. in Neumann-Braun 1999.
[181] Kurp/Hauschild/Wiese 2002, S. 120; vgl. auch Banks 1996b, S. 190-193.
[182] Wilkens in Allegra Nr. 11/2003, S. 46.
[183] Vgl. Röhl 2001, keine Seitenangaben.

allein das MTV-Logo ist mit einem Marktwert 6,46 Milliarden Dollar im Jahr 2004 (das bedeutet eine Steigerung gegenüber 2003 um 3%) das Wertvollste der Medienbranche.[184]

Neben der Ausstrahlung von Werbung, die insgesamt durchschnittlich sieben Prozent des gesamten Programms ausmacht[185], generiert MTV Gewinne durch langfristige Kooperationsverträge mit unterschiedlichen Unternehmen. Der Sender arbeitet bei der Präsentation von einzelnen Sendungen oder auch Live-Events wie Award-Verleihungen, Festivals oder Konzerten mit renommierten Marken zusammen (z.B. Warsteiner, Peugot, L'Oréal, debitel, Samsung, Sprite PlayStation 2, e-plus, Warner Brothers, Siemens, Mercedes-Benz, Lipton Ice Tea, Puma, Beck's). Mittlerweile sind nur wenige Sendungen nicht an einen Sponsor gekoppelt.

1985 übernahm der amerikanische Konzern Viacom (Video and Audio Communications)[186] für 80 Mio. Dollar die Mehrheitsanteile an MTV, 1986 erwarb der Konzern für 649 Mio. Dollar das restliche Drittel der Anteile von MTV Networks[187] vom Warner-Tochterunternehmen WASEC. War die Bilanz des Senders zum Zeitpunkt der Übernahme noch defizitär, so machte Viacom aus MTV rasch ein florierendes Unternehmen. Im Jahr 2002 stieg Viacom schließlich mit einem Umsatz von 20.457.000 Milliarden US-Dollar zum weltweit zweitgrößten Konzern des Audiovisionssektors hinter AOL Time Warner auf.[188] Etwa die Hälfte des Konzernumsatzes erwirtschaften die Fernsehunternehmen MTV, CBS, UPN, Nickelodeon, Showtime, Nick at Nite, BET und VH-1, das Schwesterprogramm von MTV für die Zielgruppe der 25- bis 39jährigen.[189] Inzwischen hat Viacom auch die Mehrheit an dem deutschen Musiksender Viva gekauft (97,82% der Aktien) und MTV-Chefin Catherine Mühlemann ist auch Geschäftsführerin von VIVA.[190] Viacom selbst wurde 1987 durch Sumner Redstone's National Amusements Corporation (NAC) für 3,2 Mrd.

---

[184] www.mtv-media.de/html/index.html, abgerufen am 12.09.04. Die Angaben basieren auf einer Studie der Brand-Consulting Agentur *Interbrand*, die jährlich eine Hitliste der *World's most Valuable Brands* veröffentlicht. Auf den Plätzen zwei bis fünf folgen Yahoo, Reuters, Time und AOL.

[185] In der Hauptsendezeit zwischen 17:00 und 24:00 Uhr steigt dieser Anteil auf 8 bis 12 %, das bedeutet bis zu 20 Spots in der Stunde (vgl. Adolph in Bleicher 1997, S. 183).

[186] Genauer zu Viacom siehe Hachmeister/Rager 1997.

[187] Dazu gehören MTV, MTV 2 (seit September 2005 der Kinderkanal *Nick*), VH-1, Nickelodeon, TNN, TV Land und CMT.

[188] Jahrbuch der Europäischen Audiovisuellen Informationsstelle (Bd. 1) 2003, S. 30.

[189] Vgl. Kurp/Hauschild/Wiese 2002, S. 122f. In Deutschland wurde VH-1 2001 vom 24-Stunden-Clipkanal MTV 2 Pop abgelöst. Dieser wiederum wurde in Deutschland im September 2005 in den Kindersender *Nick* umgewandelt. Die Umstrukturierung ist Teil einer Neuausrichtung der MTV-Senderfamilie unter der Regie des US-amerikanischen Mutterkonzerns Viacom, der im Sommer 2004 auch die deutschen Musiksender Viva und Viva plus übernahm (Badische Zeitung vom 09.04.2005, S. 39).

[190] Niggemeyer in Frankfurter Allgmeine Zeitung vom 25.06.04, S. 46; N.N. in Frankfurter Allgemeine Zeitung vom 03.11.04, S. 38.

US-Dollar gekauft.[191] Sumner Redstone ist mit 66 Prozent der Stimmrechte wichtigster Aktionär und Vorsitzender des Verwaltungsrates (er gilt als der reichste ‚Medienmogul' der Welt mit einem Vermögen von fast 13 Milliarden Euro). Die Expansionspläne von Redstone sahen zunächst vor, Viacom zu einem umfassenden Unterhaltungskonzern mit allen relevanten Sparten der Medienbranche auszubauen.[192] In diesem Zusammenhang entwickelte sich MTV zum Zugpferd und strategischen Distributions- und Werbemedium für konzerneigene Produkte und wurde zur lukrativsten Einnahmequelle des Viacom-Konzerns.[193] Mittlerweile geht der Trend, nicht nur bei Viacom, sondern in der gesamten Medienbranche, jedoch weg vom großen Konglomerat. Unternehmen spalten sich in kleinere Einheiten auf oder verkaufen sogar Geschäfte. Mitte Juni 2005 beschloss Viacom, sich in zwei Teile aufzuspalten, um damit die seit Jahren schwache Aktienkursentwicklung anzukurbeln. Auf der einen Seite sollen die Geschäfte mit den größten Wachstumsaussichten stehen – darunter auch MTV, in der zweiten Gesellschaft werden die weniger wachstumsträchtigen Teile gebündelt.[194]

3.8.2 Programmstruktur

Ungefähr 70 bis 75% des Programms von MTV wird mit der Ausstrahlung von Videoclips bestritten. Je nach Tageszeit schwankt diese Zahl – z.B. kann der Anteil der ausgestrahlten Clips in den frühen Morgenstunden bis zu 90% betragen.[195] Insgesamt fand seit der Gründung von MTV eine umfassende inhaltliche Ausweitung der Programmstruktur statt. Dies betrifft zum einen die Auswahl an Musikstilen, zum anderen die Einführung von verschiedenen Sendeformaten. Vom *narrowcasting*, einem Programmangebot, dass auf *ein* ganz bestimmtes Publikum zugeschnitten ist und dem *flow*, einem im Wesentlichen aus ununterbrochenen Clipschleifen und Werbung bestehenden Programm, entwickelte sich MTV zu einem

---

[191] Vgl. Schmidt, A. in Neumann-Braun 1999, S. 109f.
[192] So kaufte Viacom beispielsweise 1990 die Themenparkkette King Entertainment, 1994 erwarb der Konzern für 8,4 Milliarden Dollar die Videovertriebskette Blockbuster, zu der etwa 7.800 Videotheken mit täglich etwa 2 Mio. Kunden gehören (damit erhielt Viacom u.a. auch Anteile an Spelling Entertainment, das z.B. erfolgreiche Serien wie *Melrose Place* oder *Star Trek* produzierte), 1994 übernahm der Konzern schließlich für etwa 10 Milliarden Dollar das Hollywood-Studio Paramount. Darüber hinaus besitzt Viacom mit Infinity, einem Verbund von mehr als 150 Radiostationen, auch ein Hörfunk-Netzwerk, hält Anteile an dem Buchverlag Simon & Schuster, an der TV-Kette UPN und verschiedenen Merchandising-Firmen wie z.B. Viacom Consumer Products (vgl. Kurp/Hauschild/Wiese 2002, S. 125).
[193] Kurp/Hausschild/Wiese, a.a.O., S. 124.
[194] N.N. in Frankfurter Allgemeine Zeitung vom 12. Juli 2005, S. 18.
[195] Vgl. Adolph in Bleicher 1997, S. 184 sowie Wimmer 1995, S. 23.

Sender mit traditionellen Formaten und festen Sendezeiten. Mittlerweile strahlt MTV über 60 regelmäßige Shows und Events aus.[196]

Am Anfang, zu Beginn der 1980er Jahre, setzte der Sender vor allem auf ein musikalisches Angebot, das sich im Wesentlichen im Rahmen des Rock- und Pop-Mainstream bewegte. U.a. aufgrund rückläufiger Einschaltquoten wurde das Programm dann um szeneorientierte und innovative Musikrichtungen erweitert. Erfolgreich war in diesem Zusammenhang vor allem die Sendungen *YO! Rap MTV* (Rap und HipHop, seit 1988). In den Anfangsjahren war MTV häufig der Kritik ausgesetzt, eine einseitige oder sogar rassistische Programmpolitik zu verfolgen. Das Programm konzentrierte sich vornehmlich auf die Präsentation weißer, männlicher Rock-Musiker und folgte damit der Produktionspolitik der Musikindustrie, die vor allem weiße Musiker förderte, wie auch der Programmpolitik der Radiosender, die weiße Rockmusik und schwarzes *Urban Contemporary* im Sinne des etablierten Narrowcasting für unvereinbar hielten. Farbige Interpreten waren mit Ausnahme von Superstars wie Michael Jackson im jungen Musikfernsehen so gut wie nicht vertreten. Diesem Vorwurf begegnete MTV mit mehreren Programmkorrekturen, für die *YO! Rap MTV* ein erster Schritt war. Der Vorwurf des Rassismus gilt mit diesen Programmänderungen als entkräftet.[197] Kurp et al. stellen die These auf, dass der Grund für die anfängliche Ausgrenzung afroamerikanischer Zuschauer als Zielpublikum darin liegt, dass diese Anfang der 1980er Jahre (noch) nicht über die für die Werbewirtschaft interessanten hohen Einkommen verfügten und somit auch weniger interessant für die Programmgestaltung waren. Attraktiv waren hingegen die sog. *young urban white males*, die sowohl die technische Ausstattung besaßen, um MTV zu empfangen und über ausreichend Kaufkraft verfügten, um für Werbekunden interessant zu sein. Außerdem galten sie als die Gruppe, die überdurchschnittlich viel Geld für Tonträger und entsprechende Merchandisingprodukte ausgibt.[198] Weitere erfolgreiche Formate waren neben *Yo! Rap MTV* auch *Headbangers Ball* (Heavy Metal), sowie *Club MTV* (Dancefloor) und *120 Minutes* (seit 1991) bzw. seit 1994 *Alternative Nation* (Alternative Rock). Dazu kamen Lifestyle-Sendungen und Mode- oder Partnershows für das jugendliche Zielpublikum, Reality Soaps wie *Real World* (seit 1992) und Comics wie *Beavis and Butt-head* (seit 1993) oder japanische Anime-Serien, Interviews mit Musikstars, Konzert- und Festivalberichte usw.[199] 1984 wurden zum ersten Mal die *MTV Video Music Awards* in der New Yorker Radio City Music Hall veranstaltet und ausgestrahlt. Es ist davon aus-

---

[196] Vgl. Banks 1998, S. 299f; www.mtv-media.de, abgerufen am 12.09.04.

[197] Diese Annahme ist auf der Grundlage der Ergebnisse der empirischen Studie (Kap. 5.2 und 6) kritisch zu hinterfragen.

[198] Vgl. Kurp/Hauschild/Wiese 2002, S. 28 sowie Schmidt, A. in Neumann-Braun 1999, S. 103f; siehe auch Goodwin 1992, S. 135 und Diederichsen in Matejovski/Kittler 1996, S. 221.

[199] Bloss in Wicke 2001, S. 194.

zugehen, dass diese Entwicklung künftig weiter verstärkt wird, d.h. angeboten werden in Zukunft mehr Showformate und weniger Musik. Dabei wird sich der Fokus zunehmend auf Non-Music-Themen verlagern und Felder wie Mode, Sport, Lifestyle, Film und das tagesaktuelle Geschehen einbeziehen. Auf diese Weise kann die Markt- und Markenpostion von MTV auf dem globalen Markt der unterschiedlichen Zielgruppen stabilisiert und weiter ausgebaut werden. Mit der neuen Programmvielfalt sollen somit neue Zuschauergruppen gewonnen werden.[200]

Obwohl MTV als Trend-orientierter und Trend-setzender Sender kein statisches Programm anbieten kann, ist doch eine gewisse feste Struktur der Sendungen auszumachen: Wochentags ist das Programm des Senders nach der sog. Slot-Struktur gegliedert (eine Begriffsanalogie zu Glücksspielautomaten, bei denen gleichartige Symbole in eine Reihung gebracht werden müssen). Diese teilt das Programm in seiner horizontalen Struktur in Programmschienen auf und bietet so konstante und damit einprägsame und Gewohnheiten konstituierende Anfangszeiten von Montag bis Freitag. In der vertikalen Achse fächert sich das Programm in minimal 15-minütige Sendeeinheiten (z.B. *MTV News*) auf, dominierend sind jedoch Einheiten von 30, 60 und 120 Minuten. Die Programmpartikel innerhalb dieser Sendegefäße, so Jörg Adolph, sind dabei jedoch nicht länger als sechs Minuten.[201] Diese Programmstruktur ermöglicht sowohl ein gezieltes oder ritualisiertes Einsteigen des Zuschauers zu festen Zeitpunkten als auch einen kurzzeitigen Quereinstieg oder die Nebenbei-Rezeption des Programms. Am Wochenende (Samstag/Sonntag) wird das Programm häufig unter ein bestimmtes Motto gestellt, welches dann den größten Teil des Programms prägt (z.B. *The 100 most wanted Videos*).

3.8.3 Die MTV-Philosophie

‚Think global – act local' ist die Devise wie auch die Geschäftsstrategie des Senders. Realisiert wurde dieses Prinzip vor allem durch die Ausstrahlung regionalspezifischer Programme in der entsprechenden Landessprache. „MTV combines a global presence and a single global brand with a product designed for separate regional markets."[202] Seit 1998 produziert ein Netzwerk regionaler MTV-Filialen eigene Programme in der Landessprache; die dazugehörigen Videoclips werden in der Sendezentrale in London mittels digitaler Sendetechnik in das Programm eingebaut.[203] Brent Hansen, President und Chief Executive von MTV Networks Europe,

---

[200] N.N. in Badische Zeitung vom 19.10.04, S. 29.
[201] Adolph in Bleicher 1997, S. 172.
[202] Levinson in du Gay 1997b, S. 56.
[203] Dazu werden die einzelnen Moderationen wie auch die Musikvideos selbst auf digitalen Kassetten in einer sog. Jukebox abgelegt. Je nachdem, wie die zuständige Redaktion den Ablauf der Clips fest-

wird auf der Eingangsseite des Internetauftritts für Medienpartner zitiert „Through creativity, innovation, and our distinctive attitude, we connect to the youth of the world in a way that no other brand can."[204] Durch den Programminhalt bemüht MTV sich, sich als Opinion Leader jugendlichen Lifestyles mit einem kreativ-progressiven Image zu positionieren. Der Sender selbst beschreibt sich (potentiellen Media-Partnern gegenüber): „Die Marke MTV verfügt über eine einzigartige Persönlichkeit, ist authentisch, progressiv, spontan und unkonventionell – MTV ist das Original."[205]

Von Anfang an war MTV darauf ausgerichtet, möglichst viele junge Zuschauer anzusprechen. Aus diesem Grund bemüht sich der Sender permanent, die Vorlieben und Abneigungen der Zielgruppe zu ergründen. Seit Beginn stand dabei die Konstitution einer auf den musikalischen Mainstream ausgerichteten Zielgruppe im Vordergrund:

> „All of this image, the evolution of the MTV ‚mood' was based all very scientifically on analyst Marshall Cohen's viewer research. Everything was tailored to what would attract maximum viewers; almost all could be sacrificed in order to lure more of the demographic."[206]

Um das Profil der Zielgruppe ständig im Auge zu behalten, führt MTV verschiedene Trendstudien durch. *Sources of Cool* beispielsweise ist eine weltweite Trendstudie von MTV Networks, die sich mit den Funktionsweisen von Trends sowie aktuellen und zukünftigen Tendenzen beschäftigt. *Pictures of Youth*, eine weitere Studie, soll Mediainvestoren einen umfassenden Überblick über den Stand der Jugendforschung geben und beschreibt zudem die aktuellen Lebenswelten Jugendlicher. Daneben werden auf zahlreichen Events Befragungen und Interviews durchgeführt, um neue Trends möglichst direkt aufzuspüren.

MTV versteht sich selbst sowohl als Plattform für die Präsentation des musikalischen Mainstream als auch als Trendsetter bei der Förderung junger, noch relativ unbekannter Musiker. In Bezug auf die daraus resultierende, ökonomisch bedingte Gradwanderung schreibt Altrogge:

> „Was grell erscheint und ohnehin nur in die Ghettos der Spartenprogramme für musikalische Minderheiten paßt, da es medienökonomisch kaum von Bedeutung ist, wird von den Programmverantwortlichen dennoch wie ein exotisches Tier gehalten, solange

---

legt, spielt der Computer automatisch die entsprechenden Datenträger mittels eines Roboterarms und Video-Server-Technik ab (vgl. www.clipland.de/Wissen/Musikvideos/TVSender/ce_MTV.html, abgerufen am 29.10.03).

[204] www.mtv-media.de/html/index.html, abgerufen am 12.09.04.

[205] A.a.O.

[206] Nance 1993, S. 38.

man nicht weiß, ob es zum neuen Liebling von Jugendlichen avancieren könnte oder zumindest der Ideologie der Vielfalt dient."[207]

Die Herausforderung besteht also zum einen darin, durch die Präsentation des Bekannten und Erwartbaren kalkulierbare Sehgewohnheiten bei den Zuschauern auszubilden und sie so an den Sender zu binden. Zum anderen ist es jedoch außerordentlich wichtig, Langeweile zu vermeiden, d.h. Innovation und Abwechslung müssen permanent in den standardisierten Programmablauf integriert werden. Angesichts dieser Umstände stellt sich die Programmgestaltung als eine Gradwanderung dar zwischen „kommerziellen Interessen und subkulturellem Impetus".[208] Um beide Funktionen erfüllen zu können, benötigt jeder Musiksender zum einen Glaubwürdigkeit und Akzeptanz bei der Zielgruppe, zum anderen – damit zusammenhängend – muss er auch ein hohes Maß an popkultureller Kompetenz vermitteln.

> „Diese Kompetenz und Glaubwürdigkeit wird durch eine vermeintliche, eher symbolische Opposition zum Kommerz und die Inkorporierung eines subversiv anmutenden Habitus von Popmusik ermöglicht, wobei die Berücksichtigung von Subkulturen durch Nischenformate für den kommerziellen Gesamterfolg entscheidend sein kann."[209]

Eine wichtige Maßnahme, um Glaubwürdigkeit beim Publikum zu erreichen, ist auch die Vermittlung einer sozialen Komponente, mit der MTV den Faktor Wohltätigkeit – zu neudeutsch ‚Charity' – in das Programm integriert. So wurden beispielsweise 1985 und zuletzt im Sommer 2005 das 17-Stunden-Special *Live Aid* mit internationalen Stars ausgestrahlt, dessen Erlös den Kampf gegen die Hungersnot in Afrika unterstützen sollte, 1986 übertrug MTV ein Amnesty International Konzert aus dem New Yorker Giants Stadium in voller Länge. Im gleichen Jahr wurde *Rock Against Drugs* ins Leben gerufen, eine Kampagne, in der Rock-Stars offen über ihre Erfahrungen mit Drogen und deren Gefahren reden. 1991 startete erstmals eine weltweite MTV-Kampagne zum *World AIDS Day* mit dem Slogan *Respect Yourself. Protect Yourself.* Auch im Bereich der Politik ist seit Beginn der 1990er Jahre ein verstärktes Engagement zu beobachten. 1993 redete beispielsweise der damalige US-Präsident Bill Clinton im Sender über die nationale Arbeitssituation von Jugendlichen, im gleichen Jahr strahlten die MTV News in Europa eine Reportage zu den Friedensverhandlungen von Israel und Palästina aus, inklusive eines Interviews mit dem damaligen israelischen Außenminister Schimon Peres. Bereits ein Jahr später, 1994, war Bill Clinton wieder zu Gast bei MTV auf dem *Enough is Enough Forum With The President*, wo er mit einer Gruppe von 200 Jugendlichen über das wachsende Kriminalitätsproblem in den USA sprach. Im selben Jahr startete MTV

---

[207] Altrogge 2001b, S. 316.
[208] Kurp/Hauschild/Wiese 2002, S. 204.
[209] Kurp/Hauschild/Wiese, ebd. – Goodwin spricht in diesem Zusammenhang von einer „'incorporation' of counterhegemonic discourses in the name of corporate profit" (1992, S. 154).

die *Vote Europe Campaign*, um junge Leute zu überzeugen, sich an den europäischen Parlamentswahlen zu beteiligen. Im Rahmen dieser Kampagne wurden Interviews mit Tansu Ciller und Gro Harlem Brundtland, den damaligen Premierministerinnen der Türkei und Norwegens, sowie Jacques Delors und Michail Gorbatschow ausgestrahlt.[210] Zusammenfassen lässt sich das (vorläufige) Ergebnis der Entwicklung von MTV in den Worten von Andrew Goodwin:

> „MTV has [...] moved from an almost exclusive focus upon the promotion of specific areas of pop music (New Pop, heavy metal) to a role as an all-encompassing mediator of rock culture [...] that seeks to keep its viewers up to date with all current forms of music, with developments in popular culture generally (TV, cinema, sports, celebrity news), and occasional 'hard news' stories (abortion, the environment, political news).[211]

3.8.4 MTV als Gatekeeper

Bevor die zuständigen Redaktionen als Gatekeeper für die bei den Musiksendern eingereichten Videos zum Einsatz kommen, findet ein Gatekeeping-Prozess schon innerhalb der Plattenfirmen statt, indem dort in erster Instanz entschieden wird, von welchem Interpreten überhaupt ein Album veröffentlicht wird und zu welchem Song dann ggf. noch ein Video gedreht wird.

> „(...) what seems certain is that, either seperately or in collusion, the record companies and MTV Networks will act as gatekeepers, largely deciding which musicians are featured on cable television – and which artists are excluded."[212]

Dabei hängt die Entscheidung, ob ein Video produziert wird, zu großen Teilen davon ab, welches Musikgenre gerade in den Medien, vor allem bei MTV, populär ist. Beispielsweise wurden Anfang der 1980er Jahre kaum Clips von ‚schwarzen' Interpreten produziert, da diese auf MTV kaum vertreten waren. Dies änderte sich in den späten 1980er und frühen 1990ern, als MTV den Musikgenres R&B und Rap – nicht zuletzt aufgrund zahlreicher Vorwürfe, eine rassistische Programmpolitik zu betreiben – mehr und mehr Raum im Programm einräumte.

Für die Ausstattung der Musiksender mit Musikvideos ist von Seiten der Plattenfirmen der sog. Video Commissioner zuständig. Seine Aufgabe ist es, neben der Überwachung der Dreharbeiten zu einem Video, einen Clip in den verantwortlichen Redaktionen zu promoten. Dazu wird das Video zunächst, mit zusätzlichem Informationsmaterial versehen, an die Sender geschickt. Zu diesem Informationsmaterial

---

[210] www.mtv.de/20jahre/mtv20jahre.rtf, abgerufen am 12.09.04.
[211] Goodwin 1992, S. 138.
[212] Banks 1996b, S. 193.

gehört das sog. Acquisition Sheet; hier werden Angaben zum Interpreten, Titel und Label gemacht und detaillierte Angaben zur Produktion für die spätere Archivierung festgehalten. Ebenso gehören Laufzeiten, technische Daten und Kontakte für eventuelle Rückfragen zur umfassenden Information des Empfängers. Viele Sender verlangen neben Informationen zu Clip- und Produktionsdetails auch eine Beilage des Song-Textes. Besonders MTV will dadurch vor Überraschungen geschützt sein, indem anstößige Inhalte, Worte oder Formulierungen schon früh erkannt werden und das Video entsprechend an die Plattenfirma zurückgeschickt oder in einem passenden Programmteil positioniert werden kann.[213]

Die Auswahl der zu sendenden Clips, die *playlist*, wird in unterschiedlichen Abteilungen durch eine relativ aufwändige Verfahrensweise zusammengestellt, „deren Wirken einer breiten Öffentlichkeit verschlossen bleibt, um das sorgsam konstruierte Image eines spontanen Jugendmediums nicht zu gefährden."[214] Einmal pro Woche tagt das aus drei bis zehn ständig wechselnden Mitgliedern bestehende *Acquisition Committee* (AC). Dieses sortiert zunächst 80% der neu eingegangenen Videos aus – pro Woche können dies bis zu 60 Clips sein[215], andere Angaben sprechen von bis zu 100 Videos[216]. Dabei spielen Kriterien wie Vereinbarkeit mit der Zielgruppe bzw. dem Image des Senders, der produktionstechnische Standard und die Labelzugehörigkeit eine entscheidende Rolle. Neben dieser Negativauslese gibt es vertragsrechtliche oder werbeökonomische Bedingungen, welche die Ausstrahlung bestimmter Clips begründen; auch die Frage, ob wichtige Radiosender einen Titel im Airplay haben oder nicht, ist von Bedeutung. Generell werden neue Interpreten von großen Plattenfirmen eher auf die Playlist gesetzt als die der Independent Labels. In einer weiteren Abteilung, dem *Program Standards and Public Responsibility Department* wird dann der visuelle wie auch der textliche Inhalt der Clips überprüft. Anstößige und nicht jugendfreie Clips werden aussortiert und zur Nachbearbeitung an die Plattenfirmen zurückgeschickt bzw. ganz ausgeschlossen. Die ausgewählten Clips werden in die playlist aufgenommen und das AC entscheidet darüber, wann und wie oft ein Clip gesendet wird. Dazu gibt es sog. rotation categories (light/medium/heavy); auf der höchsten Stufe, der sog. heavy rotation, wird ein Clip bis zu sechsmal pro Tag ausgestrahlt.[217]

---

[213] Vgl. www.clipland.de/Wissen/Musikvideos/Produktion/, abgerufen am 29.10.03.

[214] Schmidt, A. in Neumann-Braun 1999, S. 121.

[215] Vgl. www.clipland.de/Wissen/Musikvideos/Produktion/, abgerufen am 29.10.03.

[216] Rosenbach in Der Spiegel Nr. 42/2003 vom 13.10.03, S. 114.

[217] Vgl. Schmidt, A. in Neumann-Braun 1999, S. 121-125.

3.8.5 Zusammenfassung

Seit Sendebeginn im Jahr 1981 in den USA hat sich MTV sukzessive zu einem weltweit verbreiteten Spartenkanal entwickelt. Dabei besitzt der Sender durch die Ausstrahlung landes- bzw. regionalspezifischer Programme ein sowohl internationales als auch nationales Profil. Durch die Einbindung in den Mutterkonzern Viacom ist MTV mit einer Reihe anderer Medienunternehmen verknüpft, was die Erzeugung wechselseitiger Synergieeffekte möglich macht. Aber auch mit konzernexternen Unternehmen der Konsumgüterbranche unterhält der Sender vielseitige Medienpartnerschaften. MTV versteht sich selbst als zentralen Bestandteil und Trendsetter zeitgenössischer Jugendkultur. Um diesen Status zu wahren, führt der Sender regelmäßig sog. Trendstudien durch. Angestrebt wird das Erreichen möglichst großer Zielgruppen durch ein Mainstream-Angebot von Videoclips wie auch durch das Image eines Forums für subkulturelle musikalische Strömungen. Vor diesem Hintergrund initiieren differenzierte Entscheidungsmechanismen einen komplexen Gatekeeping-Prozess, innerhalb dessen MTV als *das* zentrale Distributionsmedium von Videoclips fungiert. Bei der Veröffentlichung von Titeln und der Bekanntmachung von Musikstars bildet MTV eine zentrale Instanz, ohne die eine wirkungsvolle Promotion im Musikbusiness nicht mehr denkbar ist. Hinsichtlich der Verbreitung von popkulturellen Repräsentationen – und damit auch hinsichtlich der Darstellung von Ethnizität und Geschlecht – nimmt MTV eine Schlüsselstelle ein.

3.9 Schlussfolgerungen

Aus den vorangegangenen Ausführungen lassen sich nun folgende Schlüsse in Bezug auf die Auseinandersetzung mit der Inszenierung von markierter Ethnizität und Geschlecht in Musikvideos ziehen: Musikvideos entstehen im ökonomischen, genauer: im musikindustriellen System (Kap. 3.7). Sie werden verbreitet, d.h. einem größeren Publikum zugänglich gemacht, durch das massenmediale System, genauer: durch das Musikfernsehen – allen voran MTV (Kap. 3.8). MTV selbst funktioniert als kommerzieller Fernsehsender nach ökonomischen Rationalitäten, d.h. auf der Basis der Kriterien von gewinnbringend/nicht gewinnbringend ist das Programm auf das Ziel der Gewinnwirtschaftung hin ausgerichtet, um die Existenz des Senders zu sichern. In ihrer Eigenschaft als ökonomische Produkte dienen Musikvideos als wesentliche Bestandteile des (kommerziellen) Musikfernsehens ebenfalls dem Ziel der Gewinnwirtschaftung. Die ökonomische Ausrichtung ist sozusagen doppelt vorhanden: durch die Existenz von Videoclips als Produkten des ökonomischen Systems und durch die ökonomische Funktion des Musikfernsehens. Das ökonomische Ziel der Gewinnwirtschaftung ist nur durch massenmediale Verbreitung zu erreichen; nur so kann eine breite Masse von Rezipienten und damit potentiellen Konsumenten (des Tonträgers, der Konzerttickets, der Merchandisingprodukte etc.) erreicht werden.

Massenmedien funktionieren bei der Aufnahme von ‚Themen' bzw. Informationen (in diesem Fall Videoclips) aus anderen Subsystemen nach eigenen Rationalitäten. Sie akzeptieren bzw. verwerfen ein Thema danach, ob es veröffentlichbar oder nicht veröffentlichbar ist. An diese Rationalität sind bestimmte, konkrete Veröffentlichungskriterien gebunden. Bei der Produktion von Musikvideos im ökonomischen System, d.h. bei ihren inhaltlichen Darstellungen, muss die spezifische Rationalität des Massenmediensystems mit einkalkuliert werden; der Inhalt eines Videoclips muss bestimmten Kriterien der Veröffentlichung genügen, um Anschluss in den Massenmedien zu finden, um also veröffentlicht zu werden. Diese inhaltlich ausgerichteten Veröffentlichungskriterien speisen sich zu großen Teilen aus dem populärkulturellen Kontext, in dem das Musikvideo verortet ist: Mode, Film, Werbung, Jugendkultur usw. (wobei diese Bereiche sich wechselseitig beeinflussen; es gibt keine abzugrenzenden Ursache-Wirkungs-Positionen). Musikvideos als Bestandteile des massenmedialen Systems erfüllen in diesem populärkulturellen Kontext eine Thematisierungs- und Informationsfunktion für die Rezipienten. Als wesentliches darstellerisches Element nimmt dabei die Inszenierung von ethnizitäts- bzw. geschlechtsbezogenen Inhalten eine zentrale Rolle ein (siehe Kap. 1). Aufgrund der übergeordneten Funktion von Massenmedien als Selbstbeobachtungsinstrumenten der Gesellschaft ist in diesem Zusammenhang davon auszugehen, dass Musikvideos Geschlechter- und Ethnizitätsbilder reproduzieren, die in anderen gesellschaftlichen Subsystemen zirkulieren. Von Interesse ist nun also die Frage, welche Geschlechter- und Ethnizitätsvorstellungen gesamtgesellschaftlich bzw. in den relevanten Subsystemen existieren, wie sie in Musikvideos reproduziert werden und welche Rückschlüsse die entsprechenden Inszenierungen hinsichtlich der im Kontext von Musikvideos relevanten Veröffentlichungskriterien zulassen. D.h. es stellt sich die Frage, wie (markierte) Ethnizität und Geschlecht in Clips inszeniert bzw. dargestellt werden sollten, um eine relativ große Chance zu haben, im massenmedialen Musikfernsehen veröffentlicht zu werden. Da es empirisch und methodisch nur schwer möglich ist, einen vollständigen Überblick über die gesamtgesellschaftlich oder in den relevanten Subsystemen (Werbung, Mode, Film etc.) zirkulierenden Bilder bzw. Images von markierter Ethnizität und Geschlecht zu geben, wird im folgenden Kapitel (4.3 und 4.4) ein kursorischer Überblick über wesentliche Inhalte im breiteren massenmedialen Kontext gegeben.

Zuvor stellt sich jedoch die Frage, wie die durch Musikvideos verbreiteten ethnizitäts- und geschlechtsbezogenen Repräsentationen als Bestandteile der übergeordneten Populärkultur (aus denen sich Inszenierungen in Musikvideos zum großen Teil speisen) auf einer Metaebene zu fassen sind. Wie sich geschlechts- und ethnizitätsbezogene Repräsentationen also auf einer übergeordneten, d.h. vom einzelnen Gegenstand abstrahierten Ebene in das übergeordnete Gesellschaftssystem einordnen lassen.

4 DISKURSTHEORETISCHE ERFASSUNG MASSENMEDIALER INHALTE

Im Anschluss an die *strukturelle* Auseinandersetzung mit den Rationalitäten und Funktionsweisen von Massenmedien geht es im Folgenden darum, wie die massenmedialen *Inhalte* in dieses Funktionssystem einzuordnen sind. Notwendig ist an dieser Stelle zunächst eine Abstrahierung vom einzelnen Gegenstand. Eine weiterführende Möglichkeit, mediale Inhalte losgelöst von ihren konkreten Erscheinungen auf einer Metaebene zu fassen, bietet der Diskursbegriff, der – im geisteswissenschaftlichen Kontext v.a. von der Diskurstheorie Michel Foucaults geprägt[218] – für eine Anwendung im Rahmen der vorliegenden Arbeit im Folgenden entwickelt werden soll.

Ebenso wie die Systemtheorie bieten Diskurstheorien eine ganzheitliche Sicht auf ihren Gegenstand, d.h. einzelne Diskurse. Sie ermöglichen eine umfassende Betrachtungsweise darüber, wie die Aussagen medialer Inhalte zustande kommen, welche Bedeutung sie für die Wahrnehmung des Einzelnen haben und wie sie in den größeren gesellschaftlichen Zusammenhang einzuordnen sind. Foucaults Überlegungen, auf denen die Herausarbeitung eines auf den vorliegenden Zusammenhang anwendbaren Diskursbegriffs beruht, hatten nachhaltigen Einfluss auf nahezu alle Bereiche der Geistes- und Sozialwissenschaften. Entsprechend der jeweiligen fachlichen Voraussetzungen wurde sein diskurstheoretischer Ansatz unterschiedlich rezipiert und weiterentwickelt.[219] An dieser Stelle soll nun eine Anwendung des Diskursbegriffs in Bezug auf massenmediale Inhalte herausgearbeitet werden.[220]

---

[218] Für weitere Ansätze siehe Keller/Hirseland/Schneider/Viehöver in dies. 2001, S. 10-12.

[219] Einen fundierten Überblick gibt das von Reiner Keller, Andreas Hirseland, Werner Schneider und Willy Viehöver herausgegebene zweibändige *Handbuch sozialwissenschaftliche Diskursanalyse* (Bd. 1: Theorien und Methoden, Opladen 2001; Bd. 2: Forschungspraxis, Opladen 2003). Hier finden sich unter anderem Beiträge von Vertretern aus der Linguistik, den Geschichtswissenschaften, der Wissenssoziologie, der Soziologie, den Politikwissenschaften, der Psychologie und der Anthropologie. Einen kürzeren Überblick über diskurstheoretische Ansätze gibt Siegfried Jäger (1999, S. 120-127).

[220] Siehe dazu u.a. die Beiträge von Hanke, Waldschmidt, Schwab-Trapp, Keller, Gerhards und Höhne in Keller/Hirseland/Schneider/Viehöver 2003 sowie Jäger in Bublitz/Bührmann/Hanke/Seier 1999 und Jäger 1999.

4.1   Diskurs: Begriff und Funktion

Foucault selbst entzieht sich einer eindeutigen Bestimmung des Diskursbegriffs weitestgehend, er selbst spricht von einer „wilde[n] Benutzung der Termini Aussage, Ereignis, Diskurs durch mich".[221] Ralf Konsermann weist darauf hin: „Foucault wäre nicht Foucault, würde er die Frage nach dem Diskurs-Begriff schlicht und erschöpfend mit einer bündigen Definition beantworten."[222] In der Regel wird bei Diskursdefinitionen nach Foucault auf das Zitat verwiesen, der Terminus Diskurs könne bestimmt werden durch „eine Menge von Aussagen, die einem gleichen Formationssystem zugehören"[223]; Beispiele wären der Diskurs der Ökonomie, der Medizin, der Grammatik oder der Wissenschaft von den Lebewesen.[224] Ein Diskurs wird in diesem Sinne zunächst verstanden als Gesamtheit der gesagten und nichtgesagten Äußerungen zu einem gesellschaftlichen Thema, die innerhalb eines bestimmten historischen Zeitraums Gültigkeit besitzen:

> „a group of statements which provide a means for talking about (and a way of representing knowledge about) a particular topic at a particular historical moment. (...) discourse is a body of knowledge that both defines and limits what can be said about something."[225]

Es handelt sich also um das gültige, d.h. legitimierte Wissen einer Gesellschaft und dessen Zustandekommen im historischen Kontext. Dieses Wissen ist prägend für die Gestaltung einer Gesellschaft und die gesamte gesellschaftliche Entwicklung.

> „Diskurse sind institutionalisierte, nach verschiedenen Kriterien abgrenzbare Bedeutungsarrangements, die in spezifischen Sets von Praktiken (re)produziert und transformiert werden. Sie existieren als relativ dauerhafte und regelhafte, d.h. zeitliche und soziale Strukturierung von (kollektiven) Prozessen der Bedeutungszuschreibung."[226]

Der Begriff ‚Bedeutungszuschreibung' weist darauf hin, dass Diskurse implizit Werte, Normen und Konventionen transportieren, welche für die jeweilige Gesellschaft Gültigkeit besitzen. So legt der rechtliche Diskurs beispielsweise fest, was als kriminell gilt, was als legal etc.[227] In diesem Moment liegt auch die gesellschaftliche Funktion von Diskursen: Sie etablieren durch bestimmte ‚Aussagen' das kollektive und individuelle Wissen zu einem Thema. Sie schaffen Bedeutungen von Dingen, sichern Regelmäßigkeiten und Konventionen und geben auf diese Weise Ori-

---

[221] Foucault 1981, S. 48.

[222] Konersmann, Nachwort zu Foucault 2003, S. 77.

[223] Foucault 1981, S. 156 – nahezu wörtlich wird diese Definition einige Seiten später (S. 160) wiederholt.

[224] Foucault, a.a.O., S. 94.

[225] Sturken/Cartwright 2001, S. 94.

[226] Keller in ders./Hirseland/Schneider/Viehöver 2003, S. 205.

[227] Ähnliches geschieht dem systemtheoretischen Ansatz nach durch die systemspezifischen Codes.

entierung in der Welt. Diskurse bezeichnen in diesem Sinne nicht nur das, *was* gesagt wird, sondern auch *wie* es gesagt wird. Entsprechend spielt bei der Auseinandersetzung mit Diskursen wie Foucault sie beschreibt die Untersuchung der diskursspezifischen Regeln und Regelmäßigkeiten und die damit verbundenen gesellschaftlichen Machtverhältnisse eine zentrale Rolle. Der Grund hierfür liegt darin, dass ein Diskurs über ein bestimmtes Thema oder einen Gegenstand nicht auf die Existenz dieses Themas bzw. Gegenstandes selbst gegründet ist, sondern auf „das Spiel der Regeln, die während einer gegebenen Periode das Erscheinen von Objekten möglich machen".[228] Eine bestimmte Form der Regelmäßigkeit charakterisiert also eine Menge von Aussagen. Dabei etablieren die diskursiven Regeln keineswegs ein statisches Konstrukt, vielmehr sind sie auch von (historischen) Transformationen geprägt.[229] Gerade der Aspekt der Historizität von Diskursen spielt in diesem Zusammenhang eine wichtige Rolle:

> „Er [der Diskurs, C.S.] ist durch und durch historisch: Fragment der Geschichte, Einheit und Diskontinuität in der Geschichte selbst, und stellt das Problem seiner eigenen Grenzen, seiner Einschnitte, seiner Transformationen, der spezifischen Weisen seiner Zeitlichkeit eher als seines plötzlichen Auftauchens inmitten der Komplizitäten der Zeit."[230]

Ralf Konersmann fasst in seinem Nachwort zur *Ordnung des Diskurses* den Diskursbegriff zusammen:

> „Seine Unbestimmtheit, die Schwäche und Stärke zugleich ist, gewinnt der Diskursbegriff dadurch, dass er nicht nur die Organisation des Wissens beschreibt, also eine Form, sondern auch seine Produktion, also eine Praxis, und daß er weiterhin nicht nur die institutionellen Rahmenbedingungen des Wissens anspricht, sondern auch die Politik."[231]

Der Diskursbegriff umfasst demnach zum einen die Regeln des Formierens, hat also auch einen genealogischen Aspekt, zum anderen bezeichnet er die von den Regeln gestiftete Ordnung, ihre Institutionalisierung und ihre Aussagepraxis. Für die Analyse von Diskursen bedeutet dies, dass sowohl die historischen Prozesse ihrer Entstehung Gegenstand der Untersuchung sind als auch die gesellschaftlichen, institutionellen (ökonomischen, wissenschaftlichen, politischen etc.) Praktiken ihrer Existenz.

Bei der konkreten Auseinandersetzung mit einzelnen Diskursen, ihrer Analyse, geht es zunächst einmal um eine „Beschreibung, die das schon Gesagte auf dem

---

[228] Foucault 1981, S. 50.
[229] Foucault, a.a.O., S. 50f.
[230] Foucault, a.a.O., S. 170.
[231] Konersmann, Nachwort zu Foucault 2003, S. 77.

Niveau seiner Existenz befragt"[232], es geht um den „Diskurs in seiner manifesten Existenz"[233], d.h. um seine Aussagen in ihren zeitlichen und materialen Gegebenheiten.

„Beschreibung der gesagten Dinge, genau insoweit sie gesagt worden sind. Die Aussageanalyse ist also eine historische Analyse, die sich aber außerhalb jeder Interpretation hält: sie fragt die gesagten Dinge nicht nach dem, was sie verbergen, was in ihnen und trotz ihnen gesagt wurde, nach dem Nicht-Gesagten, das sie verbergen, dem Gewimmel von Gedanken, Bildern oder Phantasmen, die sie bewohnen. Sondern umgekehrt, auf welche Weise sie existieren, was es für sie heißt, manifestiert worden zu sein, Spuren hinterlassen zu haben und vielleicht für eine eventuelle Wiederverwendung zu verbleiben; was es für sie heißt, erschienen zu sein – und daß keine andere an ihrer Stelle erschienen ist."[234]

Anschließend an diese Beschreibung geht es darum, das Zustandekommen bestimmter Wissensformen und ihre Regelhaftigkeiten zu rekonstruieren. Auf diese Weise sollen die naturalisierenden Wirkungen und ‚Wahrheitseffekte' von Wissensordnungen auf ihren konstruktiven Charakter hin hinterfragt werden. Die Analyse von Diskursen hat damit einen „de-ontologisierenden Charakter"[235]. Es soll sichtbar gemacht werden, wie ‚Wahrheiten' (z.B. die binäre Geschlechterordnung) hergestellt werden und wie sie innerhalb gesellschaftlicher, ökonomischer und kultureller Hegemonien wirksam werden. Bezogen auf die Untersuchungskategorien ‚Ethnizität' und ‚Geschlecht' bedeutet die diskursanalytische Zielsetzung eine re- und damit auch dekonstruktivistische Perspektive auf hegemoniale Diskurse. Auch in diesem Zusammenhang besteht das Dilemma, dass sich der Analysierende immer *innerhalb* spezifischer Diskurse befindet; für das Individuum gibt es kein ‚Außerhalb' der diskursiven Wirklichkeit. Dem Betrachter bzw. Analysierenden erschließt sich Gesellschaft ebenso wie sie sich konstituiert, nämlich diskursiv. Als soziale Wirklichkeit konstituierende Konstrukte werden sie auch in der methodischen Rekonstruktion wieder konstruiert. „Sie werden nicht einfach ‚vorgefunden' oder ‚erkannt', sondern sie werden, semantische Komplexe konstruierend *und* rekonstruierend ‚erschlossen'."[236] Diese Rekonstruktion erschließt sich aus dem empirisch vorhandenen Diskursmaterial. Das bedeutet im Grunde genommen, dass immer nur das

---

[232] Foucault 1981, S. 190.
[233] Foucault 1969, zit. nach Müller 1998, S. 32. Vollständig lautet das für den vorliegenden Zusammenhang sehr aufschlussreiche Zitat: „Ich möchte nicht unterhalb des Diskurses nach dem Denken der Menschen suchen, sondern ich versuche, den Diskurs in seiner manifesten Existenz zu nehmen, als eine Praxis, die bestimmten Regeln gehorcht. Es geht um Regeln der Formierung, der Existenz, der Koexistenz, um Systeme der Funktionsweisen usw. Und genau diese Praxis in ihrer Konsistenz und beinahe in ihrer Materialität beschreibe ich."
[234] Foucault 1981, S. 159.
[235] Bublitz/Bührmann/Hanke/Seier in dies. 1999, S. 13f.
[236] Bublitz in Keller/Hirseland/Schneider/Viehöver 2001, S. 237.

herausgefunden werden kann, was schon vorhanden oder auf der Grundlage des diskursiven Wissensvorrats zumindest denkbar ist. Diskurse sind in der Analyse also nicht direkt als reale Entitäten zugänglich, sondern es handelt sich dabei um eine Unterstellung von Seiten des Beobachters, eine nach bestimmten, relativ groben Kriterien (z.b. Leitbegriffe oder Themen) vorgenommene Zusammenhangsvermutung im Hinblick auf das Material. Letztendlich ist es eine Frage der empirischen Analyse, inwieweit sich die (heuristischen) Vorannahmen als zutreffend erweisen und welche formalen sowie inhaltlichen Merkmale einen spezifischen Diskurs kennzeichnen.[237]

4.2   Ethnizität und Geschlecht als diskursive Konstrukte

Im Anschluss an die vorangegangenen Ausführungen lassen sich nun sowohl Geschlecht als auch Ethnizität und die damit verbundenen sozialen Ordnungen als Kategorien verstehen, die über machtvolle Diskurse konstruiert werden. Die Existenz dieser Kategorien basiert auf hegemonialem, diskursivem Wissen, welches 1. festlegt, dass und wie Unterschiede zwischen Menschen gemacht werden (gemäß bestimmter phänotypischer Merkmale) und 2. die dadurch etablierten Kategorien (‚weiß' und ‚nicht-weiß', ‚männlich' und ‚weiblich') hierarchisierend konnotiert. D.h. im Sinne von Auto- und Heterostereotypen[238] werden die diskursiv erzeugten Kategorien von ‚Eigenem' und ‚Anderen' mit bestimmten (wertenden) Zuschreibungen – Merkmalen, Eigenschaften usw. – belegt.[239] Unabhängig von der individuellen Ebene, auf der zwischen ‚Eigenem' (‚ich') und ‚Anderem' (‚du'/‚ihr'/‚die') unterschieden wird, ist der hegemoniale Diskurs über Ethnizität geprägt von dem Binarismus ‚weiß' – ‚nicht-weiß', der hegemoniale Diskurs über Geschlecht von der Dichotomie ‚männlich' – ‚weiblich'.[240] In dieser Perspektive ist das hegemoniale ‚Eigene' ‚weiß' und ‚männlich' codiert, das hegemoniale ‚Andere' ‚nicht-weiß'

---

[237] Analog dazu beschreibt Luhmann diese Problematik in der Systemtheorie in Bezug auf die Perspektive einer ‚Beobachtung zweiter Ordnung'; vgl. u.a. Luhmann 2004, S. 14f.

[238] Auf die Darstellung von Personen bezogen wird ein Stereotyp im vorliegenden Zusammenhang verstanden als „Komplex[e] von Eigenschaften, die Personen aufgrund [ihrer] Zuordnung zu Gruppen zugeschrieben werden" (Stroebe 1980 zit. nach Mosbach 1999, S. 129). Kulturelle Vorstellungsbilder, konkrete Darstellungsweisen und Merkmalsbeschreibungen im Hinblick auf Ethnizität sind in diesem Zusammenhang wesentliche Bestandteile des diskursiven Wissens über diese Kategorie. Eben aufgrund ihrer Stereotypizität geben sie den hegemonialen Diskurs wieder, der die wahrgenommene Realität maßgeblich prägt. Wenn im Folgenden in Bezug auf bestimmte Inszenierungen von ‚nicht-weißen' Darstellern von Stereotypen die Rede ist, wird dieser Begriff verstanden als inhaltlich geprägtes Element des hegemonialen diskursiven Wissens über das ‚Andere'.

[239] Vgl. Mosbach 1999, S. 134ff.

[240] Vgl. Nederveen Pieterse 1992, S. 223; Hall in Mehlem et al. 1994a; Seshadri-Crooks 2000, v.a. S. 1-22.

und ‚nicht-männlich' bzw. (der binären Geschlechterordnung entsprechend) ‚weiblich'. Die jeweiligen Codierungen bzw. Kategorisierungen von Menschen finden auf der Basis naturalisierender Zuschreibungen gemäß dem phänotypischen Erscheinungsbild eines Menschen, v.a. im Hinblick auf die Hautfarbe wie auch die sekundären bzw. tertiären Geschlechtsmerkmale, statt. In dieser hegemonialen Perspektive ist das ‚weiße Eigene' die (unsichtbare und gesetzte) Norm, eine zuschreibende Instanz, welche das ‚nicht-weiße Andere' mit bestimmten Eigenschaften und Merkmalen belegt. Die Dominanz des weißen (und männlichen) Blicks auf die Welt hat sich in historischen Prozessen herausgebildet; die im Zuge dessen etablierten Binarismen haben bestimmte Zuschreibungen hervorgebracht, mit denen das ‚Andere' belegt wird, und die sich aus hegemonialem diskursiven Wissen speisen.[241]

Geschlecht und Ethnizität sind als Kategorien, wie sie unsere Wirklichkeit prägen, also nicht a priori gegeben; es existiert kein anthropologisches, biologisches oder auch psychologisches Wesen von Mann oder Frau oder einer bestimmten Ethnizität im essentialistischen Sinne.

> „Die Natur kennt keine Kategorien und bringt auch keine hervor. Kategorien sind immer gesellschaftlich produziert und haben den Zweck, menschliche Erfahrungen zu ordnen und zu organisieren. Um unbestreitbare Unterschiede zwischen individuellen Menschen als Kategorien etablieren zu können – seien es Rassen-, Klassen- oder eben Geschlechterkategorien – müssen einerseits die zwischen ihnen bestehenden Gemeinsamkeiten weitgehend negiert oder bagatellisiert und andererseits die Unterschiede dramatisiert, in systematischer Weise hervorgehoben, durch Wertungen gewichtet und durch gesellschaftliche Mechanismen forciert werden."[242]

Die Existenz von Kategorien basiert auf dem historischen, sozialen und kulturellen Wissen um sie. Man ‚weiß' (unbewusst) – aufgrund des hegemonialen diskursiven Wissens – welche Unterschiede im Umgang mit Menschen zu machen sind, wie diese Unterschiede zu bewerten sind, wie die Vorstellung von ‚Eigenem' und ‚Anderem' zu vollziehen ist und welche Abstufungen es in dieser Hierarchie gibt. Auf der Basis dieses Wissens, das verschiedene Kategorien von Mensch-Sein hervorbringt, werden individuelle Identitäten ausgebildet. Von daher ist

> „[d]as Konzept des Fremden [ist] als Gegenkonzept zum Eigenen, Vertrauten, Nicht-Fremden angelegt. Die Abgrenzung eines eigenen, vertrauten Bereichs (welcher Reichweite zunächst auch immer) gegen einen fremden, unbekannten gehört zu den transkulturellen Universalien."[243]

---

[241] Vgl. u.a. Theye 1985; Bitterli 1991; Nederveen Pieterse 1992 sowie Carl 2004.
[242] Mühlen Achs 1998, S. 25; vgl. dazu auch Seifert in Mühlen Achs/Schorb 1995, S. 45f.
[243] Mosbach 1999, S. 122.

Das Wissen um die Unterscheidung zwischen dem ‚Eigenen' und dem ‚Anderen' und die Relevanz dieser Unterscheidung wird in verschiedenen gesellschaftlichen Prozessen permanent reproduziert.

> „Dieses Wissen ist nicht auf ein ‚angeborenes', kognitives Kategoriensystem rückführbar, sondern auf gesellschaftlich hergestellte symbolische Systeme. Diese symbolischen Ordnungen werden überwiegend in Diskursen gesellschaftlich produziert, legitimiert, kommuniziert und transformiert."[244]

In den symbolischen Systemen, beispielsweise den Massenmedien, werden verschiedene ‚Versionen' von Männlichkeit, Weiblichkeit, von Weiß-Sein und Nicht-Weiß-Sein (re)produziert. Die Konstruktion von Kategorien des ‚Eigenen' und des ‚Anderen' ist auf diese Weise das Ergebnis einer Verbindung von Wissen und Macht, in der das diskursiv erzeugte Wissen eine ‚mächtige' Wahrheit bzw. Realität etabliert. Dieses Wissen wurde und wird, zum Beispiel medial, generiert in Prozessen der Zuschreibung, d.h. humanoide Kategorien (‚männlich' – ‚weiblich', ‚weiß' – ‚nicht-weiß') werden etabliert und, mit bestimmten Merkmalen und Eigenschaften versehen, in einem Prozess kontinuierlicher Reproduktion festgeschrieben. Im Falle der Kategorie ‚Ethnizität' ist dies bekanntermaßen primär die Hautfarbe, die Menschen durch unterschiedliche ethnisierende Klassifikationen unterscheidet, im Falle der Kategorie ‚Geschlecht' die sekundären und tertiären Geschlechtsmerkmale. Robert Miles weist darauf hin, dass der Faktor Hautfarbe sich aus einer Auswahl verschiedener Körpermerkmale als zentrales Unterscheidungskriterium herauskristallisiert hat – was auf die soziale Konstruiertheit der Kategorie ‚Ethnizität' (im Sinne von ‚Rasse') hinweist.

> „Tatsächlich unterscheiden sich die Menschen in einer ganzen Reihe phänotypischer Eigenschaften voneinander (Größe, Gewicht, Arm- und Beinlänge, Ohrenform, Haarfarbe usw. usw.). [...] In Europa, Nordamerika und Australasien wird die ‚Rassen'-Idee vorwiegend dazu benutzt, um zwischen Kollektivgruppen zu differenzieren, die sich durch ihre Hautfarbe unterscheiden, so daß ‚Rassen' entweder ‚schwarz' oder ‚weiß', aber niemals ‚großohrig' und ‚kleinohrig' sind. Die Tatsache, daß nur bestimmte physische Merkmale zu Bedeutungträgern werden, um in besonderen Umständen ‚Rassen' zu definieren, ist Anzeichen dafür, daß wir keine naturgegebene Unterteilung der Weltbevölkerung untersuchen, sondern die Zuschreibung historisch und kulturell spezifischer Bedeutungen zur Gesamtheit der physiologischen Variationen der menschlichen Gattung."[245]

Die auf diese (naturalisierende) Weise konstruierte und etablierte Wirklichkeit legt fest, was ‚Eigenes' und was ‚Anderes' ist; sie ist die Realität, in der es ein definiertes und damit identifizierbares ‚Eigens' und ‚Anderes' gibt. Auf diese Weise wird eine normative gesellschaftliche Vorstellung von Mann- und Frau-Sein bzw. Weiß-

---

[244] Keller in ders./Hirseland/Schneider/Viehöver 2001, S. 113.
[245] Miles 1991, zit. nach Mosbach 1999, S. 118.

Sein und Nicht-Weiß-Sein etabliert. Es handelt sich dabei um „Disziplinierungsdiskurse, die mit normativem Appell an den einzelnen herangetragen werden"[246]. Bewegt man sich mit seinem Auftreten innerhalb des Erwartungsspektrums (der Norm), welches die Kategorien ‚Geschlecht' und ‚Ethnizität' an Verhaltensweisen und Merkmalen vorgeben, so wird dieses Auftreten höchstwahrscheinlich prinzipiell positiv sanktioniert, d.h. akzeptiert. Bewegt man sich außerhalb dieses Erwartungsspektrums, so ist die Möglichkeit groß, dass Auftreten und Verhalten negativ sanktioniert werden, z.B. Ausgrenzungs- und Abwertungsmechanismen hervorrufen, wenn jemand sich nicht wie ein ‚richtiger Mann' verhält. Geschlecht und Ethnizität werden als soziokulturelle Kategorien geprägt von bestimmten, normativen Verhaltensregeln, die zugleich subjektiv identitätsstiftend wirken und ein Individuum mit dieser Identität in einem gesellschaftlichen Kollektiv verorten.

Im Hinblick auf die spätere empirische Analyse der Inszenierung von ‚nichtweißen' und ‚nicht-männlichen' Darstellern in Musikvideos sollen im Folgenden wesentliche Repräsentationsformen des hegemonialen Diskurses über das ‚Andere' in Bezug auf ‚Weiblichkeit' (also ‚Nicht-Männlich-Sein') und ‚Nicht-Weiß-Sein' gegeben werden. Bei letzterem liegt der Fokus auf der Betrachtung schwarzafrikanischstämmiger Menschen da, wie die Vorstudie (siehe Anhang) gezeigt hat, die in Musikvideos in der Mehrzahl gezeigten ‚nicht-weißen' Darsteller afrikanischstämmige (im Sinne von ‚schwarze') Menschen sind.

4.3 Diskurspraxis I: Das ‚Andere' in Bezug auf die Kategorie ‚Ethnizität'

4.3.1 Zuschreibungen im historischen Kontext

Für die alten und neuen Hegemonialmächte USA und Westeuropa waren unterschiedliche Erfahrungen mit afrikanischstämmigen Menschen als dem ‚Anderen' prägend. In den USA wurde das Bild afrikanischstämmiger Menschen nachhaltig beeinflusst durch die Sklaverei; in Europa bildeten sich Vorstellungen über Afrikaner vor allem durch die Erfahrungen des Kolonialismus aus. Im Gegensatz zu den Lebensrealitäten in Nordamerika war für die wenigsten Untertanen der europäischen Kolonialmächte ein direkter Kontakt mit Afrikanern gegeben. Diese Tatsache hatte trotz zahlreicher Gemeinsamkeiten in den Vorstellungen über ‚den Schwarzen' starken Einfluss auf die Herausbildung unterschiedlicher Vorstellungsbilder.

Im 16. Jahrhundert entwickelte sich im Zusammenhang mit den großen Entdeckungsreisen die verbreitete und bis heute nachwirkende Vorstellung vom ‚Wilden'. Schwarzafrikaner wurden zunächst nicht explizit mit diesem Begriff belegt, da ge-

---

[246] Seifert in Mühlen Achs/Schorb 1995, S. 43.

nerell alle nicht-europäischen Menschen unter dem Begriff ‚Wilde' gefasst wurden. Dies änderte sich bis zum 19. Jahrhundert – hier wurde das Konzept des ‚Wilden' unmittelbar mit dem Bild des ‚schwarzen' Afrikaners verknüpft. Zunächst etablierten sich jedoch unterschiedliche Vorstellungen, unter anderem die bekannten Bilder vom ‚edlen' oder ‚guten' Wilden. Die Imagination vom Edlen Wilden, dem Ideal eines freien, schönen und heroischen Menschen, entsprang ursprünglich der Begegnung der Europäer mit den Bewohnern der neu entdeckten Antillen[247], löste sich aber zunehmend von dieser ursprünglichen Anschauung und wurde auch auf die Bewohner anderer Weltgegenden übertragen. Dabei wurde die ‚edle Wildheit' je nach Ethnizität jedoch unterschiedlich konnotiert. Bei den karibischen Inselbewohnern beispielsweise schien der paradiesische Zustand unschuldigen Glücks am reinsten verwirklicht zu sein; bei entsprechenden Beschreibungen wurde von daher vor allem ihre unbefangene Sorglosigkeit betont. Edelmut im eigentlichen Sinne schrieb man hingegen eher den nordamerikanischen ‚Indianern' zu. Was den ‚schwarzen' Afrikaner betrifft, wurde man zunächst gerne dessen Gutherzigkeit und Gastfreundlichkeit in den Vordergrund gestellt; mit dem Glanz, den das Idealbild des Edlen Wilden verbreitete, wurde er erst nach der Mitte des 18. Jahrhunderts in größerem Maße in Verbindung gebracht.[248]

Die Vorstellung vom edlen, unschuldigen und glückseligen Wilden wurde gegen Mitte des 18. Jahrhunderts zu einer Vorstellung, die vor allem durch ‚reale' und fiktive Reisebeschreibungen sowie exotische Romane weit verbreitet war. In diesen Schriften wurde auch die gesellschaftliche Entwicklung Europas behandelt und zugleich kontrastiert. Im Gegensatz zu den in Teilen als beengend und nachteilig empfundenen Zwängen der sog. Zivilisation galt der edle Wilde als freies, unabhängiges Individuum, das nicht in ein staatlich-bürokratisches Gebilde eingebunden war, selbst für seine Bedürfnisse aufkam und sich einfache und reine Sitten bewahrt hatte, ohne von Handel, Luxus und Intrigen korrumpiert zu werden. Entsprechend dieser Vorstellungen stieg das Interesse an den sog. archaischen Völkern. Doch wie Urs Bitterli betont, inspirierte die Begeisterung für fremde Lebensweisen und Wesensarten weit stärker zur Ausschmückung einer Fiktion als zur Erkundung der Wirklichkeit.[249] „Im Zeitraum zwischen 1670 und 1780 dürften wenige Themen so oft bedacht, in so vielen Untersuchungen abgehandelt und in so vielen Gesprächen diskutiert worden sein wie das vom glückseligen Naturzustand des Eingeborenen."[250] Die Vorstellung vom Edlen Wilden war Teil des europäischen Exotismus, einem kulturhistorischen (europäischen) Phänomen, welches im 18. und 19. Jahr-

---

[247] Vgl. Kretzschmar 2002, S. 25.
[248] Vgl. Bitterli in Theye 1985, S. 275f.
[249] Bitterli, a.a.O., S. 273.
[250] Bitterli, a.a.O., S. 285.

hundert seinen Höhepunkt hatte.[251] Ein zentrales Motiv für dieses Phänomen war die verbreitete ‚Zivilisationsmüdigkeit', welche den Wunsch hervorbrachte, den etablierten soziokulturellen Verhältnissen der eigenen Heimat zu entfliehen (Eskapismus). In Reiseberichten und Romanen wurden fiktive Gegenwelten irdischer Paradiese geschaffen, welche von ‚Wilden' bewohnt wurden, die unabhängig von jeglichem zivilisatorischen Regelwerk im harmonischen Einklang mit der Natur lebten.

Diese positiv konnotierten Stereotype wurden jedoch seit dem Beginn des 19. Jahrhunderts dominiert vom negativen Bild des unzivilisierten und kulturlosen ‚Wilden'. Herablassung war nun der Grundton im europäischen Diskurs über afrikanischstämmige Menschen. Zentrales Prinzip dieses Diskurses war der hierarchisierende Vergleich zwischen einer ‚europäischen' und einer ‚afrikanischen' Welt, in dem Afrika in den Augen der Europäer aufgrund seiner ‚Wildheit' und ‚Unzivilisiertheit' unterliegen musste. Afrika wurde vor allem gekennzeichnet durch *Mangel* in Bezug auf (europäische) Kulturgüter. Einzig die Natur war etwas, was Afrika aus Sicht Europas im Überfluss besaß. Dementsprechend war auch die Ikonographie von Afrikanern als ‚Wilden' geprägt von der Assoziation mit einer üppigen und vielfältigen Flora und Fauna, während die existierenden, z.T. verhältnismäßig großen afrikanischen Städte zumindest seit dem 18. Jahrhundert keine ikonographische Bedeutung mehr hatten.[252]

Der Diskurs über den ‚Wilden' und die damit verbundenen Vorstellungen gipfelten im europäischen Kontext schließlich im Kolonialismus. Im Zusammenhang mit dem kolonialen Imperialismus der Europäer spielt Afrika von daher eine besonders große Rolle, weil die europäische Expansion hauptsächlich auf diesem Kontinent stattfand. In den 1890er Jahren wurde der Kolonialismus in dem Sinne zu einem populären Ereignis, als er nicht mehr alleine eine Sache von staatlicher Politik oder Handelseliten war. Der sogenannte ‚Volksimperialismus' erlebte zusammen mit einem massenhaften Patriotismus seine Blütezeit. In dieser Zeit erlangte die Populärkultur, v.a. die populäre Presse und satirische Zeitschriften, als Propagandainstrument eine herausragende Bedeutung.[253] In diesen, für die Mittelklasse bestimmten Blättern, wurde das Bild des afrikanischen Eingeborenen als ‚Feind' maßgeblich geprägt. Vor allem diejenigen Zeitungen und Zeitschriften, die es sich nicht leisten

---

[251] Neben einer weit verbreiteten Sehnsucht nach einem irdischen Paradies, welche vor allem durch Reisebeschreibungen und Romane, später durch die neu entwickelte Fotografie genährt wurde, gab es auch die Adaption exotischer Stilelemente in Musik, Kunst und Design, so dass regelrechte exotische Moden entstanden.

[252] Zum wechselhaften Bild des ‚Wilden' in der Vorstellung der Europäer vgl. auch Bentert in Lorbeer/Wild 1991 und Wollrad 2005, S. 60f.

[253] Ein wesentlicher Grund für die staatliche geförderte Kolonialismuspropaganda war neben dem übernationalen Expansionsbestreben auch die Absicht, den heimischen Klassenkampf und die damit zusammenhängenden sozialrevolutionären Kräfte quasi zu neutralisieren.

konnten, eigene Korrespondenten in die kolonialen Kriegsgebiete zu schicken, waren maßgeblich an der Reproduktion negativer Stereotype beteiligt. Der ‚Wilde' war vor allem ein Krieger. Eigenschaften, die ihn in früheren Zeiten (bis Anfang des 19. Jahrhunderts) als ‚Edlen Wilden' klassifizierten – wie kämpferischer Mut und Stolz – wurden nun umgedeutet in Grausamkeit und Gemeinheit. Nacktheit, welche vormals als Zeichen von Reinheit betrachtet wurde, galt nun als Teil des afrikanischen Primitivismus und bezeichnete einen Mangel an Kontrolle und Zivilisiertheit. Die Ikonographie dieser Zeit zeigt den afrikanischen Krieger als wenig bekleideten wilden Eingeborenen, ausgestattet mit archaischen Waffen.

Nach Beendigung der kriegerischen kolonialen Auseinandersetzungen, als sich die Situation in Afrika ‚stabilisierte', änderte sich das Image von Afrikanern ein weiteres Mal. Das Feindbild, welches die Kolonialkriege dominierte, wich der Darstellung der europäischen Überlegenheit gegenüber der afrikanischen Unterlegenheit. Als Begründung dieses Mechanismus hält Nederveen Pieterse fest: „The colonial superiority complex was a political and psychological necessity to enable a tiny minority of foreigners to control the local majority."[254] In diesem Zusammenhang waren Afrikaner nicht länger (relativ abstrakte) Feinde, sondern ‚Objekte', die mit bestimmten Zuschreibungen belegt werden mussten, um die Besetzung ihres Landes durch die Europäer zu rechtfertigen. ‚Schwarze' wurden nicht länger als primitiv und wild (im kriegerischen Sinne), sondern als impulsiv und kindlich bzw. wild im nicht-erwachsenen Sinne charakterisiert.[255] Nun wurden ihnen ‚weiche' Eigenschaften wie Freundlichkeit, Mitgefühl und gute Laune zugeschrieben. Auf der Grundlage dieser Zuschreibungen konnten die Europäer ihr Selbstbild als wohlmeinende, paternalistische Kolonialherren aufbauen, die der in ihren Augen zurückgebliebenen afrikanischen Bevölkerung ‚zu Hilfe' kamen. Diesem Prozess liegt ein grundlegender Paradigmenwechsel in der westlichen Sicht auf Afrika zugrunde, der das Bild des Kontinents und seiner Bewohner bis heute prägt. Afrika tritt „aus einer Ordnung des Gleichen, in der es für Europa stets ein Fehlen im Hinblick auf die eigene Identität bedeutete, in eine Ordnung des Anderen".[256] Afrika und seine Bewohner werden zu etwas fundamental Anderem, was sich in den im Zuge dieser Entwicklung herausgebildeten Zuschreibungen widerspiegelt. Was das Phänomen des Kolonialismus betrifft, so weist Nederveen Pieterse darauf hin, dass *Wissen* um die Kolonisierten – wenn auch nur imaginiert – eine fundamentale Form von Kontrolle und Besitz darstellt.[257] Dieses Wissen wurde unter anderem durch die Visualisierung der Kolonisierten sicht- und greifbar gemacht. Afrikanischstämmige Menschen wurden

---

[254] Nederveen Pieterse 1992, S. 88.

[255] Das Bild des wilden Kriegers verschwand natürlich nicht völlig, sondern diente weiter als Zuschreibung gegenüber jenen, die sich der europäischen Kolonialherrschaft widersetzten.

[256] Carl 2004, S. 1.

[257] Nederveen Pieterse 1992, S. 94.

und werden so zu Objekten ‚weißer' bzw. europäischer visueller Kultur.[258] Das Andere wird dabei in typisierter Form als Objekt dargestellt, ausgestattet mit exotischen Attributen wie z.b. Waffen oder Körperschmuck, und nicht als individualisiertes Subjekt. Da das Recht auf Individualismus als Merkmal und Privileg der westlichen Hemisphäre gilt, wird auf diese Weise die Distanz zum individuellen Menschsein des Anderen reproduziert.

Eine weitere Wandlung erfuhr das Bild Afrikas nach der fortgeschrittenen ‚Stabilisierung' der kolonialen Verhältnisse ab ca. 1914. Die geänderten Verhältnisse fanden vor allem in der fiktionalen Literatur ihren Ausdruck. Abenteuerromane in der Tradition von Tarzan und Robinson Crusoe waren weit verbreitet und beliebt. „Dangers were under control and Africa came more and more to resemble a vast recreational area, an ideal setting for boys' adventures."[259] Das übliche Muster, bestehend aus dem heldenhaften weißen Abenteurer und dem unterwürfigen, dienstbereiten und nicht sehr schlauen Afrikaner bestätigte dabei die kolonialen Verhältnisse. Nach einem ähnlichen Prinzip funktionierte die Safari, sozusagen das afrikanische Abenteuer live und für Erwachsene. Sie symbolisierte die europäische (technische) Überlegenheit und zeigte, dass der ‚dunkle' Kontinent handhabbar ist. Zugleich wurde die Vorstellung einer wilden, ursprünglichen und vielfältigen afrikanischen Landschaft reproduziert und bestärkt. Der Gegensatz zum Bild der organisierten und zivilisierten westlichen Welt wurde so noch einmal deutlich.

4.3.2 Rollenzuweisungen in der westlichen Kultur

In der vorangegangenen kursorischen Darstellung ging es vornehmlich um Zuschreibungen und Sichtweisen ‚weißer' Europäer gegenüber afrikanischstämmigen Menschen im afrikanischen Kontext. Im Folgenden richtet sich die Perspektive auf die westliche Kultur, wobei sich der Terminus ‚westlich' auf Nordamerika und Westeuropa bezieht. Es geht darum, welche Vorstellungsbilder von ‚Schwarzen' im Kontext europäischen kulturellen Lebens existent waren bzw. sind. In diesem Zusammenhang kommen deutlich die historischen Unterschiede zwischen den USA und Europa zum Tragen: In Amerika bildete sich eine große afrikanischstämmige

---

[258] Seinen Höhepunkt fand dieses Phänomen in den (Welt-)Ausstellungen am Ende des 19. Jahrhunderts (Afrikaner wurden erstmals auf der Weltausstellung in Antwerpen im Jahr 1894 gezeigt), auf denen nicht-weiße Menschen aus aller Welt als anthropologische Sensation und koloniale Siegestrophäen präsentiert wurden. Bezeichnenderweise wurden die ersten Ausstellungen nicht-weißer Menschen jedoch von Zoos organisiert. Als die reine Ausstellung nicht mehr spektakulär genug war, wurden rituelle Tänze, Kampfszenen etc. inszeniert. Die Erfindung des Films bot dann weitere Möglichkeiten der Inszenierung des Anderen (vgl. Nederveen Pieterse 1992, S. 95-97).
[259] Nederveen Pieterse 1992, S. 111.

Minderheit heraus und die Beziehungen zwischen ‚Schwarzen' und ‚Weißen' sind bis heute geprägt von den Erfahrungen der Sklaverei, des Bürgerkrieges, der Emanzipation der Afroamerikaner sowie der Bürgerrechtsbewegung. In Europa hingegen waren ‚Schwarze' lange Zeit nur vereinzelt präsent und auch heute gibt es weit weniger afrikanischstämmige Menschen in Europa als in den USA.

Minderheiten finden ihren Platz in einer Gesellschaft häufig durch die Zuweisung bzw. Annahme bestimmter Tätigkeitsrollen – wobei diese Rollen weniger etwas über die Minderheit selbst aussagen, als vielmehr Hinweise auf die Art und Weise geben, in der sie mit der fremden Gesellschaft in Kontakt kamen. Im Falle der afrikanischstämmigen Menschen waren dies sowohl in den USA als auch in Europa im Wesentlichen die Bereiche der Dienstboten (Service), der Unterhaltung (Entertainment) und des Sports. Paradoxerweise war in den USA das Tätigkeitsspektrum für ‚Schwarze' während der Sklaverei sehr viel offener, denn aufgrund ihres Sklavenstatus stellten sie keine ernsthafte Bedrohung für den hierarchisch übergeordneten Status der ‚weißen' Beschäftigten dar.

In der europäischen Ikonographie lange Zeit verbreitet (seit dem 16. Jahrhundert) war und ist das Bild des schwarzen Dienstboten, der häufig klein und mit kindlichen Zügen versehen einen den Weißen gegenüber untergeordneten Status symbolisiert. Der klassische schwarze Dienstbote wurde dargestellt als Mohr im orientalisch-arabischen Kostüm. Der dienende Mohr symbolisierte orientalischen Luxus und war in dieser Funktion ein Statussymbol der reichen Gesellschaftsschichten. Häufig wurde er in Porträts an der Seite eines bekannten Mannes oder vor allem einer Dame dargestellt. Dabei kontrastierte die dunkle Haut des Mohren den hellen Teint der dargestellten Frau, was die blasse weibliche Gesichtsfarbe als Schönheitsideal dieser Zeit nochmals hervorhob. Der dienende Mohr in reichen europäischen Haushalten war, so Nederveen Pieterse, darüber hinaus häufig erotisch konnotiert.[260] In entsprechenden Fällen fungierte der kleine ‚schwarze' Diener oft als Code für tabuisierte sexuelle Beziehungen. Den Hintergrund für diese Konnotationen bildeten europäische Vorstellungen von einem erotisierten Orient. So brachten Napoleons Feldzüge in Ägypten und Algerien (1830) orientalische Gemälde in französische Salons, auf denen häufig auch ‚schwarze' Diener dargestellt waren. Ein prominentes orientalisches Motiv ist die Haremsszene mit ‚schwarzen' Eunuchen als Dienern oder Wächtern. Im Fin de Siècle erlebte dieses Motiv ein regelrechtes Revival, gemeinsam mit ‚orientalischem' Luxus und Dekadenz, 1001 Nacht, türkischen Bädern usw.

Auch in Nordamerika war das Bild des dienenden Schwarzen weit verbreitet. Allerdings trug er dort typischerweise kein orientalisches Kostüm, sondern die Uni-

---

[260] Nederveen Pieterse, a.a.O., S. 128 – Als Beispiel wird hier u.a. der dunkeläutige Diener in Strauß' Oper *Der Rosenkavalier* (1911) angeführt.

form eines Pagen oder Hoteljungen, Schuhputzers, Portiers, Kellners oder Barmanns. Beiden, amerikanischen und europäischen Darstellungen gemeinsam ist eine Ikonographie der Dienstbarkeit und Unterordnung. Deutlich gemacht wurden diese Darstellungskonventionen durch Faktoren wie ein ‚dienstbares' Lächeln, die Darstellung des Dienenden als kleiner oder im Hintergrund verbleibend, ein auf den Bedienten gerichteter, nicht erwiderter Blick sowie eine physische Distanz zwischen Dienendem und Bedientem – Merkmale, welche soziale Distanz und Statusunterschiede verdeutlichen. Eine lange Tradition hat auch die Rolle des ‚Schwarzen' als Entertainer. Schon früh zeigten Europäer Interesse an afrikanischer Musik und Tanz; beispielsweise wurden bereits im 18. Jahrhundert Afrikaner als Percussionisten in Militärkapellen eingesetzt. Als Sklaven wurden sie zum Tanzen und Singen angehalten – wobei das Bild des fröhlichen Sklaven wiederum als eine Rechtfertigung für die Unterdrückungen der Sklaverei diente. ‚Schwarze' galten in den Augen der ‚weißen' (europäischstämmigen) Amerikaner als ‚von Natur aus' fröhlich und heiter.

Eine besondere Rolle in der westlichen Kultur spielte und spielt in diesem Zusammenhang das musikalische Image von Afrikanern. Ihnen wurden besondere musikalische Fähigkeiten zugesprochen, verbunden mit einer ausgeprägten emotionalen und rhythmischen Ausdrucksfähigkeit.[261] Diese Sichtweise vertraten sowohl Befürworter als auch Gegner der Sklaverei. Verstärkt wurde dieses Phänomen dadurch, dass für die vielen ehemaligen Sklaven, die nach der Emanzipation in die nördlichen Städte einwanderten, Musik und Unterhaltung zwei der wenigen Verdienstmöglichkeiten waren, die ihnen offenstanden. Afroamerikaner, die als Sklaven auf den Plantagen des Südens qualifizierte Arbeiten verrichtet hatten, blieben dieselben Tätigkeiten als freie Bürger verschlossen. ‚Wenigstens', so könnte man sagen, hatten afrikanischstämmige Amerikaner nun die Möglichkeit, ihre eigene Musik (Ragtime, Blues, Jazz etc.) auszuüben, die vorher von ‚Weißen' imitiert wurde. Der Eintritt afrikanischstämmiger Menschen in die öffentliche Musikwelt war eine Form der Emanzipation, allerdings fand sie innerhalb der von ‚Weißen' gezogenen Grenzen der Trennung zwischen ‚schwarz' und ‚weiß' statt; ‚Schwarze' konnten ihre Rollen nicht selbst wählen, sondern sie wurden ihnen zugeordnet und zugeteilt. Insofern blieb es trotz der politischen Emanzipation für viele Afroamerikaner bei den ihnen von ‚Weißen' angetragenen sozialen Funktionen.[262] Ein weiteres Feld, auf dem es afrikanischstämmigen Menschen sozusagen ‚erlaubt' war, sich zu betäti-

---

[261] Vgl. dazu ausführlich Carl 2004.

[262] Nederveen Pieterse stellt an dieser Stelle Überlegungen in Bezug auf die Überschneidung der Kategorien ‚Geschlecht' und ‚Ethnizität' an. Demnach wäre zu überlegen, inwieweit der entmaskulinisierte Entertainer durch den emotionalen Ausdruck in der Musik eine feminisierte Rolle zugewiesen bekommt, die ihn in einen fundamentalen Gegensatz zum männlichen Weißen stellt (1992, S. 141).

gen, war der Sport. Zwar wurden ‚Schwarze' auch in physischer Hinsicht als unterlegen betrachtet und von der Ausübung zahlreicher Sportarten in der Öffentlichkeit ausgeschlossen, doch zu Beginn des 20. Jahrhunderts waren ihre Erfolge in sportlicher Hinsicht nicht mehr zu leugnen.

Noch heute sind die oben aufgezeigten stereotypen Vorstellungsbilder in der zeitgenössischen (medialen) Kultur existent. So stellt Anke Poenicke in Bezug auf den europäischen Kontext fest „Die koloniale Darstellungsstruktur hat sich [...] als weitgehend ungebrochen herausgestellt. Daran ändert auch die Tatsache nichts, dass sie im allgemeinen subtiler geworden ist."[263] In einer empirischen Untersuchung zeitgenössischer Printwerbung fand Doris Mosbach in Bezug auf afrikanischstämmige Menschen heraus:

> „Afrikanischstämmige Menschen können offenbar auch als einzelne Werbegestalten für ihr ‚Afrikanisch-Sein', ihre Identität als Schwarze stehen, das heißt, es kann bei Europäern ein ethnisches Stereotyp für (Schwarz-)Afrikaner vorausgesetzt werden, das diese unabähingig von ihrer weltweiten Verteilung vereint und ihnen gemeinsame Merkmale wie etwa ‚Musikalität' und ‚Sportlichkeit' zuweist, die sich auch in entsprechenden Rolleninszenierungen dokumentieren. Dabei scheint die Herkunft aus Afrika, den USA, Süd- oder Mittelamerika aus europäischer Sicht sekundär zu sein. Dies geht mit der Beobachtung überein, dass die Körperlichkeit afrikanischstämmiger Menschen im europäischen Kontext tendenziell überbetont wird."[264]

Entsprechend kam bei der Analyse des Werbematerials heraus, dass Rollenfunktionen im Bereich der Unterhaltung (Sportler, Musiker, Tänzer/Akrobat, Entertainer) Darstellungen afrikanischer Werbegestalten dominieren. Die häufig dargestellte (partielle) Nacktheit spiegele dabei „die eurozentrische Sicht auf Schwarze als Ursprünglichere, ‚Wildere' [wider] – seien sie nun ‚edle' oder ‚animalische Wilde'. Die Nacktheit steht dabei (...) für die angenommene Nähe zur Natur."[265] Dabei ließen sich, was die männlichen Stereotype betrifft, vor allem Darstellungen als Sportler, Bedienstete und Entertainer feststellen (letztere im Anschluss an das seit den Zeiten der Sklaverei existierende Stereotyp des heiteren und musikalisch begabten Schwarzen). Auch die Inszenierung afroamerikanischer Jugendkultur – Rap, Hip-Hop, Streetball – wird häufig zu Werbezwecken verwendet; dies vor allem in den Bereichen Unterhaltungselektronik, Medien und Mode.

In einer Studie zur Rezeption des Afrikabildes von Berliner Schülern fand Anke Poenicke heraus, dass afrikanischstämmigen Menschen neben dem Hang zum Krieg vor allem Eigenschaften wie Naturverbundenheit, Musikalität und Sportlichkeit

---

[263] Poenicke in Konrad-Adenauer-Stiftung e.V. 2001, S. 7. Diese Meinung vertreten auch andere Autoren; vgl. z.B. Mayer 2002, S. 1f und 294 sowie Fritz in Theye 1985, S. 134.
[264] Mosbach 1999, S. 186.
[265] Mosbach, a.a.O., S. 227.

zugeschrieben werden.[266] Hier spiegelt sich die Beständigkeit historisch etablierter Vorstellungsbilder wider. Was den übergeordneten Kontext nicht-weißer Kultur betrifft, so wies Sonja Kretzschmar in einer weiteren Untersuchung auf der Basis einer empirischen Auswertung von Fernsehprogrammzeitschriften aus England, Frankreich und Deutschland nach, dass fremde Kulturen im deutschen Kontext vor allem mit Urlaub in Verbindung gebracht werden, entsprechend handelt es sich bei Dokumentationen über fremde Kulturen hauptsächlich um Reisemagazine: „Die Reisemagazine können als zentrale Form der Beschäftigung mit fremden Kulturen gelten; sie zeigen deutlich, dass sich die Beschäftigung mit fremden Kulturen im Fernsehen grenzwertig zwischen Unterhaltung und Information bewegt."[267] Darüber hinaus werden fremde Kulturen im Kontext von Politik und wirtschaftlichen Beziehungen[268] sowie im Rahmen von Reise- und Abenteuerfilmen thematisiert. Das exotische Moment ist insofern nach wie vor maßgeblich für die Auseinandersetzung mit dem Anderen – nicht nur in Bezug auf afrikanischstämmige Menschen.

4.3.3 Erotisierung afrikanischstämmiger Menschen

Eine besondere Rolle im europäischen Diskurs über das Andere nimmt der Faktor der Erotisierung ein, eine äußerst ambivalente Thematik: „The non-western world – whether the warm South or the sensual Orient – is idealized and eroticized on the one hand as paradise on earth, and on the other hand rejected and condemned."[269] Auf der einen Seite wird das ‚Andere' sexualisiert, auf der anderen zum sexuellen Tabu erklärt. Sexismus und Rassismus überschneiden sich hier besonders deutlich.

Historisch betrachtet existiert das europäische Bild vom lasziven Südländer bereits sehr lange. Die Sexualisierung der nicht-westlichen Welt, vor allem Afrikas,

---

[266] Vgl. Poenicke in Konrad-Adenauer-Stiftung e.V. 2001, S. 8f.

[267] Kretzschmar 2002, S. 236

[268] Verschiedene Studien haben gezeigt, dass Afrika vor allem im Kontext mit extrem negativen Schlagzeilen, wie z.B. Hungersnöten oder Bürgerkriegen, in den deutschen Medien auftaucht. – „Der Kontinent wird assoziiert mit Krankheit, Katastrophe und Korruption, mit Hunger, hilflosen Menschen, Heiden und Hexerei" (Köpp in AntiDiskriminierungsBüro (ADB) Köln/cyberNomads (cbN) 2004, S. 271). Allgemein können als Faktoren mit dem höchsten Nachrichtenwert festgehalten werden: Negativismus, das Auftreten internationaler Organisationen oder westlicher Staaten als Handlungsträger sowie die Darstellungen afrikanischer Länder oder Regionen als Reiseziel und Handelspartner. In politischer Hinsicht wird vornehmlich über Vorgänge und Institutionen berichtet, die auch in Europa üblich sind, beispielsweise über Wahlen, Parteien, Verfassungen und Gesetzgebungsverfahren. Wenig Erwähnung finden hingegen in europäischem Kontext kaum vertraute Einrichtungen wie Nationalkonferenzen sowie regionalspezifische Lösungsstrategien für politische und wirtschaftliche Probleme (vgl. Poenicke in Konrad-Adenauer-Stiftung e.V. 2001, S. 13f und 18).

[269] Nederveen Pieterse 1992, S. 172.

lässt sich bis ins Mittelalter zurückverfolgen.[270] Die Vorstellung vom Wilden beinhaltete schon immer die Zuschreibung einer unkontrollierten, ausgeprägten Sexualität. In der Kolonialliteratur ist zu beobachten, dass das von Afrika gezeichnete Bild
entweder das eines unberührten Paradieses oder das eines dunklen, undurchdringli-
chen Labyrinths ist. Letztere Darstellung ist häufig metaphorisiert im Bild eines
verführerischen, zerstörerischen weiblichen Wesens, dessen dunkle und böse Mäch-
te von den Europäern bekämpft werden (müssen). Generell war die Darstellung des
fremden, zu entdeckenden bzw. zu erobernden Kontinents in Gestalt einer Frau weit
verbreitet.[271] Auch im Zeitalter der Aufklärung gab es enge Verbindungen zwischen
dem Diskurs über die ‚Wilden' auf der einen und Frauen auf der anderen Seite. Wie
Sigrid Weigel herausarbeitete, gab es häufig Analogiebildungen zwischen ‚Wilden'
und Frauen über den Bezug zur Natur, über den Vergleich zur Kindheit oder über
den Begriff der Unschuld.[272] Beide, ‚Wilde' und Frauen, wurden charakterisiert
durch das, was ihnen mangelt im Vergleich zum ‚Zivilisierten', zum Mann. Sie
wurden als (noch) nicht Zivilisierte, als Naturwesen betrachtet, d.h. Wesen, die der
Natur nahe stehen und deren Bestimmung sich aus ihrer Natur ableitet.[273]

In den USA war die Sklaverei eng mit der gesetzlichen Regulierung und Kontrolle von Sexualität verbunden. Verbindungen zwischen ‚Schwarzen' und ‚Weißen'
waren nicht legitim, wobei allerdings Unterschiede zwischen ‚schwarzen' Männern
und ‚schwarzen' Frauen gemacht wurden. Der ‚schwarze' Mann, nicht die ‚schwarze' Frau, wurde für tabu erklärt – die Sexualität des Mannes wurde mehr ‚gefürch-
tet' als die der Frau. Um die damit verbundenen Restriktionen in Bezug auf die
Partnerwahl, vor allem was weiße Frauen betraf, zu rechtfertigen, wurden Mythen
wie die des ‚hypersexuellen Schwarzen' und der ‚reinen, unberührten Weißen' in
Umlauf gebracht. Von ‚schwarzen' Männern wurde behauptet, sie hätten ein ungewöhnlich langes Geschlechtsorgan und einen unstillbaren, animalischen Sexual-
trieb. Ein Indiz für das gestörte Verhältnis einer großen Zahl von ‚Weißen' gegenüber ‚Schwarzen' sind die zwischen 1884 und 1900 durchgeführten über 2.500
Lynchmorde an Afroamerikanern. Diese Morde, gerechtfertigt meist durch angebli-
che Vergewaltigungen weißer Frauen, waren häufig verbunden mit der Kastration
der Verdächtigten.[274]

---

[270] Vgl. genauer dazu Nederveen Pieterse, a.a.O., S. 175.
[271] Vgl. Weigel in Koebner/Pickerodt 1987, S. 181.
[272] Weigel, a.a.O., S. 171.
[273] Im Verlauf dieses Diskurses nimmt die Frau immer mehr den Platz des Fremden und Exotischen
ein, sie wird „sozusagen zum Territorium des Fremden in der Nähe" (Weigel in Koebner/Pickerodt
1987, S. 171). Dies geht hin bis hin zur Pathologisierung und Psychiatrisierung des Weiblichen im medizinischen Diskurs des 19./20. Jahrhunderts: „Aus dem Mythos vom Dämonischen des weiblichen
Körpers ist im Diskurs der Medizin das pathologisierte ‚andere Geschlecht' geworden, das gleichwohl nichts an seiner Unheimlichkeit und Rätselhaftigkeit verloren hat" (Weigel, a.a.O., S. 176).
[274] Vgl. Nederveen Pieterse 1992, S. 176f.

Der rassistisch-sexuelle amerikanische Diskurs diente vornehmlich der Unterdrückung von afrikanischstämmigen Männern. In diesem Kontext dominierten in der medialen Darstellung hauptsächlich zwei Stereotype: der entsexualisierte ‚Schwarze' in der Rolle des Komikers, Entertainers oder Bediensteten, später auch des Wissenschaftlers oder Politikers auf der einen Seite und der brutale übersexualisierte und aggressive ‚Neger' auf der anderen Seite. Am unteren Ende der sozialen Skala befand sich die afrikanischstämmige Frau, die sowohl als Frau als auch als ‚Schwarze' diskriminiert wurde. Auch hier waren es im Wesentlichen zwei Stereotype, die ihr zugewiesen wurden: die ‚schwarze' Frau als sexuell verfügbares Objekt im Sinne einer Prostituierten und der asexuelle Mammy-Typ. Dabei war ersteres Bild in der amerikanischen Ikonographie nur sehr vereinzelt vertreten, das Bild der Mammy hingegen weit verbreitet. Hier zeigt sich ein fundamentaler Unterschied zu Europa. Während in der amerikanischen Kunst und Werbung ‚schwarze' Frauen als Schönheit nur selten auftauchten, zeichneten europäische Maler Aktbilder von afrikanischen Frauen und die schwarze Venus war ein etablierter Topos der Literatur. Die amerikanischen Verhältnisse blieben bis in die 1950/60er Jahre weitgehend stabil. Erst mit dem Slogan der 1960er „Black is beautiful" begannen sich visuelle Inszenierungen von afrikanischstämmigen Menschen in Mode, Werbung und Kunst zu verändern. 1984 wurde Vanessa Williams die erste ‚schwarze' Miss America.[275]

In Europa verlief die Entwicklung etwas anders; wieder wird deutlich, dass für Europa nicht die Sklaverei sondern der Kolonialismus die prägende Erfahrung für die Beziehung zum ‚Anderen' war. Da erst in der zweiten Hälfte des 20. Jahrhunderts eine größere Anzahl von Immigranten aus den ehemaligen Kolonien nach Europa einwanderten[276], schuf die lange bestehende (geographische) Distanz zu afrikanischstämmigen Menschen mehr Raum für Phantasie und ließ eine ‚Bedrohungssituation', wie sie ‚weiße' Amerikaner empfanden, nicht in gleichem Maße aufkommen. Dennoch wurde ‚Schwarzen' auch in Europa eine ungezügelte Sexualität zugeschrieben.[277] Das Bild dafür war der ‚primitive Wilde', der, unbekleidet und ekstatisch tanzend, eine Metapher für das sexualisierte Andere darstellte. Der bereits erwähnte kleine, dienende Mohr war ein Stereotyp von codierter ‚schwarzer' Sexualität, die jedoch, da der Mohr meist klein dargestellt wurde, nicht bedrohlich konno-

[275] Nederveen Pieterse, a.a.O., S. 178.

[276] Was den deutschen Zusammenhang betrifft, so bezeichnet Helmut Fritz die Zeit der Ruhrgebietsbesetzung durch meist farbige französische Kolonialsoldaten als erste umfassendere Konfrontation ‚weißer' und ‚schwarzer' Menschen (in Theye 1985, S. 140).

[277] So schrieb Johann Gottfried von Herder beispielsweise 1784-1791 in seinen *Ideen zur Philosophie der Geschichte der Menschheit*, dass, „da die Natur diese Völker, denen sie edlere Gaben entziehen mußte, (…) [diese] mit einem desto reicheren Maß des sinnlichen Genusses auszustatten hatte", und schrieb ihnen eine „von Leidenschaften kochende Brust" zu – was sich Herder zufolge dann auch physiologisch zeigte (Herder, abgedruckt in Theye 1985).

tiert war. Das in den ‚Schwarzen' projizierte sexuelle Element war auf diese Weise zwar präsent, gleichzeitig jedoch auch kontrollierbar.

Im Laufe des 19. Jahrhunderts wuchs das europäische Interesse an afrikanischen Frauen. Auch hier dominierte die Vorstellung einer sexualisierten dunkelhäutigen Frau. Prototyp war die sog. Hottentotten-Venus, *die* anthropologisch-erotische Sensation des 19. Jahrhunderts.[278] Das Bild der sexualisierten ‚schwarzen' Frau ist mit den verbreiteten amerikanischen Vorstellungen jedoch von daher nicht vergleichbar, als afrikanische weibliche Sexualität im europäischen Kontext gleichgesetzt wurde mit weiblicher Sexualität im Allgemeinen. Diese war entsprechend dem medizinischen Diskurs des 19. Jahrhunderts durch und durch pathologisiert (Freud). Daneben gab es jedoch auch eine Bewunderung dunkelhäutiger Frauen, insbesondere in Frankreich, wo sie häufig als reizvolle und verführerische *Vénus noire* inszeniert wurden. Konstruiert gemäß gängiger Stereotype von Schwarz-Sein, Weiblichkeit und Sexualität wurde in diesem Zusammenhang auch das Image von Josephine Baker. Als Prototyp einer ‚schwarzen Venus' verkörperte sie eine neue Imagination schwarzer, wilder, exotischer und zugleich begehrenswerter Weiblichkeit. Das Europa der 1920er Jahre hatte sich vom viktorianischen Puritanismus emanzipiert und besetzte die weiter bestehenden Klischees von Schwarzen nun positiv. Afrikanischstämmige Unterhaltungskünstler nährten weiße Phantasien von Exotismus und exotischer Lebensart. So entstand die ambivalente Situation, dass Schwarze in ihrem afrikanischen kolonisierten Herkunftskontext und dem Süden der USA nach wie unterdrückt wurden, in den europäischen Hauptstädten – allen voran Paris – und dem Norden der Vereinigten Staaten als Entertainer aber à la mode waren. Während Körper und Sexualität afrikanischstämmiger Frauen jedoch in Europa bereits im 19. Jahrhundert exotischem Voyeurismus ausgesetzt waren – was auch eine Reihe von Darstellungsstereotypen afrikanischer Frauen wesentlich mitbestimmte –, blieb die erotische Darstellung von afrikanischstämmigen Männern lange ein Tabu. Darstellungen des 18. und 19. Jahrhunderts wiesen ihnen oftmals nur Rollen als stumme Kammermohren, entsexualisierte Eunuchen oder infantile Spaßmacher zu.

4.3.4 Zusammenfassung

Zusammenfassend lässt sich festhalten, dass bis Ende des 18., Anfang des 19. Jahrhunderts das positiv konnotierte Bild des ‚Schwarzen' im Sinne eines ‚Edlen Wilden' in Europa zirkulierte. Dies änderte sich im Laufe des 19. Jahrhunderts mit der Entdeckung des afrikanischen Landesinneren sowie der Missionierung und Kolonisierung von Afrikanern, im Zuge derer eine explizite Abwertung des ‚Anderen'

---

[278] Vgl. Theye in Lorbeer/Wild 1991 und Goldmann in Lorbeer/Wild 1991.

stattfand. – „Im Zeitalter des Imperialismus wurde die Einteilung der Welt in eine westliche Wir-Gruppe und eine alles andere umfassende Fremdgruppe zum global bestimmenden Prinzip."[279] Im Zuge der Kolonisation entwickelten sich so kulturelle Identitäten, welche soziale Gruppen zu größeren ‚Kulturen' zusammenfassten und diesen bestimmte Stereotype zuordneten, welche bis heute prägend für das westliche Weltbild sind.

Die Auseinandersetzung mit dem ‚Anderen' hat sich in den USA durch die Alltagspraxis der Sklaverei und in Europa mit etwas mehr räumlicher Distanz durch den Kolonialismus nochmals intensiviert. Dadurch bildeten sich in Europa und den USA konkrete Rollenstereotype heraus, welche afrikanischstämmigen Menschen bestimmte Plätze in der Gesellschaft zuordneten. „Die Festlegung der Bilder des Anderen im Kolonialzeitalter aber hatte eine einmalige Qualität: die ganze Welt wurde in das Schema der Europäer eingeordnet, das auf dem Höhepunkt einer stufenhaften Entwicklung nur Europa selbst sah."[280] Entsprechend waren sowohl in Europa als auch in Nordamerika diese Bildstereotype vor allem dadurch gekennzeichnet, dass sie den status quo der weißen Hegemonie nicht gefährdeten. In Amerika handelte es sich im Wesentlichen um die Rollen des Entertainers, Sportlers oder Bediensteten. In Europa bewirkte die Distanz zu afrikanischstämmigen Menschen aufgrund der Tatsache, dass bis zur zweiten Hälfte des 20. Jahrhunderts vergleichsweise wenige Afrikaner dort lebten, ein teilweise anderes Bild des ‚Schwarzen'. So wurde beispielsweise, obwohl sowohl in den USA als auch in Europa die zugeschriebene, besonders ausgeprägte Sexualität des Schwarzen eine große Rolle spielte, diese in Europa weitaus offener thematisiert – im Gegensatz zu Amerika, wo dieses Thema ein Tabu war. Vor allem in Paris wurde zu Beginn des 20. Jahrhunderts der Mythos der Vénus noire geschaffen. Das exotische Moment spielte im Zusammenhang mit den europäischen ‚Imaginationen' des ‚Schwarzen' eine große Rolle, neben der Vénus noire z.B. auch in der Gestalt des dienenden, orientalischen Mohren.

4.3.5   Zwischenfazit I: Die Konstruktion von ‚Eigenem' und ‚Anderem'

Der Diskurs über markierte Ethnizität (hier rekonstruiert in Bezug auf afrikanischstämmige Menschen) ist geprägt von der Reproduktion von Kategorien des ‚Eigenen' und des ‚Anderen'.

> „Das Fremde erweist sich als Gegenbegriff zum Eigenen, über den das Ich erst seine Identität konstruiert. Das Fremde entsteht daher aus einem Vorgang der Grenzziehung,

---

[279] Kretzschmar 2002, S. 76.
[280] Kretzschmar, a.a.O., S. 77.

der Schaffung von Ordnungen – es ist das Außerordentliche, dasjenige, das außerhalb der Ordnungen steht. Damit schafft jede Ordnung neue Fremdheiten, da jede Ordnung durch das Ziehen von Grenzen entsteht, die logischerweise immer etwas anderes ausgrenzt.“[281]

Das Konzept des Anderen ist geprägt von einem „stereotypen Dualismus“[282] d.h. die Vorstellungen des Anderen können sowohl positiv konnotiert sein, beispielsweise im historischen Bild des Edlen Wilden, wie auch negativ in der Vorstellung vom skrupellosen Barbaren oder der lächerlichen Witzfigur. Stuart Hall fasst diesbezüglich zusammen:

> „One noticeable fact about all these images is their deep ambivalence – the double vision of the white eye through which they are seen. The primitive nobility of the aging tribesman or chief, and the native's rhythmic grace, always contain both a nostalgia for an innocence lost forever to the civilised, and the threat of civilisation being over-run or undermined by the recurrence of savagery, which is always lurking just below the surface; or by an untutored sexuality, threatening to 'break out'. Both are aspects – the good and the bad sides – of primitivism. In these images, 'primitivism' is defined by the fixed proximity of such people to nature.“[283]

Die historisch gewachsenen wie auch die zeitgenössisch transformierten Stereotype zeigen die Ambivalenz und teilweise Widersprüchlichkeit der Logik vom Eigenen und Anderen: „Das Andere soll anders bleiben, um als Projektionsfläche der Wünsche nach vollkommener, unsublimierter Existenz Bestand zu haben. Zugleich soll das Andere zum Eigenen werden.“[284] So sind beispielsweise die historischen Stereotype des Edlen Wilden wie auch des Barbaren Produkte eurozentrischer und ethnisierter Gegenweltkonstruktionen. Das fremde Andere bedarf jedoch immer der Distanz zur eigenen Kultur, um die zentrale Konnotation des ‚Exotischen' zu erhalten. Rückt das Exotische zu sehr in die Nähe, so ist dem Exotismus die Grundlage entzogen.

> „Der Wert des Exotischen bemißt sich an seiner Besonderheit, dem Differenziellen, seiner Zugehörigkeit, aber auch seinem Verbleib in der gegenkulturellen Sphäre, und es verliert diese Besonderheit, sobald es der eigenen Kultur einverleibt wird.“[285]

Hieraus ergibt sich auch das ambivalente Verhältnis gegenüber dem Anderen. Als ‚Außerordentliches' stellt es die eigene Ordnung in Frage, indem es eine Konkurrenz zu dieser darstellt, und es bedroht die eigene Identität, welche durch die Abgrenzung gegenüber dem Anderen geschaffen wurde. Andererseits ist der Umgang

---

[281] Kretzschmar 2002, S. 50.
[282] Hall in Mehlem et al. 1994a, S. 167.
[283] Hall in Dines/Humez 1995, S. 22.
[284] Koebner/Pickerodt in dies. 1987, S. 7.
[285] Mosbach 1999, S. 173.

mit dem Fremden auch attraktiv, da Möglichkeiten aufgezeigt werden, die durch die eigene Ordnung ausgeschlossen werden.

Problematisch wird die Differenzierung zwischen Eigenem und Anderem dann, wenn sie sich in Form von hierarchisierenden Diskriminierungen äußert. Die Problematik der global-hegemonialen wertenden Differenzierung zwischen ‚weiß = Eigenem' und ‚nicht-weiß = Anderem' fasst Stuart Hall sehr prägnant in dem Konzept 'The West and the Rest' zusammen. In dieser Vorstellung wird der Westen als historisches und nicht als geographisches Konstrukt begriffen und meint einen Gesellschaftstyp, der als entwickelt, industrialisiert, städtisch, kapitalistisch, säkularisiert und modern beschrieben wird. Diese Vorstellung vom Westen bezeichnet Hall als Werkzeug, welches bestimmte Denk- und Wissensstrukturen in Bewegung setzt. Zugleich produziert es Bilder bzw. Repräsentationen davon, wie verschiedene Gesellschaften, Kulturen, Völker und Orte beschaffen sind. ‚The West and the Rest' kann damit als ein Diskurs über das Eigene und das Andere verstanden werden, der beides in einem dichotomen Repräsentationssystem ausdrückt. Der Rest ist dabei all das, was sich vom ‚Eigenen', vom Westen, unterscheidet – insofern konstruiert dieser Diskurs eine stark vereinfachte Konzeption von Differenz. Der Diskurs von ‚The West and the Rest' wurde zu einem Paradigma, das die allgemeine Sicht auf die Welt sowie globale Machtbeziehungen auch heute noch bestimmt. Die Dominanz des Westens basiert, so Hall, vor allem auf drei kolonialhistorisch begründeten Aspekten. Zum einen verwendete Europa seine eigenen kulturellen Kategorien, Sprechweisen, Bilder und Vorstellungen, um die neue Welt zu beschreiben. Europa versuchte, sie in Übereinstimmung mit seinen eigenen Normen zu klassifizieren und sie den westlichen Repräsentationstraditionen einzuverleiben (1). Zum anderen spielten bestimmte Motive, Ziele, Interessen und Strategien von vorneherein eine Rolle bei den kolonialen Entdeckungsreisen (2). Und schließlich stellte die Begegnung zwischen dem Westen und dem Rest nie eine Begegnung zwischen Gleichen dar. Die Europäer standen den Anderen in der Position der beherrschenden Macht gegenüber (3). Dies beeinflusste das, was sie sahen und wie sie es sahen genauso wie das, was sie nicht sahen. Auf diese Weise, so Hall, produzierte der Westen ein Wahrheitsregime, gespeist aus klassischem Wissen (z.B. Platon, Horaz und Ovid), religiösen und biblischen Quellen sowie der antiken Mythologie und Reiseberichten, welches bis heute das Wissen über das Andere hierarchisierend prägt.[286] Der Verortung von Individuen in bestimmten Menschenkategorien lag und liegt schon immer ein spezifisches, machtbezogenes Interesse zugrunde:

---

[286] Hall in Mehlem et al. 1994a, S. 137-179. Hall verweist an dieser Stelle auf das westliche Konzept des Orientalismus, wie es von Edward Said herausgearbeitet wurde. In seinem Buch *Orientalism* analysiert Said die verschiedenen Diskurse und Institutionen, welche die ‚Orient' genannte Einheit als ein Wissensobjekt konstruierten und produzierten.

„Weiße europäische Philosophen, Anthropologen und Ethnologen haben nicht aus schlichter Ordnungsliebe Kategorien zur Klassifikation der gesamten Menschheit eingeführt, sondern die Ordnung wurde in Form einer Hierarchisierung gestaltet, deren Kern in der Selbstpositionierung der Erfinder an der Spitze der Hierarchie bestand."[287]

Das historische Verhältnis zwischen ,schwarzen' und ,weißen' Menschen und das diesem zugrunde liegende hierarchische Machtverhältnis hat in der zeitgenössischen Konsequenz eine auf ethnischen (und geschlechtlichen) Kategorien begründete globale Gesellschaftsordnung etabliert:

> „there emerges the top-dog position, whose profile is approximately as follows: white, western, civilized, male, adult, urban, middle-class, heterosexual, and so on. It is this profile that has monopolized the definition of humanity in mainstream western imagery."[288]

Die Geschichte des Bildes vom ,Schwarzen' im Kopf der Europäer, die Imagination des ethnisch ,Anderen', zeigt, dass sich die Kategorien ,Geschlecht' und ,Ethnizität' mit wechselnden Ausprägungen permanent überschneiden. Wie Nederveen Pieterse formuliert: „racism never comes alone. It forms part of a hierarchical mental set which also targets other groups."[289] Sowohl Ethnizität, als auch Geschlecht und andere zentrale gesellschaftliche Kategorien wie ,Klasse', ,Religion' und ,Alter' müssen also immer im Kontext eines gesamten hierarchischen Konstrukts gesehen werden, in dem unterschiedliche Kategorien miteinander in Zusammenhang stehen. Dabei geht es nur vordergründig um die verschiedenen, die jeweiligen Kategorien definierenden Merkmale wie Hautfarbe, Mann- oder Frau-Sein, Alt- oder Jung-Sein etc. Hinter der Fassade eines z.B. mit phänotypischen Merkmalen argumentierenden Rassismus ist das zentrale Moment immer das (hierarchische) Verhältnis zwischen dem Zuschreibenden und dem Zugeschriebenen. Es geht also um Macht, die in einer hierarchischen Situation entsteht, und um Macht, die benötigt wird, um diese aufrecht zu erhalten. Macht beinhaltet immer zugleich auch die potentielle Gefahr, diese zu verlieren. Eine effektive, gewaltfreie Maßnahme der Machterhaltung ist die Pflege bestehender Ungleichheiten und Unterschiede, wie sie sich z.B. in Stereotypen äußern, durch die mediale Kultur. Ruth Mayer stellt in diesem Zusammenhang fest: „In the field of cultural contact, differences are closely enmeshed with value categories, so that the encounter of different symbolic systems time and again calls up questions of superiority and submission, specifity and assimilation."[290]

---

[287] Wollrad 2005, S. 14.
[288] Nederveen Pieterse 1992, S. 223.
[289] Nederveen Pieterse, a.a.O., S. 222.
[290] Mayer 2002, S. 10.

4.4   Diskurspraxis II: Das ‚Andere' in Bezug auf die Kategorie ‚Geschlecht'

Die kommunikationswissenschaftliche Geschlechterforschung beschäftigt sich schon seit längerem mit der (massen)medialen Reproduktion der Kategorie ‚Weiblichkeit' – früher im Anschluss an die sog. Frauenforschung, seit den 1990er Jahren im Anschluss an die Gender Studies.[291] Eine Aufarbeitung des medialen Diskurses über das ‚Andere' hinsichtlich der Kategorie ‚Geschlecht' kann also aus den Ergebnissen dieses Forschungszweiges schöpfen.

4.4.1   Frühe Untersuchungen der massenmedienbezogenen Frauenforschung

Als einer der ersten Wissenschaftler untersuchte der kanadische Soziologe Erving Goffmann die mediale Repräsentation von Geschlecht, und zwar anhand der unterschiedlichen Darstellungen von Frauen und Männern in der Werbung. Sein Forschungsinteresse richtete sich in erster Linie auf die subtilen Darstellungsprinzipien, durch welche die in Werbefotografien dargestellten Männer und Frauen in ein hierarchisches Verhältnis zueinander gesetzt werden, das den Männern die eindeutig ‚mächtigere' Position einräumt. Seiner wegweisenden Arbeit *Gender Advertisements* (erstmals erschienen 1979) stellt er die These voran, dass

> „das Ausdrucksverhalten [...] vorwiegend nicht instinktiv angelegt [ist], sondern sozial gelernt und sozial geprägt (...) sie [die Individuen, C.S.] lernen Objekte zu sein, die einen bestimmten Charakter haben, die diesen Charakter zum Ausdruck bringen und für die dieser charakterologische Ausdruck ganz natürlich ist. Unsere Sozialisation ist so geartet, daß wir unsere eigenen Hypothesen über unsere Natur bestätigen."[292]

Auf die Kategorie ‚Geschlecht' bezogen stellt er im Anschluss daran fest:

> „Ebenso könnten wir sagen, daß es so etwas wie eine Geschlechts-Identität nicht gibt. Es gibt nur einen Plan für das Porträtieren der Geschlechtszugehörigkeit" – „Weil aber solche Stereotypen vom einzelnen schon von klein auf angewendet und auf ihn/sie angewandt werden, sind die Erklärungen, die sie bieten, fest in unserem Denken verankert."[293]

Goffman geht also wie die Vertreter der kommunikationswissenschaftlichen Geschlechterforschung davon aus, dass spezifische mediale Darstellungen eine Vorstellung davon vermitteln, was als genuin ‚männlich' bzw. ‚weiblich' gilt. Diese Vorstellungen wirken auf die einzelnen Individuen einer Gesellschaft identitätsbil-

---

[291] Vgl. dazu u.a. die Bände von Angerer/Dorer 1994; Klaus 1998; Klaus/Röser/Wischermann 2001 sowie Dorer/Geiger 2002.
[292] Goffmann 1981, S. 35.
[293] Goffmann, a.a.O., S. 37, 40.

dend. Die Macht dieser Repräsentationen liegt darin, dass sie den Anschein ,natürli-
cher' Unterschiede zwischen den beiden Geschlechtern erwecken und somit die
naturalistisch konstruierte Dichotomie von Männlichkeit und Weiblichkeit fest-
schreiben. Auf diese Weise verdecken sie die soziale Konstruiertheit der Präsentationen von Geschlecht. Die Untersuchungen von Goffman waren mit diesem Ansatz
grundlegend für die spätere kommunikationswissenschaftliche Geschlechterforschung.[294]

Im deutschsprachigen Raum konnte fast zwanzig Jahre lang nur auf die 1975 er-
stellte sog. Küchenhoff-Studie als einzige umfassende empirische Untersuchung zur
Darstellung von Geschlecht in den Medien zurückgegriffen werden. Dabei ging es
ausschließlich um Repräsentationen von Frauen. Die Studie mit dem Titel *Darstellung der Frau und die Behandlung von Frauenfragen in der medienspezifischen
Wirklichkeit des deutschen Fernsehens* ist das Ergebnis einer sechswöchigen Pro-
grammbeobachtung von ARD und ZDF, gegliedert in die vier Untersuchungsberei-
che Fiktion, Quiz & Show, Non-Fiktion und Nachrichten. Aus der Fülle der aus
dieser Studie gewonnenen Erkenntnisse sollen hier nur die für die vorliegende Arbeit relevanten Punkte genannt werden.

Danach werden Frauen vor allem stereotyp dargestellt, d.h. einseitig auf Attribute äußerlicher Attraktivität wie Schönheit, Jugendlichkeit, Schlankheit festgelegt.
Berufstätigkeit tritt als relevante Größe im Lebenskontext der Frau nicht in Erscheinung. Desweiteren werden im Prinzip nur zwei unterschiedliche Typen von Frauen
dargestellt. Einerseits die junge, schöne, unabhängige Frau auf der Suche nach einer
heterosexuellen Beziehung, andererseits die Hausfrau und Mutter ohne Sexappeal.
Die Untersuchung zeigt weiterhin, dass Frauen keine Handlungsrelevanz besitzen.
Im fiktiven Bereich sind sie auf Nebenrollen festgelegt, im Quiz- und Showbereich
auf die Assistentinnenfunktion und im Nonfiktion-Bereich auf die Funktion der
Programmansage.[295]

Erst 1993 legte Monika Weiderer eine der Küchenhoff-Studie vergleichbar um-
fangreiche inhaltsanalytische Untersuchung des Frauen- und Männerbildes im Fernsehen vor. Diese Studie basiert auf einer dreiwöchigen Beobachtung der Programme
von ARD, ZDF und RTL. Wie bereits in der Küchenhoff-Studie wurde die Analyse
in die Bereiche Fiktion, Quiz und Show, Non-Fiktion und Nachrichten gegliedert.
Im Vergleich zur älteren Studie zeigte sich, dass sich die Geschlechterrollendarstel-
lung nur bis zu einem gewissen Grad verändert hatte. Zu verzeichnen waren eine
etwas größere Zahl von berufstätigen Frauen sowie einige Männer, die ihre Hausar-
beit selbst verrichteten, ferner eine verstärkte Etablierung weiblicher Nachrichten-

---

[294] Da die Ergebnisse der Untersuchungen von Goffmann in wesentlichen Punkten von der neueren
empirischen Geschlechterforschung bestätigt werden, wird auf die konkrete Darstellung von Geschlecht in den Medien ausführlich weiter unten (Kap. 4.4.2) eingegangen.
[295] Vgl. Küchenhoff et al. 1975, S. 241ff.

sprecherinnen bzw. -moderatorinnen. Desweiteren ließ sich eine gewisse thematische Erweiterung von frauenbezogenen Themen feststellen, welche im Rahmen der Ergebnisse der Küchenhoff-Studie im wesentlichen noch auf die Bereiche Kinder, Küche, Familie und Emotionalität beschränkt waren. An der fehlenden Berücksichtigung frauenspezifischer Belange sowie der deutlichen quantitativen Unterrepräsentanz von Frauen hatte sich im Vergleich zur Küchenhoff-Studie allerdings im Wesentlichen nichts geändert. Festgestellt wurden gleichbleibend stereotype Grunddarstellungsformen von Männern und Frauen, mit Ausnahme weniger ‚Ausreißerinnen', die gängigen Klischees nicht entsprachen. Dominierend in allen Programmen war, trotz des insgesamt heterogenen Bildes von Frauen und Männern, eine weiterhin geschlechtsstereotype Darstellungspraxis.[296]

Umschrieben werden die (frühen) Ergebnisse der empirischen kommunikationswissenschaftlichen Geschlechterforschung häufig mit dem von Gaye Tuchman geprägten Begriff der ‚symbolic annihilation', der symbolischen Vernichtung von Frauen in den Medien. Symbolic annihilation bezieht sich dabei auf die Art und Weise, in der Frauen in den Medien ignoriert und dadurch ausgeschlossen, marginalisiert und trivialisiert werden. – „Women are either absent, or represented (...) in terms of stereotypes based upon sexual attractiveness and the performance of domestic labour."[297]

4.4.2 Neuere Erkenntnisse der medialen Geschlechterforschung

Durch die Einführung des Gender-Begriffs hat sich die Perspektive der frühen Frauenbildforschung erheblich erweitert. Neben dem Frauen- wird nun auch das Männerbild der Medien in das wissenschaftliche Erkenntnisinteresse einbezogen und das Verhältnis zwischen beiden im gesellschaftlichen Kontext betrachtet. Die Medien selbst werden als ein

> „politisches System von Repräsentationen verstanden, das auf der Basis von geschlechtsklassenspezifischen Zeichen funktioniert. Diese Zeichen repräsentieren jene Aspekte von ‚Weiblichkeit' und ‚Männlichkeit', durch welche die herrschende binäre Ordnung der Geschlechter aufrechterhalten wird."[298]

Vor allem den Bildmedien wird durch ihre besonderen semiotischen Qualitäten in diesem Zusammenhang ein hohes Macht- und Einflusspotential zugesprochen.[299]

---

[296] Vgl. Weiderer 1993, S. 324f.
[297] Strinati 2000, S. 180.
[298] Mühlen Achs, in dies./Schorb 1995, S. 21.
[299] U.a. hat die Konsumentenforschung die emotional anregende und direkte Wirkungsweise von Bildern immer wieder bestätigt; vgl. Kroeber-Riel/Weinberg 2003, S. 115f, 119; siehe auch Mosbach 1999, S. 94-96.

Das ‚Material', mit Hilfe dessen Medien auf diese Weise Geschlechterdiskurse (re-) produzieren, ist die kulturell codierte, genderisierte Körpersprache. Herbert Willems und York Kautt bezeichnen den Körper in diesem Zusammenhang als „Identitätskern".[300] Ihnen zufolge wird der Körper als relativ konstante (Selbst-) Identifizierungsmöglichkeit aufgewertet und entsprechend inszeniert, angesichts von „dynamisch fortschreitenden sozialen Differenzierungsprozessen, Wandlungen", aufgrund derer

> „die Schwierigkeit wächst, die Rollen und biografischen Abschnitte des Selbst als Momente eines einheitlichen Ganzen zu denken. (…) Die Strukturbedingungen der modernen Gesellschaft forcieren die Semantisierung des Körpers als Identitätskern, als Inbegriff der Authentizität des Selbst".[301]

Entsprechend ist der Körper eines der wichtigsten Medien, mit Hilfe dessen Kommunikation betrieben wird – über zwei Drittel aller sozialen Informationen werden körpersprachlich vermittelt.[302] Aus diesem Grund eignet er sich auch besonders gut zur Betonung von Geschlecht, zum sog. doing gender. Im ‚doing gender' werden geschlechtsspezifische Verhaltensweisen ritualisiert und somit kulturell tief verankerte (Ideal-)Vorstellungen von Mann und Frau zur Schau gestellt. Kulturelle Vorstellungen von Männlichkeit und Weiblichkeit werden sozusagen in den Körper eingeschrieben. Zu den entsprechenden Darstellungselementen gehören im wesentlichen Körperhaltung sowie Gestik und Mimik und äußerliche Attribute wie Kleidung, Schmuck, Haare etc.[303] Der in den Medien präsentierte Körper kann in diesem Sinne als Text gesehen werden, dessen in ihm enthaltene Zeichen Bedeutungen produzieren. Die Genderisierung ist so im visuellen medialen Diskurs über die Kategorie ‚Geschlecht', eben durch die besondere semiotische Qualität der Bildmedien, besonders deutlich sichtbar. Der empirische Teil dieser Untersuchung (Kap. 5 und 6.2.3) wird zeigen, dass sich die Musikindustrie bei der Produktion von Musikvideos genau dieser Stereotype bedient. Es wird mit der Annahme geschlechtsspezifischer Verhaltensweisen gearbeitet, indem diese als gezielte Darstellungsformen von ‚Männlichkeit' bzw. ‚Weiblichkeit' bei der Visualisierung von Musik eingesetzt werden.

Maßgeblich für die Analyse medialer Genderisierung von Personen sind die Untersuchungen der Psychologin Gitta Mühlen Achs, die sich u.a. in ihrer Arbeit *Geschlecht bewußt gemacht* (1998) mit den geschlechtsspezifischen Inszenierungen von Männern und Frauen in der Printwerbung auseinandersetzt.[304] Ihre Analysen

---

[300] Willems/Kautt 1999, S. 526.
[301] Willems/Kaut, a.a.O., S. 527.
[302] Vgl. Mühlen Achs 1996, S. 5.
[303] Vgl. Mühlen Achs in dies./Schorb 1995, S. 22-28 sowie dies. 1996, S. 6.
[304] Basis der Studie war eine Sammlung von über zweitausend Bildern; in erster Linie handelte es sich dabei um Ausschnitte aus Werbebeilagen überregionaler Tageszeitungen, aus Illustrierten und

basieren dabei in wesentlichen Punkten auf den vorangegangenen Forschungen von Goffmann (siehe Kap. 4.4.1). In ihren Arbeiten zeigt Mühlen Achs auf, in welch hohem Maß die Kommunikationsmittel der Körpersprache formalisiert, ritualisiert und genderisiert sind. Unterschiedliche Verhaltensrepertoires und bestimmte körpersprachliche Zeichen sind festgelegt und jeweils einem Geschlecht ausdrücklich zugeordnet. Sie bilden so ein „Kriterium der Unumkehrbarkeit"[305], d.h. geschlechtsspezifische Verhaltensweisen können vom anderen Geschlecht nicht übernommen werden, ohne Irritationen auszulösen. Auf diese Weise wird ein hierarchisch geordnetes Verhältnis konstruiert und unbewusst rezipiert, in der die männliche Gruppe als die dominante, die weibliche Gruppe als die subdominante agiert. So werden zum Beispiel emotionale Abhängigkeit und Schutzbedürftigkeit als typisch weibliche Merkmale gewertet, während Selbstsicherheit, Selbständigkeit und Selbstvertrauen als männliche Eigenschaften gelten. Nach Mühlen Achs werden Frauen in der medialen Darstellung auf glaubwürdige Weise sozial abgewertet, indem sie wie Kleinkinder nicht nur als schwach, sondern auch als naiv-liebenswürdig dargestellt sind.[306] Die weiteren Befunde der empirischen Studien zeigen, dass Frauen weitgehend auf äußerliche Attribute wie Jugendlichkeit, Schlankheit, adrette Kleidung und insgesamt heterosexuelle Attraktivität festgelegt sind. Zudem werden sie durch den nahezu ständigen Bezug auf männliche Akteure als von Männern abhängig bzw. vorrangig an der Herstellung heterosexueller Bindungen interessiert dargestellt. Mühlen Achs bilanziert, die stereotypisierten Geschlechterdarstellungen gäben eine „patriarchale[n] Körperpolitik"[307] wieder, welche Männer und Frauen in einen übergeordneten Machtkontext einbindet und diesen zugleich widerspiegelt. Demnach signalisieren männliche Körper und die damit verbundene Symbolik physische Macht, soziale Überlegenheit sowie psychologisches Dominanzstreben, während die dünnen, muskellosen Körper der weiblichen Models Kraftlosigkeit, Fragilität und Instabilität sowie Unsicherheit, Verlegenheit und Unterwerfung signifizieren. „Die Inszenierung des heterosexuellen Paares legt das Prinzip der Asymmetrie als Norm fest. Jedes Geschlecht ist auf sein spezifisch beschränktes Repertoire festgelegt."[308] Die normative Festlegung weiblicher und männlicher Darstellungs- und Verhaltensrituale ordnet das Verhältnis der Geschlechter – nicht nur medial, sondern auch ‚real' – so auf eine ganz bestimmte hierarchisierte Weise. Es weist Frauen

---

aus Katalogen großer Versandhäuser. Zwar geht es in der vorliegenden Arbeit um Musikvideos, also um bewegte Bilder, dennoch bieten die Erkenntnisse aus dem Bereich der Printdarstellungen wichtige Einsichten auch für andere Medien.

[305] Mühlen Achs 1998, S. 39.

[306] Vgl. für die detaillierte Analyse der genderisierten Körpersprache Mühlen Achs 1998, S. 45-196; dies. 1984, S. 60-66; dies. 1996, S. 4-8; dies. in dies./Schorb 1995, S. 22-37.

[307] Mühlen Achs 1998, S. 11.

[308] Mühlen Achs 1996, S. 8.

in Bezug auf Männer in der Regel eine relativ untergeordnete Position zu, und –
dies kommt hinzu – nur jene Frauen, welche die entsprechenden Vorgaben erfüllen,
werden im übergeordneten gesellschaftlichen Diskurs als ‚richtige' Frauen akzeptiert.

Angesichts der Dominanz stereotyper Darstellungsweisen von Weiblichkeit und
Männlichkeit in den Medien sind während der letzten Jahre gleichwohl gewisse
(mediale) Veränderungen zu beobachten. So standen beispielsweise in den 1970er
und Anfang der 1980er Jahre ‚Karrieremänner' im Vordergrund der Werbung,
‚Hausmänner' wurden so gut wie nicht gezeigt. Eine Änderung dieser Situation
machte sich erst im Laufe der 1990er Jahre bemerkbar. Männer werden seitdem
vermehrt auch bei Haushaltstätigkeiten abgebildet bzw. gezeigt. Zusätzlich rückte
der männliche (nackte) Körper im Laufe der Zeit immer mehr in den Blickpunkt
werblicher Darstellungen – wenn auch in weitaus geringerem Maße als im Falle der
Darstellung unbekleideter Frauen.[309] In den letzten Jahren macht sich außerdem
verstärkt eine Verwischung der Grenzen zwischen Männlichkeit und Weiblichkeit
in Werbebildern bemerkbar. Androgyne Männergestalten oder Frauen, die mit
männlichen Attributen inszeniert werden, treten vermehrt in den Blickpunkt. Zuge-
nommen hat auch die Zahl der sog. reversed sex ads, in denen die Werbung die von
ihr als ‚normal' unterstellte Rollenverteilung zwischen Mann und Frau umkehrt.
Frauen werden darüber hinaus häufiger als beruflich erfolgreich, als sog. Karriere-
frauen, oder in sportlich extremen Situationen dargestellt. Zudem werden ‚emanzipierte' Frauentypen wie der ‚Vamp' oder die ‚junge Wilde' gezeigt; Frauen werden
sowohl im beruflichen als auch im privaten Bereich weniger auf typische Verhal-
tensstile festgelegt.[310]

Trotz dieser Entwicklung bleibt festzustellen, dass in den meisten medialen Darstellungen weiterhin traditionelle Geschlechterstereotype und Rollenbilder domine-
ren, die Männer und Frauen im binären System der Zweigeschlechtlichkeit verorten.
1995 kommt Jutta Velte nach der Auswertung mehrerer Studien zum Frauenbild in
den Medien zu dem Schluss, dass Frauen zum einen gegenüber Männern insgesamt
quantitativ unterrepräsentiert sind, zum anderen werden sie weitaus seltener als
Männer in wichtigen Rollen oder gesellschaftlich relevanten Funktionen gezeigt.
Die Zunahme der Darstellung berufstätiger Frauen führte nicht gleichzeitig zu einer
vermehrten Darstellung in hohen Positionen oder Tätigkeiten mit hohem sozialen
Status. Zudem ist die Frau in der Regel jung, schön und ledig und ihre Darstellung
erfolgt meist in Bezug auf den Mann. Die Inszenierungen von Eigenschaften und
Merkmalen erfolgen weitgehend geschlechtsspezifisch.[311] Zwar betont Elisabeth

---

[309] Vgl. Zurstiege 1998, S. 194.
[310] Vgl. Willems/Kautt 1999, S. 522.
[311] Vgl. Velte in Fröhlich/Holtz-Bacha 1995, S. 181-253.

Klaus, „von einer generellen Annullierung der Frauen kann nicht länger gesprochen werden."[312], da Frauen zum einen deutlich häufiger auf dem Bildschirm präsent sind (eine Entwicklung, die nicht zuletzt auf die Einführung privater Rundfunkanbieter in Deutschland in den 1980er Jahren zurückzuführen ist), und da die Darstellung berufstätiger Frauen gang und gäbe ist. Dennoch erscheinen Frauen nach wie vor überwiegend im Kontext privater Lebensäußerungen, während Männer immer noch den traditionellen öffentlichen und politischen Raum dominieren.

> „Das zeigt, dass die Medienangebote Männer- und Frauenräume entwerfen. Frauen werden gezeigt, sie kommen vor *und* handeln, aber ganz überwiegend in ihren häuslichen, beziehungsorientierten, alltäglichen Rollen und nicht im traditionellen Raum bürgerlicher Öffentlichkeit."[313]

Was die Darstellung der emotionalen Ebene betrifft, werden Männer in der Regel als affektkontrolliert, zurückhaltend, rational und selbstbewusst inszeniert. Wenn Gefühle dargestellt werden, ist die Darstellung von Aggression, Wut oder schlechter Laune in Bezug auf sportliche Niederlagen, Konflikte, beruflichen Stress etc. legitim. Weltzugewandtheit, Produktivität und Coolness bestimmen das Image des medialen Mannes; gezeigt werden Gefühle wie Stolz, Selbständigkeit, Überlegenheit, Triumph und Verantwortung. „Traurige Männer stellen auch im Umfeld einer zunehmend emotionalisierten Werbung nach wie vor eine extreme Seltenheit dar."[314] Im Unterschied zur Inszenierung von Männern werden Frauen in Kontexten von Empfindlichkeit, Zartheit und Zärtlichkeit, häufig selbstbezogen und verträumt, dargestellt. Repräsentationen von Weiblichkeit sind geprägt von Emotionalität, Empfindsamkeit, Beziehungsorientiertheit, Selbstlosigkeit und Schutzbedürftigkeit. Die Kindlichkeit des ‚weiblichen Wesens' wird herausgestrichen sowie die Leichtigkeit des Daseins, das in den verschiedensten Kontexten – vom Kochen und Putzen bis hin zur Büroarbeit – selten an den ‚Ernst des Lebens' erinnert. „Die kosmologische Ordnung der Geschlechter fungiert also (auch) in der Werbung als ein Deutungs- und Dramaturgiemuster, das spezifische ‚Emotionsregeln' impliziert."[315] Es zeigt sich also trotz einer tendenziellen Entwicklung in Richtung einer gleichberechtigteren Darstellung, dass das Spektrum an möglichen Präsentationsformen von Männlichkeit zum einen weitaus breiter und stärker ausdifferenziert ist als dasjenige von Weiblichkeit, zum anderen stellen sich viele auf den ersten Blick ‚emanzipierte' Darstellungen von Männern und Frauen bei genauerem Hinsehen als verdeckte Bestätigung traditioneller Geschlechterrollen heraus. In der Regel sind es die expliziten, nicht die impliziten Geschlechterrollenstereotype, die sich verändert haben; ein

---

[312] Klaus 1998, S. 380.
[313] Klaus, ebd.
[314] Vgl. Willems/Kautt 1999, S. 518f.
[315] Willems/Kautt,.a.O., S. 519, vgl. dazu auch Mühlen Achs 1996, S. 4 sowie dies. 1998, S. 43.

Wandel der medialen Darstellung von Geschlecht fand insofern in großen Teilen der medialen Repräsentationen allenfalls an der Oberfläche statt.[316] Am übergeordneten Prinzip der hegemonialen binären Geschlechterordnung hat sich wesentlich nichts geändert. Sehr detailliert herausgearbeitet hat diesen Befund Nils Bostnar in einer zeichentheoretisch-filmwissenschaftlichen Analyse von Werbespots für Männerdüfte. Die Untersuchung ist eine der wenigen Arbeiten, welche sich explizit mit der bzw. den ansonsten wenig thematisierten (da ‚normalen') Männlichkeit(en) auseinandersetzt. Auf der Basis einer Analyse verschiedener Inszenierungsstrategien von Männlichkeit und den damit verbundenen Motivkomplexen (Figureninventar, Beziehungen der Figur zur Umgebung, Körper und Körperlichkeit, Blickstrukturen etc.) zeigt Bostnar auf, wie eindimensional hierarchisiert die Darstellung der binären Geschlechterordnung in der visuellen (Werbe-) Kultur reproduziert wird.

> „Die Zeichensysteme etablieren auf vielen Ebenen eine explizite Geschlechter*differenz*, welche zudem hyperbolisch gesteigert wird und sich an allgemeine Ideologeme unserer Kultur anbindet. Der Mann ist dabei das sichtbare, das eigentliche, das nicht-konstituierte und das nicht-abhängige Zeichen, welchem eine konträre weibliche Kofigur beigeordnet werden kann. (…) Partielle Umkehrungen traditioneller Geschlechterdichotomien und traditionell spezifisch semantisierter Leitdifferenzen (aktiv-passiv [etc., C.S.]) sind grundsätzlich quantitativ marginalisiert und qualitativ als spielerische Abweichung semantisiert, deren zeitliche Ausdehnung bereits zeichensystemintern begrenzt wird, wohingegen für den traditionellen Normalfall eine außerzeitliche Gültigkeit auch über das Zeichensystem hinaus postuliert wird."[317]

Die aufgezeigte Entwicklung fassen Willems und Kautt folgendermaßen zusammen:

> „Diese und andere Inszenierungsmuster verdeutlichen, dass es sich bei dem Wandel des Geschlechterverhältnisses in der Werbung in erster Linie um einen Wandel auf der Oberfläche handelt. Die Werbung entwickelt um einen Kernbestand stereotyper Darstellungen Images, die das Zentrum der ‚klassischen' Geschlechterkosmologie immer facettenreicher paraphrasieren, abwandeln und ergänzen, ohne es substanziell in Frage zu stellen."[318]

Insofern zeigt sich in Bezug auf mediale Geschlechter*inszenierungen*, wie auch im Falle der Kategorie ‚Ethnizität' (siehe Kap. 4.3), dass affirmative Diskursreproduktionen, manifestiert in vergeschlechtlichenden (wie auch ethnisierenden) Zuschreibungen, im massenmedialen Kontext die Regel sind.

---

[316] Vgl. Zurstiege 1998, S. 27. Eine Studie, welche die Darstellung von Männern und Frauen in der Anzeigenwerbung des *Stern* von 1969 bis 1988 untersucht, bestätigt diese empirischen Befunde weitgehend (vgl. Brosius/Staab 1990, S. 292-303).
[317] Bostnar 2002, S. 396f, eigene Hervorhg.
[318] Willems/Kautt 1999, S. 524.

4.4.3 Zusammenfassung

Zusammenfassend lässt sich festhalten, dass trotz nachhaltiger Veränderungen sowohl im Rollenspektrum als auch in der Darstellungsweise von Männern und Frauen, der Kern der Inszenierungsweisen nach wie vor als geschlechtsstereotyp zu bezeichnen ist. Insofern konnte auch die viel beschworene Emanzipation der Frau – nicht nur im medialen Bereich – im Wesentlichen nichts an der gesellschaftlich etablierten, hierarchisch geordneten dichotomen Geschlechterordnung ändern.

> „Die geschlechtssensible Medienforschung deckt auf, daß der mediale Blick auf die
> Welt und die Frauen ein grundsätzlich männlicher und heterosexueller Blick ist. Als
> hegemonialer male gaze gibt dieser Blick seine Lesart der Texte als Norm vor.“[319]

Frauen und Männer werden unverändert durch naturalisierende Zuschreibungen geschlechtsspezifischer Fähigkeiten, Eigenschaften und Kompetenzen charakterisiert und die äußere Attraktivität scheint nach wie vor das hervorstechendste Merkmal der meisten in den visuellen Medien agierenden Frauen zu sein.[320] In Bezug auf das Fernsehen lässt sich festhalten:

> „Das Fernsehen reflektiert die Veränderungen in der gesellschaftlichen Rolle der Frau,
> aber es ist kein Motor im Prozeß der Veränderung gesellschaftlicher Geschlechterbilder.“[321]

Hegemoniale Varianten von Männlichkeit und Weiblichkeit sind nach wie vor die beiden Pole des sozialen Geschlechtersystems. Die jeweiligen Zuschreibungen sind im historischen Kontext zwar variabel, und insofern sind mediale Inszenierungen von Weiblichkeit und Männlichkeit heute durchaus als heterogen und vielschichtig einzustufen. An der grundlegenden hierarchisierten Differenz, den strukturellen Grundlegungen geschlechtsspezifischer symbolischer Verortungen von Geschlechterinszenierungen, hat sich jedoch nichts geändert.

4.4.4 Zwischenfazit II: Diskursverortete Subjektpositionen

Die zentrale gesellschaftliche Bedeutung der hegemonialen Diskurse über Ethnizität und Geschlecht liegt darin, dass das von ihnen produzierte und etablierte Wissen bestimmte Subjektpositionen konstituiert und das Individuum so in der Gesellschaft verortet.[322] Im Falle des Diskurses von Geschlecht bedeutet dies beispielsweise, dass die Kategorie ‚Geschlecht' in ihrer spezifischen Ausprägung der heterosexuell

---

[319] Mühlen Achs 1998, S. 37.
[320] Vgl. Klaus 1998, S. 243.
[321] Klaus, a.a.O., S. 244.
[322] Vgl. dazu Mühlen-Achs/Schorb in dies. 1995, S. 8.

ausgerichteten Zweigeschlechtlichkeit die Identität eines Individuums als männlich oder weiblich festlegt und zugleich mit bestimmten Attributen des Verhaltens, Denkens, der Verortung in der Gesellschaft usw. belegt. Geschlecht wird durch die so initiierte unbewusste, aber dennoch gezielte Inszenierung, das sog. doing gender[323], erst konstituiert. „Geschlecht ist nicht etwas, das wir haben, schon gar nicht etwas, das wir sind. Geschlecht ist etwas, das wir *tun*."[324] Spezifische Vorstellungen von Männlichkeit und Weiblichkeit geben Darstellungsmodi und Verhaltensweisen für ‚Männer' und ‚Frauen' vor und werden im gleichen Zug naturalisiert, d.h. als natürlich gegeben dargestellt und wahrgenommen. Konkret bedeutet dies, dass mit dem jeweiligen Geschlecht bestimmte Attribute verbunden werden, die sich vor allem durch ihre Gegensätzlichkeit auszeichnen. Weiblichkeit bedeutet der gängigen Auffassung zufolge Schwachheit, Emotionalität, Passivität etc., Männlichkeit hingegen Stärke, Rationalität, Aktivität usw. Das System der Zweigeschlechtlichkeit mit den jeweiligen kulturspezifischen aber auch kulturübergreifenden Zuschreibungen ist im individuellen wie im ‚kollektiven' Bewusstsein fest verankert und drückt sich in sämtlichen Interaktionen aus. Die symbolische Ordnung wird beispielsweise in der Mode, in der Körpersprache, in familiären Regelungen, Tabus, Verboten und Geboten etc. sichtbar. Die Konzeption dieser Zweigeschlechtlichkeit kennzeichnet – und das ist eine der gravierendsten Konsequenzen dieser Ordnung – Menschen, die nicht in dieses Schema passen, als defizitär und mangel- oder fehlerhaft.

Massenmedien sind ein wesentlicher Faktor der Inszenierung und Stabilisierung des Systems der Zweigeschlechtlichkeit – Teresa de Lauretis hat in diesem Zusammenhang den berühmten Ausspruch von den Medien als ‚Technologies of Gender' geprägt.[325] Dazu verwenden die Massenmedien insbesondere nonverbale Elemente wie Bilder, Symbolik, Musik, deren Botschaft von den Rezipienten meist unbewusst entschlüsselt wird. Hierin liegt das Machtmoment von medial vermittelten Diskursen. In ihrer diskursiven Praxis, also durch die Hervorbringung bestimmter Aussagen, etablieren sie einen Wissensvorrat, in dessen Kontext sich das Individuum verortet und identifiziert. Durch die Bereitstellung von Wissen fungiert ein Diskurs als „regulierende Distanz" und „formt Bewusstsein"[326]. „Diskurse üben Macht aus, da sie Wissen transportieren, das kollektives und individuelles Bewußtsein speist. Dieses zustandekommende Wissen ist die Grundlage für individuelles und kollektives Handeln und die Gestaltung von Wirklichkeit."[327] Ein Denken außerhalb dieses diskursiven Wissens ist nicht möglich. Dabei perpetuieren Diskurse sich selbst; es gibt

---

[323] Vgl. für einen Überblick zum Konzept des ‚doing gender' Gildemeister in Becker/Kortendiek 2004, S. 132-140.
[324] Mühlen Achs 1998, S. 21, Hervorhg. im Orig.
[325] So auch der Titel ihres gleichnamigen Buches.
[326] Jäger in Keller/Hirseland/Schneider/Viehöver 2001, S. 84.
[327] Jäger, a.a.O., S. 87.

‚Schaltstellen' wie z.b. die Massenmedien, die bestimmte Aussagen (re)produzieren und verbreiten, aber keine Institution, die bestimmte Aussagen voraussetzungslos in einem ursprünglichen Sinne hervorbringt. Subjektive wie auch kollektive Identitäten sind so gewissermaßen Produkte dieses Diskurses; d.h. der Diskurs geht nicht vom Subjekt aus, er wird nicht von ihm hervorgebracht, sondern er bietet lediglich „verschiedene Positionen der Subjektivität"[328] an. „Der so begriffene Diskurs ist nicht die majestätisch abgewickelte Manifestation eines denkenden, erkennenden und es aussprechenden Subjekts".[329] Subjektive Identität ist nicht a priori gegeben im Sinne eines ‚Wesen des Menschen', sondern wird durch verschiedene, historisch bedingte Diskurse konstituiert – beispielsweise Körper- und Sexualitätsdiskurse, Diskurse der Medizin, des Rechts, der Biologie etc. Das bedeutet jedoch *nicht*, dass Individuen als quasi-statische, vollkommen determinierte Individuen gedacht werden. Der diskurstheoretische Entwurf des Individuums geht zwar von einer diskursiv erzeugten, und damit auch begrenzten und in ihren Grenzen determinierten Identität aus; als handelnde, Aussagen und Bedeutungen hervorbringende Instanzen wirken Subjekte jedoch immer auch als (Co-) Produzenten von Diskursen und können in dieser Position verändernd auf den Diskurs einwirken.

4.5 Massenmediensystem und Diskurse – strukturelle und inhaltliche Zusammenhänge

Der herausgearbeitete Diskursbegriff ist, anders als z.b. die Systemtheorie, inhaltlich ausgerichtet. Zwar fragt er nach den „Formationen von Aussagen"[330], befasst sich also auch mit Strukturierungselementen, diese bleiben letztendlich jedoch inhaltsbezogen (‚Aussage'). Im Gegensatz dazu steht in der Systemtheorie die Frage nach den Rationalitäten, den Mechanismen und Funktionsweisen eines gesellschaftlichen Feldes im Mittelpunkt. Die Zusammenführung beider Ansätze ist insofern fruchtbar, als sie gemeinsam sowohl die inhaltliche als auch die strukturelle Ebene eines Gegenstandes erfassen können. In dieser ganzheitlichen Perspektive fungieren Massenmedien als diskurskonstituierende, -bedingende und -regulierende Systeme; sie bilden gewissermaßen den strukturellen ‚Überbau' der durch Diskurse verbreiteten „symbolischen Ordnungen"[331] und produzieren so „codierte Botschaften in Form eines bedeutungsvollen Diskurses."[332]

---

[328] Foucault 1981, S. 82.
[329] Foucault, ebd.
[330] Vgl. Foucault 1981, S. 58, 108, 156.
[331] Keller in Hirseland/Schneider/Viehöver 2001, S. 113.
[332] Krotz in Saxer 1998, S. 78.

In dieser Perspektive verbinden sich die beiden Aussagen „Was wir über unsere Gesellschaft, ja über die Welt, in der wir leben, wissen, wissen wir *durch* die Massenmedien."[333] und „Was wir von der Wirklichkeit wissen und über sie sagen, das *prägt* sich aus in Diskursen."[334] Massenmedien sind Institutionen, die Inhalte publizistisch verbreiten; darin liegt ihre gesellschaftliche Funktion. Alles, was öffentlich werden soll, muss über diese Instanz. *Was* öffentlich wird und *wie* es öffentlich wird – die medialen Inhalte – sind Teile übergeordneter gesellschaftlicher Diskurse. Medien sind also diskursverarbeitende Institutionen, deren Funktion darin besteht, spezialisierte Diskurse miteinander in Verbindung zu bringen und für die Gesellschaft aufzubereiten.[335] Hieraus ergibt sich die öffentliche Funktion von massenmedial (re)produzierten Diskursen – massenmediale Diskurse sind öffentliche Güter. Sie können nur in öffentlichen Auseinandersetzungen produziert werden, weil nur öffentlich relevante und innerhalb einer relativ breiten Öffentlichkeit kollektiv angenommene (Be-)Deutungsangebote als Deutungsvorgaben (‚Konventionen') auf breiter Basis auch funktionieren können.[336] Diskurse entfalten ihre Wirkungen nur dort, wo ihre Inhalte öffentlich gemacht werden, wo sie also massenmedial verbreitet sind.

> „Die Massenmedien stellen einen *öffentlichen Raum* für Diskurse zur Verfügung. Erst die Repräsentation in den Massenmedien stiftet in den Gegenwartsgesellschaften letztlich die Qualität des (allgemein) *öffentlichen Diskurses*. Themenbezogen manifestieren sich dabei Diskurse, die ihren Entstehungsort nicht (nur) in den Medien haben, die aber auf der Grundlage der Medienberichterstattung als öffentliche Diskurse empirisch rekonstruiert werden können."[337]

Medienberichterstattung ist somit Teil des permanenten Prozesses der Festschreibung, also Stabilisierung, aber auch der Veränderung bedeutungsvoller gesellschaftlicher Diskurse. Insofern eigenen sich die Massenmedien in besonderer Weise als Grundlage für die empirische Analyse öffentlicher Diskurse. Eine zentrale Rolle für die mediale – öffentliche – Existenz von Diskursen spielen die o.g. Veröffentlichungskriterien (siehe Kap. 3.4). Aus der Vielfalt und Komplexität der Wissensfragmente eines Diskurses können – gemäß den Rationalitäten des massenmedialen Systems – nur jene zur Veröffentlichung gelangen, die vom Mediensystem als ‚veröffentlichbar' eingestuft werden. Nur diejenigen Teile eines Diskurses, die be-

---

[333] Luhmann 2004, S. 9, eigene Hervorhg.
[334] Konersmann, Nachwort zu Foucault 2003, S. 80, eigene Hervorhg.
[335] Entsprechend liegt die Aufgabe der Medien – rein systemtheoretisch betrachtet – darin, die Themen unterschiedlicher gesellschaftlicher Subsysteme miteinander in Verbindung zu bringen, sie publizistisch aufzubereiten und sie der breiteren Öffentlichkeit zur Kenntnisnahme zur Verfügung zu stellen (siehe Kap. 3.2).
[336] Vgl. Schwab-Trapp in Keller/Hirseland/Schneider/Viehöver 2001, S. 263.
[337] Keller in ders./Hirseland/ Schneider/Viehöver 2003, S. 211, Hervorhg. im Orig.

stimmte Veröffentlichungskriterien erfüllen können, werden von den Massenmedien überhaupt als anschlussfähig an das eigene System erkannt und für eine Veröffentlichung aufgenommen.

Die Relevanz bestimmter Kriterien für die massenmediale Veröffentlichungsfunktion und die dadurch geschaffene Grundlage für die Konstruktion einer medialen Realität gibt weitere Hinweise auf die *inhaltliche* Verknüpfung von Systemtheorie und Diskursbegriff. Demnach lässt sich die gesellschaftliche Funktion der Massenmedien nicht nur in der Gesamtheit der jeweils aktualisierten Informationen erkennen (im Sinne einer Selbstbeschreibung der Gesellschaft), sondern auch in dem dadurch erzeugten sozialen „Gedächtnis"[338]. Dieses Gedächtnis besteht darin, dass man bei jeder Kommunikation bestimmte Realitäts*annahmen* als bekannt voraussetzen kann, ohne sie eigens in die Kommunikation einführen und begründen zu müssen (z.B. die vorausgesetzte Annahme, dass es zwei Geschlechter gibt und diese sich durch bestimmte Eigenschaften und Merkmale charakterisieren lassen). „Dieses Gedächtnis wirkt an allen Operationen des Gesellschaftssystems, also an allen Kommunikationen mit, dient der laufenden Konsistenzkontrolle im Seitenblick auf die bekannte Welt und schaltet allzu gewagte Informationen als unwahrscheinlich aus."[339] Die jeweils behandelten Realitätsausschnitte, die einzelnen Themen, werden so durch eine zweite, als bekannt vorausgesetzte, Realität überlagert.

> „Massenmedien sind also nicht in dem Sinne Medien, daß sie Informationen von Wissenden auf Nichtwissende übertragen. Sie sind Medien insofern, als sie ein Hintergrundwissen bereitstellen und jeweils fortschreiben, von dem man in der Kommunikation ausgehen kann."[340]

Es ist also von einem gesellschaftsübergreifenden, konsensfähigen Wissen in Bezug auf die Realität auszugehen, in das mediale Informationen vom Einzelnen eingeordnet werden, das vom massenmedialen System vorausgesetzt wird und in dessen Rahmen sich die Hervorbringung von medialen Artefakten fügt.[341]

---

[338] Vgl. Luhmann 2004, S. 120ff.

[339] Luhmann, a.a.O., S. 121.

[340] Luhmann, a.a.O., S. 121f.

[341] Eventueller Kritik an der Möglichkeit eines individuell übergreifenden Wahrnehmungskonsenses sowie überhaupt der Möglichkeit des Gelingens eines Inkontakttretens autopoietischer, geschlossener Systeme mit ihrer Umwelt begegnet Luhmann in diesem Zusammenhang mit der Äußerung: „Die These operativer Schließung autopoietische Systeme besagt offensichtlich nicht, daß diese Systeme ohne Umwelt existieren könnten. Der Verdacht ‚solipsistischer' Existenzen war schon immer absurd gewesen und verrät mehr über den, der ihn als Einwand formuliert als über die angegriffene Theorie selbst. Zwar können kognitive Systeme ihre Umwelt operativ nicht erreichen und können sie daher auch nicht unabhängig von eigenen Strukturbildungen kennen. Gleichwohl gibt es strukturelle Kopplungen zwischen autopoietischen Systemen und Systemen ihrer Umwelt, die mit der Autopoiesis kompatibel sind" (Luhmann 2004, S. 190f).

Das, was Luhmann als ‚Gedächtnis' bezeichnet, lässt sich präzisieren mit dem von Foucault abgeleiteten Diskursbegriff, der Gesamtheit der gesagten und nicht-gesagten Äußerungen zu einem gesellschaftlichen Thema (siehe Kap. 4.1). Das in Diskursen verortete gültige und legitimierte Wissen über einen Bereich stellt demnach für den Einzelnen bei der Rezeption von Medieninhalten einen Kontext von Hintergrundwissen zur Verfügung. In diesen können neu aufgenommene Informationen überhaupt erst eingeordnet und somit verstanden werden. Auf eine konkrete, inhaltliche Ebene gebracht zeigt sich, dass Diskurse zu einem bestimmten Thema zwar prinzipiell unendlich heterogen sein können, praktisch jedoch (wie in Kap. 6 in Bezug auf die Diskurse über Ethnizität und Geschlecht ausgeführt) in der massenmedialen Reproduktion geprägt sind von bestimmten, wiederkehrenden Inhalten – jenen, die bestimmte Veröffentlichungskriterien erfüllen. Eben in dieser Wiederholung von bestimmten Aussagen liegt die Hegemonialität eines Diskurses. Im öffentlichen, d.h. massenmedial vermittelten Diskurs über ein Thema kehren bestimmte Aussagen, z.B. in Form von Zuschreibungen, immer wieder und verfestigen so eine (medial vermittelte) Realitätsversion, die der eigentlichen Komplexität und Vielfalt eines Diskursgegenstandes im Grunde genommen nicht gerecht wird. So werden innerhalb der Diskurse von Ethnizität und Geschlecht bestimmte dominante Zuschreibungen reproduziert, mit denen – aus einer realitätsbestimmenden, normativen ‚weißen' und ‚männlichen' Perspektive – Menschen, die gemäß dieses Diskurses als nicht-weiß und nicht-männlich klassifiziert sind, belegt werden. Das Verständnis des ‚Anderen' basiert insofern auf zwei Schritten: Zum einen besteht innerhalb des hegemonialen Diskurses die Möglichkeit, Menschen nach bestimmten Kriterien (sekundäre und tertiäre Geschlechtsmerkmale, Hautfarbe bzw. Phänotyp) zu klassifizieren (siehe Kap. 4.2), zum anderen können im Anschluss an diese Unterscheidung zwischen ‚Eigenem' und ‚Anderem' den jeweiligen Polen dieser dichotomen Ordnung bestimmte Merkmale und Eigenschaften zugeschrieben werden: Es existieren Stereotype vom ‚Anderen', wie auch vom ‚Eigenen' (Heterostereotype[342]). Diese Kategorisierung von Menschen wie auch von Dingen oder Ereignissen bewirken die Reduktion von Komplexität in der Wahrnehmung des Einzelnen; Luhmann spricht in diesem Zusammenhang von „Wahrnehmungsschemata"[343], über die jedes Individuum verfügt. Der ‚Schema'-Begriff ist wesentlich für die Erklärung, wie strukturelle Kopplung zwischen Individuen und Systemen ihrer Umwelt möglich ist; im konkreten Fall, wie der Wahrnehmungsvorgang von Individuen in einer medienvermittelten Realität zu erklären ist. Der Begriff des ‚Schemas' wird in diesem Zusammenhang zwar immer noch in einem abstrakten (und nicht inhaltlichen) Zusammenhang verwendet, bewegt sich jedoch auf der personalen systemischen Ebe-

---

[342] Vgl. Mosbach 1999, S. 134-136.
[343] Luhmann 2004, S. 193.

ne. Für den vorliegenden Kontext ist ein kurzer Blick auf das Medien rezipierende und die Umwelt wahrnehmende Individuum insofern relevant, als er Aufschlüsse über die Darstellung medialer Inhalte gibt. Schemata sind in diesem Zusammenhang „keine Bilder [sind], die sich im Moment des Abbildens konkret fixieren, sondern nur Regeln für die Wiederholung von (dann wieder konkreten) Operationen."[344] Im Prozess der Autopoiesis des psychischen Systems werden Schemata also angewendet in Operationen der Auseinandersetzung mit der systemfremden Umwelt.

> „Wir vermuten nun, daß die strukturelle Kopplung massenmedialer Kommunikation und psychisch bewährter Simplifikationen solche Schemata benutzt, ja erzeugt. Der Prozeß verläuft zirkulär. Die Massenmedien legen wert auf Verständlichkeit. Aber Verständlichkeit ist am besten durch die Schemata garantiert, die die Medien selbst erzeugt haben. Sie benutzen für ihren Eigenbetrieb eine psychische Verankerung, die als Ergebnis des Konsums massenmedialer Darstellungen vorausgesetzt werden kann, und zwar ohne weitere Tests vorausgesetzt werden kann."[345]

Es ist davon auszugehen, dass sich die Gestaltung medialer Inhalte in diesem Sinne an dem o.g. ‚sozialen Gedächtnis', den hegemonialen Diskursen, orientiert, welche sich wiederum aus der Summe der individuellen Schemata speisen. Gleichzeitig beeinflussen Massenmedien auch die Hervorbringung bestimmter Schemata, denn „[S]ie [die Schemata, C.S.] sind im Zeitalter der Massenmedien ohne Mitwirkung der Medien kaum denkbar"[346]. Mit der Einführung des ‚Schema'-Begriffs macht Luhmann zwei zentrale Aussagen: zum einen, dass die Unterscheidung zwischen ‚Eigenem' und ‚Anderem' dem psychischen System inhärent und für seine Autopoiesis, also seine Existenz, unabdingbar notwendig ist. Zum anderen, dass in der Operation der Unterscheidung von der systemfremden Umwelt bestimmte Schemata zur Anwendung kommen.

> „Angesichts der Unbeobachtbarkeit der Welt und der Intransparenz der Individuen für sich selbst und für andere ist eine Schemabildung unvermeidlich. Ohne sie gäbe es kein Gedächtnis, keine Information, kein Abweichen, keine Freiheit. Mit Spencer Brown kann man dies auch als Notwendigkeit einer Form begreifen, die eine Unterscheidung markiert, deren eine Seite bezeichnet werden muß, wenn man beobachten und weitere Operationen ansetzen will."[347]

Die Anwendung von Schemata in einer systemischen Operation basiert also auf einer Differenzierung: der Unterscheidung von System und Umwelt. Diese Diffe-

---

[344] Luhmann, a.a.O., S. 194. Schemata können sich auf Dinge oder auf Personen beziehen. „Der Gebrauchssinn von Dingen ist ein Schema, die Rangverhältnisse zwischen Personen oder standardisierten Rollenerwartungen ein anderes" (ebd.).
[345] Luhmann, a.a.O., S. 195f.
[346] Luhmann, a.a.O., S. 204.
[347] Luhmann, a.a.O., S. 203.

renz liegt der Autopoiesis von Systemen zugrunde, sie wirkt systemerhaltend. Bezieht man diese abstrakte Überlegung auf die konkrete Ebene des vorliegenden Kontexts, so lässt sich vermuten, dass auch die Auseinandersetzung mit Menschen, die als ‚Andere' wahrgenommen werden, auf einem Prozess der Anwendung bzw. Ausbildung von diskursgeprägten Schemata beruht. In der medialen Darstellung des ‚Anderen' konkretisieren sich diese Schemata in visuell, textlich und auditiv vermittelten *Diskursen*, d.h. in inhaltlichen ‚Aussagen' verbaler, visueller und musikalischer Art. Im massenmedialen Kontext verdichten sich diese Aussagen zu Veröffentlichungskriterien, d.h. ihr Vorhandensein ist relevant für Veröffentlichung bestimmter Inhalte. Diese Veröffentlichungskriterien sprechen auf die operativen Schemata psychischer Systeme an, sie sind Teil der strukturellen Kopplung von individuellen psychischen Systemen mit der (medialen) Umwelt. Die Anwendung des Diskursbegriffs ist im Zusammenhang mit der strukturellen Kopplung psychischer Systeme mittels Schemata insofern wichtig, als er – in seiner inhaltlichen Ausprägung – Aussagen über die (historische) Genese von ‚Eigenem' und ‚Anderem' machen kann (siehe Kap. 4.3 und 4.4). Die in dieser Hinsicht zentrale Bedeutung der Etablierung einer weiß-männlichen Norm ist ein historischer und psychosozialer Vorgang, für den sich allein mit strukturalistischen Ansätzen, wie ihn die Systemtheorie bietet, keine hinreichende Erklärung gewinnen lässt. – Abgesehen von der Tatsache, dass es sich bei einer ‚Norm', wie der männliche-weiß-heterosexuellen, nicht um ein Funktionssystem einer Gesellschaft handelt, sondern um ein hegemoniales Prinzip, das Menschen in wertender Weise auf unterschiedliche Arten kategorisiert.

Abb.4: Zusammenhang Psychischer Systeme und Massenmedien

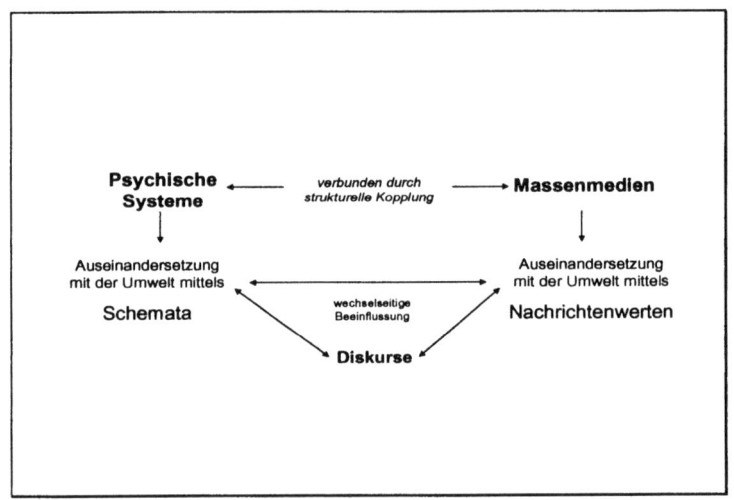

Auf der Grundlage dieser Erkenntnisse geht es in Kap. 5.2 darum, die (populärkul-turellen) Diskurse von markierter Ethnizität und Geschlecht im massenmedialen Gegenstand ‚Musikvideo' empirisch herauszuarbeiten. Die inhaltsbezogene An-nahme der vorliegenden Arbeit – dass hegemoniale Diskurse in Musikvideos repro-duziert werden –, die anhand der empirischen Untersuchung auf breiter Materialba-sis systematisch überprüft werden soll, geht davon aus, dass auch die Darstellung von Menschen in Musikvideos, die gemäß dem hegemonialen Diskurs als ‚anders' codiert sind (‚nicht-weiß' und ‚nicht-männlich') auf bestimmten Schemata basiert, die sich in Zuschreibungen, Stereotypen und Darstellungskonventionen äußern. Im Mittelpunkt steht deshalb die Frage, durch welche Bezeichnungspraktiken die ‚Wis-sens'-Kategorien ‚Geschlecht' und ‚Ethnizität' als „durch Repräsentationsstrukturen erzeugte[r] Sinneffekt[e]"[348] medial (re)produziert werden und ob und wie sich die-se Repräsentationen strukturieren lassen. Herausgefunden werden soll, wie das Re-gelsystem der binären Ethnizitäts- und Geschlechterordnung im Kontext der mas-senmedialen Populärkultur (re)konstruiert wird sowie wo und wie diese Regeln un-terlaufen werden. Aus einer solchen systematischen und auf einer breiten Material-basis beruhenden Rekonstruktion angewendeter Inszenierungspraktiken lassen sich empirisch fundierte Schlüsse darauf ziehen, welche Veröffentlichungskriterien bei der Inszenierung von ‚anderen' Menschen in Musikvideos zur Anwendung kom-men. Erst die empirische fundierte Kenntnis jener Kriterien, welche der massenme-dialen Inszenierung des ‚Anderen' zugrunde liegen, schafft eine solide Basis, um die Repräsentation des ‚Anderen' im massenmedialen Diskurs kritisch reflektieren zu können.

Im Anschluss an die vorangegangenen Ausführungen lässt sich zusammenfassend festhalten: Modellhaft ausgedrückt zirkulieren im übergeordneten Gesamtsystem ‚Gesellschaft' in und durch unterschiedliche Subsysteme Diskurse (Wissensordnun-gen) zu bestimmten Themen. Teile dieser Diskurse werden durch die Massenme-dien öffentlich, d.h. allgemein zugänglich gemacht. Diese gesamtgesellschaftlichen, also subsystemübergreifenden Diskurse existieren aufgrund der Öffentlichkeitsfunk-tion von Massenmedien. Die Veröffentlichung von Diskurs(teil)en basiert auf be-stimmten Veröffentlichungs*rationalitäten* (Code: veröffentlichbar/nicht veröffent-lichbar), welche dem massenmedialen System als existenzbedingend zugrunde lie-gen sowie den darauf bezogenen Veröffentlichungs*kriterien*. Ein öffentlicher Dis-kurs – beispielsweise über Geschlecht oder Ethnizität – ist so geprägt von einem (schematischen) Kreislauf: Anschlussfähige Diskurse in gesellschaftlichen Subsys-temen werden durch Massenmedien aufgegriffen und gemäß ihren eigenen (sowie durch Interpenetration relevant gewordenen) Systemcodes verarbeitet. Dies wird

---

[348] Hark in Keller/Hirseland/Schneider/Viehöver 2001, S. 354.

möglich durch die Beobachtungs- und Thematisierungsfunktion des massenmedialen Systems. Auf diese Weise reproduzieren Massenmedien Diskurse als Teil des Selbstbeobachtungsprozesses der Gesellschaft. Die öffentlich gemachten, gemäß publizistischer Kriterien verarbeiteten Diskurse werden wiederum, soweit sie anschlussfähig sind, von gesellschaftlichen Subsystemen aufgenommen und entsprechend ihrer eigenen Systemrationalitäten verarbeitet – der Kreislauf beginnt von vorne...

Dieser – hier idealtypisch skizzierte – Kreislauf schließt selbstverständlich nicht aus, dass – gerade in Musikvideos – gezielt auch Neues, Anderes – Fremdes – in den Kreislauf eingespeist wird. Aufmerksamkeit, auf die Massenmedien angewiesen sind, erreicht am ehesten das Überraschende. Damit aber die Anschlussfähigkeit, die im massenmedialen Diskurs unverzichtbar ist, erhalten bleibt, muss jede Abweichung vom Gewohnten in den zunächst auf Konventionen beruhenden Systemkreislauf eingeordnet werden können (näher dazu siehe Kap. 6.3).

4.6   Der massenmediale Diskurs über das ‚Andere' – Aussagen und Thesen

Die Popularität der Gender- und der Postcolonial Studies in Teilen der akademisch institutionalisierten Geisteswissenschaften hat auch eine vermehrte Auseinandersetzung mit der (massen)medialen Inszenierung des vergeschlechtlichten und ethnisierten ‚Anderen' zur Folge. So unterschiedlich die Ansätze und Methoden, die bei der Auseinandersetzung mit dieser Thematik zur Anwendung kamen und kommen, im Einzelnen auch sind, sie führen meist zu der Erkenntnis, dass das ethnisch und geschlechtlich ‚Andere' (nicht nur) im massenmedialen Kontext zum einen immer wieder als solches thematisiert und somit der Status als ‚Anderes' reproduziert und festgeschrieben wird, zum anderen, dass es trotz aller Verschiebungen in der sogenannten Postmoderne immer noch in einer marginalisierten, subdominanten gesellschaftlichen Position verortet bleibt.

So formuliert z.B. Stuart Hall, einer der profiliertesten Vertreter der britischen Cultural Studies in Bezug auf das ethnisierte ‚Andere': „Die Medien tragen dazu bei, die Welt im Rahmen der Kategorien von ‚Rasse' [und hinzuzufügen ist noch ‚Geschlecht', C.S.] zu klassifizieren."[349] Oder mit anderen Worten:

> „ ... the media play a part in the formation, in the constitution, of the things that they reflect. It is not that there is a world outside, 'out there', which exists free of the discourses of representation. What is 'out there' is, in part, constituted by how it is represented. The reality of race in any society is, to coin a phrase, 'media-mediated'."[350]

---

[349] Hall in Räthzel 1989, S. 155.
[350] Hall in Storey 1998, S. 340.

Hall betont in diesem Zusammenhang die zentrale Rolle von Stereotypen in Bezug auf 'Schwarze'; unter diesem Begriff fasst er „popular figures which reduce[s] black people to a few simplified, reductive and essentialized features."[351] Bell Hooks, eine der führenden afroamerikanischen Frauenrechtlerinnen, spricht angesichts der medialen Darstellungen von afrikanischen Menschen im US-Kontext von „rassistischen Massenmedien"[352]:

> „Über die Massenmedien werden bestimmte Bilder und Darstellungsformen des Konstruktes ‚Rasse' und des Schwarzseins institutionalisiert und weiterverbreitet. Dies steht in direkter und ungebrochener Verbindung zur Aufrechterhaltung der weißen patriarchalischen Herrschaftsverhältnisse in unserer Gesellschaft."[353]

In den Aussagen von Hall und Hooks spiegelt sich die These wider, dass es sich bei massenmedialen Diskursen über Geschlecht und Ethnizität in der Regel sowohl um einen ‚weißen', d.h. westlichen, als auch um einen männlich und heterosexuell geprägten, d.h. hegemonialen, Diskurs handelt (siehe Kap. 2.2.1 und 4.2); in der massenmedialen Reproduktion dieses Diskurses vollzieht sich demnach eine „Universalisierung männlicher Kulturpraxen"[354]. Vergeschlechtlichende und ethnisierende ‚Aussagen', die ‚Zuschreibungen' gegenüber dem Anderen, werden im massenmedialen Kontext von ‚männlich', ‚weiß' und ‚heterosexuell' geprägten (institutionalisierten) Machtmechanismen ausgeübt. Männlich-Sein, Weiß-Sein und Heterosexuell-Sein sind im übergeordneten hegemonialen Diskurs der Gesellschaft als Norm, als das sog. Eigene gesetzt. In einem diskursiven – z.B. massenmedialen – Kreislauf wird das Eigene, das Hegemonial-Männliche bzw. -Weiße durch Fremdzuschreibungen – z.B. Stereotypisierungen – permanent (re)konstruiert und etabliert und somit in seiner Normativität und Zuschreibungs*macht* immer wieder bestätigt. Das normative, d.h. als Norm gesetzte Männlich-Weiß(-Heterosexuelle) ist in dieser Sichtweise deskriptiv (bezeichnend) und präskriptiv (als Bezeichnend gesetzt) zugleich: Die zuschreibende, normative Instanz beschreibt aus ihrer Sicht das Andere, Aus- bzw. Abgegrenzte. Sie schreibt dem ‚Anderen' bestimmte, sich in Stereotypen ausdrückende Eigenschaften zu und etabliert dadurch ein ‚mächtiges Wissen' über das ‚Andere', das zum Aufbau der zentralen soziokulturellen Kategorien

---

[351] Hall in ders. 1997b, S. 249; Hall hat an verschiedenen Stellen nachgewiesen, auf welche – meist sehr subtile – Weise in den Medien Rassismus betrieben wird. Er zeigt dabei auf, inwieweit historische Stereotype aus der Kolonialzeit immer noch, wenn auch in zeitgenössischer Transformation, präsent sind. Hall spricht in diesem Zusammenhang von „aufpolierten und modernisierten Bilder[n]" (Hall in Räthjel 1989, S.162). Er verweist u.a. auf Inszenierungen der Sklavenfigur, des Eingeborenen und des Entertainers (vgl. a.a.O., S. 160-162).

[352] Hooks 1994, S. 10.

[353] Hooks, a.a.O., S. 11 – Hooks weist darauf hin, dass die Kontrolle über die Bilderwelt ein wesentliches Element ist, um Systeme rassistischer Beherrschung aufrechtzuerhalten.

[354] Bechdolf in Hepp/Winter 1997, S. 201.

‚Ethnizität' und ‚Geschlecht' führt, welche der globalen (hierarchisierten) Gesellschaftsordnung als lebensbestimmend zugrunde liegen. In Bezug auf den massenmedialen Kontext stellt Matthias Marschik in diesem Zusammenhang fest:

> „Medien sind darauf ausgerichtet, uns komplexe, doch simple Träume und Mythen zu präsentieren. [...] Sie produzieren eine Fülle von Erzählungen, Märchen, Geschichten, Mythen und Bildern. [...] Es ist evident, dass die produzierten Mythen, Rituale und Images eine Hegemonie weißer, männlicher, heterosexueller Idealvorstellungen propagieren und alles andere als Abweichung darstellen."[355]

Das außerhalb der Norm liegende, in diesem Fall das als nicht-männlich, nicht-weiß und auch nicht-heterosexuell Klassifizierte, ist das ‚Andere', durch dessen Konstruktion zugleich auch das ‚Eigene' konstituiert wird. Insofern, so ist zu vermuten, ist für das ‚Eigene' die Existenz des ‚Anderen' zwingend notwendig; nur durch die Abgrenzung gegenüber dem ‚Anderen', wie sie konkret z.B. mittels medial vermittelter Zuschreibungen stattfindet, kann das normative ‚Eigene' in seiner weitgehend unsichtbaren, nicht-thematisierten, da normativ gesetzten Machtposition existieren.

Die bisher erfolgten theoretischen Überlegungen sowie der Blick auf die Hervorbringungen anderer massenmedialer Artefakte weisen darauf hin, dass mit Hilfe der Massenmedien, durch Text, Bild und Ton, die symbolischen Ordnungen von Geschlecht und Ethnizität immer wieder neu hergestellt und gefestigt werden. Von besonderer Bedeutung sind in diesem Zusammenhang all jene medienkulturellen Produkte, in denen das Andere mehr oder weniger bewusst inszeniert wird: in Filmen, in Romanen, in der Werbung und eben auch in Musikvideos. Zwar ist auch die Berichterstattung der nicht-fiktionalen Rundfunk- und Pressenachrichten keinesfalls frei von der Gefahr der (Re-)Produktion des hegemonialen Diskurses in Form von Stereotypen. Die gezielte Inszenierung und Einsetzung von Menschen in fiktiven Medienprodukten birgt jedoch eben aufgrund des fiktiven Inszenierungscharakters nahezu unbegrenzte Möglichkeiten der Darstellung. Die ‚Macht' der Medien liegt an diesem Punkt darin, dass sie sich, zumindest theoretisch, nicht auf die Verarbeitung gängiger Stereotype beschränken müssen. Sie können auch „rhetorisch mit ihnen operieren"[356], d.h. sie nicht nur bestätigen und akzentuieren sondern auch umkehren, verwerfen, ironisieren etc.

Wie es sich in Bezug auf die potentielle Vielfalt medialer Darstellungsmöglichkeiten mit der Inszenierung von Ethnizität und Geschlecht in Musikvideos verhält, soll im Folgenden überprüft werden.

---

[355] Marschik in Hepp/Winter 1997, S. 219.
[356] Mühlen Achs 1996, S. 5.

5 EMPIRISCHE STUDIE ZUR INSZENIERUNG VON ETHNIZITÄT UND GESCHLECHT IN MUSIKVIDEOS

Nach der bislang vorgenommenen theoretischen Entwicklung des übergeordneten Struktur-Inhalt-Komplexes, in dem Diskurse über Ethnizität und Geschlecht massenmedial wirksam werden sowie im Anschluss an das Aufzeigen relevanter Kontextfaktoren von Produktion und Verbreitung folgt nun die empirische Untersuchung des Materials. Die bisherigen Überlegungen haben den theoretischen Rahmen geschaffen, in den die Ergebnisse der im Folgenden vorzustellenden empirischen Studie zur Inszenierung von markierter Ethnizität und Geschlecht in Musikvideos eingeordnet werden können. Im theoretischen Teil dieser Untersuchung ging es darum, ein Modell zu entwickeln, das eine Erklärung dafür bietet, wie mediale Inhalte unabhängig vom konkreten Gegenstand – d.h. auf einer Metaebene – im übergeordneten Gesellschaftssystem zu verorten sind und wie die massenmedialen Mechanismen ihrer Hervorbringung, ihrer Veröffentlichung, zu verstehen sind. Im Anschluss hieran ist nun die Auseinandersetzung mit medialen Inhalten auf der konkreten Ebene von Musikvideos zu leisten. Zu fragen ist deshalb, welche Darstellungen von markierter Ethnizität und Geschlecht in Musikvideos inszeniert werden, ob, und wenn ja wie, sie sich strukturieren lassen. Es geht darum herauszufinden, welche Inhalte vermittelt werden, wie sich also der Diskurs über markierte Ethnizität und Geschlecht in Musikvideos gestaltet. Erst durch eine empirische Befragung des konkreten Materials lassen sich Rückschlüsse darauf ziehen, welche Veröffentlichungskriterien im Kontext von Musikvideos in Bezug auf die Inszenierung der Kategorien relevant sind und was sie über die Mechanismen ihrer Hervorbringung, die systemischen Veröffentlichungsrationalitäten, aussagen. Insofern geht es im Folgenden *nicht* um eine ästhetische oder filmwissenschaftliche Inhaltsanalyse im klassischen Sinne, sondern um die Strukturierung des Materials im Hinblick auf die Darstellung und das Vorkommen von als nicht-weiß und nicht-männlich codierten Menschen. Maßgebend ist das Erkenntnisinteresse der Arbeit (siehe Kap. 2.2), das im Kern auf die systematische Befragung einer größeren Materialmenge hinsichtlich verbreiteter Inszenierungsweisen von markierter Ethnizität und Geschlecht sowie der damit zusammenhängenden Funktionsmechanismen im übergeordneten Kontext von Produktion (Musikindustrie) und Verbreitung (Musikfernsehen) zielt und nicht etwa auf die Analyse einzelner Musikvideos und deren spezifischen ästhetischen und visuellen Elementen.

5.1 Methodische Vorgehensweise

Nach der theoretischen wie ‚praktischen' Verortung des Musikvideos im massenmedialen und im ökonomischen Kontext stellt sich die Frage nach einer geeigneten Methode, mit Hilfe derer sich die in Musikvideos repräsentierten Diskurse über Geschlecht und markierte Ethnizität systematisch herausarbeiten lassen. Die Frage nach der Methodik ist im vorliegenden Fall insofern nicht einfach zu beantworten, als weder die Cultural Studies, in deren Kontext sich die vorliegende Arbeit verortet (Kap. 2), noch Diskurstheorien, deren zentraler Begriff des Diskurses hier angewendet wird (Kap. 4.1), konsensfähige oder konkrete methodische Vorgehensweisen anbieten. Vielmehr ‚basteln' sich jene anwendungsorientierten Forschungsarbeiten, welche sich auf eine Diskurstheorie bzw. die Cultural Studies beziehen, ihre jeweilige Vorgehensweise gemäß dem Untersuchungsgegenstand zurecht.[357] Angesichts dieser methodisch unsicheren Ausgangslage stellt sich im vorliegenden Kontext die Aufgabe, eine Untersuchungsmethode eigenständig am Material und an der Fragestellung (hier zunächst nach dem *Wie* der Darstellung) zu entwickeln.

Da es sich bei Musikvideos um ein massenmedial verbreitetes Produkt handelt, liegt es von der Sache her nahe, für die Entwicklung der Methode sowohl Grundlagen der Medieninhaltsforschung als auch Erkenntnisse aus anwendungsorientierten diskursanalytischen Arbeiten heranzuziehen.[358] Die Nähe zwischen beiden Forschungsrichtungen zeigt sich daran, dass diskursanalytische Arbeiten ihr Untersuchungsmaterial häufig aus (massen)medialen Inhalten generieren. Auch wenn die Autoren ihre Arbeiten nicht explizit im Kontext der Medieninhaltsforschung verorten, lassen sich Parallelen zu klassischen Vorgehensweisen der Medieninhaltsforschung feststellen.[359] Insofern besitzen beide Methoden einen sehr ähnlichen Zugang zum Material. Im Folgenden wird vor allem auf die Medieninhaltsforschung eingegangen, um eine Methode für die systematische Untersuchung des Materials zu entwickeln. Zum einen, da die Darstellungen und Anwendungen von Methoden betreffend die Diskursanalyse eher rar sind, zum anderen, da die Medieninhaltsforschung auf eine vergleichsweise lange Forschungstradition zurückblicken kann[360]. Das spezifische *Erkenntnisinteresse* den Musikvideos gegenüber leitet sich aus diskurstheoretischen Prämissen ab (siehe Kap. 4.1, 4.2 und 4.5), die dementsprechend

---

[357] Die Rede ist in diesem Zusammenhang häufig von einer ‚Bricolage' (Bastelei) als methodischem Vorgehen (vgl. z.B. Winter in Flick/von Kardorff/Steinke 2000, S. 205).

[358] Vgl. dazu v.a. die Beiträge in Keller/Hirseland/Schneider/Viehöver 2003.

[359] Prominentes Beispiel sind die didaktischen Beiträge von Siegfried Jäger (1999, v.a. S. 190-196) und in Bublitz/Bührmann/Hanke/Seier 1999).

[360] Siehe für einen kurzen Überblick Bonfadelli 2002, S. 82 sowie Mayring 2000, keine Seitenangaben.

bei der Analyse der Untersuchungsergebnisse zur Anwendung herangezogen werden (Kap. 6).

Gerade weil bei der hier durchgeführten Untersuchung keine standardisierten, eingeführten und allseits akzeptierten Methoden angewendet werden können, ist die Durchführung einer Vorstudie, im Rahmen derer die entwickelte Methodik getestet wird, von zentraler Bedeutung.[361] Die im Zusammenhang mit dieser Vorstudie gemachten Erfahrungen (siehe Anhang) sind wesentliche Grundlage für die Entwicklung des Ablaufplans der Hauptstudie.

5.1.1 Medieninhaltsforschung: quantitative und qualitative Verfahren

Wie der Name bereits sagt, hat die Medieninhaltsanalyse das Ziel, Medieninhalte zu analysieren. Ausschnitte aus der Medienrealität sollen gemäß einer übergeordneten Fragestellung bzw. Hypothese zunächst systematisch beschrieben werden, um auf dieser Basis dann Aussagen über bestimmte Aspekte der Medienrealität machen zu können. In den zahlreichen Lehrbüchern zur Inhaltsanalyse gibt es verschiedene Definitionen[362]; verwiesen werden soll an dieser Stelle nur auf jene von Werner Früh und Klaus Merten, den Verfassern der deutschsprachigen Standardwerke zur Inhaltsanalyse:

> „Die Inhaltsanalyse ist eine empirische Methode zur systematischen, intersubjektiv nachvollziehbaren Beschreibung inhaltlicher und formaler Merkmale von Mitteilungen; (häufig mit dem Ziel einer darauf gestützten interpretativen Inferenz)."[363]

> „Inhaltsanalyse ist eine Methode zur Erhebung sozialer Wirklichkeit, bei der von Merkmalen eines manifesten Textes auf Merkmale eines nichtmanifesten Kontextes geschlossen wird."[364]

Während für Früh die Deskription von Inhalten nach wissenschaftlichen Kriterien wie Systematik und Intersubjektivität im Zentrum steht, betont Merten stärker den erklärenden Anspruch bzw. die theoretische Verankerung der inhaltsanalytischen Methode. Nach beiden Definitionen ist die Inhaltsanalyse jedoch zunächst eine Methode zur Erhebung empirischer Daten. Es sollen Erfahrungen über bestimmte Medieninhalte, im vorliegenden Fall Musikvideos, gesammelt und systematisiert werden, die dann auf übergeordnete Fragestellungen bezogen werden. Mittels Inhaltsanalyse wird explizit vom Gehalt eines singulären Textes abstrahiert; man will mit einer Inhaltsanalyse also nicht die ganze Komplexität eines Textes oder weniger

---

[361] Mayring 2003, S. 44.
[362] Vgl. Mayring, a.a.O., S. 11f.
[363] Früh 1998, S. 25.
[364] Merten 1995, S. 15.

einzelner Texte erfassen, sondern bewusst selektieren und reduzieren. Es werden nur bestimmte Merkmale eines Textes herausgegriffen – im vorliegenden Fall die Darstellungen bzw. Inszenierungen von Ethnizität und Geschlecht –, alle anderen Merkmale fallen weg. Eine solche Reduktion ist ein generelles Kennzeichen empirischer Forschung, wobei das Selektions- bzw. Reduktionsmaß stark schwankt und immer von der zentralen Fragestellung abhängig ist. Im Unterschied zur Befragung oder Beobachtung ist der Gegenstand der empirischen Inhaltsanalyse „materialisierte Kommunikation in Form von Texten, Sendungen oder aufgezeichneten bzw. transkribierten Gesprächen.“[365] Eine Medieninhaltsanalyse hat also Kommunikation zum Gegenstand, d.h. die Übertragung von Zeichen sprachlicher, musikalischer und visueller Art.[366] Dabei gibt es zahlreiche verschiedene Perspektiven und Fragestellungen, unter denen Medieninhalte betrachtet werden können.[367] In der vorliegenden Arbeit geht es gemäß der übergeordneten Fragestellung um die mediale Reproduktion von Ethnizitäts- und Geschlechterdiskursen.

Prinzipiell lassen sich zunächst zwei grundlegende Verfahrensweisen der Medieninhaltsanalyse unterscheiden: qualitative und quantitative Methoden, die beide – für sich genommen – jeweils Vor- und Nachteile bieten.[368] Verallgemeinernd könnte man sagen, „quantitative Ansätze liefern die Breite, qualitative die Tiefe.“[369] Bei der Anwendung quantitativer Methoden werden standardisierte, systematische Verfahren benutzt, die mit Hilfe eines festgelegten Kategorienrasters zur Auswertung großer Textmengen verwendet werden. Dazu sind repräsentative Stichproben notwendig, die sowohl den Vergleich zwischen verschiedenen Medien bzw. Medieninhalten als auch Trendaussagen für die Zukunft ermöglichen. Durch die systematische und standardisierte Vorgehensweise, welche den Gütekriterien der Reliabi-

---

[365] Bonfadelli 2002, S. 80.

[366] Vgl. Bonfadelli, a.a.O., S. 14 sowie Mayring 2003, S. 12f.

[367] Heinz Bonfadelli unterscheidet beispielsweise zwischen Inhaltsanalysen, Medienwirkungsforschung, linguistischen und semiotischen Ansätzen sowie Ideologiekritik und Gender-Perspektive. Gängige Fragestellungen beziehen sich z.B. auf Repräsentanz bzw. Stereotypisierung (z.B. von bestimmten Bevölkerungsgruppen oder gesellschaftlichen Minderheiten), Medienkultur und Wertewandel, Kriminalität und Gewalt, Umwelt/Wissenschaft/Technik/Risiken sowie die mediale Konstruktion von Medienereignissen. Darüber hinaus beschäftigt sich die Medieninhaltsforschung neben inhaltlichen Fragen auch mit eher formal-gestalterischen Aspekten von medialen Inhalten (Bonfadelli 2002, S. 15, 33-39). Werner Früh unterscheidet zwischen einem formal-deskriptiven Ansatz, der die reine Bezugnahme auf den Gegenstand darstellt, einem diagnostischen Ansatz, der etwas über die Beziehung zwischen Kommunikator und Mitteilung aussagen will und prognostischen Ansätzen, die von Mitteilungsmerkmalen auf die Wirkungen beim Rezipienten schließen (1998, S. 42f).

[368] Gegen die Trennung beider Methoden wenden sich mittlerweile jedoch zahlreiche Wissenschaftler (vgl. u.a. Früh 1998, S. 35f; Merten 1995, S. 50; Bonfadelli 2002, S. 53; Mayring 2003, S. 7 und 25, Mayring 2001, keine Seitenangaben sowie Kelle/Erzberger in Flick/von Kardorff/Steinke 2000, S. 319-331).

[369] Brosius/Koschel 2001, S. 18.

lität[370] und Validität[371] verpflichtet sind, lassen sich relativ verlässliche und quantifizierbare Aussagen über große Textmengen machen.

Ein zentrales Problem der quantitativen Analyse, welches häufig für Kritik von Vertretern der qualitativen Analyse sorgt, ist die Tatsache, dass nur manifeste Inhalte[372] untersucht werden. Ein Gegenstand wird in einzelne, möglichst sauber voneinander zu trennende Aspekte aufgeteilt; über Abwesenheiten – das, worüber nicht berichtet wird – und Latenzen – das, was zwischen den Zeilen gesagt wird – wird nichts ausgesagt. Auch wichtige Einzelfälle sowie Kontextfaktoren werden bei der quantitativen Methode nicht berücksichtigt. Auf diese Weise spielt die Erfassung der *Bedeutung* eines kommunikativen Inhalts häufig nur eine sehr untergeordnete Rolle bzw. die Generierung von Häufigkeiten wird mit Bedeutung gleichgesetzt. Das Ziel der quantitativen Inhaltsanalyse ist somit eher deskriptiv statt erklärend. Angestrebt wird die Reduktion der Komplexität und Vielfalt des vorliegenden Materials. Aus diesem Grund werden an den untersuchten Texten meistens nur wenige hypothesenrelevante Merkmale betrachtet, deren Auswertung schließlich zur Beantwortung der übergeordneten Fragestellung herangezogen wird.

Eine qualitative Analyse hingegen stellt den Versuch dar, einen Gegenstand möglichst umfassend in seiner Komplexität zu verstehen. Entsprechend handelt es sich dabei zumeist um detaillierte Einzelfallanalysen. Die Untersuchung richtet sich auf die Erfassung eines Falles bzw. eines Gegenstandes in seiner Tiefenstruktur, wobei auch die Berücksichtigung des jeweiligen Kontextes eine zentrale Rolle spielt. Es gibt ein breites Spektrum unterschiedlicher Ansätze zur qualitativen Analyse. Gängige Methoden sind beispielsweise die Hermeneutik, Ansätze der qualitativen Sozialforschung (Symbolischer Interaktionismus, Feldforschung), Semiotik sowie verschiedene literaturwissenschaftliche und psychologische Ansätze.[373] Die Reihe möglicher qualitativer Ansätze zeigt, dass es für die qualitative Inhaltsanalyse kein Standardinstrument gibt, das immer in gleicher Weise anzuwenden wäre. Vielmehr muss die Methodik einer Analyse entsprechend dem Gegenstand und der spezifischen Fragestellung entwickelt werden. – Bauer et al. sprechen angesichts dieses unklaren methodischen Vorgehens von einem „didactic nightmare".[374] Andererseits ist die qualitative Methode sehr offen für das Neue und Unbekannte des

---

[370] Zuverlässigkeit der Messung: Wiederholt man die Messung, sollte man das gleiche Ergebnis erzielen.
[371] Gültigkeit: Es wird das gemessen, was gemessen werden soll.
[372] Zwar gibt es über die Begriffe des manifesten und des latenten Inhalts und deren Unterscheidung immer wieder heftige Diskussionen, dennoch werden sie zur Verdeutlichung der Bedeutung der einzelnen Analyseschritte in der vorliegenden Arbeit verwendet. Zur Diskussion um die Begrifflichkeiten siehe Merten 1995, 56f; Kepplinger 1997; Früh 1998, S. 101 sowie Brosius/Koschel 2001, S. 158-162.
[373] Mayring 2003, S. 27-41; vgl. auch Merten 1995, S. 98-107.
[374] Bauer/Gaskell/Allum in Bauer/Gaskell 2000, S. 10.

Untersuchten und bewegt sich deshalb häufig näher am Material als quantitative Ansätze.[375] Qualitative (Einzelfall-)Analysen werden von Vertretern quantitativer Methoden wegen ihrer mangelnden Verallgemeinerbarkeit sowie der häufig fehlenden Systematik und intersubjektiven Nachvollziehbarkeit kritisiert. Phillip Mayring betont in diesem Zusammenhang die Notwendigkeit der Erstellung eines Ablaufmodells im Vorfeld der qualitativen Analyse. Dies soll die Inhaltsanalyse zur freien oder im ungünstigsten Fall beliebigen Interpretation abgrenzen. Auf diese Weise soll die qualitative ähnlich wie die quantitative Analyse durch die wissenschaftlichen Gütekriterien der Systematik und der intersubjektiven Nachvollziehbarkeit bestimmt sein.[376]

Im Folgenden wird ein solches Ablaufmodell für die im Rahmen der vorliegenden Arbeit durchzuführende Untersuchung entwickelt. Dabei kommt es entscheidend darauf an, eine hohe Kompatibilität mit dem Untersuchungsgegenstand zu erreichen: Die Methode muss der (medialen) Realität des Gegenstandes adäquat sein.

5.1.2 Untersuchungsablauf: Verknüpfung von quantitativen und qualitativen Verfahren

Die hier verwendete Methodik der empirischen Analyse von Musikvideos basiert auf einer Verknüpfung von quantitativer und qualitativer Methode.[377] Auf diese Weise sollen die Stärken beider Ansätze zu einer möglichst effektiven, dem Gegenstand und der Fragestellung angemessenen, Methode verbunden werden.

5.1.3 Gewinnung des Materialkorpus mittels quantitativer Inhaltsanalyse

Eine quantitative Methode wurde zu Beginn der Untersuchung verwendet, um den Materialkorpus zu gewinnen, der die Grundlage für die Untersuchung der Inszenierungen von markierter Ethnizität und Geschlecht bildet. Ziel war es, die Fülle an verfügbarem Material auf sinnvolle und systematische Weise so zu reduzieren, dass ein überschaubarer Korpus an Musikvideos entsteht, auf dessen Basis die Fragestellungen der Arbeit (nach dem *Wie* und dem *Warum* der Darstellung) beantwortet werden können. Die Generierung des Materialkorpus geschah auf der Basis einer

---

[375] Vgl. Flick/von Kardorff/Steinke in dies. 2000.

[376] Mayring 2003, S. 43.

[377] Zur Integration der beiden Methoden siehe Mayring 2001, keine Seitenangaben; Kelle/Erzberger in Flick/von Kardorff/Steinke 2000 sowie Bauer/Gaskell/Allum in Bauer/Gaskell 2000, S. 7-9.

systematischen quantitativen Auswahl der für die Fragestellung relevanten Clips. Auf diese Weise sollte eine einseitige oder beliebige Auswahl von einzelnen Videos vermieden werden. Zugleich musste eine hinreichende Breite des Datenmaterials gewährleistet bleiben.

Ausgangsbasis für die quantitative Analyse war eine Materialsammlung von 426 Musikvideos aus den Jahren 1971 bis 2003, die im Rahmen von zwei Staffeln der Sendung *20 Years on MTV* des Senders MTV von Februar bis Oktober 2003 ausgestrahlt wurden. Hinzu kam der im gleichen Zeitraum ausgestrahlte Countdown der *100 most wanted Videos*, der ebenfalls im Rahmen der Sendung 20 Years on MTV ausgestrahlt wurde. Es wurden bewusst nur Clips dieses Senders ausgewählt, da es sich dabei um den mit Abstand größten und zugleich einzigen weltweit sendenden Musikkanal handelt. MTV ist derjenige Sender, der – was Musikclips betrifft – den globalen Mainstream bestimmt und prägt (siehe Kap. 3.8).

Ein großes Problem stellte die Zugänglichkeit der Videos dar, da aus Urheberrechtsgründen keine Kopien vom Sender an Dritte weitergegeben werden. Aus diesem Grund kam für die Schaffung einer Materialbasis, in welcher auch der historische Längsschnitt verschiedener musikalischer ‚Epochen' erfasst wird, nur die Aufnahme der beiden o.g. Sendungen in Betracht. Um eine Berücksichtigung dieses historischen Längsschnitts im Material zu gewährleisten, wurde bewusst auf eine strenge Stichprobenziehung im Sinne der klassischen quantitativen Analyse verzichtet.

5.1.3.1 Operationalisierung der Fragestellung durch Kategorienbildung

Um eine entsprechende quantitative Analyse durchführen zu können, musste die Fragestellung – bezogen auf das *Wie* der Darstellung von markierter Ethnizität und Geschlecht – zunächst operationalisiert werden; d.h. es mussten Kategorien gebildet werden, die messbar bzw. codierbar sind.[378] Entsprechend war die zu erfassende Kategorie zunächst die der ‚Ethnizität'; relevant für die durchzuführende Untersuchung waren nur solche Titel, die (1.) von – gemäß dem hegemonialen Diskurs – als ‚weiß' codierten Interpreten gesungen werden und in denen (2.) – entsprechend dem hegemonialen Diskurs – als ‚nicht-weiß' codierte Darsteller inszeniert werden. Die Gesamtheit dieser Clips bildete den zu untersuchenden Materialkorpus.

Im Anschluss an die bereits in Kap. 2.2.1 thematisierte Problematik der phänotypischen Kategorisierung menschlicher Darsteller ist im Zuge der Operationalisierung der Fragestellung nochmals darauf hinzuweisen, dass eine quantitative Studie im Rahmen der vorliegenden Arbeit deshalb durchgeführt wurde, um zunächst eine über einzelne Videoclips hinausgehende Aussage betreffend die Reproduktion der

---

[378] Vgl. u.a. Bonfadelli 2002, S. 87-91; Brosius/Koschel 2001, S. 173-193 sowie im Kontext der Diskursanalyse Gerhards in Keller/Hirseland/Schneider/Viehöver 2003, S. 306.

Kategorien ‚Ethnizität' und ‚Geschlecht' in Musikvideos treffen zu können. Erarbeitet werden sollte im Vorfeld der Auseinandersetzung mit der Reproduktion diskursiven Wissens in Musikvideos eine solide empirische Grundlage, auf Basis derer Aussagen darüber gemacht werden können, welche Inszenierungen von personenbezogener ‚weißer' und ‚nicht-weißer' Ethnizität bzw. von ‚männlichem' und ‚nicht-männlichem' Geschlecht in Musikvideos überhaupt in welchem Umfang existieren. Die für diesen Schritt notwendige Kategorisierung von Menschen nach ethnischer und geschlechtlicher Zugehörigkeit stellt sich *nicht* in den Dienst einer neuerlichen Klassifikation gemäß naturalisierenden Zuschreibungen. Vielmehr begegnet diese Vorgehensweise einem Forschungsdefizit im Hinblick auf die empirische Grundlegung von Aussagen über die Repräsentation des ‚Anderen' in Videoclips, welche in der Regel lediglich pauschalisierend auf der Basis einer Interpretation einzelner Clips stattfinden (siehe Kap. 2.1). Eine kritische Auseinandersetzung mit den Mechanismen und Resultaten machtbedingter Zuschreibungen, auch im Hinblick auf die Position des ‚Eigenen', welche sich die Auseinandersetzung mit einem Sachverhalt auf *breiter* empirischer Grundlage zur Aufgabe macht, beinhaltet in einem *ersten* Schritt immer die Erarbeitung eines vom einzelnen Gegenstand abstrahierenden Befundes, der die Notwendigkeit der Benennung der Thematik auf einer Metaebene sowie die damit verbundene Entwicklung und Anwendung eines Instrumentariums zur Erfassung des Phänomens unabdingbar mit sich bringt.

Die visuelle Erfassung unterschiedlicher Ethnizitäten ist von daher nur durch die schematisch-begriffliche Zuordnung auf einer Metaebene möglich, als sich das Aussehen eines Menschen natürlich starren Kategorien entzieht. Bei der durchgeführten Untersuchung ging es jedoch nicht darum, die außereuropäische Abstammung eines Darstellers zu ‚verifizieren' und genau zu benennen. Es ging um den Zeichenprozess, bei dem auf das differentielle Aussehen der Darsteller verwiesen wird – anschließend an Kalpana Seshadri-Crooks: „I therefore focus on race as a practice of visibility rather than a scientific, anthropological or cultural theory".[379] Insofern wurde die sozial etablierte Kategorie der ‚Ethnizität' zunächst in die Variablen ‚weiß' und ‚nicht-weiß' unterteilt. Wie die Vorstudie (siehe Anhang) ergeben hatte, überwiegt bei der Mehrzahl jener populären Musikvideos von ‚weißen' Interpreten, in denen ‚nicht-weiße' Personen inszeniert werden, die Darstellung schwarzafrikanischstämmiger Menschen. Aus diesem Grund wurde die Variable ‚nicht-weiß' in die weiteren Variablen ‚afrikanischstämmig' sowie andere (weiter unten genauer bezeichnete) Ethnizitäten unterteilt. Dabei werden in Anlehnung an die Untersuchung von Doris Mosbach alltagssprachliche Termini zur Bezeichnung ‚nicht-weißer' Ethnizität verwendet.[380] Problematisch ist der terminologische Aspekt da-

---

[379] Seshadri-Crooks 2000, S. 2.
[380] Mosbach 1999, S. 182-189.

durch, dass – um auf die in diesem Zusammenhang häufig verwendete Referenz auf nationale Zugehörigkeiten zu verweisen – Bildinhalte verbalisiert werden müssen, bei denen es sich nicht um erkennbare Darstellungen von Peruanern, Namibianern oder Mongolen etc. handelt, sondern um Bilder von Menschen weißer, brauner, rötlicher oder gelblicher Hautfarbe, verbunden mit spezifischen anderen physischen Merkmalen wie Haarfarbe, Augenfarbe, Gesichtsform usw. Sofern die Herkunft nicht spezieller ausgewiesen ist, ist deshalb von ‚Weißen‘ bzw. ‚Nicht-Weißen‘ die Rede. ‚Nicht-weiß‘ bezieht sich auf nordafrikanisch-, vorderasiatisch-, vorderindisch-, afrikanisch-, asiatisch-, amerikanisch-, arktisch-, australisch- und pazifischstämmige Menschen, die als ‚Afrikaner‘, ‚Asiaten‘, ‚Indianer‘ oder ‚Inuit‘ bezeichnet werden, sofern ihre Herkunft aus den entsprechenden Regionen zu erschließen ist. Ein ‚schwarzer‘ US-Amerikaner ist also zunächst genauso ‚afrikanischstämmig‘ wie ein ‚schwarzer‘ Namibianer oder ein ‚schwarzer‘ Franzose. Soweit die regionale Verortung einzelner Darsteller in der Inszenierung eines Musikvideos über andere visuelle Zeichenträger genauer ausgewiesen wird, ist auch die Rede von Afroamerikanern, Afroeuropäern usw. bzw. es werden Nationalitätenbezeichnungen benutzt. Im Anschluss an die Studie von Mosbach wurde bei der Bezeichnung inszenierter Ethnizitäten auf ein neunstelliges eurozentrisches[381] Kategorienschema ethnischer Großraumkreise zurückgegriffen, wie es in der alltäglichen Vorstellungswelt der westlichen Hemisphäre vorherrscht. Diese Kategorisierung unterschiedlicher Ethnizitäten auf der Grundlage existierender Alltagsstereotype ist durch die Tatsache bedingt, dass es sich bei Musikvideos um populärkulturelle Medienprodukte handelt, die im Alltagskontext des (jugendlichen und jungen) Publikums rezipiert werden.

Im Einzelnen handelt es sich bei der Kategorisierung der dargestellten Ethnizitäten um folgende Gruppen[382]:

- Nordafrikanisch-vorderasiatischstämmige Menschen (Orientalen)
- Vorderindischstämmige Menschen (Singhalesen, Bengalen, Kaschmiri)
- Afrikanischstämmige Menschen (Schwarzafrikaner)
- Europäischstämmige Menschen (Euro-Europäer)
- Pazifischstämmige Menschen (Poly- und Mikronesier)
- Asiatischstämmige Menschen (Fernost- und Südostasiaten)
- Amerikanischstämmige Menschen (Indianer)
- Arktischstämmige Menschen (Inuit)

---

[381] Die Anwendung eines eurozentrischen Kategorienschemas bezieht sich auf das übergeordnete Erkenntnisintersse der Untersuchung, bei dem es um die Erfassung des massenmedial vermittelten *hegemonialen* Diskurses und daran anschließend um die Analyse seiner Rationalitäten und Wirkungsweisen geht.
[382] Mosbach 1999, S. 188.

- Australisch-ozeanischstämmige Menschen (Aborigenes und Melanesier)

Dieses Kategorienschema ist insoweit offen, als seine Handhabbarkeit im Einzelfall mit dem konkreten Material abgeglichen wurde. Nähere Zuordnungen zu einzelnen Ethnien oder Nationen konnten gegebenenfalls über die Inszenierung des gesamten Bildraums (Kleidung, Requisiten, Landschaften, Gebäude, Tiere, Vegetation, Beschriftungen etc.) vorgenommen werden.

Die Kategorie ‚Ethnizität' kann in Musikvideos auf drei verschiedenen Ebenen inszeniert werden: der Musikalischen, der Textlichen und der Visuellen. In der durchgeführten Studie wurden die visuellen Darstellungen von Menschen erfasst. Inszenierungen nicht-weißer Ethnizität auf der reinen Zeichenebene, z.B. durch das Tragen bestimmter Kleidung, die Verwendung von ethnisch markierten Gegenständen etc., wurden nicht berücksichtigt. Bei der Durchführung der Vorstudie, in der zunächst noch alle Ebenen einbezogen wurden, zeigte sich, dass die durch die Erfassung aller Darstellungsweisen entstehende Komplexität den Rahmen der vorliegenden Arbeit sprengen würde. In Bezug auf die musikalische Inszenierung nichtweißer Ethnizitäten, z.B. durch die Übernahme von als nicht-weiß konnotierten Musikstilen wie Reggae oder Rap, ergab sich zudem die Schwierigkeit, dass das genaue Herausfiltern unterschiedlicher Musikstile eine sehr gute Kenntnis von musikalischen und musikstilistischen Mitteln erfordert; insofern dürfte eine entsprechende Analyse nur von einem musikwissenschaftlich bzw. musikethnologisch geschulten Forschenden adäquat auszuführen sein – zumal einzelne musikstilistische Merkmale häufig sehr subtil eingesetzt werden.

Die zweite zu erfassende Kategorie war gemäß der Fragestellung das Geschlecht. Um später eventuelle Zusammenhänge der Inszenierung von Ethnizität und Geschlecht herausstellen zu können, wurde auch die Geschlechtszugehörigkeit sowohl der Interpreten als auch der in den einzelnen Musikvideos erscheinenden übrigen Darsteller erfasst und unterteilt in die Variablen männlich und weiblich. Wie im Fall der Ethnizität gilt auch hier, dass die Operationalisierung der sozial etablierten Kategorie ‚Geschlecht' in die Variablen männlich/weiblich nicht das Ziel hat, überkommene Dichotomien zu bestärken oder Minderheiten auszugrenzen. Sie wendet sich auch nicht gegen die Erkenntnisse der Gender und Queer Studies, dass Geschlecht erstens nicht eindeutig festlegbar und zweitens in weiten Teilen sozial konstruiert, d.h. nicht ausschließlich biologisch determiniert ist. Bei der Variablenbildung in der hier vollzogenen Weise handelt es sich um ein dem Untersuchungsgegenstand geschuldetes und damit notwendiges Mittel, um die Thematik der Fragestellung in einem ersten Schritt handhabbar zu machen. Die Einteilung der Variablen orientiert sich an den massenmedialen Gegebenheiten – nicht nur von Musikvideos –, die in ihren visuellen Präsentationen in den allermeisten Fällen eindeutige Ethnizitäts- und Geschlechtszuschreibungen vornehmen (siehe Kap. 1).

Bei der auf dieser Grundlage durchgeführten quantitativen Analyse handelt es sich zunächst um eine reine Häufigkeits- bzw. Frequenzanalyse[383], die nötig ist, um die Fülle des Materials auf systematische Weise so zu reduzieren, dass die für die Fragestellung relevanten Musikvideos herausgefiltert werden können. Sie bewegt sich, gemäß der Anwendbarkeit der quantitativen Analyse, ausschließlich auf der denotativen Ebene, erfasst also lediglich den manifesten Inhalt von Musikvideos. Die Erfassung und Interpretation der konnotativen, latenten Inhalte ist Aufgabe der nachfolgenden qualitativen Analyse (Kap. 6).

5.1.3.2 Codierbogen, Codieranleitung und Codierung

Auf der Basis der vorangegangenen Überlegungen wurden der Codierbogen sowie die dazugehörige Codieranleitung und die Codierung erstellt (siehe Anhang). In die Codierbögen wurden mittels Codierung für jede codierte Untersuchungseinheit, also für jedes Musikvideo, symbolische Codes (Zahlenwerte), korrespondierend zu den zu erfassenden Kategorien, eingetragen. In der Codieranleitung wurden präzise Anweisungen für das Ausfüllen der Codierbögen festgehalten. Wesentlich für die Erstellung des Codierbogens der Hauptstudie waren die Erkenntnisse der vorangegangenen Vorstudie, in der ein erster Codierbogen entworfen und nach Abschluss der Studie nochmals überarbeitet und verbessert wurde (siehe Anhang).

Die Vorstudie wurde zu einem relativ frühen Zeitpunkt des Arbeitsprozesses durchgeführt. Dies hatte vor allem den Zweck, sich dem Material neben der alltäglichen Rezeption von Musikfernsehen möglichst frühzeitig auf detaillierte Weise zu nähern. Nach einer ausführlicheren theoretischen Auseinandersetzung mit dem Thema wurde die Vorgehensweise der Vorstudie angesichts des verbesserten Kenntnisstandes überarbeitet und fortentwickelt. Dabei blieben die zu untersuchenden Kategorien im Wesentlichen gleich. Neu hinzu kamen die Erhebung des Herkunftslandes des jeweiligen Einzelinterpreten bzw. der jeweiligen Band sowie die Kategorien Soundtrack und Duo. Zusätzlich gestellt wurde außerdem die Frage, ob die jeweiligen Interpreten bzw. die jeweilige Band im Clip sichtbar sind sowie die Frage, ob der erhobene Clip für eine eventuelle qualitative Analyse in Frage kommt. Ausgeklammert wurde – wie oben bereits begründet – die Erfassung der Inszenierung des ,Anderen' auf musikalischer und textlicher Ebene. Desweiteren wurde die Codieranleitung präzisiert.

Eine Herausforderung lag im Rahmen der Hauptstudie in der Menge des zu erfassenden Materials. Bereits der Befund der Vorstudie machte deutlich, wie komplex und detailreich Musikvideos gestaltet sind. Aus Gründen der Übersichtlichkeit wie auch der Durchführbarkeit war eine Umwandlung und Erfassung dieser Kom-

---

[383] Vgl. Mayring 2003, S. 13f.

plexität mit all ihren potentiell relevanten Details in ein Kategoriensystem unmöglich. Während es bei einer Menge von 50 Clips im Rahmen der Vorstudie noch möglich war, einzelne Details zu erfassen, im Gedächtnis zu behalten und in die spätere Auswertung einzubeziehen, gestaltete sich dies bei einer Zahl von 426 Videos wesentlich schwieriger. Aus diesem Grund musste sich die quantitative Generierung des Materialkorpus zwangsläufig auf wenige wesentliche Merkmale beschränken. Dennoch wurden Details auf dem Codierbogen festgehalten, die bei der späteren qualitativen Analyse das Erinnern an einzelne relevante Szenen erleichterten.

Erhoben wurden folgenden Kategorien mittels Codierbogen:

- Interpret
- Titel
- Jahr
- Land
- Stil
- Sprache
- Kategorie
- Darsteller
- Soundtrack
- Besetzung
- Visuell dargestellt?
- Geschlecht Einzelinterpret
- Ethnizität Einzelinterpret
- Geschlecht Duo
- Ethnizität Duo
- Geschlecht Band
- Ethnizität Band
- Geschlecht Darsteller
- Ethnizität Darsteller
- Relevanz für die qualitative Analyse

Die Codieranleitung lautete wie folgt:

1. *Interpret* – Name des Interpreten bzw. der Band
2. *Titel* – Titel des Clips
3. *Jahr* – diese Angabe bezieht sich auf das Erscheinungsjahr der Platte bzw. Single des entsprechenden Titels. Dieses wird zu Beginn und zum Ende der Ausstrahlung eines Clips zusammen mit Titel und Interpret eingeblendet.
4. *Land* – hierbei handelt es sich um das Land, in welchem sich der Interpret bzw. die Band zum Zeitpunkt der Aufnahme des Titels für längere Zeit aufgehalten

haben. Das Land muss also nicht zwangsläufig mit dem Geburtsland oder der ethnischen Herkunft identisch sein. Europa wird hier im geographischen, nicht im politischen Sinne verstanden, d.h. dass z.b. auch die Schweiz unter ‚Europa' gefasst wird.

5. *Stil* – unterschieden werden grobe Stilrichtungen, welche der Orientierung bei der Auswertung dienen. Unterschieden wird nach Rock/Pop/Soul/R'n'B – dem musikalischen Mainstream – sowie Dance/Techno/elektronische Musik und Rap/HipHop. Stile wie Hard Rock oder Heavy Metal werden unter der Kategorie ‚Rock' erfasst. Alles, was nicht unter diese Kategorien zu fassen ist (z.b. Reggae), wird unter ‚Anderes' eingeordnet.

6. *Sprache* – erhoben wird die Sprache, in welcher der Titel gesungen wird. Wird in einem Titel nicht gesungen, wird dies unter ‚keine' vermerkt.

7. *Kategorie* – auch hier wird, wie beim Stil, eine grobe Unterscheidung zur späteren Orientierung bei der Auswertung vorgenommen. ‚Kategorie' bezieht sich hier auf die Darstellungsebenen bzw. das visuelle Konzept eines Clips. Um die Erhebung möglichst übersichtlich zu halten, werden in diesem ersten quantitativen Schritt drei Kategorien unterschieden: Performance, Konzeptperformance und 'reines' Konzept ohne Interpreten. Ein Performance-Clip liegt dann vor, wenn in der visuellen Umsetzung eines Songs lediglich auf die Darstellung des Singens bzw. Musizierens der Interpreten referiert wird. D.h. außer dem Musizieren und Singen und damit in Verbindung stehenden Handlungen (z.B. Tanzen) werden keine Vorgänge gezeigt. Dabei spielt zunächst keine Rolle, in welchem Rahmen, also in welcher 'Kulisse' die Performance stattfindet. Das 'reine' Konzept ist sozusagen das Gegenteil der Performance. Die Sänger bzw. Musiker treten nicht im Rahmen einer stimmlichen oder instrumentalen Präsentation eines Stückes in Erscheinung. Sie singen und musizieren also nicht bzw. treten im Musikvideo gar nicht in Erscheinung. Die Konzeptperformance ist eine Mischform von Performance und reinem Konzept. Die Interpreten sind sowohl singend und musizierend als auch bei anderen Handlungen zu sehen (z.B. Autofahren, Laufen durch wechselnde Szenen, Interaktion mit Menschen oder außermusikalischen Gegenständen) oder es werden sonstige Darsteller, Landschaften, Gegenstände etc. gezeigt. Vereinfacht könnte man sagen: Als Konzeptperformance werden alle Clips bezeichnet, in der neben der stimmlichen und instrumentalen Präsentation eines Stückes in einer bestimmten Kulisse auch noch andere Dinge zu sehen sind.

8. *Darsteller* – die Menge der gezeigten Darsteller wird grob, ebenfalls zur Orientierung, erfasst. Dabei wird unterschieden zwischen großen Menschenmengen, die entweder ‚kompakt' zu sehen sind (Konzertpublika, Demonstrationen etc.) oder verteilt (z.B. wenn Passanten eine Straße entlang laufen), sowie kleinen

Gruppen (z.B. Schulklassen, Cliquen, Großfamilien) und einzeln zu erfassenden Menschen.

9. *Soundtrack* – festgehalten wird, ob es sich bei dem gezeigten Clip um einen Soundtrack zu einem Film handelt oder nicht.

10. *Besetzung* – erhoben wird, ob es sich bei den jeweiligen Interpreten um einen Einzelinterpreten, d.h. um einen Sänger oder eine Sängerin handelt, um ein Duo oder eine Band. Als Duo erhoben werden solche Konstellationen, in denen sich zwei ansonsten unabhängig voneinander agierende Einzelinterpreten oder Bands für einen Song zusammen getan haben. Ist dies bei mehr als zwei Personen der Fall, so wird auch diese Konstellation zunächst als ‚Duo' erhoben. Bands betreffend werden auch solche Konstellationen als ‚Band' erfasst, in denen lediglich zwei Personen – dies allerdings kontinuierlich – zusammenwirken.

11. *Visuell dargestellt* – hier wird festgehalten, ob der Interpret eines Titels im Clip zu sehen ist oder nicht. Bands werden unter ‚sichtbar' auch dann erfasst, wenn nur der Sänger im Video zu sehen ist.

12. *Geschlecht des Einzelinterpreten* – männlich oder weiblich.

13. *Ethnizität des Einzelinterpreten*[384] – hier wird nach der o.g. Liste von neun verschiedenen ethnischen Gruppen jene des Interpreten festgehalten. Eventuelle, den Einzelinterpreten begleitende Bands werden nicht miterhoben, da es unklar ist und sich zumeist auch nur schwer nachvollziehen lässt, aus welchen Gründen die Band wie zusammengesetzt wurde, d.h. ob es sich dabei um einen kontinuierlichen Bandsupport handelt, also musikalische Gründe im Vordergrund stehen, oder ein Casting speziell für einen Videodreh vorgenommen wurde, bei dem dann auch die Faktoren ‚Geschlecht' und ‚Ethnizität' eine Rolle spielen. Die Frage nach dem Einsatz signifikanter Darsteller lässt sich in diesem Fall nicht eindeutig beantworten; eine Erhebung der den Einzelinterpreten begleitenden Band ist also nicht angemessen.

14. *Geschlecht Duo* – männlich, weiblich oder gemischt.

15. *Ethnizität Duo* – anhand einer Liste von sechs Möglichkeiten wird die Ethnizität des Duos erfasst (siehe unten den Codierbogen).

16. *Geschlecht der Band* – männlich, weiblich oder gemischt.

17. *Ethnizität der Band* – wie bei Duos wurde auch die Ethnizität der Band anhand einer Liste von 6 Möglichkeiten erfasst.

---

[384] Nicht nur bei Einzelinterpreten, sondern auch bezüglich der Ethnizität von Duos und Bands gilt, dass es selbstverständlich zahlreiche ethnische ‚Mischformen' gibt. Da es jedoch, wie bereits mehrfach ausgeführt, um das ‚markierte', also in diesem Fall phänotypisch sichtbare ‚Andere' geht, werden auch solche Künstler zunächst als ‚nicht-weiß' klassifiziert, bei denen z.B. nur ein Elternteil nicht-europäischstämmig ist. Bei Unklarheiten wurden die entsprechenden Clips weiteren Personen zur Beurteilung gezeigt. Zweifelsfälle wurden nach diesem Verfahren aussortiert.

18. *Geschlecht der Darsteller* – männlich, weiblich oder gemischt. Hier gilt, wie auch in Bezug auf die Ethnizität der Darsteller: Videos, in denen ausschließlich Darsteller vorkommen, deren Ethnizität bzw. Geschlechtszugehörigkeit nicht erkennbar ist (z.b. wenn sie sich in großer Distanz zur Kamera befinden), werden bezüglich dieser Kategorien mit dem ‚fehlenden Wert‘ 99 belegt.

19. *Ethnizität der Darsteller*[385] – hier wird, wie auch bei der Kategorie ‚Band‘, auf der Grundlage einer Liste von sechs verschiedenen Möglichkeiten die Ethnizität der gezeigten Darsteller erhoben. Zunächst sind alle Darstellungen von ‚nichtweißen‘ Personen in Musikvideos von Belang, unabhängig davon, wie zentral oder marginal die Rolle dieser Menschen im Kontext des Clips ist. Dabei gilt für große Menschenmassen (Konzertpublika in Stadien, Hallen etc.), dass – da nicht jeder Clip Bild für Bild durchgegangen werden kann (eine Maßnahme, die zwar technisch möglich ist, den zur Verfügung stehenden Zeitraum für die vorliegende Arbeit jedoch sprengen würde) – entsprechende Clips je nach unmittelbar sichtbarer Ethnizität klassifiziert werden. Auch wenn es wahrscheinlich ist, dass sich auf einem Konzert mit mehreren tausend Zuschauern der eine oder andere ‚Nicht-Weiße‘ unter dem Publikum befindet, wird das Publikum als ‚weiß‘ klassifiziert, wenn unmittelbar nur europäischstämmige Menschen sichtbar sind.[386] Eine Ausnahme bilden Clips, in denen einzelne ‚nicht-weiße‘ Menschen innerhalb eines großen Publikums mit der Kamera festgehalten werden (z.B. durch Close Ups).

20. *qualitative Analyse* – hier wird vorab festgehalten, ob ein Clip für die Fragestellung potentiell relevant ist oder nicht.

---

[385] Als problematisch erwies sich die Tatsache, dass – was den Faktor ‚Ethnizität‘ betrifft – viele Darsteller nur undeutlich zu erkennen sind (z.B. wegen der Lichtverhältnisse oder weil sie verzerrt und zum Teil verdeckt dargestellt werden), und aus diesem Grund die Ethnizität auch nur schwer zu ermitteln ist. Dieses Problem gilt vor allem für nicht-afrikanischstämmige sowie nichtasiatischstämmige Darsteller – insofern erwies sich die Arbeit mit einer Liste von zehn unterschiedlichen ethnischen Kategorien zwar als sinnvoll für die Erfassung von Interpreten, bei denen eine Recherche über die Herkunft möglich ist, bei den Darstellern warf diese Liste zum Teil jedoch unlösbare Probleme auf. Aufgrund des jeweiligen Gestaltungskonzepts sowie der technischen Speicher und Wiedergabemöglichkeiten mittels VHS ist dieses Problem bei der quantitativen Auswertung in Rechnung zu stellen.

[386] Diese sog. Performance-Clips, in denen große Konzertpublika gezeigt werden, unterscheiden sich von Konzeptclips insofern, als keine Darsteller gezielt für den Videodreh gecastet wurden. Sie wurden dennoch in die Untersuchung einbezogen, da auch der wiederholte Kameraschwenk über eine vermeintlich nur-weiße Menschenmasse (lediglich in zwei Clips wurden asiatische Menschenmassen gezeigt, andere nicht-weiße Ethnizitäten wurden nicht als ‚Masse‘ dargestellt) signifikant eingesetzt werden kann. Für die Einbeziehung von Performance-Clips in die Analyse von Musikvideos plädiert auch Andrew Goodwin: „(…) one lacuna in the analysis of music video clips, […] lies in the failure to notice that performance imagery is far from an innocent realist representation of the music itself. (Too many analyses of music video clips assume that ‚performance‘ clips do not intervene in the construction of meaning in any significant way.)" (Goodwin 1992, S. 107).

Die Codierung der o.g. Kategorien wurde im Anschluss an die aus der Vorstudie gewonnenen Erkenntnisse folgendermaßen vorgenommen:

Interpret	(Name des Interpreten)

Titel	(Name des Titels)

Jahr	(Erscheinungsjahr)

Land	1 USA
	2 GB
	3 restliches Europa
	4 Andere
	5 USA & GB (Duo)
	6 USA & restl. Europa (Duo)
	7 USA & Andere (Duo)
	8 GB & restl. Europa (Duo)
	9 GB & Andere (Duo)
	10 Andere & Andere (Duo)

Stil	1 Rock / Pop / Soul / R'n'B (Mainstream)
	2 Rap / HipHop
	3 Dance / Techno / Elektro
	4 Andere

Sprache	1 englisch
	2 andere
	3 gem.: engl. & andere
	4 gem.: andere
	5 keine

Kategorie	1 Performance
	2 Konzeptperformance
	3 reines Konzept

Darsteller	1 große Menge
	2 kleine Menge
	3 einzelne
	4 keine

5 große & kleine
6 große & einzelne
7 kleine & einzelne

Soundtrack	1 ja
	2 nein

Besetzung	1 Sänger
	2 Duo
	3 Band

Visuell dargestellt?	1 ja
	2 nein

Geschlecht Sänger	1 männlich
	2 weiblich
	3 gemischt (Duos)

Ethnizität Sänger	1 europäischstämmig (Euro-Europäer)
	2 nordafrikanisch-vorderasiatischstämmig (Orientalen)
	3 vorderindischstämmig (Singhalesen, Bengalen, Kaschmiri)
	4 afrikanischstämmig (Schwarzafrikaner)
	5 asiatischstämmig (Fernost- und Südostasien)
	6 amerikanischstämmig (Indianer)
	7 arktischstämmig (Inuit)
	8 australisch-ozeanischstämmig (Aborigenes und Melanesier)
	9 pazifischstämmig (Poly- und Mikronesier)
	10 gemischt (Duos)
	11 Andere (nicht zuzuordnen / gemischt)

Geschlecht Duo	1 männlich
	2 weiblich
	3 gemischt

Ethnizität Duo	1 weiß
	2 nicht-weiß (gemischt)
	3 nicht-weiß: afrikanischstämmig
	4 gemischt: afrikanischstämmig & europäischstämmig
	5 gemischt: afrikanischstämmig & europäischstämmig & andere
	6 gemischt: europäischstämmig & andere

Geschlecht **Band**	1 männlich 2 weiblich 3 gemischt
Ethnizität **Band**	1 weiß 2 nicht-weiß (gemischt) 3 nicht-weiß: afrikanischstämmig 4 gemischt: afrikanischstämmig & europäischstämmig 5 gemischt: afrikanischstämmig & europäischstämmig & andere 6 gemischt: europäischstämmig & andere
Geschlecht **Darsteller**	1 männlich 2 weiblich 3 gemischt
Ethnizität **Darsteller**	1 weiß 2 nicht-weiß (gemischt) 3 nicht-weiß: afrikanischstämmig 4 gemischt: afrikanischstämmig & europäischstämmig 5 gemischt: afrikanischstämmig & europäischstämmmig & andere
Qualitative? **Analyse?**	1 ja 2 nein 3 vielleicht

5.1.4 Differenzierung des Materialkorpus durch Clusterbildung

Im Anschluss an die quantitative Generierung des Materialkorpus wurde dieser durch Clusterbildung weiter differenziert; dabei spielte die Anbindung an das Material die zentrale Rolle. Die Clusterbildung diente der weiteren systematischen Strukturierung und dadurch Annäherung an das Material. Herausgearbeitet werden sollte auf diese Weise, *wie* ‚nicht-weiße' Ethnizität thematisiert wird, ob sich verbreitete Inszenierungsmuster und Darstellungsstrukturen erkennen lassen, und wie in diesem Zusammenhang die Kategorie ‚Geschlecht' eingesetzt wird. Es wurden also solche Musikvideos in die Clusterbildung übernommen, in denen Darsteller ‚nicht-weißer' Ethnizität jenseits ihres bloß deskriptiven Erscheinens, wie beispielsweise in einer größeren Menschenmenge, bedeutsam werden. Es waren also jene Clips von Interesse, in denen Darstellern eine bestimmte, herausgehobene Rolle zugewiesen wird, in denen die Individualität eines Charakters, eines Schicksals oder einer Handlung sichtbar wird. Die Clusterbildung wurde mittels induktiver Kategorienbildung vollzogen. D.h. die Kategorien wurden direkt aus dem Material abgeleitet, ohne sich auf vorab formulierte Theoriekonzepte zu beziehen.[387] Diese Methode strebt eine möglichst gegenstandsnahe Abbildung des Materials ohne ‚Verzerrungen' durch Vorannahmen des Forschers an.[388] Dabei dienten die Ergebnisse der Vorstudie als Grundlage, auf Basis derer weitere Ausdifferenzierungen bzw. Revidierungen bei der Sichtung des Materials der Hauptstudie vorgenommen wurden. Am Ende dieser Strukturierung stand eine Anzahl von Clustern, die Aufschluss darüber geben, wie nicht-weiße Darsteller in Musikvideos inszeniert werden.

5.1.5 Qualitative Analyse: Explikation und Interpretation

Auf der Basis der vorangegangenen Systematisierung und Strukturierung des Materials mittels Clusterbildung findet die anschließende Analyse, d.h. die Explikation und Interpretation statt (siehe Kap. 6). Da beide Aspekte praktisch nicht zu trennen sind[389], werden sie in einem Ablaufschritt zusammengefasst.

In diesem Schritt wird genauer auf einzelne Videos eingegangen sowie weiteres Material zur Analyse herangezogen, welches das Verständnis sowohl für die Inszenierung nicht-weißer Ethnizität in einzelnen Clips als auch für das Phänomen Musikvideo insgesamt erweitert und so eine Erklärung einzelner Cluster ermöglicht. An dieser Stelle fließen also auch relevante Kontextinformationen ein, so dass eine möglichst umfassende Betrachtung gewährleistet ist; auf diese Weise sollen Aufschlüsse über die visuelle Reproduktion der Diskurse über markierte Ethnizität und Geschlecht in Musikvideos gewonnen werden. Analysiert wird, inwieweit auch in Musikvideos diskursive Wirklichkeiten bzw. (hegemoniale) ‚Wahrheiten' über Ethnizität und Geschlecht konstruiert oder dekonstruiert werden. In diesem Zusammenhang kommt das spezifische diskurstheoretische Erkenntnisinteresse der Arbeit zur Anwendung. Auf der Grundlage der in Kap. 4.3 und 4.4 herausgearbeiteten Diskurse wird untersucht, inwieweit bestehende hierarchische Machtverhältnisse

---

[387] Vgl. Mayring 2003, S. 75.

[388] Genauer beschrieben wird diese Methode der Kategorienbildung unter dem Paradigma des ‚offenen Kodierens' innerhalb der Grounded Theory nach Anselm Strauss und Barney Glaser (vgl. Böhm in Flick/von Kardorff/Steinke 2000, S. 477f sowie – speziell in Bezug auf Diskursanalysen – Schwab-Trapp in Keller/Hirseland/Schneider/Viehöver 2003, S. 171f; siehe auch Bauer/Aarts in Bauer/Gaskell/Allum 2000, insbes. S. 31-36).

[389] Dies entspricht dem Charakter einer Diskursanalyse, die sich immer im Spannungsfeld zwischen deskriptiver und interpretierender Perspektive bewegt (vgl. Schwab-Trapp in Keller/Hirseland/Schneider/Viehöver 2003, S. 182).

betreffend die Kategorien ‚Geschlecht' und ‚Ethnizität' z.B. durch bestimmte Zuschreibungen in Musikvideos wiedergegeben werden, inwieweit Gegenstrategien entwickelt werden und wie insgesamt die Konstellation und das Verhältnis von ‚Eigenem' und ‚Anderem' im popkulturellen Diskurs von Musikvideos einzuordnen sind. Die Erkenntnisse dieser auf der inhaltlichen Ebene durchgeführten Analyse, d.h. Explikation und Interpretation, sind Grundlage für die nachfolgende strukturelle Analyse, die sich auf die Generierung medialer Inhalte im Zusammenspiel von massenmedialem und ökonomischem System bezieht (Kap. 6.3).

5.1.6 Zusammenfassung

Im Anschluss an die vorangegangenen Ausführungen lässt sich das Ablaufmodell der Studie folgendermaßen darstellen:

GEWINNUNG DES MATERIALKORPUS
MITTELS QUANTITATIVER ANALYSE
(Auswahl der für die Fragestellung relevanten Clips
durch Kategorienbildung)
⇩

DIFFERENZIERUNG DES MATERIALKORPUS
DURCH CLUSTERBILDUNG
(Inszenierungsstrategien: *wie* wird nicht-weiße
Ethnizität dargestellt)
⇩

QUALITATIVE ANALYSE:
EXPLIKATION UND INTERPRETATION
(Bezug auf die Forschungslage zur Inszenierung
von markierter Ethnizität und Geschlecht in Musikvideos
sowie die herausgearbeiteten Diskurse über das ‚Andere')

Es handelt sich hier um ein sog. „Vertiefungsmodell"[390], in dem zunächst eine quantitative Analyse an einer großen Stichprobe durchgeführt wird, um die Ergebnisse dann qualitativ zu interpretieren.

Die Durchführung dieses Ablaufmodells bezieht sich auf den ersten Teil des grundlegenden Erkenntnisinteresses; sie beantwortet das *Wie* der Inszenierung – *Wie* nicht-weiße Ethnizitäten, und damit zusammenhängend nicht-männliche Ge-

---

[390] Mayring 2001, keine Seitenangaben.

schlechtszugehörigkeiten, inszeniert werden. Der zweite Teil der Fragestellung bezieht sich auf das *Warum – warum* werden Ethnizitäts- und Geschlechtszugehörigkeiten auf die herausgearbeitete Weise dargestellt. An dieser Stelle kommt die Systemtheorie zur Anwendung (Kap. 6.3): Herausgearbeitet werden sollen mit Hilfe der systemtheoretischen Perspektive die Mechanismen, welche die in der empirischen Studie herausgearbeiteten Inhalte hervorbringen.

5.2 Hauptstudie

5.2.1 *Quantitative empirische Auswertung – Gewinnung des Materialkorpus*

In die quantitative empirische Auswertung gingen zunächst 426 Musikvideos ein.[391] Diese Materialbasis setzt sich zusammen aus Folgen der dritten und vierten Staffel der Sendung *20 Years on MTV* sowie der Sondersendung *The 100 most wanted Videos*[392], in welcher 100 von Zuschauern ausgewählte Clips[393] gezeigt wurden. Diesen 100 Clips wiederum lag eine Auswahlmöglichkeit von 500 Videos aus den Jahren 1971 bis 2003 zugrunde. Nach Ausschluss von doppelten Clips (insgesamt 24) wurden 402 Clips quantitativ ausgewertet.

Die 402 in die quantitative Auswertung eingegangenen Musikvideos setzten sich zusammen aus Clips von 82 männlichen und 50 weiblichen Einzelinterpreten (20,4% bzw. 12,4%), 191 männlich, 10 weiblich und 38 gemischtgeschlechtlich besetzten Bands (47,5%, 2,5% bzw. 9,5%; meistens handelt es sich beim ,weiblichen Anteil' der Bands um die Frontsängerin) sowie 16 männlichen, einem weiblichen Duo und 13 gemischtgeschlechtlichen Duos (4%, 0,2% bzw. 3,2%) (ein fehlender Wert, Interpreten tauchen z.T. mehrfach im Sample auf).

---

[391] Die Prozentangaben sind im Folgenden den Ergebnissen der Auswertung mit SPSS für Windows entnommen (gültige Prozente). Unberücksichtigt blieben zwei Clips von Mariah Carey: *Emotions* (1991) und *Heartbreaker* (1999). Grund dafür ist die nicht eindeutig mögliche visuelle Erfassung der Sängerin unter ethnischen Gesichtspunkten.

[392] Die Videos wurden von Februar bis Oktober 2003 ausgestrahlt.

[393] Nach Angaben des Moderators Markus Kavka gab es rund 500.000 Stimmabgaben.

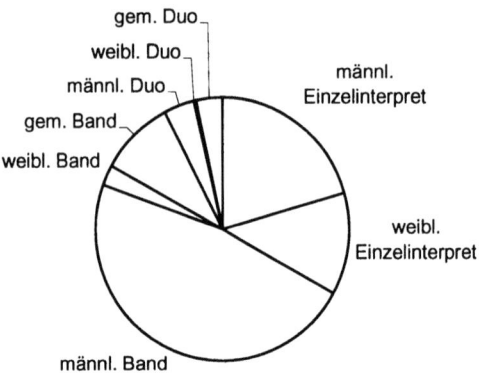

gem. Duo
weibl. Duo
männl. Duo
gem. Band
weibl. Band

männl.
Einzelinterpret

weibl.
Einzelinterpret

männl. Band

Insgesamt stammten 132 der erhobenen Videos von Einzelinterpreten. Von diesen wurden 86 (65,2%) als europäischstämmig eingeordnet, 39 (29,5%) als afrikanischstämmig, 3 (2,3%) als nordafrikanisch-vorderasiatischstämmig, 1 (0,8%) als vorderindischstämmig, 2 (1,5%) waren nicht zuzuordnen, ein Clip ging nicht in die Auswertung ein. 30 Videos waren von Duos, von diesen wurden 14 (46,7%) als europäischstämmig eingeordnet, 9 (30%) als gemischt (afrikanisch- und europäischstämmig), 6 (20%) als afrikanischstämmig, ein Clip ging nicht in die Auswertung ein. 240 der erhobenen Clips waren von Bands, von denen 190 (79,2%) als europäischstämmig eingeordnet wurden, 25 (10,4%) als gemischt (afrikanisch- und europäischstämmig), 9 (3,8%) als afrikanischstämmig, 8 (3,3%) als gemischt (europäischstämmig und andere), 6 (2,5%) als gemischt (afrikanisch- und europäischstämmig und andere) und 2 (0,8%) als nicht-europäischstämmmig.

Abb. 6: Ethnizität Einzelinterpreten

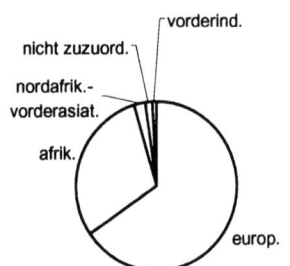

nicht zuzuord.
vorderind.
nordafrik.-
vorderasiat.
afrik.
europ.

Abb. 7: Ethnizität Bands

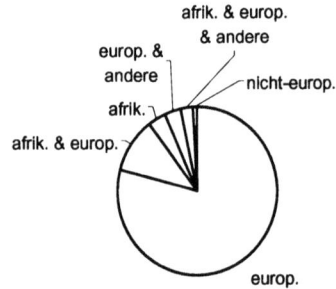

afrik. & europ.
& andere
europ. &
andere
nicht-europ.
afrik.
afrik. & europ.
europ.

Nach Geschlechtszugehörigkeit differenziert ergab sich in Bezug auf die Ethnizität der jeweiligen Interpretengruppen Folgendes: Von den 82 männlichen Einzelinterpreten wurden 50 (61%) als europäischstämmig, 30 (37%) als afrikanischstämmig, 1 (1,2%) als nordafrikanisch-vorderasiatischstämmig und 1 (1,2%) als vorderindischstämmig eingeordnet. Entsprechend galt für die 50 weiblichen Einzelinterpreten 36 (72%) europäischstämmig, 9 (18%) afrikanischstämmig, 2 (4%) nordafrikanisch-vorderasiatischstämmig und 3 (6%) andere/nicht zuzuordnen. Von den 191 männlichen Bands[394] waren 164 (85,9%) europäischstämmig besetzt, 13 (6,8%) afrikanisch- und europäischstämmig, 5 (2,6%) afrikanischstämmig, 4 (2,1%) gemischt (afrikanisch- und europäischstämmig und andere), 4 (2,1%) gemischt (europäischstämmig und andere) und 1 (0,5%) nicht-europäischstämmig. Von den 10 weiblichen Bands waren 4 europäisch- und afrikanischstämmig besetzt, 3 afrikanischstämmig, 2 europäischstämmig und 1 gemischt (afrikanisch- und europäischstämmig und andere). Von den 38 gemischtgeschlechtlichen Bands waren 23 (60,5%) europäischstämmig, 6 (15,8%) gemischt (europäisch- und afrikanischstämmig), 4 (10,5%) gemischt (europäischstämmig und andere), 3 (7,9%) afrikanischstämmig, 1 (2,6%) nicht-europäischstämmig, 1 (2,6%) gemischt (europäisch- und afrikanischstämmig und andere). Von den 16 männlichen Duos waren 7 (43,8%) europäischstämmig, 6 (37,5%) gemischt (europäisch- und afrikanischstämmig) und 3 (18,8%) afrikanischstämmig. Das einzige weibliche Duo bestand aus einer afrikanisch- und einer europäischstämmigen Interpretin. Von den 13 gemischtgeschlechtlichen Duos waren 7 (53,8%) europäischstämmig, 3 (23,1%) afrikanischstämmig, 2 (15,4%) gemischt (europäisch- und afrikanischstämmig) und 1 (7,7%) nicht zuzuordnen.

Was die Herkunftsländer aller 402 Interpreten betrifft (Einzelinterpreten, Duos und Bands, teilweise mehrfach vorkommend), so lebten 160 (39,8%) zum Zeitpunkt der Aufnahme des jeweiligen Titels in den USA, 151 (37,6%) in Großbritannien, 72 (17,9%) im restlichen Europa und 13 (3,2%) kamen aus anderen Ländern (die restlichen 6 Clips bzw. 1,5 % verteilen sich auf Duos mit unterschiedlichen Herkunftsländern, in der Regel handelt es sich dabei um die USA bzw. Großbritannien).

Abb. 8: Wohnsitz der Interpreten
(zur Zeit der Produktion des Titels)

Abb. 9: Gesangssprache der Titel

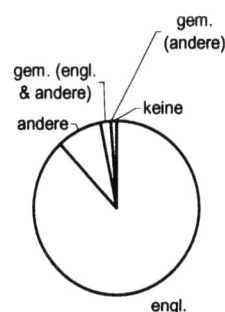

354 (88,1%) der Interpreten sangen in englischer, 37 (9,2%) in anderen Sprachen. In 7 Videos (1,7%) wurde in Englisch und einer weiteren Sprache gesungen, in 4 Clips (1%) wurde keine Sprache verwendet.

4 Videos (1% des Samples) stammten aus den Jahren 1971, 1975 und 1979, 51 (12,7%) aus den Jahren 1981 bis 1985, 87 (21,6%) aus den Jahren 1986 bis 1990, 93 (23,1%) aus den Jahren 1991 bis 1995, 118 (29,4%) aus den Jahren 1996 bis 2000 und 49 (12,2%) aus den Jahren 2001 bis 2003.

86 der Einzelinterpreten waren europäischstämmig. In 35 (40,7%) der entsprechenden Videos waren die Darsteller der Clips ausschließlich ebenfalls europäischstämmig, in 20 Videos (23,3%) gemischt (europäisch- und afrikanischstämmig), in 15 Clips (17,4%) gemischt (europäisch- und afrikanischstämmig und andere), in 2 Clips (2,3%) gemischt (europäischstämmig und andere), in einem Clip (1,2%) ausschließlich afrikanischstämmig und in 13 Clips (15,1%) waren sie nicht zuzuordnen bzw. es wurden keine Darsteller gezeigt. In den Clips der 14 europäischstämmigen Duos waren die Darsteller in 5 Fällen (35,7%) europäischstämmig, ebenfalls in 5 Videos (35,7%) gemischt (europäisch- und afrikanischstämmig), in 2 Clips (14,3%) gemischt (afrikanisch- und europäischstämmig und andere) und 2 Videos (14,3%) waren nicht zuzuordnen bzw. es wurden keine Darsteller gezeigt. Bei den 190 ausschließlich europäischstämmig besetzten Bands waren in 94 Videos (49,5%) die Darsteller ebenfalls ausschließlich europäischstämmig, in 38 Clips (20%) gemischt (europäisch- und afrikanischstämmig), in 22 Videos (11,6%) gemischt (afrikanisch- und europäischstämmig und andere) in 2 Fällen (1,1%) ausschließlich afrikanischstämmig, in einem Video (0,5%) gemischt (europäischstämmig und andere), 33 Clips (17,4%) waren nicht zuzuordnen bzw. es wurden keine Darsteller gezeigt.

Abb. 10: Ethnizität der Darsteller bei europäischstämmigen Einzelinterpreten

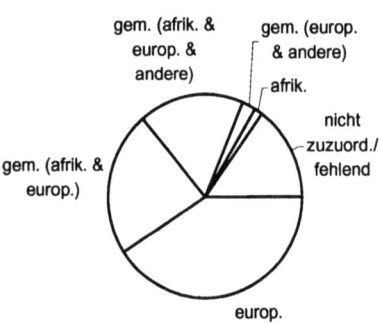

Abb. 11: Ethnizität der Darsteller bei europäischstämmigen Bands

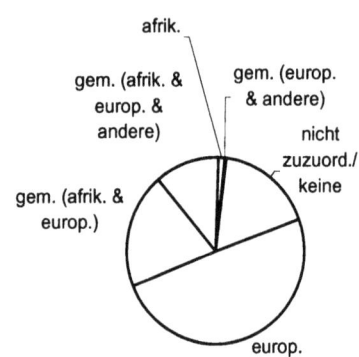

Insgesamt wurden in 155 der 402 erhobenen Videos (38,6% der Fälle) ausschließlich ‚weiße' Darsteller gezeigt. Diese verteilen sich auf 134 europäischstämmige und 21 nicht-europäischstämmige Interpreten. Von den Videos der insgesamt 290 ausschließlich europäischstämmigen Interpreten (Einzelinterpreten, Duos und Bands, 72,1% des Samples) zeigen also 134 (46,2%) ausschließlich europäischstämmige Darsteller.

Im Folgenden sollen die aufgeführten Ergebnisse einer genaueren Betrachtung unterzogen werden. Dabei ist immer zu beachten, dass es sich bei dem hier analysierten Sample um Videos handelt, die im *deutschen* Musikfernsehen ausgestrahlt wurden. Insofern können auch nur Aussagen getroffen werden, die für den deutschen Kontext gelten. Fragen und Vermutungen, die über diesen Kontext hinausgehen, müssten in (Vergleichs-)Studien anderer Länder geklärt werden.

Die Ergebnisse der quantitativen Analyse machen zunächst deutlich, dass, was die Interpretengruppen betrifft, die Zahl der männlich besetzten Bands mit 47,5% nahezu die Hälfte des gesamten Samples dominiert. Zusammen mit den Clips von männlichen Einzelinterpreten und männlichen Duos stellen sie fast drei Viertel des gesamten Materials (71,9%). Knapp ein Sechstel der Videos (15,1%) stammen von weiblichen Interpreten (Einzelinterpretinnen, Duos und Bands). Der Rest (13%) setzt sich zusammen aus Clips von gemischten Bands und Duos.

Über drei Viertel der gezeigten Bands waren als europäischstämmig einzuordnen (79,2%); bei den Einzelinterpreten war dieser Anteil etwas geringer (65,2%). Die zweitgrößte Gruppe der Interpreten setzte sich bei den Einzelinterpreten aus afrikanischstämmigen Sängern zusammen (29,5%), bei den Bands aus afrikanisch- und europäischstämmig besetzten Gruppen (10,4%). Andere, nicht-europäischstämmige und nicht-afrikanischstämmige Interpreten waren im Sample kaum vertreten (insgesamt lediglich in 5% der Videos). Als erstes Ergebnis lässt sich somit feststellen, dass nicht-europäischstämmige Interpreten im Medium ‚Musikvideo' signifikant unterrepräsentiert sind. Die Gruppe der gezeigten Videos von nicht-europäischstämmigen Interpreten wird deutlich dominiert von afrikanischstämmigen Einzelinterpreten; nicht europäisch- und nicht afrikanischstämmige Sänger bzw. Bands kommen kaum vor.

Der Anteil der nicht-europäischstämmigen, d.h. vor allem afrikanischstämmigen Künstler ist bei der Gruppe der männlichen Einzelinterpreten höher als bei derjenigen der weiblichen Einzelinterpreten. Während 39% der männlichen Einzelinterpreten als nicht-europäischstämmig eingeordnet werden können, ist dies nur bei 22% der weiblichen Einzelinterpreten der Fall. Ein entsprechender Vergleich ist bei männlich und weiblich besetzten Bands kaum zu ziehen, da die Fallzahl der weiblichen Gruppen mit lediglich zehn Videos zu klein ist. Dennoch ist auffällig, dass der Anteil von nicht-ausschließlich europäischstämmig besetzten männlichen Bands lediglich 14,1% ausmacht, während acht der zehn weiblichen Bands nicht ausschließlich europäischstämmig besetzt sind (bei den gemischtgeschlechtlich besetzten Gruppen ergibt sich ein entsprechender Wert von 39,5%). Feststellen lässt sich also eine größere Präsenz *männlicher* nicht-weißer Einzelinterpreten als nichtweißer *weiblicher* Einzelinterpreten. An diesen Befund schließen sich weitere Fragestellungen hinsichtlich des Status und der Akzeptanz von (nichteuropäischstämmigen) *männlichen Einzel*interpreten gegenüber Gruppen, d.h. Bands, im Musikbusiness an. Eine größere Fallzahl weiblich besetzter Bands wäre nötig, um die Vermutung zu überprüfen, dass es für (nicht-europäischstämmige) weibliche *Gruppen* immer noch einfacher und legitimer bzw. akzeptierter ist, sich im Pop-Business zu behaupten, denn als Solistin. Oder anders formuliert: Zu überprüfen wäre, ob ‚nicht-weiße' weibliche Interpreten eher im Kollektiv präsent sind, ‚nicht-weiße' männliche Interpreten hingegen eher einzeln.

Der historische Querschnitt des Samples zeigt, dass die Präsenz afrikanischstämmiger Einzelinterpreten über die Jahre relativ gleich verteilt war (18 Clips von 1983 bis 1993, 21 von 1994 bis 2003). Nur sieben dieser Interpreten ließen sich explizit dem Bereich Rap/HipHop zuordnen; gemäß der musikalischen Stilentwicklung wurden die entsprechenden Videos seit der zweiten Hälfte der 1990er Jahre ausgestrahlt. Zu klären wäre mit einem Sample von ausschließlich aktuellen Videos, inwieweit die Präsenz afrikanischstämmiger Interpreten im Kontext von Musikvideos mittlerweile von Rappern dominiert wird, in welchem Maße die Dichotomie ‚schwarze' vs. ‚weiße' Musik also im Musikfernsehen reproduziert wird und wie bzw. ob dieser Tatbestand auf musikökonomische Faktoren (einzelne Labels) zurückgeführt werden kann.

Der Musikmarkt wird dominiert von den USA und Europa, hier insbesondere von Großbritannien. Dieser Sachverhalt spiegelt sich auch im Wohnsitz, d.h. dem längerfristigen Aufenthaltsort der Interpreten zur Zeit der Produktion eines Titels, wider. Über drei Viertel (77,4%) hielten sich zu dieser Zeit in den USA oder in Großbritannien auf. Obwohl der Umsatzanteil Japans am Weltmarkt der Tonträger im Jahr 2002 mit 16% gleich hinter den USA (39%) lag[395], war ein japanischer Interpret im Sample nicht vertreten. Auch im Popmusikbereich ist Englisch die Lingua franca; in 88,1% der Videos wurde ausschließlich in englischer Sprache gesungen.

Was die Darsteller in den Videos von europäischstämmigen Interpreten betrifft, so stellte sich, wie bereits die Vorstudie vermuten ließ, heraus, dass die Mehrzahl der gezeigten Personen ebenfalls als europäischstämmig eingeordnet werden kann. In 40,7% der Videos von ‚weißen' Einzelinterpreten werden ausschließlich ‚weiße'

---

[395] Jahreswirtschaftsbericht des Bundesverbandes der Phonographischen Industrie/Deutsche Landesgruppe der IFPI (International Federation of the Phonographic Industrie) 2002, S. 56, abgerufen unter www.ifpi.de/jb/2003/54-60.pdf am 12.09.04.

Darsteller gezeigt, ebenso wie in 49,5% der ausschließlich mit ‚Weißen' besetzten Bands. Insgesamt zeigen 46,2% der Videos von europäischstämmigen Interpreten (134 Clips von Einzelinterpreten, Duos und Bands) ausschließliche europäischstämmige Darsteller. Es bleiben 108 Videos ‚weißer' Interpreten, in denen ‚nicht-weiße' Personen dargestellt werden. Der im Hinblick auf die Fragestellung (nach dem *Wie* der Darstellung) zu analysierende Materialkorpus beläuft sich also auf 108 Clips.

Wie bereits bei der Ethnizität der Interpreten stellte sich heraus, dass die Mehrzahl der ‚nicht-weißen' Darsteller als afrikanischstämmig eingeordnet werden kann. In 41,9% der Videos von europäischstämmigen Einzelinterpreten wurden afrikanischstämmige Darsteller gezeigt. Nur in 19,8% der Clips von europäischstämmigen Einzelinterpreten wurden nicht-europäisch- und nicht-afrikanischstämmige Personen gezeigt. Bei den europäischstämmigen Bands betrug der Anteil der Videos, in denen afrikanischstämmige Darsteller gezeigt wurden, 32,1%, nicht-europäisch- und nicht-afrikanischstämmige Darsteller wurden in 12,1% der Fälle gezeigt.

5.2.2 *Differenzierung des Materialkorpus durch Clusterbildung*

Der mittels quantitativer Analyse gewonnene Materialkorpus von 108 Videos wurde durch Clusterbildung weiter differenziert. D.h. diejenigen Videos wurden in Gruppen (Clustern) zusammengefasst, in denen nicht-weiße Darsteller in ähnlicher Art und Weise gezeigt werden, in denen die Inszenierung nicht-weißer Darsteller also vergleichbar ist. Im Folgenden werden die Ergebnisse der Clusterbildung dargestellt. Dabei handelt es sich zunächst um eine rein deskriptive Strukturierung des gesamten Materialkorpus nach Clustern. Die inhaltliche und strukturelle Analyse der Ergebnisse findet im Anschluss statt.

5.2.2.1 *‚Nicht-weiße' Darsteller als Teil großer Menschengruppen*

In 45 Clips werden ‚nicht-weiße' Darsteller im Kontext einer größeren Menschenmenge gezeigt. Sie werden nicht weiter hervorgehoben sondern befinden sich innerhalb einer größeren Gruppe von in der Mehrzahl weißen Menschen – zu nennen sind hier vor allem Konzertpublika – oder sie befinden sich unter einer ‚entzerrten' Menschenmenge von Passanten auf der Straße.

Pink Floyd – Another Brick in the Wall (1979) · Queen & David Bowie – Under Pressure (1981) · Ultravox – Dancing with Tears in my Eyes (1984) · Wham! – Wake me up before you go go (1984) · Feargal Sharkey – A good Heart (1985) · Starship – We built this City (1985) · New Order – Bizarre Love Triangle (1987) · Boy George – Everything I own (1987) · Living in a Box – Living in a Box (1987) · New Kids on the Block – Hangin' tough

(1989) · Jesus loves you (Boy George) – Bow down Mister (1991) · Nirvana – In Bloom
(1991) · Red Hot Chili Peppers – Under the Bridge (1991) · Right said Fred – I'm too sexy
(1991) · U2 – The Fly (1991) · East 17 – It's alright (1994) · Bruce Springsteen – Streets of
Philadelphia (1994) · Bucketheads – The Bomb (1995) · Scatman John – Scatman's World
(1995) · The Rolling Stones – Like a rolling Stone (1995) · Baddiel & Skinner – Three Lions (1996) · Björk – It's oh so quiet (1996) · Dr. Motte und Westbam – Sunshine (1997) ·
Members of Mayday – Sonic Empire (1997) · Robert Miles & Maria Nayler – One & One
(1997) · The Verve – Bitter sweet Symphony (1997) · Fatboy Slim – Rockafeller Skank
(1998) · Korn – Freak on a Leash (1998) · Manic Street Preachers – The Everlasting (1998)
· The Offspring – Pretty Fly (1998) · Britney Spears – Baby one more Time (1999) ·
Eminem – My Name is (1999) · Pet Shop Boys – New York City Boy (1999) · Blink 182 –
All the small Things (2000) · Eminem – The real Slim Shady (2000) · Eminem feat. Dido –
Stan (2000) · Limp Bizkit – Take a Look around (2000) · Manu Chao – Bong bong (2000) ·
Robbie Williams – Rock DJ (2000) · Sting – Desert Rose (2000) · Bon Jovi – It's my Life
(2001) · Robbie Williams – Road to Mandalay (2001) · U2 – Elevation (2001) · Avril Lavi-
gne – Sk8er Boj (2002) · Eminem – Without me (2002) · Metallica – St. Anger (2003)

5.2.2.2 Vergleichbare Inszenierungen ,nicht-weißer' und ,weißer' Darsteller

In insgesamt 17 Clips werden weiße und nicht-weiße Darsteller auf die gleiche
Weise inszeniert. Entweder werden weiße und nicht-weiße Gesichter hintereinander
eingeblendet, oder weiße und nicht-weiße Darsteller vollziehen gleiche oder ähnliche Handlungen. Dabei befinden sich die nicht-weißen Personen in einer Gruppe
von in der Mehrzahl weißen Darstellern.

Gesichter unterschiedlicher Ethnizität werden in folgenden Clips eingeblendet:

Starship – We built this City (1985) · Peter Gabriel – Big Time (1987) · Lisa Stansfield –
All around the world (1990) · The Connells – 74-75 (1995)

Ähnliche oder identische Handlungen weißer und nicht-weißer Darsteller sind in
folgenden Clips zu sehen:

Alphaville – Forever Young (1984) · Cyndi Lauper – True Colors (1986) · Living in a Box
– Living in a Box (1987) · Tears for Fears – Sowing the Seeds of Love (1989) · Right said
Fred – I'm too sexy (1991) · Blur – Girls and Boys (1994) · Gary Barlow – Forever Love
(1996) · Backstreet Boys – Everybody (1997) · Alanis Morissette – Thank U (1999) · Brit-
ney Spears – Baby one more Time (1999) · Placebo – Special K (2000) · Depeche Mode –
Freelove (2001) · Eminem – Without me (2002)

5.2.2.3 Afrikanischstämmige Darsteller und Musikalität

In 22 Clips werden afrikanischstämmige Personen im Zusammenhang mit Musikalität inszeniert. Dargestellt werden entweder musizierende afrikanischstämmige Menschen, männliche oder weibliche Background- bzw. Gospelsänger oder männliche Rapper.

Afrikanischstämmige Background- oder Gospelsänger sind in folgenden Clips zu sehen:

- Wham! – Wake me up before you go go (1984): Zwei Backgroundsängerinnen (zusammen mit zwei ‚weißen').
- Feargal Sharkey – A good Heart (1985): Drei Backgroundsängerinnen.
- Madonna – Like a Prayer (1989): Gospelchor.
- Madonna – Vogue (1990): Backgroundsängerin (zusammen mit einer ‚weißen').
- Jesus loves you (Boy George) – Bow down Mister (1991): Drei Gospelsängerinnen.
- George Michael & Elton John – Don't let the Sun go down on me (1992): Drei Backgroundsängerinnen.
- Billy Joel – The River of Dreams (1993): Drei Backgroundsänger, Gospelchor.
- Depeche Mode – It's no good (1997): Backgroundsängerin (+ eine weitere, nichtweiße')
- Pet Shop Boys – New York City Boy (1999): Gruppe von fünf Sängern, einer davon afrikanischstämmig, die anderen ebenfalls ‚nicht-weiß'.
- Echt – Junimond (2000): Backgroundsänger (+ zwei ‚weiße' Backgroundsängerinnen).
- Justin Timberlake – Cry me a River (2002): Rapper.

Afrikanischstämmige Musiker werden gezeigt in:

- Toto – Africa (1982): Percussionist.
- The Police – Every Breath you take (1983): Vier Violinisten.
- Wham! – Wake me up before you go go (1984): Bläser (zusammen mit zwei ‚weißen'), Gitarrist, Drummer (+ ein ‚weißer' Keyboarder).[396]
- Feargal Sharkey – A good Heart (1985): Drummerin (+ eine ‚weiße' Drummerin, ein asiatischstämmiger, ein ‚weißer' und ein ‚nicht-weißer' Bassist oder Gitarrist).
- Cyndi Lauper – True Colors (1986): Gitarrenspieler.
- Wham! – I'm your Man (1986): Gitarrist & Drummer (+ ‚weißer' Saxophonist und ‚weißer' Percussionist).
- Phil Collins – I wish it would rain down (1990): Klavierspieler & Drummer (+ ‚weißer' Gitarrist und ‚weißer' Bassist).

---

[396] In diesem Fall (wie auch im Folgenden bei Feargal Sharkey und noch einmal bei Wham sowie bei Boy George & Elton John) wurde die Begleitband mit berücksichtigt, da die afrikanischstämmigen Musiker explizit und mehrfach von der Kamera hervorgehoben wurden.

- George Michael & Elton John – Don't let the Sun go down on me (1992): Drummer, Pianist, Gitarrist bzw. Bassist (+ zwei 'weiße' Gitarristen).
- Billy Joel – The River of Dreams (1993): Trommler/Percussionist, Akkordeonspieler.
- Fatboy Slim – Rockafeller Skank (1998): Gitarrenspieler.
- Marilyn Manson – Tainted Love (2003): DJ.

Auffallend ist hier in Bezug auf die Kategorie ‚Geschlecht' die Tatsache, dass bis auf eine Ausnahme (Feargal Sharkey), die nicht-weißen Instrumentalisten ausnahmslos männlich sind. Im Fall des Background-Gesangs überwiegen hingegen Sänger*innen*.

5.2.2.4 ‚Nicht-weiße' Darsteller als Tänzer

31 Clips zeigen afrikanischstämmige Darsteller als Tänzer. Dabei sind sie entweder Teil einer Tanzformation, mit einem mehr oder weniger hohen Anteil nicht-weißer Tänzer oder sie werden einzeln als Tänzer inszeniert. Bei der Hervorhebung einzelner Tänzer lässt sich weiter unterscheiden zwischen der Ausübung eines individuellen Tanzstils oder Breakdance.

‚Nicht-weiße' Menschen als Teil von Tanzformationen sind zu finden in:

Duran Duran – Wild Boys (1984) · Boy George – Everything I own (1987) · Bill Medley & Jennifer Warnes – I've had the Time of my Life (1988) · Madonna – Vogue (1990) · Right said Fred – I'm too sexy (1991) · Pet Shop Boys – Where the Streets have no Name (1993) · Björk – It's oh so quiet (1996) · Backstreet Boys – Everybody (1998) · The Offspring – Pretty Fly (1998) – Britney Spears – Baby one more Time (1999) · Pet Shop Boys – New York City Boy (1999) · Blink 182 – All the small Things (2000) · Das Bo – Türlich, türlich (2000) · Sophie Ellis-Bextor – Take me Home (2001)

Einzelne ‚nicht-weiße' (hauptsächlich afrikanischstämmige) Tänzer werden gezeigt in:

- Climie Fisher – Love changes everything (1988): Eine Tänzerin, zusammen mit einer ‚weißen'.
- Bananarama – Help (1989): Zwei Tänzer, zusammen mit einem weiteren ‚nicht-weißen'.
- Guns ‚n' Roses – November Rain (1991): Ein Tänzer.
- Jesus loves you – Bow down Mister (1991): Indischstämmige Tänzerin.
- Madonna – Justify my Love (1991): Ein Tänzer.
- Right said Fred – I'm too sexy (1991): Eine Tänzerin unter mehreren ‚weißen'.
- Bucketheads – The Bomb (1995): Ein Tänzer, zusammen mit einem ‚weißen'.
- George Michael – Fastlove (1996): Mehrere afrikanischstämmige Tänzerinnen und Tänzer, die einzeln gezeigt werden (+ mehrere ‚weiße' Tänzerinnen und Tänzer und eine asiatischstämmige Tänzerin)

- Members of Mayday – Sonic Empire (1997): Ein Tänzer.
- Das Bo – Türlich, türlich (2000): Eine Tänzerin unter mehreren ‚weißen'.
- Rosenstolz – Es könnt ein Anfang sein (2001): Ein Tänzer, der mit der Sängerin einen Paartanz tanzt.
- Robbie Williams – Mr. Bojangles (2002): Steppender Junge.

Afrikanischstämmige Breakdancer sind zu sehen in:

- Pet Shop Boys – Where the Streets have no Name (1993): Ein Breakdancer, in zwei Einstellungen zusammen mit einem weiteren, ebenfalls afrikanischstämmigen.
- George Michael – Fastlove (1996): Drei Breakdancer.
- Fatboy Slim – Rockafeller Skank (1998): Ein Breakdancer zusammen mit einem ‚weißen'.
- The Offspring – Pretty Fly (1998): Gruppe von mehreren Männern, die hintereinander breakdancen.
- Pet Shop Boys – New York City Boy (1999): Ein Breakdancer, zusammen mit einem ‚weißen'.

Während sowohl Frauen als auch Männer in den beiden ersten Gruppen (Formation und einzeln) als Tänzer fungieren, handelt es sich im Falle des Breakdance ausnahmslos um männliche Tänzer. Einzig in Rockafeller Skank wird in einer kurzen Szene eine weiße Darstellerin im für diese Musikkultur untypischen Kleidungsstil der 1960er Jahre breakdancend gezeigt. In der ersten Gruppe wird nur ein nichtweißer Tänzer, im Clip von Rosenstolz, in direktem Bezug zur Interpretin des Titels gezeigt. In allen anderen Videos wirken die Tänzer im Hintergrund – auch, wenn weiße und nicht-weiße dabei z.T. tanzenderweise miteinander in Bezug gesetzt werden.

5.2.2.5 Darstellung ‚nicht-weißer' Kinder

Insgesamt 18 Clips zeigen nicht-weiße, meist afrikanischstämmige Kinder. Dabei lassen sich Videos, in denen nicht-weiße Kinder in einer größeren Gruppe von Kindern zu sehen sind (meist handelt es sich dabei in der Mehrzahl um weiße), von solchen unterscheiden, in denen sie einzeln hervorgehoben werden.

In einer größeren Gruppe werden ‚nicht-weiße' Kinder in folgenden Clips gezeigt:

Pink Floyd – Another Brick in the Wall (1979) · Alphaville – Forever young (1984) · Cyndi Lauper – True Colors (1986) · Bruce Springsteen – Streets of Philadelphia (1994) · Scatman John – Scatman's World (1995) · Manic Street Preachers – A Design for Life (1996) · Korn – Freak on a Leash (1998)

Einzeln hervorgehoben sind ‚nicht-weiße' Kinder in folgenden Videos zu sehen:

- Alphaville – Forever young (1984): Gesicht eines ‚nicht-weißen' Jungen wird im Close Up gezeigt (Teil einer Gruppe von mehreren ‚weißen' Erwachsenen, einem ‚weißen' Jungen und einem afrikanischstämmigen Kind).
- Madonna – Like a Prayer (1989): Afrikanischstämmiger Junge in einem Gospelchor.
- Guns ‚n' Roses – November Rain (1991): Afrikanischstämmiges Mädchen streut Blumen bei einer Hochzeit.
- Die Ärzte – Schrei nach Liebe (1993): Afrikanischstämmiges und europäischstämmiges Mädchen als Handlungsträger.
- Crash Test Dummies – mmmh mmmh mmmh mmmh (1994): Im Rahmen einer Schulaufführung spielt ein afrikanischstämmiger Junge einen Verkehrspolizisten (alle anderen Kinder sind europäischstämmig).
- Greenday – When I come around (1995): Afrikanischstämmiges, im Barockstil gekleidetes Mädchen.
- Scatman John – Scatman's World (1995): Ein afrikanischstämmiger Junge wird von einem europäischstämmigen Reporter auf der Straße interviewt und anschließend mehrfach unter Wasser tauchend gezeigt; zwei mal zwei asiatischstämmige Kinder werden kurz eingeblendet sowie ein afrikanischstämmiges Kleinkind, ‚traditionell' gekleidet in der Wüste.
- The Connells – 74-75 (1995): Eine afrikanischstämmige Frau mit zwei Mädchen.
- Oasis – Stand by me (1997): Ein afrikanischstämmiger Junge streitet mit einem europäischstämmigem um einen Fußball.
- Robert Miles & Maria Nayler – One & one (1997): Ein afrikanisch- und ein europäischstämmiges Mädchen, mit Wasserpistolen spielend.
- Robbie Williams – Mr. Bojangles (2002): Afrikanischstämmiger steppender Junge.

5.2.2.6 Berufliche Tätigkeiten ‚nicht-weißer' Darsteller

In 21 Clips werden nicht-weiße, hauptsächlich afrikanischstämmige, Menschen in beruflichen Tätigkeiten gezeigt:

- Toto – Africa (1982): afrikanischstämmige Büroangestellte
- Sting – Russians (1986): afrikanischstämmiger Priester
- Living in a Box – Living in a Box (1987): afrikanischstämmiger Verkehrspolizist
- Vanessa Paradis – Joe le Taxi (1987): afrikanischstämmiger Taxifahrer
- Guns 'n' Roses – Patience (1989): afrikanischstämmiger Kofferträger im Hotel
- Madonna – Vogue (1990): asiatischstämmiger Butler
- Billy Joel – The River of Dreams (1993): afrikanischstämmiger Priester
- Greenday – Basketcase (1994): afrikanischstämmige Krankenschwester und afrikanischstämmiger Krankenpfleger
- The Rolling Stones – Like a rolling Stone (1995): pakistanisch- oder indischstämmiger Verkäufer in einem Cornershop

- Björk – It's oh so quiet (1996): afrikanischstämmiger Lieferant
- Gary Barlow – Forever Love (1996): nicht-weißer Taxifahrer
- Backstreet Boys – Everybody (1997): afrikanischstämmiger Busfahrer
- Oasis – Stand by me (1997): afrikanischstämmiger Verkäufer und afrikanischstämmige Krankenschwester
- Eminem – The real Slim Shady (2000): zwei afrikanischstämmige Krankenpfleger
- Eminem feat. Dido – Stan (2000): asiatischstämmige Nachrichtenreporterin
- Limp Bizkit – Take a Look around (2000): afrikanischstämmiger Koch oder Kellner
- Madonna – American Pie (2000): Polizist, Krankenpfleger und Krankenpflegerin, Schulbusfahrer, Bauarbeiter und Polizist, alle afrikanischstämmig
- Placebo – Special K (2000): afrikanischstämmige, asiatischstämmige und andere nicht-weiße Krankenschwestern, Ärzte und medizinische Wissenschaftler
- U2 – Elevation (2001): Taxifahrer, indischstämmig
- Avril Lavigne – Sk8er Boj (2002): afrikanischstämmiger Polizist
- Eminem – Without me (2002): afrikanischstämmiger Krankenpfleger

5.2.2.7 Weitere (Einzel-)Inszenierungen

In einer Reihe weiterer Clips werden einzelne nicht-weiße Darsteller inszeniert:

- Duran Duran – Girls on Film (1981): Ein afrikanischerstämmiger Mann wird gezeigt, der einen Eselskopf trägt, auf ihm – huckepack – reitet ein ‚weißes' (auch weiß gekleidetes) Cowgirl.
- Toto – Africa (1982): In einem kolonialen Setting sucht der (‚weiße') Sänger in einer Bibliothek nach dem ihm fehlenden Teil eines Dokuments. Kurz bevor er es findet – es zeigt ein Schutzschild –, erhebt sich ein dunkler Arm ins Bild und wirft einen Speer; in der Folge fängt die Bibliothek durch eine fallende Lampe Feuer. Das Schild des Angreifers zeigt dasselbe Muster wie dasjenige auf dem fehlenden Teil des Dokuments.
- Bananarama – Robert de Niro's waiting (1984): Ein als Mafioso verkleideter Pizzabote läuft über einen Flur, in dem ein afrikanischstämmiger Mann sitzt und liest.
- Murray Head – One Night in Bankok (1985): Asiatischstämmige Menschen mit Chinesenhüten, Thai-Boxer, mit Stäbchen essende Menschen in einer als 'typisch' thailändisch inszenierten Gasse.
- Cyndi Lauper – True Colors (1986): Eine afrikanischstämmige und eine europäischstämmige Frau, beide elegant gekleidet, sitzen in einem Ruderboot (das allerdings auf Sand liegt) und trinken Tee.
- Sting – Russians (1986): Ein afrikanischstämmiger Priester deckt vorsichtig einen im Bett liegenden alten europäischstämmigen Mann zu, der seine ausgestreckte Hand zum Himmel hält. Anschließend faltet der Priester die Hände und bleibt neben dem Bett stehen.

- New Order – Bizarre Love Triangle (1987): Ein europäischstämmiger Mann und eine asiatischstämmige Frau in einem kurzen Dialog (wahrscheinlich handelt es sich dabei um eine Filmszene). Sie (vehement-aufgebracht): „I don't believe in reincarnation because I refuse to come back as a bug or as a rabbit." Er (sarkastisch-abwertend): "Now you're a real up person".

- Madonna – Like a Prayer (1989): Gezeigt wird eine, wie sich allerdings erst am Ende des Clips herausstellt, Theateraufführung, in der ein afrikanischstämmiger Mann zu Unrecht festgenommen wird, als er einer von weißen Männern bedrohten europäischstämmigen Frau helfen will. Am Ende wird er von Madonna aus dem Gefängnis geholt. Gleichzeitig taucht der Mann als Heiligenfigur in einer Kirche auf, die von Madonna angebetet wird. Schließlich wird die Figur lebendig und küsst die auf einer Kirchenbank liegende Madonna.

- New Kids on the Block – Step by Step (1990): Ein afrikanischstämmiger Mann und ein auf einem Motorrad sitzendes Bandmitglied geben sich die Hand.

- Guns ‚n' Roses – November Rain (1991): Ein afrikanischstämmiges Mädchen streut Blumen bei einer Hochzeit, auf dem anschließenden Fest tanzt ein afrikanischstämmiger Mann mit der Braut.

- Jesus loves you – Bow down Mister (1991): Gezeigt wird eine sich im Stand tanzend bewegende Frau mit ausladender Afro-Frisur und einem langen, weiten, rot-weißen Kleid; in einigen Szenen hält sie ihre überlangen, rot lackierten Fingernägel in die Kamera. Sie befindet sich in den meisten Szenen in einer Art Mondlandschaft, im Hintergrund – dem Weltall – sieht man die Erde. Dargestellt wird auch eine indische Frau, einen indischen Tanz tanzend und bekleidet mit einem reich geschmückten Sari sowie diversem Goldschmuck.

- REM – Losing my Religion (1991): Gezeigt wird mehrfach ein afrikanischstämmiger, als Engel verkleideter Mann, mit freiem, muskulösen Oberkörper, kleinen goldenen Flügeln und blondierten Haaren.

- Pet Shop Boys – Where the Streets have no Name (1993): Ein afrikanischstämmiger Mann sitzt zusammen mit zwei europäischstämmigen Revuegirls und dem Duo in einem Cabrio.

- Bruce Springsteen – Streets of Philadelphia (1994): In einem ‚schwarzen' Wohnviertel springen afrikanischstämmige junge Menschen Seil (2x).

- Bucketheads – The Bomb! (1995): Gezeigt wird ein afrikanischstämmiger Mann als Hauptfigur des Clips; ausgestattet mit Afro-Frisur, Sonnenbrille und Kleidung im 1970er-Jahre Stil (Rüschenhemd mit weitem Kragen, Lederjacke), der sich mit zwei europäischstämmigen Frauen an seiner Seite durch mehrere ‚alltägliche' Szenen bewegt (Aufwachen, Anziehen, durch die Straßen laufen, in einen Plattenladen gehen, in einen Club gehen, wo er Platten auflegt).

- Green Day – When I come around (1995): Gezeigt wird ein im Barockstil gekleidetes afrikanischstämmiges Mädchen mit ausladendem weißen Kleid und weißer Perücke.

- Sin with Sebastian – Shut up (1995): Eine afrikanischstämmige Frau in Bikinioberteil und engen Hosen, einem quer über die Augen geschminkten blauen Balken und aufgetürmter Frisur bewegt sich durch die Szenerie (liebkost einen weißen Plüschteddy; zielt, eine Zigarette im Mundwinkel haltend, mit einer Pistole ins Leere, ‚spielt' mit einem übergroßen Teddybären, tanzt und macht eine Kissenschlacht mit dem Sänger des Titels).

- Scatman John – Scatman's World (1995): Vor der Kulisse einer trostlosen Fabrikanlage tragen zwei nicht-weiße Frauen und zwei Kinder schwere Lasten auf dem Kopf; ein afrikanischstämmiger muskulöser Hürdenläufer wird bei einem Wettkampf gezeigt; ein afrikanischstämmiges Kleinkind, in ein bunt gemustertes Tuch gehüllt, spielt mit einer Kette, eine dunkle Frauenhand mit einem ebenfalls folkloristischen Armreif und einer Kette nimmt dem Kind das Schmuckstück ab; ein ‚Beduine' führt ein Kamel durch eine Wüstenlandschaft; ein ‚Indianer' in traditioneller Kleidung tanzt einen Indianertanz.

- George Michael – Fastlove (1996): Zu sehen ist ein afrikanischstämmiger Mann mit einer aufgetürmten Frisur, muskulösem, unbekleideten Oberkörper und einer engen, glänzenden Hose. Hervor sticht eine mit glitzernden und glänzenden Steinen besetzte Gürtelschnalle in der Form eines Reichapfels und ein ebenso besetzter ‚Kragen', welcher den ganzen Hals bedeckt. An den Seiten der Nasenwurzel ist jeweils ein Glitzersteinchen zu sehen, die Zähne sind faulig verfremdet. Mehrfach fängt die Kamera die kreisenden Hüften sowie die aggressive Gesichtsmimik des Darstellers ein.

- Marilyn Manson – The beautiful People (1996): Gezeigt werden zwei lange, schmale Gestalten – afrikanischstämmige Menschen auf Stelzen in langen Kleidern – in langsamen, tanzend-wiegenden Bewegungen.

- Dr. Motte & Westbam – Sunshine (1997): Aufnahmen von der Love Parade in Berlin, die Menschenmassen sowie einzelne Menschen in Großaufnahme zeigen, darunter ein afrikanischstämmiger Mann mit Sonnenbrille und rosa Federhut.

- Foo Fighters – Everlong (1997): Auf einer Party, die der (‚weiße') Hauptdarsteller betritt, sind außer ‚normal' – unauffällig – gekleideten europäischstämmigen Personen zwei afrikanischstämmige Männer zu sehen; einer ist bekleidet mit einem Anzug und einer schmalen, rosafarbenen Sonnenbrille, der andere – sehr muskulös – mit einem ärmellosen, engen Hemd in Schachbrett-Optik.

- Fatboy Slim – Rockafeller Skank (1998): In der ersten Hälfte des Videos bewegt sich eine Gruppe von drei Männern mit einem merkwürdigem Gang (kurze, abgehackte & synchrone Bewegungen), teilweise tanzend, durch die Szenen, einer davon afrikanischstämmig. Alle drei tragen ausladende Afro-Perücken und enge Anzüge im 1970er Jahre-Stil mit Schlaghosen und Turnschuhen. Eine europäischstämmige Frau setzt sich in einem Club zu einem afrikanischstämmigen Mann an den Tisch. Close Up auf einen afrikanischstämmigen Mann, der durch den Club läuft. Mehrere Close Ups auf einen anderen afrikanischstämmigen Mann.

- The Offspring – Pretty Fly (1998): Afrikanischstämmiger ‚Homeboy' mit dicker Goldkette, Muscleshirt und Stirnband, mehrere Rapper in HipHop- Kleidung.
- Depeche Mode – Only when I lose myself (1998): Ein afrikanischstämmiger Transvestit in rosa Kleid, rosa Schal und silbernen Absatzschuhen räkelt sich um einen schwarzen Sportwagen, in dem ein europäischstämmiger Mann sitzt.
- Britney Spears – Baby one more Time (1999): Afrikanischstämmige Basketballspieler, einer wirft einen Korb.
- Pet Shop Boys – New York City Boy (1999): Vor einem Schaufenster bewegen sich zwei afrikanischstämmige Männer in tanzenden Bewegungen, einer trägt Kopfhörer und Sonnenbrille, der andere nimmt seine Sonnenbrille ab und schneidet eine Grimasse in die Kamera. Im berühmten ‚Studio 54' ist unter mehreren ausgefallen zurechtgemachten Tänzern eine grell geschminkte afrikanischstämmige Frau mit gelber Afro-Perücke zu sehen, die einen auffallenden Halsschmuck und einen weißen Plüsch-BH trägt.
- Eminem: The real Slim Shady (2000): Drei afrikanische ‚Homeboys'/Rapper.
- Depeche Mode – Freelove (2001): mehrere weiße und nicht-weiße Menschen (weiblich und männlich) versammeln sich nach und nach auf dem Anhänger eines Wagens und beginnen zu tanzen.
- Avril Lavigne – Sk8er Boj (2002): Ein asiatischstämmiges Mädchen sitzt bei einem europäischstämmigen Jungen hinten auf einem Fahrrad und wirft Flyer in die Luft.
- Sting – Desert Rose (2000): In einem Club tanzen dicht gedrängt männliche und weibliche leicht bekleidete Personen, darunter ein dunkelhäutiger Mann mit Turban und freiem, muskulösen Oberkörper.
- Bon Jovi – It's my Life (2001): Zwei afrikanischstämmige Männer sitzen in einer Limousine, der Hauptdarsteller des Clips, ein europäischstämmiger Junge, rennt über die Dächer von im Stau stehenden Autos, um zu dem Bon-Jovi-Konzert (das in einem Tunnel stattfindet) zu gelangen; er fällt durch das Schiebedach der Limousine, daraufhin werfen die beiden Männer ihn raus.
- Coldplay – The Scientist (2002): Afrikanischstämmige Streetballspieler.
- Eminem – Without me (2002): Afrikanischstämmiger ‚Homeboy' verprügelt Moby-Double, andere Homeboys und Dr. Dre (Rapper)

5.2.3 Zusammenfassung

Folgende Cluster ließen sich auf der Grundlage des Materials induktiv bilden:

1. ‚Nicht-weiße' Darsteller als Teil großer Menschengruppen (45 Videos). Es handelt sich dabei in der Regel um Passanten auf der Straße, Konzertpublika, Kindergruppen bzw. Schulklassen sowie Partygesellschaften und Cliquen.

2. Vergleichbare Inszenierungen ‚nicht-weißer' und ‚weißer' Darsteller (17 Videos). Entweder durch das Einblenden verschiedener Gesichter oder durch das Vollziehen gleicher Handlungen.

3. Inszenierungen afrikanischstämmiger Darsteller im Zusammenhang mit Musik (22 Videos). Entweder als Instrumentalmusiker oder als Background- bzw. Gospelsänger.

4. ‚Nicht-weiße' Darsteller als Tänzer (31 Videos); entweder als Teil größerer Tanzformationen oder einzeln hervorgehoben. Eine Sondergruppe bildet hier die Darstellung von Breakdancern.

5. Darstellung ‚nicht-weißer' Kinder (18 Videos); hier ebenfalls als Teil größerer Menschengruppen oder einzeln hervorgehoben.

6. Darstellung von ‚nicht-weißen' Personen in beruflichen Tätigkeiten (21 Videos).

7. Weitere (Einzel-)Inszenierungen (34 Videos).

Innerhalb des Samples dominieren übergeordnet zwei Formen der Darstellung von nicht-weißen Menschen in Clips weißer Interpreten: Zum einen werden die Darsteller als Teil großer Menschengruppen gezeigt, die meist in der Mehrzahl aus Weißen bestehen (Cluster 1 und teilweise 2, 4 und 5).[397] Zum anderen werden nicht-weiße Darsteller in eigenen ‚Handlungen', jenseits ihres bloßen Auftauchens in einer Menschenmenge (z.B. durch Close-Ups) hervorgehoben (Cluster 3, 6, 7 und teilweise 2, 4 und 5).

Was den ersten Fall, die Darstellung größerer Menschenmengen betrifft, so werden die gezeigten Personen nicht in besonderer Weise in Szene gesetzt, sondern tauchen lediglich in einer Menge auf, ohne besondere Handlungen zu vollziehen. In den meisten Fällen handelt es sich hierbei um (pseudo-)dokumentarische Aufnahmen[398] von Straßenszenen, in denen mehrheitlich weiße und einige nicht-weiße Passanten zu sehen sind[399]; häufiger dargestellt werden auch Konzertpublika in großen

---

[397] Zwar werden zahlreiche Aufnahmen von Menschenmassen gezeigt, die (auf den ersten Blick) ausschließlich ‚weiß' sind. Große Gruppen, in denen Nicht-Weiße dominieren, tauchen jedoch nur in sehr wenigen Fällen auf: Im Video *Under Pressure* von Queen & David Bowie (1981) wird zu Beginn eine Masse asiatischstämmiger Menschen an einem U-Bahnhof gezeigt, in *Scatman's World* von Scatman John (1995) eine Masse von die Fäuste hebenden asiatischstämmigen Menschen an einem nicht näher zu bestimmenden Ort. Andere nicht-weiße Menschenmassen werden – zumindest im vorliegenden Materialkorpus – nicht gezeigt. Einzig im Video *St. Anger* der Heavy-Metal-Band Metallica (2003), das in einem US-amerikanischen Staatsgefängnis gedreht wurde, sind – im Vergleich zu den in den übrigen Clips gezeigten Menschenmassen – verhältnismäßig viele nicht-weiße Personen (Gefängnisinsassen) zu sehen.

[398] Inwieweit solche Aufnahmen tatsächlich dokumentarisch sind muss an dieser Stelle dahingestellt bleiben. Es ist jedoch davon auszugehen, dass beim Dreh eines Musikvideos möglichst nichts dem Zufall überlassen bleibt (siehe ausführlich zur Produktion eines Musikvideos www.clipland.de/Wissen/Musikvideos, Stand: Oktober 2003).

[399] Z.B. Ultravox – Dancing with Tears in my Eyes (1982); New Order – Bizarre Love Triangle (1987); Living in a Box – Living in a Box (1987); Nirvana – In Bloom (1991); Red Hot Chili Pep-

Hallen oder Stadien[400], kleinere ,gemischte' Gruppen wie z.B. Schulklassen bzw. Kindergruppen[401] oder Partygesellschaften bzw. Cliquen.[402]

Neben der rein quantitativ am häufigsten vorkommenden Darstellung nicht-weißer Personen als Teil unterschiedlich großer Menschengruppen sind für die übergeordnete Fragestellung nach den verschiedenen Inszenierungspraktiken vor allem jene Videos von Interesse, in denen nicht-weiße Darsteller nicht nur innerhalb einer größeren Menschenmenge auftauchen, sondern individuell in Szene gesetzt werden. Um diese Clips geht es im Folgenden.

pers – Under the Bridge (1991); U2 – The Fly (1991); Bruce Springsteen – Streets of Philadelphia (1994); Scatman John – Scatman's World (1995); Baddiel & Skinner – Three Lions (1996); Dr. Motte und Westbam – Sunshine (1997); Robert Miles & Maria Nayler – One & One (1997); The Verve – Bitter Sweet Symphony (1997), Manu Chao – Bong bong (2000); Bon Jovi – It's my Life (2001); Robbie Williams – Road to Mandalay (2001); U2 – Elevation (2001).

[400] Z.B. Wham! – Wake me up before you go go (1984); Feargal Sharkey – A good Heart (1985).

[401] Z.B. Pink Floyd – Another Brick in the Wall (1979); Cyndi Lauper – True Colors (1986); Bruce Springsteen – Streets of Philadelphia (1994); Scatman John – Scatman's World; Korn – Freak on a Leash (1998); Britney Spears – Baby one more Time (1999).

[402] Z.B. Bucketheads – The Bomb (1995); The Rolling Stones – Like a rolling Stone (1995); Members of Mayday – Sonic Empire (1997); Sting – Desert Rose (2000).

6 QUALITATIVE ANALYSE: EXPLIKATION UND INTERPRETATION

Die entwickelten Cluster geben einen ersten strukturierten Überblick darüber, in welchen Rollen und Kontexten ‚nicht weiße' Darsteller in Videoclips von ‚weißen' Interpreten gezeigt werden. Die Möglichkeit der induktiven Clusterbildung auf einer breiten Materialbasis zeigt, dass es hinsichtlich der Inszenierung des ‚Anderen' in Musikvideos abzugrenzende Rollenmuster gibt. Es handelt sich bei der massenmedialen Repräsentation ‚nicht-weißer' Personen im Kontext des Musikfernsehens also nicht um eine heterogene Ansammlung unterschiedlichster Inszenierungsmöglichkeiten. Vielmehr scheinen die entsprechenden Darsteller aufgrund ihrer ethnischen Verweisfunktion als ‚markierte' Andere auf eine darstellerisch eben nicht beliebige Art und Weise im visuellen Diskurs des Musikfernsehens verortet zu sein.

Zwar wurden Aussagen dieser Art bereits von anderen Untersuchungen getroffen (siehe Kap. 2.1). Die Feststellung dieses Befundes erhebt im vorliegenden Kontext, da sie auf empirisch-systematisch erhobener Grundlage getroffen wird, jedoch den Anspruch einer nicht-pauschalisierenden, über den einzelnen Gegenstand hinausgehenden und damit objektivierbaren Gültigkeit.

Im Folgenden wird das noch grobe Raster der entwickelten Cluster mittels einer genaueren Auseinandersetzung mit dem Material – den Videoclips – differenziert betrachtet und erläutert (Kap. 6.1) und anschließend unter Bezugnahme auf die diskurstheoretischen Grundlegungen (Kap. 4.1 und 4.2) sowie die Gegebenheiten der diskursiven Praxis (Kap. 4.3. und 4.4) interpretiert und analysiert (Kap. 6.2 und 6.3). Abschließend werden die auf dieser *inhaltlichen* Ebene gewonnenen Erkenntnisse über die Darstellungspraxis in Musikvideos auf der *strukturellen* – abstrahierten – Ebene in einem Modell zusammengefasst, welches auf der Basis der systemtheoretischen Grundlegungen (Kap. 3.1 bis 3.6) sowie der praktischen Gegebenheiten der Subsysteme Musikfernsehen (Kap. 3.8; übergeordnet: Massenmedien) und Musikindustrie (Kap. 3.7, übergeordnet: Ökonomie) eine Erklärung dafür bietet, auf welche Weise und warum die Dominanz bestimmter Darstellungspraktiken zustande kommt (Kap. 6.3.2). Grundlegend für dieses Erklärungsmodell sind die Ergebnisse der empirischen Studie (Befund – Cluster) sowie die darauf basierende Analyse (Explikation und Interpretation): Nur die systematisierte Auseinandersetzung mit einer breiten Materialbasis schafft eine solide Grundlage für objektivierbare Aussagen, die über einzelne Clips hinausgehen. Nur auf diese Weise lassen sich allgemeine Implikationen im Hinblick auf den in Musikvideos reproduzierten Diskurs über das ‚Andere' ableiten. Es geht also um die systematische Verknüpfung der theoretischen Erkenntnisse mit den gewonnenen empirischen Aussagen.

Der Fokus richtet sich im Folgenden zunächst genauer auf die einzelnen, induktiv entwickelten Cluster. Da sich die vorliegende Arbeit die Erfassung von Inszenierungsweisen auf einer breiten Materialbasis zum Ziel gesetzt hat, kann dabei nicht jeder Clip in seiner ganzen Komplexität erfasst werden – dieses Vorgehen würde der Fragestellung nicht gerecht werden. Herausgearbeitet werden soll, wie und inwieweit Fragmente des (hegemonialen) Diskurswissens über das ‚Andere' (Kap. 4.3 und 4.4) mittels einzelner Inszenierungsweisen reproduziert werden, wo und wie die Hegemonie gängiger Darstellungen in Frage gestellt wird und wie sich bestimmte Inszenierungen in den zeitgenössischen Diskurs jugendbezogener Popkultur einordnen lassen. Es ist evident, dass bei der dabei vollzogenen, notwendigen Bezugnahme auf *übergeordnetes*, vom einzelnen Gegenstand unabhängiges Diskurswissen immer der hegemoniale Diskurs implizit reproduziert wird. Die Perspektive auf übergreifende Strukturen beinhaltet im Gegensatz zu partikularen Sichtweisen in einem ersten Schritt immer eine Orientierung am dominanten Wissensdiskurs. Erst der Zwischenschritt einer Kenntnisnahme hegemonialer Gegebenheiten ermöglicht letztendlich das Erkennen sowohl von hegemonialen, d.h. affirmativen, als auch von subversiven Inszenierungen sowie ihren vielfältigen Zwischenstufen. Unabhängig von dem rein quantitativen Befund, dass ‚nicht-weiße', und hier vor allem afrikanischstämmige Darsteller in mehr als einem Drittel der Videos von ‚weißen' Interpreten vertreten sind (42,5% aller Clips, d.h. von Einzelinterpreten, Duos und Bands), sind einzelne Inszenierungsweisen insofern signifikant, als sie den hegemonialen Diskurs über das ‚Andere' in einem Spektrum von affirmativ bis dekonstruktiv reproduzieren können.

6.1   Inszenierungen – Diskursbezüge

Vorab sei der im Folgenden angewendete Stereotypenbegriff kurz erläutert: Auf die Ebene der Darstellung von Personen bezogen, wird ein ‚Stereotyp' im vorliegenden Zusammenhang verstanden als „Komplex[e] von Eigenschaften, die Personen aufgrund [ihrer] Zuordnung zu Gruppen zugeschrieben werden".[403] Im vorliegenden Fall ist zu ergänzen: Es handelt sich um Zuschreibungen in Bezug auf als ‚nicht-weiß' und ‚nicht-männlich' (d.h. in der Regel als ‚weiblich') klassifizierte Personen, die innerhalb des hegemonialen Diskurses aus der Position einer männlich-weißen *bezeichnenden* Normativität heraus vorgenommen werden (siehe Kap. 2.2.1). Diese Stereotypen sind einerseits Teil individueller Vorstellungswelten, andererseits bilden sie den Kern eines konsensualen, kulturell geteilten Vorstellungsbildes in Be-

---

[403] Stroebe 1980, S. 73f.

zug auf typische Merkmale von Personengruppen.[404] Sie sind Teil des in Kap. 4.5
behandelten diskursiven ‚Hintergrundwissens', welches v.a. durch die Medien hervorgebracht und fortgeschrieben wird. Aus Gründen der Komplexitätsreduzierung
setzt sich dieses Hintergrundwissen auch aus Stereotypen zusammen. Auf die Kategorie ‚Geschlecht' bezogen bedeutet dies z.b., dass die Inszenierung einer weiblichen Person durch die Ausstattung mit bestimmten Merkmalen, die Situierung in
einem bestimmten Kontext usw. als ‚Hausfrau', als ‚Karrierefrau', als ‚Flittchen'
usw. erkannt wird. Die Inszenierung (Verhalten, Kleidung, Sprache, Umfeld etc.)
macht es dem Rezipienten möglich, eine entsprechende (stereotype) Darstellung in
das bestehende Hintergrundwissen einzuordnen und deshalb (z.b. im Kontext einer
Filmhandlung) zu verstehen. Nur so, durch die Existenz bestimmter stereotyper
Vorstellungen und Denkschemata (vgl. Kap. 4.5), ist es auch möglich, Abweichungen als solche zu erkennen und hervorzubringen und so Änderungen von Denk- und
Inszenierungsweisen wahrzunehmen. Die Verwendung der Stereotypen schließt also
nicht aus, dass – z. B. zur Erregung von Aufmerksamkeit – Abweichungen vom
Gewohnten präsentiert werden (siehe Kap. 6.3.3 und 6.3.4). Dennoch muss die
Funktion der Grundkonstante ‚Stereotyp' als dominierende Prägung erkannt wer-
den.

In ihrer Gesamtheit formen Stereotype, in diesem Fall die Vorstellungen über
bestimmte Personengruppen, ein ‚Wissen', einen Diskurs über die ‚Anderen' (siehe
auch Kap. 4.1 und 4.2). Die gesamtgesellschaftliche Relevanz dieses Wissens liegt
in der kollektiven, nicht zuletzt massenmedialen Tradierung und Benutzung entsprechender Diskurse, wodurch die Hegemonie einer bestimmten Wissensordnung
erst etabliert werden kann (siehe dazu konkret in Bezug auf die Kategorien ‚Ethnizität' und ‚Geschlecht' Kap. 4.3 und 4.4). Kulturelle Vorstellungsbilder und in Verbindung damit auch konkrete Darstellungsweisen und Merkmalsbeschreibungen im
Hinblick auf Ethnizität und Geschlecht sind wesentliche Bestandteile des diskursiven Wissens über diese Kategorien. Eben aufgrund ihrer Stereotypizität geben sie
den hegemonialen Diskurs wieder, der die wahrgenommene Realität maßgeblich
prägt. Wenn im Folgenden in Bezug auf bestimmte Inszenierungen von nicht-
weißen (und nicht-männlichen) Darstellern von Stereotypen die Rede ist, so wird

---

[404] Thomas Eckes beschreibt fünf Funktionen, welche (Geschlechter-)Stereotype im sozialen Kontext
für das Individuum erfüllen: (1) Ökonomie: Maximierung von Informationsgehalt bei Minimierung
des kognitiven Aufwandes; (2) Inferenz: Reduktion der Unsicherheit durch Schlüsse auf nicht direkt
beobachtbare Merkmale (hierunter fallen auch Erklärungen, Vorhersagen, Verallgemeinerungen); (3)
Kommunikation: sprachliche wie nichtsprachliche Verständigung zwischen Menschen; (4) Identifikation: Selbstkategorisierung mit dem Ziel eines kohärenten Selbstkonzepts; (5) Evaluation: Bewertung von Eigengruppen (d.h. Gruppen, zu denen sich ein Individuum selber zählt) und ihren Merkmalen in Relation zu Fremdgruppen (Eckes in Becker/Kortendiek 2004, S. 168).

dieser Begriff deshalb verstanden als inhaltlich geprägtes Element des hegemonialen diskursiven Wissens über das ‚Andere'.

6.1.1 Musikalität

Im westlichen Diskurs über ‚die Schwarzen' ist Musikalität eine der gängigsten Zuschreibungen von Seiten der ‚weißen' Kultur gegenüber afrikanischstämmigen Menschen (vgl. Kap. 4.3.1 und 4.3.2). Dieses Image lässt sich zwar historisch herleiten[405], die Häufigkeit jener Inszenierungen, in denen afrikanischstämmige Darsteller im Zusammenhang mit der Eigenschaft ‚Musikalität' inszeniert werden, zeigt jedoch, wie Zuschreibungen durch ständige Wiederholungen erst zu Stereotypen im ‚kollektiven Gedächtnis' werden können. Davon abgesehen – das machen die Ergebnisse der Clusterbildung in ihrer Gesamtheit deutlich – werden bestimmte Vorstellungsbilder auch durch die Reduktion und Konzentration der Darstellung von markierter Ethnizität auf bestimmte, wenige Aspekte in ihrer Ausschließlichkeit noch verstärkt.

Musikalität afrikanischstämmiger Menschen wird in den erfassten Videos entweder durch Gesang oder das Spielen von Instrumenten verdeutlicht (in je 11 Videos), wobei in letzterem Fall die gezeigten Darsteller bis auf eine Aunahme ausschließlich männlich sind. Die Beherrschung eines Instruments wird in der medialen Inszenierung von Musikvideos eindeutig männlichen Darstellern zugeordnet. Dieses Darstellungsmuster schließt an die quantitative (mediale) Dominanz männlich besetzter Bands an (siehe Kap. 5.2.1), die vor allem männliche Instrumentalisten in die öffentliche Wahrnehmung rückt.

In drei Videos werden afrikanischstämmige Darsteller als Gospelsänger inszeniert – entweder innerhalb eines ganzen Chores von ausschließlich farbigen Personen oder als einzelne Sänger. Dabei tragen sie die ‚typischen' Roben amerikanischer Gospelchöre. Diese Inszenierungen verweisen nicht nur auf Musikalität an sich, sondern insofern auch explizit auf ‚Afrikanisch'- bzw. ‚Afroamerikanisch'- und damit auf ‚Schwarz-Sein', als es sich beim Gospel um einen afroamerikanischen Musikstil handelt, der mehrheitlich von afrikanischstämmigen Sängern praktiziert wird. Zum Tragen kommen hier, auch im jeweiligen Kontext des einzelnen Musikvideos, Zuschreibungen wie eine besonders ausgeprägte Spiritualität, Lebensfreude, Spontaneität und ein besonderes Rhythmusgefühl. Teilweise werden Andeutungen von ‚Extase' gezeigt, ein Verweis auf die Zuschreibung der Fähigkeit von afrikanischstämmigen Menschen, sich ganz der Musik, dem Gesang und dem

---

[405] Vgl. u.a. Wicke in ders 2001, S. 15 und 20; Frith 1992, S. 68-88; Middleton in Wicke 2001, S. 65, 74 und 99; Wicke 2001, S. 132f sowie Carl 2004.

Rhythmus hingeben zu können (z.b. Madonna – Like a Prayer, 1989; Billy Joel – The River of Dreams, 1993). Daneben werden häufig Backgroundsängerinnen gezeigt – entweder allein oder zusammen mit europäischstämmigen Sängerinnen. Backgroundgesang wird – der Realität von Life-Konzerten entsprechend – im Gegensatz zum Spielen eines Instruments weiblichen Darstellern zugeordnet; lediglich in zwei Clips – Billy Joel's *River of Dreams* (1993) und Echt's *Junimond* (2000) – sind männliche afrikanischstämmige Backgroundsänger zu sehen. Im Gegensatz zu männlichen Protagonisten, denen sowohl das Spielen eines Instruments als auch der Gesang als musikalische Aktivität offen stehen, konzentriert sich die Rolle von Frauen im populärmusikalischen Kontext im Wesentlichen auf den Gesang. Auch in gemischtgeschlechtlichen Bands besteht der ,weibliche Anteil' in der Regel aus einer (Front-)Sängerin, während die Instrumente von männlichen Mitgliedern gespielt werden. Darüber hinaus werden im Musikfernsehen weitaus mehr männlich besetzte Bands gezeigt als männliche Einzelinterpreten, während auf der anderen Seite mehr weibliche Einzelinterpreten (Sängerinnen) als weiblich besetzte Bands zu sehen sind (vgl. Kap. 5.2.1). Backgroundsängerinnen werden vor allem in Videos von männlichen Interpreten gezeigt, wo sie im Rahmen einer Bühnenperformance inszeniert werden. Körperbetonte Kleidung und weiche, rhythmische Bewegungen verweisen dabei auf die erotisierte Funktion eines ,Eye-Catchers' (z.B. Feargal Sharkey – *A good Heart*, 1985; George Michael & Elton John – *Don't let the Sun go down on me*, 1992).

Was das Spielen von Instrumenten betrifft – in diesem Zusammenhang wurden im vorliegenden Sample bis auf eine Ausnahme[406] ausschließlich afrikanischstämmige Männer gezeigt –, so werden die Darsteller häufig als Drummer oder Percussionisten eingesetzt – ein Verweis auf die kulturhistorisch herzuleitende Zuschreibung eines besonderen Rhythmusgefühls afrikanischstämmiger Menschen. Exemplarisch hierfür ist Billy Joel's Video *The River of Dreams* (1993), in dem der Stereotyp des musikalischen, rhythmusbetonten Schwarzen gezeichnet wird: In der Anfangssequenz sitzt hier ein ein afrikanischstämmiger Mann einsam am Ufer eines Flusses und spielt auf einer Trommel. Durch die Einbettung des Darstellers in eine zivilisationsferne Naturlandschaft wird die ethnisierte ,Ursprünglichkeit' der Szene im Sinne einer ,Authentisierung' ,schwarzer' Merkmalszuschreibungen weiter verstärkt. Bezeichnend ist auch das Video *Africa* (1982) der normalerweise ausschließlich aus europäischstämmigen Männern bestehenden Band Toto. Hier ist ein afrikanischstämmiger Percussionist zu sehen, der mit der Band auf einer Bühne steht, welche in Form eines Buches mit dem Titel „Africa" gestaltet ist. Die Zuschreibung eines ausgeprägten Rhythmusgefühls wird in der Inszenierung eines afrikanisch-

---

[406] In Feargal Sharkey's Clip *A good Heart* (1985), sind eine afrikanischstämmige und eine europäischstämmige Drummerin zu sehen.

stämmigen Percussionisten – noch dazu im Video zu dem Titel „Africa" besonders deutlich. In einer anderen Szene von Billy Joel's *The River of Dreams* sitzt ein alter Mann auf einer Veranda im Schaukelstuhl und spielt Akkordeon. Die Ruhe und Gelassenheit, welche sowohl Haltung und Gesichtsausdruck des Darstellers als auch die im Hintergrund dargestellte unbewegte Landschaft (Feld, Waldrand) ausdrücken, verweisen auf die im Zusammenhang mit älteren afrikanischstämmigen Männern häufige gemachte Zuschreibung der, wie Hall es ausdrückt, „primitive nobility of the aging tribesman" [407]. Auch im Video *Every Breath you take* von The Police (1983) werden vier alte Männer in diesem Sinne als Violinisten gezeigt. Diese empirischen Befunde decken sich insoweit mit den theoretischen Annahmen und Erkenntnissen zur Rolle von afrikanischstämmigen Personen in der westlichen Populärkultur (siehe Kap. 4.3).

6.1.2 Körperlichkeit, Ästhetisierung und Exotisierung[408]

Die Häufigkeit der Darstellung von afrikanischstämmigen Menschen im Kontext von Tanz und Bewegung (31 Videos) verweist auf die Bedeutung von Körperlichkeit und Körperbewusstsein im westlichen Diskurs über afrikanische, ‚schwarze' Kultur. Vor allem im Kontext populärer Unterhaltungskultur wurden und werden afrikanischstämmige Darsteller immer wieder im Zusammenhang mit den Faktoren ‚Körperlichkeit' und ‚Sportlichkeit' – häufig im Zusammenhang mit Musik – inszeniert (vgl. Kap. 4.3.1 und 4.3.2). In der Visualisierung dieser Zuschreibungen spielt dabei auch die Darstellung von partieller Nacktheit häufig eine Rolle.[409] – Ein Befund, der sich auch in der vorliegenden Studie über Musikvideos teilweise widerspiegelt.

Abgesehen von der Darstellung afrikanischstämmiger und anderer ‚nicht-weißer' Tänzer in ethnisch ‚gemischten' Tanzformationen und dem Einsatz als Breakdancer, also als Repräsentanten eines afroamerikanischen Tanz- und Musikstils, zeigt die vorliegende Studie ein vielgestaltiges Bild von nicht-weißen Tänzern. Partielle Nacktheit, d.h. unbekleidete (und immer muskulöse) Oberkörper der Tänzer, findet

---

[407] Hall in Dines/Humez 1995, S. 22.

[408] Im vorliegenden Zusammenhang meint Exotisierung – als zeitlich und räumlich relationaler und dynamischer Begriff – die Darstellung nicht-weißer Menschen als genuin ‚Anderes' durch die Ausstattung mit bestimmten Merkmalen und spezifische Arten der Präsentation, die eine (meist implizite) Kontrastierung zu ‚weißer' Kultur und Lebensweltvorstellungen hervorbringen. „Das ‚Exotische' ist zunächst wie das ‚Fremde' ein relationaler Begriff einer antonymen Struktur, der sich aus jeweils eigener Sicht auf ein (unbekanntes) Anderes bezieht. Dieses Andere ist jedoch nicht nur fremd im Sinne von ‚nicht-vertraut', sondern wird als ‚ganz und gar ungewöhnlich und ausgefallen empfunden" (Mosbach 1999, S. 26).

[409] Vgl. dazu u.a. Mosbach 1999, S. 186.

sich u.a. in den Clips *Help* von Bananarama (1989), *Fastlove* von George Michael (1996) und *Sonic Empire* von Members of Mayday (1997). Ersterer inszeniert die Attraktivität und ‚Männlichkeit' der muskulösen nicht-weißen Tänzer im Kontrast zu zwei weißen ‚Möchtegern-Tänzern' mit untrainierten und behaarten Oberkörpern sowie eher unattraktiven Gesichtszügen. Die erotisch konnotierte Inszenierung afrikanischstämmiger Männlichkeit im Clip *Help* wird in dem Video *Fastlove* zusätzlich mit den Komponenten ästhetisierter ‚Wildheit' und ‚Exotik' erweitert – ein Verweis auf die historische Figur des ‚edlen' bzw. ‚barbarischen' Wilden (siehe Kap. 4.3.1). Gezeigt wird mehrmals ein afrikanischstämmiger männlicher Darsteller mit muskulösem Oberkörper, enger schwarzglänzender Hose und faulig verfremdeten Zähnen. Auffallend sind eine glitzernde Gürtelschnalle in Form eines Reichsapfels[410] und eine Art Kragen, ebenfalls aus glitzernden Steinen bestehend, welcher den gesamten Hals bedeckt. In einem in kühles blaues Licht getauchten Setting, einem großen, mit futuristischen Möbeln spärlich eingerichteten Raum, bewegt sich der Darsteller in tanzenden, geschmeidigen Bewegungen; mehrmals richtet sich die Kamera auf seinen zu einer Art bedrohlichem Fauchen aufgerissenen Mund und die drohend blickenden Augen sowie seine kreisenden Hüften – in einer Szene vor einer verführerisch tanzenden Frau. Durch die visuelle Hervorhebung des modellierten Körpers, den mehrmaligen Kamerafokus auf die Penetration andeutende Lendengegend sowie die Betonung einer bedrohlichen Gesichtsmimik werden die Zuschreibungen bzw. Stereotype von körperlicher Ästhetik, Erotik, Potenz sowie animalisierter Wildheit und Bedrohlichkeit hier besonders deutlich reproduziert.

Während in der zuvor beschriebenen Inszenierung vor allem historisch verankerte Zuschreibungen des ‚Wilden' zum Tragen kommen, repräsentiert das Video in einer weiteren Szene ein neues, zeitgenössisches Stereotyp von ‚Schwarz-Sein': die Darstellung ‚schwarzer Coolness' im Sinne einer im jugendkulturellen Popkontext nachahmenswerten, positiv konnotierten Lässigkeit von Lebensstil und Habitus in Verbindung mit bestimmten Kleidungs- und Bewegungscodes sowie spezifischen musikalischen Präferenzen. Diese Coolness wird inszeniert durch die Verbindung einer bestimmten, durch Bewegung (Tanz) ausgedrückten Körperästhetik mit einem spezifischen Outfit (Sonnenbrillen, weite Hosen, Schmuck, Caps, freier muskulöser Oberkörper usw.). In Szene gesetzt wird diese ‚schwarz' konnotierte Coolness durch drei afrikanischstämmige (Break-)Tänzer, die in mehreren Szenen am Ende des Clips gezeigt werden.[411] Vergleichbar in der Inszenierung ist die Darstellung

---

[410] Die Darstellung dieses monarchischen Machtsymbols in der Lendengegend lässt auf weitere sexuelle Referenzen schließen.

[411] Der Aspekt der ‚schwarzen' Coolness spielt vor allem in den neueren, d.h. seit Ende der 1990er Jahre entstandenen Clips eine wichtige Rolle. So gibt es zahlreiche Videos, in denen europäischstämmige Interpreten afrikanischstämmige Sänger ‚featuren' (to feature somebody: jemanden in einer Hauptrolle zeigen). Vor allem Rapper und Rapperinnen werden gefeatured und geben der visu-

eines einzelnen afrikanischstämmigen Tänzers im Clip *Sonic Empire* von Members of Mayday (1997). Der Darsteller wird zunächst am Anfang des Videos auf einem Sofa sitzend im Kreis einiger ‚cooler‘ junger Menschen gezeigt, die sich rhythmisch zur Musik bewegen. Als erster steht er auf und beginnt exzessiv zu tanzen. In einer späteren Einstellung wird der gleiche Darsteller mit freiem, muskulösem Oberkörper gezeigt, wie er alleine in der Ecke eines Raumes tanzt und einen Salto schlägt. Diese Inszenierungen speisen sich aus der afroamerikanischen Rap-Kultur, die einen neuen, musikbezogenen jugendkulturellen Style hervorgebracht hat. In entsprechenden Inszenierungen, die in einer Reihe von Musikvideos zu finden sind (siehe Kap. 6.2.1.1), werden die historischen Zuschreibungen von Rhythmusgefühl und einer damit verbundenen Körperästhetik in den zeitgenössischen Kontext übertragen.

Vor allem die amerikanische Pop-Ikone Madonna ist bekannt für die Inszenierung nicht-weißer, vor allem afrikanischstämmiger und lateinamerikanischer Darsteller in ihren Videoclips – häufig in erotisierter Funktion.[412] So wird in Madonnas Clip *Justify my Love* (1991) mit den Zuschreibungen ‚schwarzer‘, körperbetonter Eleganz und Beweglichkeit gearbeitet. Neben der Darstellung verschiedener, ausschließlich weißer Personen zieht sich wie ein roter Faden die wiederholte Darstellung eines afrikanischstämmigen Tänzers durch den Clip. Ausgestattet mit langen, metallisch glänzenden Fingernägeln und gekleidet in ein enges Trikot, bewegt er sich, häufig im Stand, mit schlangenartigen und eleganten Bewegungen. Bei der Wanderung der Kamera durch verschiedene Räume eines Hotels, in denen unterschiedliche Personen bei erotisch-intimen Handlungen zu sehen sind, bilden die Zwischenschnitte auf den nicht-weißen Darsteller mit seinen fließenden Bewegungen gewissermaßen eine visuelle Konstante im Hinblick auf die Repräsentation ästhetisierter Körperlichkeit. Auch in Madonnas Video *Vogue* aus dem Jahr 1990, in welchem dem Titel entsprechend verschiedene attraktive ‚Models‘ gezeigt werden, findet sich die Inszenierung ‚schwarzer‘ Ästhetik und Erotik. Die gesamte visuelle Inszenierung des Videos ist auf die Präsentation gutaussehender, sich ästhetisch bewegender ‚Models‘ ausgerichtet – entweder durch elegantes und graziöses Posieren oder durch rhythmische Bewegungen zur Musik. Durch die Fokussierung auf attraktive Körper und Gesichter wird die Inszenierung sowohl von weißen als auch von nicht-weißen Darstellern in diesem Clip explizit an die Inszenierung ästhetisierter Körperlichkeit und Bewegung gebunden. Hervorgehoben (durch mehrere Close-Ups) wird ein knabenhaft aussehender, nicht-weißer Darsteller mit sehr weichen

---

ellen Darstellung weißer Interpreten durch Sprechgesang, Gesten und Tanz einen ganz neuen ‚Glanz‘ von Coolness (siehe Kap. 6.2.1.1).

[412] Für eine ausführliche Auseinandersetzung mit diesem und anderen Aspekten des ‚Phänomens Madonna‘ siehe den Sammelband von Schwichtenberg (1993).

Gesichtszügen, dessen maskulin-lässige Posen im Gegensatz zu seinem jugendlichen, weichen Aussehen stehen. Die Rolle eines Darstellers, der aufgrund der äußeren Erscheinung gerade durch sein ‚männlich-lässiges' Gebaren die Diskrepanz zu stereotypen Männlichkeitsvorstellungen (stark, muskulös, kantig usw.) verdeutlicht, wird hier mit einem nicht-weißen Protagonisten besetzt und verweist damit auf die im Zusammenhang mit dem ‚Anderen' häufiger angewendete Zuschreibung der Feminisierung, die das ‚Andere' sozusagen ‚doppelt markiert' (als ‚nicht-männlich' und als ‚nicht-weiß') in einer marginalisierten Position verortet.[413]

Trotz der zentralen Bedeutung der Darstellung von (körperlicher, heterosexueller) Liebe in der Visualisierung von Popmusik (vgl. Kap. 1) und obwohl in einem Großteil der ausgestrahlten Musikvideos sowohl weiße als auch nicht-weiße Darsteller inszeniert werden (vgl. Kap. 5.2.1), wird eine Liebesbeziehung zwischen weißen und nicht-weißen Personen kaum gezeigt. Insgesamt werden nur in zehn Clips europäisch- – afrikanischstämmige Paare gezeigt:

Duran Duran – Girls on Film (1981) · Wham – I'm your man (1986) · Madonna – Like a Prayer (1989) · Guns 'n' Roses – November Rain (1991) · Bucketheads – The Bomb (1995) · Gary Barlow – Forever Love (1996) · George Michael – Fastlove (1996) · Madonna – American Pie (2000) · Depeche Mode – Freelove (2001) · Rosenstolz – Es könnt ein Anfang sein (2001)

Bis auf zwei Ausnahmen (Rosenstolz und Madonna) handelt es sich dabei um mehr oder weniger deutlich von der Kamera eingefangene Paare aus dem Kreis der Darsteller, die neben anderen, meist ‚weiß-weißen' Paaren gezeigt werden. Heraus sticht die Darstellung eines afrikanischstämmigen Tänzers in dem Video *Es könnt ein Anfang sein* von Rosenstolz (2001). Hier tanzt der Darsteller einen innigen Paartanz mit der Sängerin, wobei die durch das Tragen eines weißen Hemdes zusätzlich betonte, sehr dunkle Haut des Tänzers den hellen Teint der Sängerin kontrastiert. Durch Liebkosungen und die Andeutung eines Kusses werden auch seine potentiellen Fähigkeiten als Liebhaber vermittelt. Hier handelt es sich um eines der beiden einzigen Beispiele, in denen ein nicht-weißer (afrikanischstämmiger) Darsteller in erotisierter Funktion direkt mit der europäischstämmigen Interpretin in Bezug gesetzt wird (ansonsten noch bei Madonna – Like a Prayer, 1989). Lediglich in *November Rain* der männlich besetzten Band Guns 'n' Roses (1991) wird die Hauptdarstellerin, eine europäischstämmige Frau, die im Verlauf der Handlung des Videos den Leadsänger Axl Rose kirchlich heiratet, in einer kurzen Szene am Ende des Videos gezeigt, wie sie mit einem afrikanischstämmigen Mann tanzt. In *The Bomb* von den Bucketheads (1995) wird der afrikanischstämmige Hauptdarsteller in Bezug zu zwei europäischstämmigen Frauen gesetzt – in sexueller Hinsicht insoweit,

---

[413] Vgl. dazu Wollrad 2005, S. 90-92.

als die drei in der Anfangsszene kurz nach dem Aufwachen in einem Bett gezeigt werden.

Die bisher genannten Beispiele zeigen den engen Zusammenhang von durch tanzende Bewegungen vermittelter Körperlichkeit und Erotik sowie Ästhetisierung bzw. Exotisierung in Bezug auf afrikanischstämmige Darsteller. Doch nicht nur die im Tanz ausgedrückte Körperlichkeit des jeweiligen Darstellers, sondern auch die nicht direkt an einen musikalischen Rhythmus gebundene körperliche Bewegtheit implizieren im Zusammenhang mit der ethnischen Verweisfunktion eines ‚nichtweißen' Darstellers ästhetisierte ‚Andersheit'. So werden beispielsweise in *The beautiful People* von Marilyn Manson (1996) Exotik und Ästhetik des ‚Anderen' weitgehend losgelöst von den Bewegungen des Tanzes sowie der Inszenierung von Erotik dargestellt. Der Clip zeigt u.a. zwei mit langen dunklen Gewändern bekleidete afrikanischstämmige Darsteller, die sich an mehreren Stellen des Videos auf Stelzen – in entsprechend staksigen Bewegungen – vorwärts bewegen. In der Fremdartigkeit ihrer Bewegungen wird die Inszenierung als ‚Anderes' im Binnenkontext des Videos so zusätzlich betont. In *Bow down Mister* von Jesus loves you (Boy George) aus dem Jahr 1991 wird in der Szenerie einer Mondlandschaft, in deren Hintergrund die Erde zu sehen ist, mehrmals eine in ein langes, weites, rot-weißes Kleid gehüllte afrikanischstämmige Frau mit ausladender Afro-Frisur gezeigt; in einigen Szenen hält sie ihre überlangen roten Fingernägel in die Kamera. Hier bestärkt die Kulisse, die dargestellte Mondlandschaft mit der weit entfernten Erde im Hintergrund, zusätzlich die ‚Andersheit' der Darstellerin.

Zusammenfassen lässt sich bis hierhin, dass sich die Instrumentalisierung einer ethnischen Verweisfunktion durch den Einsatz ‚nicht-weißer' Darsteller bei der Visualisierung von Popmusik vor allem auf die Inszenierung des Außergewöhnlich-Anderen, nicht im Sinne eines bestimmten Typus Mensch, sondern im Sinne von Eigenschaften wie Exotik, körperlicher Ästhetik, Erotik, Wildheit und Fremdheit richtet – ein Ausdruck dafür, wie fest der hegemoniale Diskurs über das ethnisierte ‚Andere' (siehe Kap. 4.3) in der visuellen Inszenierung von Musikvideos verankert ist. Die im Zusammenhang mit der Inszenierung von ‚schwarzer' Körperlichkeit genannten Aspekte – vor allem was den Zusammenhang von erotisierter Körperlichkeit und Aggressivität/Wildheit betrifft – beziehen sich dabei vor allem auf männliche Darsteller. Dies gilt für Videos von weiblichen wie von männlichen Interpreten. Zwar werden z.B. in *Fastlove* mehrere attraktive, in graziösen Bewegungen tanzende Darstellerinnen gezeigt, diese Inszenierungen sind jedoch eher durch den Aspekt der Verfügbarkeit konnotiert – beispielsweise wenn sich eine weibliche Darstellerin halbnackt und lasziv vor einem männlichen Betrachter räkelt – und zeigen keinerlei Anzeichen für ‚bedrohliches' oder ‚aggressives' Potential. Insofern trifft die These zu, „Frauen erscheinen gerade in Videoclips bevorzugt als laszive

und etwas unbedarft erscheinende Mädchen, die nur die Funktion von schmücken-
den Stichwortgebern haben."[414] Oder, wie Andrew Goodwin es ausdrückt, Frauen
fungieren in Musikvideos im Wesentlichen als „visual incentive to keep watching"[415] (genauer zur Inszenierung der Kategorie ‚Geschlecht' siehe Kap. 6.2.3).

6.1.3 Freaks[416]

Die ‚Wirksamkeit' des Einsatzes afrikanischstämmiger Darsteller betreffend die
Inszenierung von ‚Andersheit' zeigt sich auch beim Rollenbild des ‚Freaks' (8 Videos), dessen ‚Freakness' durch den Einsatz von ‚schwarzen' Darstellern noch betont wird. – Analog zu der Feststellung „Die besten Verkäufer sind Models oder
Freaks. Aus diesem Grund rekrutiert sich das Personal der Musikvideos vor allem
aus Models und Freaks".[417] Die Figur des ‚ethnisierten Freaks' ist im Kontext einer
Auseinandersetzung mit den visuellen Inszenierungen des ‚Anderen' in Musikvideos insofern von Belang, als sie deutlich macht, wie unter Rückgriff auf den hegemonialen Diskurs dennoch Überraschendes produziert werden kann: Im Gegensatz
zur erwartbaren und erwarteten Inszenierung attraktiver Menschen, die im Zusammenhang mit der Darstellung von nicht-weißen Menschen – aus ‚weißer' Perspektive – möglichst den Anstrich des ‚Exotischen' (in den verschiedenen, oben aufgefüh-
ren Facetten) haben soll, bietet die Rolle des Freaks nahezu unbegrenzte Möglichkeiten der Darstellung. Dieser Figur steht eine breite Palette unterschiedlicher Klei-
dungs- und Bewegungscodes sowie Handlungen und Ausstattungskontexte zur Verfügung, die ihn als ‚Freak' kennzeichnen und zugleich im Zusammenhang mit der
ethnischen Verweisfunktion entsprechender nicht-weißer Darsteller im hegemonialen Diskurs des ‚Anderen' – nicht der (‚weißen') Norm Entsprechenden – verorten.
Insofern stellt der Freak im Hinblick auf die Frage nach Alternativen zum hegemonialen Mainstream durch seine Freakness, sein Nicht-normal-Sein, zwar zunächst

---

[414] Kurp/Hauschild/Wiese 2002, S. 55. Die Autoren fügen an: „Interessant ist vor diesem Hintergrund, dass es generell in der Musikindustrie kaum Spitzenpositionen für Frauen gibt, so sind die
Geschäftsführer sämtlicher deutscher Major-Plattenfirmen männlich" (ebd.). Als besonders ausge-
prägt zeigt sich die eindimensionale Inszenierung von Weiblichkeit, wie aus einer Studie von Michael Altrogge und Rolf Amann hervorgeht, bei Heavy Metal-Clips. Hier sind Frauen entweder völlig
abwesend oder werden in rein sexualisierter Form dargestellt, häufig in Verbindung mit ‚männlichen' Symbolen wie Autos oder Motorrädern (Altrogge/Amann 1991, S. 99f).
[415] Goodwin 1992, S. 93.
[416] Mit ‚Freaks' sind im Zusammenhang mit Visualisierungen in Musikvideos Inszenierungen von
Menschen gemeint, die in der Art der Darstellung aus dem Spektrum normativer, d.h. erwartbarer
Verhaltensweisen herausfallen; deren Inszenierung als ‚verrückt' im Sinne von ‚ausgeflippt' konnotiert ist.
[417] Langhoff in ders./Kemper/Sonnenschein 2002, S. 271.

eine Abweichung dar, muss im Kontext des einzelnen Clips aufgrund dieser Abweichung jedoch nicht zugleich ‚subversiv' sein. Die Inszenierung von Abweichungen bietet zunächst einmal die Möglichkeit der Generierung von Aufmerksamkeit von Seiten des Publikums – inwieweit dieser Tatbestand schon als wenn auch nur vorübergehende Subversion hegemonialer Diskurse einzuordnen ist, muss anhand des jeweiligen Einzelfalls überprüft werden.

Hervorzuheben sind im vorliegenden Sample die Videos *The Bomb* von den Bucketheads (1995) und *Rockafeller Skank* von Fatboy Slim (1998). Ersterer zeigt als Hauptfigur einen afrikanischstämmigen Mann, der sich, ausgestattet mit Afro-Frisur, Sonnenbrille und Kleidung im 1970er-Jahre Stil (Rüschenhemd mit weitem Kragen, Lederjacke), mit zwei europäischstämmigen Frauen an seiner Seite durch mehrere ‚alltägliche' Szenen bewegt: Aufwachen; Anziehen; durch die Straßen laufen; in einen Plattenladen gehen; Besuch eines Clubs, in dem er Platten auflegt. Während all dieser Tätigkeiten bewegt sich der Hauptdarsteller (mit Unterbrechungen) in rhythmischen Bewegungen und hebt sich durch das ‚komische', ‚ausgeflippte' Verhalten von den ‚normalen' Passanten ab. Insofern wird die ‚Freakness' des Darstellers in Bezug auf den Rhythmus der Musik in Szene gesetzt. Ähnliches geschieht auch in *Rockafeller Skank*; hier wird in der ersten Hälfte des Videos eine Gruppe von drei Männern gezeigt, einer davon afrikanischstämmig, die sich in einem merkwürdigen Gang (kurze, abgehackte und synchrone Bewegungen), teilweise auch tanzend vorwärts bewegen. Alle drei tragen sehr große Afro-Perücken und enge Anzüge im 1970er Jahre-Stil mit Schlaghosen und Turnschuhen. Auch sie heben sich durch die ungewöhnlichen Bewegungen sowie die übergroßen Frisuren von den übrigen Darstellern ab und werden im Binnenkontext des Videos durch die Darstellung verschiedener Club- und Tanzszenen im Zusammenhang mit Musikalität und Rhythmus inszeniert. In beiden Videos wird ‚das Andere', hier in Bezug auf afrikanischstämmige Darsteller, als das ‚Ausgeflippte', Außergewöhnliche dargestellt, jedoch nicht im Sinne einer Ästhetisierung oder Erotisierung, sondern im Sinne des Lässig-Unangepassten. Die Rollen der Darsteller sind in den genannten Clips durch ‚nicht-normale' Bewegungen, Verhaltensweisen und Aussehen zwar als Abweichung von der Norm markiert, werden durch die Besetzung mit ‚nichtweißen' Personen und die Inbezugsetzung zu Tanz und Musik wieder im hegemonialen Diskurs des ‚Anderen' verortet.

Auch bei der Inszenierung von Freakness handelt es sich um ein ‚männliches' Phänomen, d.h. Frauen werden kaum als ‚abweichend' im Sinne von ‚verrückt' oder ‚ausgeflippt' gezeigt. Im untersuchten Sample wird nur in einem Fall – *Shut up* von Sin with Sebastian (1995) – eine Darstellerin als ansatzweise ‚ausgeflippt' inszeniert. Ins Bild tritt sie, indem sie durch eine Wand aus blauem Plüschstoff steigt, die sie vorher mit einem Messer zerteilt hat. Sie wird gezeigt, wie sie mit einem übergroßen Teddy spielt, mit dem männlichen Interpreten eine ‚Kissenschlacht' macht,

tanzt und, eine Zigarette im Mundwinkel, spielerisch mit einer Pistole zielt. Bekleidet ist die Darstellerin mit einem Bikinioberteil und einer engen Hose. Über die
Augenpartie ist ein blauer Balken gemalt. Durch die Accessoires (Teddy), das Verhalten (Kissenschlacht, spielen mit einer Pistole) und die körperbetonte, viel Haut
zeigende Kleidung, ist die Inszenierung mädchenhaft-weiblich konnotiert, wobei
der Kontrast der ‚Spielzeuge' Plüsch-Teddy und Waffe eine lolitahafte Wirkung
impliziert (Unschuld – Berechnung). Zwar wird hier eine Darsteller*in* in einer eigenen und noch dazu auf den ersten Blick ungewöhnlichen Handlungsrolle inszeniert
(siehe dazu 6.2.5), ihr Verhalten verweist letztendlich jedoch wieder auf den weiblichen Teil des heterosexuellen und damit nicht unabhängig von der männlichen Seite
zu denkenden Geschlechtermodells. Erotisierte Körperlichkeit, kindliches Verhalten
und die Darstellung einer weiteren, unbekleideten Frau im Video lassen auf eine
Inszenierung für begehrende (männliche wie auch weibliche) Blicke schließen, welche die weiblichen Darstellerinnen erneut an die Funktion erotisierter weiblicher
(und heterosexuell ausgerichteter) Körperlichkeit binden. Insofern bleibt zu bezwei-
feln, ob die dargestellten Verhaltensweisen der Hauptdarstellerin nicht eher die Visualisierung verdeckter Männerphantasien als eine Befreiung aus dem engen medialen Rollenspektrum der Frau bedeuten.

6.1.4 Kulturraumspezifische (historisierende) und lebensweltliche (zeitgenössi-sche) Zuschreibungen

Wie die bisherigen Ergebnisse übereinstimmend mit dem Befund anderer Untersuchungen zeigen (siehe Kap. 4.3), sind historische, zum großen Teil aus der Kolonialzeit stammende Stereotype noch heute in den Medien präsent. Neben den mehr
oder weniger subtil-stereotypen Inszenierungen im Kontext von Exotisierung, Ästhetisierung und Erotisierung lassen sich auch relativ offensichtliche Stereotypisierungen feststellen (8 Videos). D.h. nicht-weiße Darsteller werden in Zusammenhängen gezeigt, die ihnen aufgrund des (historisch-)hegemonialen Diskurses über das
Andere traditionell zugewiesen sind. Diese Darstellungen speisen sich häufig aus
Bildern bzw. Images, die im Kontext der ersten Begegnung von Europäern mit
Nicht-Europäern entstanden sind; nachfolgende Entwicklungen werden in den entsprechenden Inszenierungen nicht berücksichtigt. Auf diese Weise stereotype Repräsentationen liegen z.B. vor, wenn Nicht-Weiße auf ihren Herkunftskontext reduziert werden; beispielsweise, wenn ein nordamerikanischstämmiger Mann (‚Indiana-
ner') in ‚typisch' indianischer Kleidung einen ‚Indianertanz' tanzt (*Scatman John* –
Scatman's World, 1995), ein afrikanischstämmiger ‚Eingeborener' einen Speer
wirft (Toto – *Africa*, 1982) oder am Ufer eines Flusses sitzend auf einer Trommel
spielt (Billy Joel – *The River of Dreams*, 1993), eine indischstämmige Frau im Sari

und mit zahlreichen goldenen Schmuckstücken ausgestattet vor entsprechender Kulisse einen ‚typisch' indischen Tanz tanzt (Jesus loves you (Boy George) – *Bow down Mister*, 1991) oder asiatischstämmige Menschen typisch chinesische Kopfbedeckungen tragend und mit Stäbchen essend in einer entsprechenden Kulisse inszeniert werden (Murray Head – *One Night in Bankok*, 1985).

Daneben gibt es auch eine Reihe zeitgenössischer stereotyper Inszenierungen (6 Videos). Zeitgenössisch insofern, als sie Nicht-Weiße in Darstellungen zeigen, die nicht in erster Linie dem kolonialen Kontext entstammen, sondern die sich durch die Etablierung Nicht-Weißer im Kontext weißer Lebenswelten und Kulturen entwickelt haben (siehe Kap. 4.3.2). Ein Beispiel dafür sind neben der Zuweisung typischer Berufsrollen (z.B. afrikanischstämmiger Kofferträger in *Patience* von Guns ‚n' Roses, 1989; vorderindischstämmiger Verkäufer (‚Pakistani') in einem britischen Cornershop in *Like a Rolling Stone* von den Rolling Stones, 1995) auch Inszenierung afrikanischstämmiger Menschen im sportlichen Kontext – wobei die Sportart an sich schon auf eine Stereotypisierung schließen lässt. So werden in den vorliegenden Fällen afrikanische Leichtathleten (Hürdenläufer in *Scatman's World* von Scatman John, 1995) und Basket- bzw. Streetballer (Britney Spears – *Baby one more Time*, 1999; Coldplay – *The Scientist*, 2002) gezeigt; wobei diese zeitgenössischen Darstellungen wieder auf die historischen Diskurse des ‚Dienens' (Verkäufer, Kofferträger) und der Körperlichkeit (‚Sportler') verweisen. Auch hier lassen sich, was die Inszenierung von Geschlechtszugehörigkeiten betrifft, tradierte Darstellungsweisen wiederfinden. Eine *Frau* wird als indische Tänzerin gezeigt, ein *Mann* tanzt einen ‚Indianertanz', es werden *männliche* Sportler gezeigt.

Die genannten Darstellungen wie auch die untersuchten Musikvideos insgesamt vermeiden dabei die Vermittlung eines Bildes, in dem Nicht-Weiße dem westlichen Lebensweltkontext im materiellen Sinne erfolgreich angepasst sind. Zum Beispiel werden erfolgreiche Geschäftsmänner oder reiche Nicht-Weiße in Clips von weißen Interpreten kaum inszeniert. Nur sechs der in der vorliegenden Arbeit insgesamt erhobenen 402 Videos zeigen je einen afrikanischstämmigen Mann, der einen Anzug trägt; nur vier dieser Darsteller (in *The Everlasting, I disappear, Take a look around* und in *American Pie*) sind als erfolgreiche ‚Businessmen' konnotiert:

- Foo Fighters – Everlong (1997): Auf einer Party ist ein Mann im Anzug zu sehen, der eine schmale pinkfarbene Sonnenbrille trägt.
- Manic Street Preachers – The Everlasting (1998): In der Wartehalle eines Bahnhofs sitzt ein afrikanischstämmiger, anzugtragender Mann unter anderen Wartenden, der auf einem Handy telefoniert. Dieser ist später nochmals während eines Telefonats in einer Telefonzelle zu sehen.
- Metallica – I disappear (2000): Gezeigt wird mindestens ein afrikanischstämmiger Geschäftsmann in einer großen Menge europäischstämmiger männlicher Anzugträger

und weniger ‚Businessfrauen'. Aufgrund der sehr schnellen Schnittgeschwindigkeit des Videos ist dieser jedoch nur bei der Einzelbilddurchsicht zu erkennen.

- Limp Bizkit – Take a look around (2000): Zu sehen ist eine Gruppe von drei europäischstämmigen und einem afrikanischstämmigen anzugtragenden Geheimdienstagenten. In der Handlung des Clips übernimmt ein europäischstämmiger Agent die Hauptrolle, der afrikanischstämmige Darsteller bleibt im Hintergrund, wird auch nicht in einer Einzelaufnahme gezeigt.

- Madonna – American Pie (2000): Ein afrikanischstämmiger männlicher Anzugträger ist zusammen mit einem europäischstämmigen Militärangehörigen zu sehen.

- Depeche Mode – Freelove (2001): Ein afrikanischstämmiger Darsteller wird einzeln und in Großaufnahme in einem etwas abgetragenen Anzug gezeigt.

Die materielle und soziale Unterordnung nicht-weißer Menschen in der visuellen Präsentation bestätigt sich, betrachtet man die Inszenierung nicht-weißer Darsteller in bestimmten Berufen. In einundzwanzig Clips werden nicht-weiße, in der Mehrzahl afrikanischstämmige Menschen insgesamt 26mal in Berufen dargestellt. Dabei handelt es sich in 18 Fällen um vergleichsweise niedrig dotierte Jobs (Krankenpfleger bzw. Krankenschwester 6 mal, Taxifahrer 3 mal, Busfahrer 2 mal, und je einmal: Koch bzw. Kellner, Büroangestellte, Kofferträger, Lieferant, Verkäufer, Butler, Bauarbeiter) und nur in 8 Fällen um hoch dotierte Tätigkeiten (Polizist 4 mal, Priester 2 mal, je einmal: Wissenschaftler und Nachrichtenreporterin). Neben der rein quantitativen Erfassung verschiedener Berufsrollen, die auf eine mittels spezifischer Rollenzuweisungen ethnisch hierarchisierte gesellschaftliche Ordnung hinweisen, gibt der Binnenkontext des jeweiligen Videos Aufschluss über die Bedeutung, mit der eine ethnisierende Darstellung behaftet ist. So geht es in *Special K* von Placebo (2000) weniger um die Repräsentation von einzelnen nicht-weißen Personen als Wissenschaftlern, sondern um die Inszenierung eines internationalen (‚multikulturellen') Ärzteteams. In *The River of Dreams* von Billy Joel (1993) geht es weniger um die Darstellung eines ‚Schwarzen' im hohen Amt des Priesters, sondern um die Inszenierung einer besonderen, musikalisch geprägten Spiritualität afrikanischstämmiger Menschen – im Zusammenhang mit Gospelgesang, rhythmischen Bewegungen, Taufe etc. Auch im Bereich der dargestellten Berufe wiederholen sich meist geschlechtsspezifische Rollenzuweisungen (männlich = Lieferant / weiblich = Büroangestellte). Lediglich eine asiatischstämmige Nachrichtenreporterin fällt sozusagen aus dem Rahmen. Was die ethnizitätsbezogene Repräsentation von Tätigkeiten betrifft, so entsprechen die Ergebnisse der Studie einer älteren Untersuchung von Steven A. Seidmann, der auf der Basis von 182 Musikvideos aus dem Jahr 1987 unter anderem die Stereotypizität tätigkeitsbezogener Darstellungsweisen belegte.[418] Danach konnten 95% der nicht-weißen Charaktere, die in klassifizierbaren Rollen

---

[418] Seidmann 1992.

dargestellt wurden, sechs Kategorien zugeordnet werden: Militärpersonal, Entertainer, Tänzer, Arbeiter, Elternteil, Athleten. Nur zwei nicht-weiße Darsteller wurden
in hochqualifizierten Jobs gezeigt. Wie Seidmann anhand von bevölkerungsstatisti-
schen Daten aufzeigt, stimmen die in den untersuchten Musikvideos gezeigten Darstellungen in zahlreichen Aspekten nicht mit der US-amerikanischen Realität über-
ein. Z.B. ist der Anteil von Frauen in Managementpositionen, in der Wissenschaft
oder beim Militär in Wirklichkeit weitaus höher, als Repräsentationen in Musikvideos vermuten lassen. Auch an diesem Beispiel zeigt sich, wie massenmediale Produkte, in diesem Fall Musikvideos, die Wahrnehmung der Wirklichkeit prägen.

6.1.5   Zusammenfassung und Schlussfolgerungen

Rein quantitativ wird die Darstellung 'nicht-weißer' Personen innerhalb von größeren, hauptsächlich 'weißen' Menschengruppen in Musikvideos am häufigsten angewendet (in 45 Videos). Zu vermuten ist, dass es sich – soweit es sich nicht um
tatsächliches dokumentarisches Filmmaterial z.b. bei eingeblendeten Straßenszenen
oder Konzertmitschnitten handelt – bei der Zusammenstellung größerer Menschengruppen für Videodrehs um den Ausdruck eines im 'kollektiven Bewusstsein' verankerten Gedankens der 'political correctness' handelt, der im US-amerikanischen
und britischen Raum aufgrund der vom deutschen Kontext unterschiedlichen Be-
völkerungszusammensetzung häufiger Ausdruck findet.[419] Ähnlich ‚multikulturell'
inszeniert sind die Videos aus dem Cluster ‚Vergleichbare Inszenierungen weißer
und nicht-weißer Darsteller', in denen nicht-weiße Darsteller nicht nur ‚auftauchen',
sondern einzeln von der Kamera hervorgehoben werden. Dabei sind sie meist Teil
einer Gruppe von mehrheitlich weißen Darstellern und werden in gleicher Weise
wie diese inszeniert.[420] So werden im Clip *All around the World* (1990) von Lisa
Stansfield mehrere ethnisch unterschiedliche männliche Gesichter eingeblendet –
passend zum Refrain des Titels „I've been around the world and I couldn't find my
baby". In *Forever Love* von Gary Barlow (1996) geht es um ein Casting, in dem
sich verschiedene Paare in unterschiedlichen Konstellationen von weißen und nicht-
weißen Partnern vorstellen. In *Special K* von Placebo (2000) ist ein ethnisch ge-
mischtes (‚internationales') Team von Wissenschaftlern zu sehen. Auch Kinder
werden vergleichsweise häufig in ethnisch gemischten Gruppen dargestellt. Mosbach spricht in diesem Zusammenhang von einem „emotionalisierenden und har-

---

[419] Mosbach 2005, unveröffentlichtes Manuskript.
[420] Z.B. Alphaville – Forever Young (1984); Starship – We built this City (1985); Peter Gabriel – Big
Time (1987); Lisa Stansfield – All around the World (1990); The Connells – 74-75 (1995); Gary
Barlow – Forever Love (1996); Backstreet Boys – Everybody (1997); Alanis Morissette – Thank U
(1999); Placebo – Special K (2000);· Depeche Mode – Freelove (2001).

monisierenden Zeichenpotential"[421]. Ihrer Analyse zufolge „stehen Kinderdarstellungen für den möglichen Brückenschlag zwischen Kulturen. Der ethnopsychologisch wirksamen Ambivalenz des Fremden zwischen empfundener Faszination und Furcht wird durch Kinderdarstellungen scheinbar die Grundlage entzogen."[422]

Die Ergebnisse der induktiven Clusterbildung zeigen, dass nicht-weißen Darstellern in der Einzelinszenierung, d.h. soweit sie nicht lediglich als Teil einer größeren Menschenmenge ins Bild rücken, in der Mehrzahl der Fälle Eigenschaften und Merkmale zugeschrieben werden, die sich aus dem hegemonialen diskursiven ‚Wissen' über das Andere speisen. Vor allem in Bezug auf afrikanischstämmige Menschen, die die Mehrheit der in Musikvideos von ‚Weißen' dargestellten ‚Nicht-Weißen' darstellen, werden entsprechende Darsteller häufig im Kontext der Zuschreibungen von Musikalität/Körperlichkeit (Tänzer) sowie Exotisierung im Sinne von Ästhetisierung/Erotisierung auf der einen und Ausgeflippt/'Freakig'-Sein (d.h. aus dem Spektrum normativ codierter Verhaltens- und Selbstdarstellungsweisen herausfallend) auf der anderen Seite inszeniert. Durch die Ausstattung mit entsprechenden Merkmalen in der Präsentation gewinnen die Darsteller im Zusammenhang mit der Markierung als ‚nicht-weiß' so den Status des genuin ‚Anderen' im Sinne einer Kontrastierung ‚weiß' konnotierter Lebensweltvorstellungen. Daneben findet sich eine Anzahl von Clips in denen die Inszenierungen kulturraumspezifisch-historisierende Vorstellungen über das ‚Andere' reproduzieren (z.B. die Darstellung eines ‚typischen' Indianers). In gleicher Weise geben die von nicht-weißen Darstellern ausgeübten beruflichen Tätigkeiten eine hegemonialdiskursive Einordnung nicht-weißer Menschen in die soziale Hierarchie der westlichen Hemisphäre wieder.

Zusammenfassend lassen sich im Anschluss an die empirische Studie drei übergeordnete Inszenierungsweisen ‚nicht-weißer' Darsteller in Clips von ‚weißen' Interpreten festhalten: multikultureller Impetus, stilisierte Andersheit (Rollenverhalten und Merkmalszuschreibungen zusammen mit der ethnischen Verweisfunktion) und Rollenstereotype. Diese Inszenierungsstrategien verweisen auf die Relevanz der ethnischen Verweisfunktion von ‚nicht-weißen' Darstellern in Musikvideos von ‚weißen' Interpreten. Verwiesen wird auf bestimmte, in der durchgeführten Studie systematisch herausgearbeitete Merkmale und Eigenschaften, die sich aus dem (hegemonialen) Diskurs über das ‚Andere' (Kap. 4) speisen. Im Kontext des popkulturellen, massenmedialen Produktes Musikvideo fungieren diese Zuschreibungen als veröffentlichungsrelevante Kriterien. D.h., wie die Empirie gezeigt hat, die Darstellung einer als ‚nicht-weiß' markierten Person ist an die Zuschreibung von ‚Exotik' im weitesten Sinne sowie die Zuweisung von bestimmten Rollen gebunden. In ihrer

---

[421] Mosbach 1999, S. 185.
[422] Mosbach, a.a.O., S. 209.

exotisierten Funktion, in ihrem Beitrag zu einem ‚multikulturellen' Menschenbild und in der Ausübung von bestimmten Rollen werden nicht-weiße Darsteller im Kontext von Musikvideos für die Darstellung relevant. Die Ergebnisse der empirischen Studie haben gezeigt, dass die auf diese Weise affirmative Reproduktion des hegemonialen Diskurses über Ethnizität bei Inszenierungen nicht-weißer Darsteller weit verbreitet ist. Weit weniger häufig gezeigt werden Szenen, die auf gegendiskursive Darstellungen schließen lassen, die sich also nicht affirmativ in das hegemoniale diskursive ‚Wissen' über das ‚Andere' einordnen (siehe Kap. 6.3.4). Äußerst selten gezeigt werden auch nicht-weiße Personen in eigenen Handlungsrollen, d.h. als Hauptdarsteller in Szenen mit ‚spielfilmartigem' Handlungscharakter (einzige Ausnahme im vorliegenden Sample: Madonna – Like a Prayer, 1989). Allenfalls die innerhalb eines Clips wiederholte Präsentation von afrikanischstämmigen Darstellern als ‚roter Faden' von exotischen/freakigen Inszenierungen ist festzustellen. Insofern macht der Befund der systematischen Herausarbeitung gängiger Darstellungspraktiken von Ethnizität deutlich, dass Musikvideos durch die Anwendung von Inszenierungsstereotypen im Wesentlichen den hegemonialen Diskurs dieser Kategorie reproduzieren. Insofern trifft hier die Aussage zu, „video imagery attempts to tap into visual associations that exist prior to the production of the clip itself, in the internal sign system of the audience."[423] Diesen Sachverhalt bestätigen auch Bennett und Ferrell in einer älteren Studie mittels einer Analyse von 100 Musikvideos herausgefunden:

> „We find that depictions[424], like other kinds of motifs found in music videos, are constructed from readily available cultural resources. In the particular instances considered here, those cultural resources include known orientations toward social identities and situations – orientations that provide video depictions with commonly identifiable epistemic features."[425]

Die visuellen Inszenierungen von Musikvideos beziehen sich also in weiten Teilen auf das in Kap. 4.5 beschriebene Hintergrundwissen, das auf einer breiten sozialen Basis als bekannt vorausgesetzt werden kann. Die Anwendung entsprechender Darstellungspraktiken, so ist zu vermuten, begründet sich demnach in der Anschlussfähigkeit eines medialen Inhaltes an eine breite Rezipientenmasse (genauer dazu siehe Kap. 6.3).

---

[423] Goodwin 1992, S. 58.
[424] Konkret handelte es sich dabei um Politics, Romance, Motion, Conversion und Persona Shift.
[425] Bennett /Ferrell 1987, S. 348.

6.2 Interpretation

6.2.1 Reproduktion des hegemonialen Diskurses in Bezug auf Ethnizität – Adaptionen des ‚Anderen'

Die herausgearbeiteten Darstellungsweisen zeigen, dass bei der Inszenierung von afrikanischstämmigen Personen in Musikvideos auf Stereotype zurückgegriffen wird, die sich aus dem hegemonialen Diskurs über ‚die Schwarzen' speisen. Instrumentalisiert wird ein Vorstellungsbild des ‚Schwarzen', das ihm als Repräsentanten einer phänotypisch markierten ‚Rasse' Eigenschaften wie Musikalität und Körperlichkeit auf naturalisierende Weise zuschreibt. Aufgrund dieses diskursiven ‚Wissens' über das ‚Andere' scheinen sich afrikanischstämmige Menschen für eine Inszenierung im Rahmen der Visualisierung von Musik besonders gut zu ‚eignen'; die ‚ethnische Verweisfunktion' der Darsteller kommt hier vor dem Hintergrund des Diskurses zum Einsatz.

Im Diskurs über das ‚Andere' existieren bestimmte Vorstellungen von ‚Schwarz-Sein', die, wie die empirische Studie gezeigt hat, in der medialen Repräsentation an diese Vorstellungen, die zugleich als Kriterien für die Veröffentlichung fungieren, gebunden ist. Die massenmediale Repräsentation dieses Diskurses erzeugt eine essentialisierte und entindividualisierte Vorstellung des ‚Anderen'; ein afrikanischstämmiger Tänzer oder Musiker ist somit per se ein Signifikant für Körperlichkeit und musikalische Rhythmik und wird inszeniert, um diese Eigenschaften in der Visualisierung von Musik zu vermitteln. Florian Carl hat in seiner Arbeit die historischen Ursprünge dieses Phänomens herausgearbeitet: Demnach spiegelt die dominierende Rolle der Zuschreibung von Musikalität und Körperlichkeit im Hinblick auf afrikanischstämmige Menschen den historisch tradierten und etablierten musikbezogenen Diskurs über das ‚Andere' wider – wobei die Vorstellung einer ausgeprägten Körperlichkeit in diesem Zusammenhang „eine der hartnäckigsten Kontinuitäten im Afrikabild"[426] ist. Deutlich wird die zentrale Bedeutung der Zuschreibung von Körperlichkeit vor allem im historischen Kontext der Rezeption afrikanischer Musik. So war während der Kolonialzeit die Vorstellung von afrikanischen Menschen geprägt von einem Verbund aus Körperlichkeit, Tanz und Musik. Dieses Bild stand im Gegensatz zur rein ‚geistigen', schriftlichen Musikkultur Europas.

> „Afrika bedeutet Körper (...) – Eigenschaften, die Europa im universellen Anspruch auf Hegemonie längst hinter sich gelassen hat. Das Bleibende in europäischer Musik ist ihr zur Schriftlichkeit geronnener Geist; das Bleibende afrikanischer Musik ist der physische Körper. In Afrika, in der Musik Afrikas, hat der europäische Geist seinen Körper entdeckt – er hat dort seinen eigenen Körper gefunden, seine eigene körperli-

---

[426] Carl 2004, S. 146.

che Identität. (...) Als das fundamental Andere bleibt schließlich das Bild afrikanischer Musik als rhythmisch komplexes Gebilde körperlicher Bewegungsgestalten bis heute als ihr Inbegriff bestehen."[427]

In der Entwicklung des europäischen Tanzes im 20. Jahrhundert, die maßgeblich zum übergeordneten Prozess der Popularisierung von Musik[428] beitrug, spielt der Rückgriff auf diese ‚schwarz' konnotierte Körperlichkeit eine zentrale Rolle. Peter Wicke bezeichnet in diesem Zusammenhang die „Wendung zum Körper" als „das wohl auffälligste Merkmal des Populären in der Musik des 20. Jahrhunderts".[429] Der Freiheit des körperlichen Ausdrucks wurde vom klassischen Paartanz wie dem Walzer über Charleston und Rock ‚n' Roll bis hin zur zeitgenössischen Techno-Kultur immer mehr Platz eingeräumt.[430] Zentrales Element der neuen Tanzkulturen waren nicht mehr festgelegte Choreographien und Bewegungsfiguren, sondern die lustgeleitete Bewegungsfreiheit durch Musik. In Folge dessen wurde zukünftig in der Regel nur noch das zu ‚populärer' Musik, was sich tanzen ließ. Dabei spielte der Rückgriff auf ‚schwarz' codierte Tanzstile eine wesentliche Rolle. Aber auch der Einfluss rhythmischer Tanzmusik aus den lateinamerikanischen Ländern Mittel- und Südamerikas sowie der Karibik hatte nachhaltige Veränderungen der europäischen Körperkultur und des damit zusammenhängenden Körperempfindens zur Folge. Die genau durchchoreographierte Schrittfolge des „musikalisch disziplinierten Körpers"[431] wurde nach und nach abgelöst von einem freien und expressiven Bewegungsablauf.[432] Diese historische Erfahrung hat nachhaltig zum Bild des musikalisch und körperlich ausdrucksstarken ‚Schwarzen' beigetragen und bildet so eine Grundlage für das Inszenierungsstereotyp farbiger Tänzer in Musikvideos. Die Inszenierung nicht-weißer Darsteller ist vor diesem historischen Hintergrund im Hinblick auf den übergeordneten (jugendkulturellen) Popdiskurs stilprägend für die Gestaltung von Musikvideos. – Das Prinzip der Körperinszenierung durch Musik spielt eine zentrale Rolle in der visuellen Darstellung von Musikvideos. Das Repertoire der Möglichkeiten der körperlichen Inszenierung hängt dabei häufig von den ästhetischen Vorgaben spezifischer Musikstile ab, ist prinzipiell jedoch unerschöpf-

---

[427] Carl, a.a.O., S. 149f.
[428] Siehe dazu ausführlich Wicke 2001.
[429] Wicke in ders. 2001, S. 41; nach Wicke bahnte sich das Körperliche in der Musik erstmals in der Salonmusik, die um 1835 entstand, seinen Weg. Diese war, und das war neu, zunehmend auf das Sinnliche und Geistige ausgerichtet. „Wohlgefühl statt interpretatorische Dienstleistung am musikalischen Werk, Sinnlichkeit von Klang statt Logik der Form, Empfindung statt Bedeutung, Ausdruck von Gefühl statt ästhetischer Inhalt – das wurden die Insignien einer Musikpraxis, die hinter der Fassade ihrer repräsentativen Funktion gleichsam aus dem Ruder zu laufen schien" (Wicke 2001, S. 36f).
[430] Genauer dazu siehe Wicke in ders. 2001, S. 45-60 sowie ders. 2001, S. 45-71.
[431] Wicke in ders. 2001, S. 44.
[432] Wicke 2001, S. 48 u. 133.

lich. Es reicht von bestimmten Bewegungen, Haltungen und Gesten über Tanzstile, Kleidermoden und Accessoires, bis zum wichtigen Faktor der szenischen Umgebung und der Interaktion mit anderen Körpern und/oder Gegenständen. Wie die empirische Untersuchung gezeigt hat, werden als ethnisch ‚anders' markierte Darsteller in diesem Sinne im Kontext der Zuschreibung von Körperlichkeit und Musikalität in die visuelle Inszenierung musikalischer Artefakte miteinbezogen.

Voraussetzung für die Funktionalisierung und Instrumentalisierung von zugeschriebenen Eigenschaften des ‚Anderen' ist, dass das ‚Andere' insofern vom ‚Eigenen' getrennt bleibt, als es durch die Inszenierung und die damit verbundene Zuschreibung von bestimmten Eigenschaften und Merkmalen als ‚Anderes' markiert bleibt. Insofern funktioniert der Mechanismus der Zuschreibung und Instrumentalisierung von bestimmten, vorgeblich ‚natürlichen' Merkmalen und Eigenschaften nach dem Prinzip des Aus- und Einschließens: Das Andere soll auf der einen Seite ‚Anderes' bleiben; als das Andere fungiert es als Projektionsfläche für das, was aus ‚weißer Sicht' in der eigenen Kultur so nicht legitim, im ‚schwarzen' Kontext jedoch realisierbar ist. Auf der anderen Seite besteht jedoch das Streben, Teile des Anderen zum Eigenen zu machen. Besonders deutlich wird diese Ambivalenz in Videoclips, die sich auf die ‚schwarze' Rap-Kultur beziehen am Phänomen des Featuring, der Bezugnahme auf eine als ‚schwarz' markierte jugendkulturelle Gegenwelt. Meist übernimmt dabei ein afrikanischstämmiger Rapper, in selteneren Fällen auch eine Rapperin, einen größeren Teil des Gesangsparts im Titel eines europäischstämmigen Interpreten.[433] Wesentliche Elemente, die durch diese Art des Featuring transportiert werden (sollen), sind die sog. street credibility und ghetto authenticity, die Glaubwürdigkeit, das harte und raue Leben der Straße im ‚Ghetto' zu leben oder zumindest gelebt zu haben und somit ‚authentisch' darüber rappen zu können.[434]

6.2.1.1 Zeitgenössische Variationen: ‚Street Credibility' & ‚Ghetto Authenticity'

Die Instrumentalisierung von zugeschriebenen Eigenschaften des ‚nicht-weißen Anderen' für das ‚eigene weiße' Anliegen, in diesem Fall die Visualisierung von Musik im Videoclip, lässt sich am zeitgenössischen Phänomen von Rap bzw. Hip-Hop und dem dazugehörigen Breakdance verdeutlichen. In mehreren Clips werden vor allem afrikanischstämmige, manchmal europäischstämmige männliche Breakdancer und Rapper inszeniert (Featuring, s.o.). Hier zeigt sich, wie ein allgemeinge-

---

[433] Entsprechende Videos wurden nicht in das Sample der empirischen Studie aufgenommen, da die Rolle des ‚gefeatureten' Rappers über eine bloße visualisierende Darstellungsfunktion hinausging.
[434] Street Credibility besitzt z.B. der von Eminem geförderte Rapper 50 Cent. Zwar schlägt seine Musik keine übermäßig großen Wellen, aber es ist allgemein bekannt, dass er 9 Narben von Einschusslöchern besitzt.

sellschaftliches ethnisches Stereotyp (der körper-, musik- und rhythmusbezogene ‚Schwarze') in ein ethnisiertes Generationenstereotyp, d.h. ausgerichtet auf und hervorgebracht von der zeitgenössischen Jugendkultur, umgewandelt werden kann. Durch die Inszenierung von Elementen der ‚schwarzen Jugendkultur' – ‚street credibility' und ‚ghetto authenticity' (s.o.) – wird ein ‚schwarz' und gleichzeitig als ‚cool' konnotierter Style für die Visualisierung ‚weißer' Musik instrumentalisiert. Die Inhalte dieser Inszenierungen beziehen sich zwar auch auf die Zuschreibungen des hegemonialen Diskurses – Körperlichkeit, Rhythmusgefühl, Musikalität –, sie sind jedoch in und durch den zeitgenössischen jugendkulturellen Diskurs transformiert zu den ethnisierten Zuschreibungen von ‚schwarzer Coolness' und ‚Authentizität'. Die Attraktivität des ‚Anderen', der ‚schwarzen Straßenkultur', speist sich aus der Authentizität des subversiven Images von Rap und HipHop, die in den ‚schwarzen' Stadtvierteln von New York (v.a. in der Bronx) entstanden und die Stimme der Marginalisierten der US-amerikanischen Gesellschaft erstmals über die Grenzen ihrer ‚Ghettos' hinaus hörbar machte (nicht nur in Bezug auf Afroamerikaner, sondern auch Einwanderer aus Puerto Rico, dem karibischen Raum und aus Westafrika betreffend).[435] Den Prozess und die Funktionen der Adaption von Elementen 'schwarzer authentischer Kultur' fassen Robert Goldman und Stephen Papson zusammen:

> „Style that borrows heavily from otherness does not overthrow and replace the concept of social hierarchy but tries instead to revitalize the pursuit and consumption of commodity signs. The unpermissible (otherness) provides fresh signifying material for differentiating commodities. Style emerges out of marginalized subcultures. Subcultural movements such as the beats, the hippies, the punks, and more recently rap and grunge define themselves outside bourgeois codes. Within these movements small entrepreneurs and fringe artists turn out new signs that express disenchantment and alienated opposition to the hegemony of bourgeois cultural codes. These subcultural signs circulate on the periphery, but then a few are appropriated by mainstream cultural production and transformed into mass-produced icons of authenticity. The other is a necessary source of sign value for a commodity culture addicted to new styles and appearances."[436]

Bei der Inszenierung afrikanischstämmiger Breakdancer und Rapper in den Videoclips von europäischstämmigen Interpreten zum Zweck der Vermittlung von ‚Coolness' und ‚Style' geht es um die ‚Authenitizität des Anderen' – „the authenticity of otherness" im Zusammenhang mit „black culture."[437] Mit ihren ethnisierten und ethnisierenden Darstellungen fungieren diese Inszenierungen als Elemente des zeit-

---

[435] Vgl. Wicke/Ziegenrücker 2001: 89f, 230-232, 418f; Shuker 1998: 246-250; Blümner in Kemper/Langhoff/Sonnenschein 2002, S. 292-306.
[436] Goldman/Papson 1996, S. 162.
[437] Goldmann, a.a.O., S. 162, 166.

genössischen, jugendbezogenen Popdiskurses, in dem durch die Inszenierung von Differenz ein Stil geprägt wird, der – als ‚authentisch' und ‚cool' codiert – im Rahmen ‚weißer' musikalischer Inszenierungen adaptiert wird. Holert und Terkessidis verweisen darauf, dass diese Instrumentalisierung des ‚Anderen' für den ‚eigenen' Zweck seit der Entstehung des Rock 'n' Roll, der sich als erste popmusikalische Stilrichtung ausschließlich auf die Generation der Jugendlichen bezog, eine gewisse Tradition hat:

> „In ihrem Kampf gegen die Disziplinierungen des Alltagslebens lehnten sich Popkulturen von vorneherein auf verschiedene Weisen besonders an schwarze Minderheiten an. Sie schlossen ihre Körperpolitik mit der vorgeblichen Körperlichkeit der Marginalisierten kurz und stellten sich damit freiwillig ins Außerhalb. Rock 'n' Roll überquerte als weiße Bearbeitung schwarzer Musik ästhetisch die ‚Colour Line'. Schwarze galten ohnehin als das ‚andere' der Disziplin – als sexuell aufreizend, faul und happy-go-lucky –, insofern waren sie für weiße Körperlichkeit Vorbilder."[438]

Im Zusammenhang mit der neuen Generation ‚weißer' amerikanischer Popinterpretinnen schreibt Kerstin Grether in der ZEIT:

> „Aber auch die neue Garde der amerikanischen Teen- und Twen-Sängerinnen versucht seit längerem, eine ‚Bad Girl'-Note ins Mainstream-taugliche Konzept zu bringen. Neben Aguilera hat sich Britney Spears im Rollenfach des Nachwuchsvamps erprobt – wenn auch mit deutlich weniger Erfolg. Die punkig-trotzige Pink tritt in ihren Videos als schwer genießbare Göre auf, was zumindest einen aparten Hauch von Persönlichkeit ergibt. *Die Musik zu diesen Szenarien stammt jeweils aus dem Arsenal der schwarzen Straßenkultur, die allerdings den Anforderungen der individualisierten Majoritätskultur angepasst worden sind.*"[439]

Bei der Repräsentation von Breakdancern und Rappern in Musikvideos geht es in diesem Sinne um eine Instrumentalisierung von Fragmenten des zeitgenössischen Diskurses über das ‚Andere' durch die Adaption dieser Fragmente im Rahmen der ‚eigenen', ‚weißen' Musikkultur. Diese Stilbildung vollzieht sich mittels einer Reproduktion von Differenz im ‚Eigenen'. D.h. durch die Inszenierung ‚nicht-weißer' Darsteller in Videos von ‚weißen' Interpreten wird aufgrund ihrer ‚ethnischen Verweisfunktion' die hegemonialdiskursive Differenz menschlicher Phänotype zwar reproduziert, zugleich wird diese Verweisfunktion für die Inszenierung des ‚eigenen', ‚weißen' Images jedoch vereinnahmt bzw. instrumentalisiert. Dabei geht es weniger um eine konkrete Referenz auf bestimmte Elemente der ‚schwarzen' Rap-Kultur (z.B. die Auseinandersetzung mit Benachteiligungen und Diskriminierungen), sondern vielmehr um eine „strategische Differenz", eine „mehr oder weniger beliebige Folie für [...] Projektionen und Erwartungen"[440], die sich auf die Vermitt-

---

[438] Holert/Terkessidis in dies. 1997, S. 13.
[439] Grether in Die Zeit vom 18.09.2003, S. 46, eigene Hervorhebung.
[440] Mayer in Holert/Terkessidis 1997, S. 158.

lung von ‚Coolness' und ‚Authentizität' beziehen. Diese strategische Differenz ist ein zentrales stilbildendes Element im Zusammenhang mit der Inszenierung von ‚schwarzen' Darstellern in Musikvideos – nicht nur im Zusammenhang mit Rap. Relevant ist die ‚Andersheit' der Darsteller, die nicht näher spezifiziert werden muss, sondern im Zeichen hegemonialdiskursiver Zuschreibungen als Verweis für bestimmte ‚natürliche' Merkmale und Eigenschaften eingesetzt wird.

Aufschlussreich ist in diesem Zusammenhang eine Analyse von Jason Middleton und Roger Reebe, die das Phänomen der Aneignung des ‚Anderen' anhand der Untersuchung von verschiedenen Rockvideos analysieren. Im Mittelpunkt ihrer Analyse steht die Ablösung von Rock-Musik als männlich-weiß konnotierter, hegemonialer Stilrichtung der zeitgenössischen populären Musik durch moderne Musikrichtungen wie den afroamerikanischen Rap bzw. HipHop. Um den Status der Rockmusik auf dem musikalischen Weltmarkt wieder herzustellen, so die Autoren, bedienen sich moderne ‚weiße' Rockbands der Rapmusik, d.h. sie integrieren Elemente dieses Stils in ihre eigenen Rocksongs. Die Folge ist eine Vielzahl von „hybrid forms which combine rock with styles of its musical competitors – most notably of hip hop music and culture".[441] So wird beispielsweise in vielen zeitgenössischen Rocksongs das Scratching, ein genuines Element von Rap-Musik, verwendet, ohne es jedoch in den musikalischen Kontext des Songs zu integrieren. Scratching fungiert hier zwar als "signifier[s] of authenticity"[442], dient allerdings im Gegensatz zum originären Rap lediglich der „sonic texture", dem „use of the turntable simply for the sound of the scratching, without any noticeable incorporation of samples into most of the music itself".[443] Dieser vor allem ökonomisch motivierte Prozess der Übernahme ‚nicht-weißer' musikalischer Elemente diene, so Rebee und Middleton, der Konstruktion bzw. Wiederherstellung der eigenen Authentizität und stellt insofern eine besondere Herausforderung dar, als sich die weißen Rockmusiker immer auf dem schmalen Grad zwischen ‚Authentizität' und ‚Möchtegern-Blackness' bewegen. Dieses Problem wird z.T. dadurch gelöst, dass weiße Musiker die afroamerikanischen Rap-Elemente aus ihrem Kontext herauslösen und auf der Ebene der Kategorie ‚Klasse' neu verhandeln. So übertragen sie beispielsweise in ihren Videos das Setting eines „tough and dangerous inner city life"[444], wie es zahlreiche Rapvideos verwenden, auf die typisch ‚weiße' (US-amerikanische) Örtlichkeit des trailer parks, der Wohnwagensiedlung für sozial schwächer Gestellte. Auf diese Weise wird das Stereotyp der ortsgebundenen, klassenspezifischen Authentizität (Stichwort ‚Ghetto' bzw. ‚Hood'), wie sie in Rapmusik und -videos vermittelt wird, auf einen glaubwürdigen weißen Kontext übertragen. Unterstützt wird dies durch den

---

[441] Middleton/Reebe 2002, S. 159-172.
[442] Middleton/Reebe, a.a.O., S. 163.
[443] Middleton/Reebe, a.a.O., S. 162.
[444] Middleton/Reebe, ebd.

weißen ‚B-Boy-Look' mit Baseballkappe, Oversize-Parka und Baggy Pants, der von schwarzen Rappern übernommen wird sowie die Übernahme typisch umgangssprachlicher Ausdrücke und Sprachmuster, die auf eine lower class-Existenz verweisen. In Bezug auf die 'weiße' Band Limp Bizkit fassen Reebe und Middleton ihre Beobachtung zusammen: „The authenticity thus implied by Limp Bizkit's ‚white trash' image [...] is premised upon a supposed cultural affiliation with black people articulated through common class status."[445]

Auf die stilbildende Funktion der Adaption von ‚schwarzer' Rap- und HipHop-Kultur verweist James Ledbetter. Er spricht von „wiggers" oder „wanna-be's" – „whites so desperate [...] to adopt black modes of dress and conduct"[446] und beschreibt Rap und HipHop als treibende kulturelle Kräfte, welche ein ganz neues Milieu zeitgenössischer ‚weißer' Kultur geschaffen haben, das sich bemüht, als ‚schwarz' konnotierte Sprechweisen, Stil und Kleidung zu adaptieren. Ledbetter spricht in diesem Zusammenhang von „racial flaneurs"[447], welche versuchen, die Defizite der eigenen Kultur durch diesen Prozess zu kompensieren. „By listening to rap and tapping into it as extramusical expressions, then, whites are attempting to bear witness to – even correct – their own often sterile, oppressive culture."[448]

Ledbetter spricht einen zentralen Punkt an, indem er darauf hinweist, dass der Prozess der ‚Adaption des Anderen' im populärmusikalischen Kontext nicht auf die Musik beschränkt bleibt, sondern dass auch außermusikalische Elemente wie Kleidung, Sprache und Habitus von Bedeutung sind. Gemeinsam etablieren diese Elemente einen bestimmten, musikbezogenen ‚Style', der Teil des popkulturellen Diskurses zeitgenössischer Jugendkultur ist. Die ‚Adaption' des Anderen bleibt dabei zugleich immer Teil eines permanenten Prozesses des ‚Othering', im Zuge dessen das Andere zu verwert- und verwendbaren Zeichen im zeitgenössischen Popdiskurs wird. Zugrunde liegt diesem Phänomen, so Goldman und Papson, ein im europäischen Kontext verwurzelter Rassismus:

> „Racism protects the signifier of the other. It ensures the symbolic existence of the other, a fantasy necessary to support the repressive banality of middle-class life. To accomplish this, the other must be consistently degraded and romanticized, and then reduced to a signifier by the practices of those who have the power to define the other for both their economic and their psychological benefit."[449]

Auf die Tatsache, dass dieser Prozess des ‚Othering' immer innerhalb eines hierarchisierenden Konstruktes stattfindet, weist Mike Daley auf der Grundlage einer Analyse der Aneignung ‚schwarzer' Blues-Elemente durch ‚weiße' Rockmusiker hin:

---

[445] Middleton/Reebe, ebd.
[446] Ledbetter in Dines/Humez 1995, S. 540.
[447] Ledbetter, a.a.O., S. 541
[448] Ledbetter, a.a.O., S. 543
[449] Goldman/Papson 1996, S. 166.

„I argue that the blues revival depended on a stereotyped representation of black culture, and that this in turn was used to remedy a perceived lack of authenticity in white rock music. This colonization of black music involves a process of 'Othering', where the dominant culture renders the subordinate culture in terms of difference, and that difference allows the dominant culture to define itself."[450]

In der ‚Adaption des Anderen' drückt sich auf diese Weise ein Machtmoment in dem Sinne aus, als das dominante ‚Eigene' (‚Weiße') das ‚Andere' (‚Nicht-Weiße') für den ‚eigenen' Kontext instrumentalisiert. Irene J. Nexica spricht in diesem Zusammenhang von einem übergeordneten Prozess der „musical colonization"[451], welcher die Logik der historischen Kolonisation widerspiegelt, deren Umkehrung nicht legitimiert ist. Nur weiße, westliche Interpreten sind demnach legitimiert, musikalische Elemente anderer Kulturen zu übernehmen:

„The exchange does not work both ways – powerful Western artists may compose their musical identities as they please without 'ruining' the music that is 'authentically' theirs. Simultaneously, the artists from whose sonic repertoires they borrow must stay within the narrow confines of what is demarcated as their traditional culture (...) There is pressure to remain in the boxes that have been established for musics and musicians by a social order that privileges a hegemonic white identity as possessing all while ethnicized groups have stereotyped, limited cultures. People who cross too far out of these common sense boundaries are deemed inauthentic."[452]

Besonders deutlich wird diese Inszenierungsstrategie der ‚Adaption des Anderen' vor allem in zwei Clips des vorliegenden Samples. In *Without me* des US-amerikanischen Rappers Marshall Mathers (2002), alias Eminem, und in *Pretty Fly* von The Offspring (1998). Zunächst handelt es sich bei Eminem um einen ‚weißen' Rapper, also um einen Weißen, der einen explizit ‚schwarz' konnotierten Musikstil ausübt. Auf diese Tatsache spielt Eminem in seinen Texten an, indem er beispielsweise in *Without me* rappt: „I am the worst thing since Elvis Presley / To do Black Music so selfishly[453] / And use it to get myself wealthy / Hey, there's a concept that works / 20 million other white rappers emerge / But no matter how many fish in the sea / It will be so empty without me." Als ‚weißer' Rapper taucht Eminem dem hegemonialen (Pop-)Diskurs zufolge zunächst einmal in gewisser Weise in der ‚falschen' Kategorie auf. Insofern ist die Gefahr groß, dass sein Verhalten negativ sanktioniert wird, z.B. indem seine Performance als lächerlich oder ‚unauthentisch' empfunden oder schlicht und einfach vom Publikum ignoriert wird.

---

[450] Daley 2003, S. 161.

[451] Nexica 1997, S. 65.

[452] Nexica, a.a.O., S. 66 und 72.

[453] Auch Elvis Presley bewegte sich – was damals skandalös war – auf dem Feld ‚schwarz' konnotierter Musik. Der 1956 von ihm gesungene Titel *Hound Dog* platzierte sich sowohl in den Rhythm & Blues-, als auch in den Country-Charts auf Platz 1 (vgl. Wicke in ders. 1993b, S. 66-88).

In seinen Videos wird das Problem gelöst, indem er Teile der Bildrhetorik aus dem ‚schwarzen' Rap-Kontext übernimmt (Kleidung, Bewegung, verfügbare Frauen, materieller Reichtum). In einigen Szenen während des Sprechgesangs umgibt er sich mit afroamerikanischen Rappern und bezieht sich visuell und verbal auf seinen musikalischen Förderer Dr. Dre, etablierter Gangsta-Rapper und ehemaliges NWA (Niggaz With Attitude)-Mitglied. Daneben distanziert Eminem sich jedoch auch durch ironisierte und satirische Darstellungen und die im Comic-Stil gehaltene Inszenierung des Clips von dem Genre, das ihn groß gemacht hat. So ist er in einer Szene in der Verkleidung von Batman's Robin zu sehen, eingeblendet wird jedoch – ironischerweise – der Schriftzug „Rap Boy". Auf diese Weise wird seine Glaubwürdigkeit als ‚weißer' Rapper, der einen ‚schwarzen' Musikstil ausübt, durch ‚Authentisierung' und Distanzierung, gestärkt, ohne ihn als Interpreten ‚schwarzer' Musik der Lächerlichkeit preiszugeben.

Im Video zu *Pretty Fly* von The Offspring (1998) wird das Prinzip der Adaption afroamerikanischer (männlicher) Authentizität auf amüsante Weise parodiert – wenn auch für den Preis einer erneuten Reproduktion der Differenz zwischen ‚Eigenem' und ‚Anderem'. Hier heißt es im Refrain „And all the girlies say I'm pretty fly for a white guy". Im Text, wie auch in dem dazugehörigen Video geht es um ein männliches (‚weißes') "subject", das unbedingt ‚cool' sein will. Als Referenz für diese Coolness werden Afroamerikaner, explizit auch afroamerikanische Rapper, genannt bzw. gezeigt. An einer Stelle lautet der Text „He needs some cool tunes, not just any will suffice / but they didn't have ice cube, so he bought vanilla ice." Damit wird auf die Differenz von 'authentischen' afrikanischstämmigen Rappern (Ice Cube) und die sie imitierenden, 'nicht-authentischen' weißen Rapper (Vanilla Ice) angesprochen. Hier wird die (versuchte und letztendlich gescheiterte) Übernahme von Elementen ‚schwarzer', afroamerikanischer Kultur zum Zweck der Steigerung der eigenen Coolness durch einen ‚weißen' Mann explizit und ironisiert dargestellt (wenn auch für den Preis einer erneuten Reproduktion ethnischer Stereotype). Beispielsweise, wenn der Darsteller mit ‚cooler' Gestik Eindruck bei den ‚richtigen' Homeboys machen will, diese sein Verhalten jedoch nicht verstehen und verständnislos-belächelnd den Kopf schütteln. Oder wenn er vor einer Gruppe ‚cooler' afroamerikanischer Breakdancer anfängt zu tanzen, sich mit seinen Bewegungen jedoch lächerlich macht, da er Breakdance nicht beherrscht. Am Ende wird er von den weiblichen Mitgliedern der Breakdance-Clique in einen Pool geworfen und so vor den Augen einer großen Menschenmenge der Lächerlichkeit preisgegeben. Das Video ist – dies ist hervorzuheben – eines der wenigen Beispiele, in welchem die in der Regel ‚unsichtbare' Normativität weißer Männlichkeit zum Gegenstand der Handlung gemacht wird.

6.2.1.2 Kommerzialisierte ‚Otherness'

Bei der Adaption von Elementen der ‚anderen', ‚coolen' und ‚authentischen' Musikkultur spielt im Zusammenhang mit Mainstream-Popmusik, um die es im vorliegenden Zusammenhang geht, immer auch der Aspekt der Kommerzialisierung eine zentrale Rolle. Dass auch dieser Faktor eine historische Tradition hat, hebt Mark Anthony Neal am Beispiel der Soul-Musik hervor. Demnach eignete sich die (in diesem Fall amerikanische) Musikindustrie gezielt Teile ‚schwarzer' Kultur an, um sie einem ‚weißen' Publikum erfolgreich zu verkaufen. Neal spricht von „Corporate America's [...] annexation of the black popular music industry", mit der Folge, dass „the mass commodification of Soul reduced Blackness to a commodity that could be bought and sold [...] without the cultural and social markers that have defined Blackness."[454] Kritisiert wird vor allem die Nivellierung des Kontextes sowie der Entstehungsbedingungen und der kulturellen Tradition ‚schwarzer' Soul-Kultur. ‚Schwarze Identität' wird, so Neal, in diesem Prozess bestimmt von „mechanisms of mass consumer culture"[455], welche zu einer Verfremdung und Vermassung derselben führe. Dies treffe in hohem Maße auch auf die neueren afroamerikanischen Musikstile HipHop und Rap zu, welche durch die 1988 eingeführte Sendung *Yo! MTV Raps* des Senders MTV einen regelrechten Boom erfuhren.

> „The mainstreaming [...] of Hip-Hop music video would open the form to an audience of mid-American youths, who relished the subversive ‚otherness' that the music and its purveyors represented. By the time 'Gangsta Rap' (an often cartoonish portrayal of black masculinity, ghetto realism, and gangster sensibilities) became one of the most popular genres of Hip-Hop, a significant portion of the music was largely supported by young white Americans. [...] like Soul music a generation earlier, Hip-Hop was essentialized and sold as the 'authentic' distillation of contemporary 'Blackness', though in fact the form rendered 'Blackness' as postmodern as Hip-Hop was itself and thus as difficult to essentialize, though its value as a mass commodity was predicated on consumer acceptance, that Hip-Hop represented an essential 'Blackness' that was urban, youthful, and threatening."[456]

Auch Goodwin weist im Zusammenhang mit den Inszenierungen von Musikvideos darauf hin, dass „[m]usic television clips often use black musicians and audiences to ‚authenticate' white rock music and/or help it sell."[457] Hinter der Übernahme von Elementen nicht-weißer (v.a. afroamerikanischer Musik-)Kultur steckt so auch ökonomisches Kalkül, welches auf der Grundlage funktioniert, dass „gerade subversive Images und die Betonung von Differenz sich hervorragend verkaufen."[458] Wie die

---

[454] Neal 1997, S. 117, 120.
[455] Neal, a.a.O., S. 120.
[456] Neal, a.a.O., S. 129f.
[457] Goodwin 1992, S. 116
[458] Mayer in Holert/Terkessidis 1997, S. 153.

Ergebnisse der Studie zeigen, liegt der Vorgang einer ‚Adaption des Anderen' zahlreichen visuellen Inszenierungen zeitgenössischer Musik zugrunde. In ihren konkreten Darstellungen in Musikvideos vermitteln diese Adaptionen – nicht nur im Zusammenhang mit Rap – einen gewissen ‚Style', eine gewisse ‚Coolness' und ‚Authentizität', die für den Gesamteindruck eines Clips und damit für das Image des Interpreten instrumentalisiert werden. Insofern ist das ‚Andere' in seiner ‚weißen Adaption' wesentlicher Bestandteil des zeitgenössischen Popdiskurses. Bell Hooks spricht in diesem Zusammenhang von einer „Vermarktung von Schwarzsein"[459], Jan Engelmann übergeordnet von einem „Differenz-Kalkül" als Kern unserer Konsumgesellschaft und von Marketing als „Technik der Differenz"[460] und Sonja Kretzschmar von einer „Faszination für die Differenz, für die Vermarktung der Ethnizität, für das Anderssein".[461] In der englischen Literatur ist in diesem Zusammenhang häufig die Rede vom Anderssein als ‚spicy' Zugabe zum kulturellen Mainstream.[462] Im Mittelpunkt stehen die Ästhetisierung und Ökonomisierung des ‚authentischen Anderen'. Nach Goldman und Papson geht es darum „to capture the signifying power of otherness at the level of aesthetic codes (…) and bleed out their meaning through aestheticization. The logic of the spectacle applied to authenticity finally mutates into highly aestheticized style."[463]

6.2.2 Exkurs I: Musikvideos als Bestandteile von Jugendkulturen

Die Entwicklung distinktiver Jugendkulturen hängt eng mit der Herausbildung spezifischer jugendkultureller Musikstile, v.a. dem Rock 'n' Roll, zusammen. Eine wichtige Rolle spielt in diesem Zusammenhang die technische Entwicklung im Bereich der Musikproduktion. Hörfunkprogramme und der vermehrte Vertrieb von Tonträgern in den 50er Jahren des 20. Jahrhunderts verschafften einer großen Zahl von Jugendlichen Zugang zu massenmedial vermittelter Musik und schufen so die Möglichkeit der Herausbildung einer eigenen, eng an die Musik geknüpften Kultur.

> „Anstatt traditionelle Verhaltensmuster unreflektiert zu adaptieren, tendieren Jugendliche in zunehmendem Maße zur eigenständigen Konstruktion individueller Verhaltensmuster, wobei den Produkten der Musikindustrie und der gesellschaftlichen Auf-

---

[459] Hooks 1994, S. 16.

[460] Engelmann in ders. 1999, S. 13.

[461] Kretzschmar 2002, S. 82.

[462] Dabei ist allerdings zu beachten, dass ‚schwarz' nicht gleich ‚afrikanisch' bedeuten muss. U.a. führen der Kontext und die Aufmachung der jeweiligen Darstellung häufig dazu, dass z.B. mit schwarzen Werbegestalten meist afro-amerikanisch assoziiert wird (vgl. Poenicke in Konrad-Adenauer-Stiftung e.V. 2001, S. 15).

[463] Goldman/Papson 1996, S. 167.

wertung der Populärkultur eine wichtige Rolle innerhalb dieser Konstruktionsmodelle von lebensweltlicher Realität zukommt. Wichtig erscheint ein breites Spektrum unterschiedlicher Rezeptionsweisen, das von oberflächlicher Wahrnehmung dieser Angebote bis zu obsessiven Fankulturen reichen kann. Popmusik und ihre Implikate dienten der Jugend innerhalb der vergangenen fünfzig Jahre immer mehr zur individuellen Identitäts- und Gesellschaftskonstruktion."[464]

Diese Entwicklung geht einher mit und ist zugleich Effekt von einer zunehmenden Mediatisierung aller Lebensbereiche. Es findet eine Verstärkung von medienvermittelten Erfahrungen statt, so dass Medienwirklichkeit und soziale Wirklichkeit mehr und mehr verschmelzen. Zugleich werden elektronische Medien für die Freizeitgestaltung immer wichtiger und der Alltag wird zunehmend von Medien- und Werbesymboliken durchdrungen.[465] Eng damit zusammen hängen der häufig zitierte Bedeutungsverlust traditioneller Sozialisationsinstanzen und die Auflösung alter Werte und Orientierungsmuster.[466] Popmusik des musikalischen Mainstreams bietet in diesem Zusammenhang eine Art ästhetisch inszenierter Orientierung bei der Entwicklung und Stabilisierung individueller und sozialer Idenität(en). Die Bindung an einen Stil drückt dabei nicht nur die Zugehörigkeit zu einer bestimmten Gruppe und die Distanz zu anderen Generationen aus. Sie signalisiert zugleich einen bestimmten Habitus und Lebensstil (Lifestyle) im Sinne eines „set of expressive behaviours through which an individual (or group) communicates his/her/its identity to others in society"[467] sowie damit zusammenhängende Einstellungen.[468]

Eine wichtige Rolle spielt in diesem Zusammenhang die Verknüpfung zwischen Individualisierung und paralleler Kollektivierung. Die Angebote der (massenmedialen) Populärkultur bieten die Möglichkeiten zur individuellen Identitätsbildung durch individuellen Konsum; gleichzeitig findet dieser Prozess jedoch im Rahmen eines größeren, standardisierten Ganzen statt, welches das Individuum an den übergeordneten Kontext einer medial vermittelten (Jugend-) Kultur bindet. – Dies ist es, was Tom Holert und Mark Terkessidis mit dem Begriff des „Mainstream der Minderheiten"[469] geprägt haben. In der Sicherheit und Aufgehobenheit dieses Mainstreams kann der Einzelne durch die Wahl von Konsummöglichkeiten seine

---

[464] Kurp/Hauschild/Wiese 2002, S. 36.

[465] Vgl. Jäckel in Roters/Klingler/Gerhards 1999, S. 120; zur allgemeinen Mediennutzung und mediengebundenem Freizeitverhalten von Jugendlichen siehe die Ergebnisse der seit 1998 jährlich durchgeführten JIM-Studie (Jugend, Information, (Multi-)Media) (Feierabend/Klingler 2003, S. 450-462).

[466] Vgl. Musner/Wunberg in Bundesministerium für Wissenschaft und Kultur/Internationales Forschungszentrum Kulturwissenschaften 1999, S. 10.

[467] Van der Rijt/D'Haenens/Jansen/de Vos 2000, S. 81.

[468] Für eine detaillierte und umfassende Auseinandersetzung mit dem Bereich Jugendkultur und Musik siehe Altrogge 2001a, S. 29-108.

[469] Holert/Terkessidis in dies. 1997, S. 5-19.

subjektive Identität ausbilden, zugleich ist diese Wahl jedoch durch die Produktionsvorgänge dessen beschränkt, was allgemein (meist mit negativer Konnotation) ‚Kulturindustrie' genannt wird. Anders ausgedrückt: Konsum und die individuelle Wahl von Konsumprodukten ist möglich, es kann jedoch nur das konsumiert werden, was der produzierende Sektor hervorbringt. In diesem Zusammenhang sprechen Michael Barth und Klaus Neumann-Braun vom Musikfernsehen als einer „mediale[n] Herstellung einer konsumorientierten Jugendkultur".[470]

Peter Wicke weist darauf hin, dass nicht die Technik, sondern die Einbettung in Musikfernsehsender das Musikvideo zu einem wirklich neuen Medium gemacht hat. Dort sind die Clips nicht mehr nur Werbeträger für Popsongs, haben also im Grunde genommen eine mit dem Musikalischen zusammenhängende Funktion, sondern sie werben zugleich für einen ganzen Lebensstil.[471]

> „The highly dense stimuli [of the video clip, C.S], that are aesthetically designed to fit in the complex flow of pictures in the zapping mode, offer all the relevant cognitive and emotional dates to the young public in a concentrated form: the musical and visual codes of youth- and subculture as well as the connected moods of lifestyle."[472]

Wie Katrin Fahlenbrach weiter herausarbeitet, werden mittels visueller und musikalischer Codes in Musikvideos wichtige Informationen in Bezug auf zeitgenössische jugendkulturelle Stile an die Rezipienten vermittelt. Diese beziehen sich 1. auf den Stil der Darsteller im Hinblick auf die visuellen Zeichen ihres Habitus, z.B. Kleidung, Frisur, Make-Up, Bewegungen usw., 2. auf die Repräsentation eines bestimmten Lifestyles in Verbindung mit vertrauten oder idealisierten Situationen und Interaktionen, 3. das Setting und die Ausstattung des Clips und 4. auf die musikalischen Codes auf der rhythmischen und melodischen Ebene.[473]

Mit der Institutionalisierung des Videoclips durch MTV wurde das Fernsehen so zum konstitutiven Faktor von Jugendmusikkultur, und die Rezeption von Videoclips Teil jugendlicher Alltagspraxis. Eine Befragung von 1.092 Jugendlichen im Rahmen der jährlich durchgeführte JIM-Studie (Jugend, Information, (Multi-) Media)[474] belegt, dass das Thema Musik nach dem Bereich Freundschaft an zweiter Stelle der Interessenskala von Jugendlichen liegt (für 88 bzw. 97% der Befragten); von 1998 bis 2002 hat sich das Interesse am Thema Musik um 4% gesteigert. Was die Mediennutzung Jugendlicher betrifft, so ist das Fernsehen gleichbleibend das Medium, das die meisten Jugendlichen erreicht – 94% sehen mindestens mehrmals pro Woche fern, dicht dahinter folgt die Nutzung von Tonträgern (93%) sowie des Radios

---

[470] Barth/Neumann-Braun in Landesanstalt für Kommunikation Baden-Württemberg 1996, S. 255.
[471] Vgl. Wicke 1994, S. 7ff sowie Wicke in ders. 1993b.
[472] Fahlenbrach 2002, S. 2.
[473] Fahlenbrach, a.a.O., S. 5.
[474] Vgl. Feierabend/Klingler 2003, S. 450-462.

(86%).[475] Für 25% der befragten Jugendlichen war das Fernsehen die wichtigste Informationsquelle in Sachen Musik (nach dem Internet mit 28%). Es kann insofern davon ausgegangen werden, dass Musikfernsehen und damit auch Musikvideos in der Lebenswelt Jugendlicher einen relevanten Stellenwert besitzen. Musikvideos sind in diesem Zusammenhang ein wichtiger Faktor bei der Vermittlung von ‚Lifestyle' (welcher eng mit dem jeweiligen Musikstil zusammenhängt). Sie sind eingebunden in ein dichtes Netz von Konsum- und Modeartikeln, Design- und Ästhetikkonzepten und liefern somit nicht nur einen gemeinsamen, jugendbezogenen Erfahrungszusammenhang, sondern sind auch Trendsetter für die Einführung und Etablierung von Waren bei der zunehmend wichtigen wirtschaftlichen Zielgruppe von Jugendlichen bzw. jungen Erwachsenen. Insofern erfüllt MTV insgesamt, wie auch der einzelne Videoclip als „Mittel der Selbstverwirklichung und der Selbstdefinition"[476], eine publizistische Leistung, die über eine reine Unterhaltungsfunktion hinausgeht: der Musiksender liefert Themen und Informationen, wird andererseits aber auch selbst zum Gesprächsstoff seiner Rezipienten. Darüber hinaus vermittelt MTV Identifikationsmuster und -strategien und schafft das Gefühl der Zugehörigkeit zu einer bestimmten Jugendkultur, die sich zugleich explizit zu anderen sozialen Gruppen (Eltern, Erwachsene im Allgemeinen, andere Jugendliche) abgrenzt.

> „Der Musikkanal symbolisiert so eine nicht mehr politisch radikale Jugendrebellion, die über Aktion auf Veränderung gesellschaftlicher Verhältnisse drängt, sondern eine ästhetisch radikale Jugendrebellion, die über Kommunikation und konsumistische Aktivität herrschende Wertmaßstäbe in Frage stellt."[477]

Den Stellenwert des Musikfernsehens in der Lebenswelt Jugendlicher und junger Erwachsener bestätigt eine Studie von Britta Frielingsdorf und Sabine Haas. Auf Basis einer Befragung von 533 jungen Nutzern von MTV und VIVA kommen sie zu dem Schluss:

> „Musikfernsehen ist mehr als ‚nur' Fernsehen. Als Musikmedium wird es alternativ zu Radio und Tonträgern und auch alternativ zu anderen Fernsehprogrammen genutzt. Es erfüllt dabei (...) eine Vielzahl von Bedeutungen, die über die klassischen Funktionen des Fernsehens weit hinausgehen. Musikfernsehen scheint eine wichtige Kommunikationsfunktion in den subkulturellen Lebensbezügen der Jugendlichen einzunehmen: Sie sammeln dort eine Fülle von Informationen über Musik und Interpreten und eignen sich Wissen an, um mitreden zu können (...). Die Musiksender MTV und VIVA sind

---

[475] Die Gruppe der 14- bis 19jährigen schaute 2002 im Durchschnitt täglich 119,5 Minuten fern (2003: 121,5 Minuten), die Gruppe der 20- bis 29jährigen durchschnittlich 152 Minuten (2003: 164 Minuten) (vgl. Darschin/Gerhard 2003, S. 159; dies. 2004, S. 143).
[476] Kurp/Hauschild/Wiese 2002, S. 53, vgl. dazu auch S. 76
[477] Mikos 1993, S. 17-20.

‚angesagt', treffen die Erwartungen der Jugend und gehören zu ihrem Selbstverständnis dazu."[478]

Auf der Basis der Ergebnisse einschlägiger Studien zur Rezeption von Musikvideos entwickeln Michael Schmidbauer und Paul Löhr verschiedene Motivmodelle der Nutzung von Videoclips. Demnach dient Musik – erstens – als Mittel der Selbstverwirklichung, d.h. sie ist entscheidend beteiligt bei der Herausbildung der Identität von Jugendlichen. Sie spielt in diesem Zusammenhang eine wichtige Rolle, um mit der individuellen Gefühlswelt, d.h. den Emotionen und den diesen zugrunde liegenden Erlebnissen, umzugehen. Daran schließt – zweitens – die Funktion von Musik als Aktivierung und Management von Stimmungen an. Wesentlich sind dabei u.a. die Aspekte Ablenkung, Eskapismus und Kompensation. Musik ist – drittens – ein wichtiger Bestandteil für den Erhalt und die Pflege sozialer Beziehungen; sie schafft soziale Bindungen v.a. hinsichtlich der peer group, indem sie gemeinsame Interessen und damit auch gemeinsamen Gesprächsstoff schafft. Musik kann gleichzeitig jedoch auch soziale Beziehungen aufkündigen, beispielsweise mittels Abgrenzung gegenüber älteren und jüngeren Generationen durch einen bestimmten Musikgeschmack. Damit verbunden ist auch – viertens – Musik als Medium des Ausbruchs und der Provokation.[479] Selbstverständlich handelt es sich hierbei nur um *Modelle* – die Autoren sprechen von „sich wechselseitig ergänzende[n], überlappende[n] und überschneidende[n] Interpretationshilfen".[480] Dennoch bilden diese Modelle angesichts der eher unzureichenden Materiallage im Hinblick auf die Rezeption von Musikvideos, wie auch angesichts der Heterogenität der Befunde (siehe Kap. 6.2.4) eine Orientierungslinie, wie Musik und damit auch Musikvideos in ihrer Rezeption durch Jugendliche verstanden werden können.

6.2.3 Reproduktion des hegemonialen Diskurses in Bezug auf Geschlecht – Marginalisierungen des ‚Anderen'

Die Betrachtung der Kategorie ‚Geschlecht' schließt in der vorliegenden Arbeit aus methodischen Gründen an die vorab gebildeten Cluster über ethnizitätsspezifische Inszenierungen an – insofern können Aussagen über die Repräsentation von Geschlecht nur im Anschluss an die Darstellung nicht-weißer Personen gemacht werden. Die auf diese Weise vorgenommene Betrachtung basiert zum einen auf den Erkenntnissen der kommunikationswissenschaftlichen Geschlechterforschung (siehe Kap. 4.4) und den im Folgenden vorgenommenen Referenzen auf Forschungsbe-

---

[478] Frielingsdorf/Haas 1995, S. 339.
[479] Schmidbauer/Löhr in Neumann-Braun 1999, S. 340-342.
[480] Schmidbauer/Löhr, a.a.O., S. 342.

funde der Inszenierung weiblicher Darsteller in Musikvideos (Kap. 6.2.3.2), zum anderen auf einem von Ute Bechdolf herausgearbeiteten Modell zur Repräsentation von Geschlecht in Musikvideos: Im Rahmen ihrer Studie zur geschlechtsbezogenen Rezeption von Musikvideos durch Jugendliche (siehe Kap. 6.2.4) arbeitet Bechdolf drei unterschiedliche Repräsentationsweisen von Geschlecht in Musikvideos heraus: Affirmation, Opposition und Gender-Blending. Zur ersten Kategorie, der Affirmation, benennt die Autorin fünf gängige Muster der Darstellung: (1) Ausschluss des Weiblichen, (2) Vorherrschaft des männlichen Begehrens, (3) Dominanz männlicher Blicke, (4) Frauenkörper als Ornamente und (5) Hierarchie durch Abhängigkeit.[481] Als mögliche oppositionelle Darstellungsstrategien analysiert Bechdolf: (1) Umdeutung und Erweiterung weiblicher Ausdrucksweisen, (2) Einfordern eines weiblichen Subjektstatus, (3) visuelle Überwindung von Konventionen und (4) musikalische Ausdrucksmöglichkeiten.[482] Neben den Möglichkeiten der Opposition wie der Affirmation von Geschlechterkonventionen in der visuellen Darstellung, welche beide implizit die Geschlechterdichotomie reproduzieren, wird eine dritte, die Geschlechtergrenzen prinzipiell in Frage stellende Möglichkeit der Repräsentation aufgeführt: Gender Blending bzw. Gender Bending, also das ‚Vermischen' oder ‚Verbiegen' von Geschlechtszuordnungen. Diese Strategie beinhaltet beispielsweise Möglichkeiten der Demaskierung von starren Geschlechtszugehörigkeiten durch die Überstrapazierung von Stereotypen, die Praxis des Crossdressing, die Darstellung von gleichgeschlechtlichem Begehren (‚queer strategy') oder die Auflösung von Geschlechtergrenzen durch Androgynität.[483]

6.2.3.1 Empirische Erkenntnisse

Was die Repräsentation von Geschlecht im Zusammenhang mit markierter Ethnizität im untersuchten Sample betrifft, so lässt sich übergeordnet ganz deutlich eine Dominanz des ‚Männlichen' feststellen, die sich in sämtlichen entwickelten Clustern widerspiegelt und sowohl das zahlenmäßige Erscheinen als auch die Art und Weise der Darstellung betrifft. Zwar kommen in den allermeisten Clips sowohl männliche als auch weibliche Personen vor, doch überwiegt die Zahl männlicher Darsteller deutlich, vor allem, was die Menge der im vorliegenden Zusammenhang interessierenden einzeln hervorgehobenen Nicht-Weißen betrifft. Weibliche nicht-weiße Darsteller sind von der Repräsentation vor allem im Hinblick auf das Spielen eines Instruments und die Inszenierung von Rappern und Breakdancern ausgeschlossen. Im ohnehin schon engen Rollenspektrum ‚nicht-weißer' Darsteller in Clips von ‚weißen' Interpreten das sich – wie die empirische Studie gezeigt hat – im

---

[481] Bechdolf 1999, S.100-111.
[482] Bechdolf, a.a.O., S.112-121.
[483] Bechdolf, a.a.O., S.122-143.

Wesentlichen auf die Inszenierung eines ‚multikulturellen Gesellschaftsbildes' oder die affirmative Bestätigung des hegemonialen Diskurses beschränkt, sind die Ausdrucksmöglichkeiten weiblicher Darsteller zusätzlich reduziert. So sind auch bei der Inszenierung nicht-weißer Darsteller in Berufsrollen Frauen stark unterrepräsentiert und werden, wenn sie auf diese Weise dargestellt sind, in relativ statusarmen Berufen gezeigt (als Büroangestellte sowie mehrmals als Krankenschwester bzw. Pflegerin). Eine Ausnahme bildet hier das Video *Stan* von Eminem (2000), in dem in einer Szene eine asiatischstämmige Nachrichtenreporterin zu sehen ist. Auch bei dem herausgearbeiteten Rollenbild des ‚Freaks' handelt es sich im Wesentlichen um eine auf männliche Darsteller angewandte Inszenierungsweise; ebenso wie bei den herausgearbeiteten stereotypen Darstellungsarten in Bezug auf den historischen und zeitgenössischen Lebensweltkontext nicht-weißer Menschen. Hingegen werden weibliche Darsteller im Vergleich zu männlichen überproportional häufig als Backgroundsängerinnen bzw. -tänzerinnen inszeniert. In *Türlich, türlich* von Das Bo (2000) werden Bikinimädchen auf pornographische Weise inszeniert, z.B. durch mehrfache Close Ups auf die sekundären Geschlechtsmerkmale tanzender Frauen, ebenso – etwas ‚abgemildert' – in *I'm too sexy* von Right said Fred (1991) und *Pretty Fly* von The Offspring (1998). In den ersten beiden Fällen werden die weiblichen Darsteller körperlich direkt in Bezug zu den männlichen Interpreten gesetzt, während in *Pretty Fly* die Tänzerinnen auf einer erhöhten Bühne einer größeren Menschenmenge zur visuellen Verfügung stehen. Im Video *Help* der weiblich besetzten Gruppe Bananarama (1989) werden hingegen männliche Tänzer mit freiem muskulösem Oberkörper zum ‚Vergnügen' der Interpretinnen eingesetzt, indem sie den Sängerinnen für offen ‚begehrende' Blicke und Berührungen zur Verfügung stehen. Insgesamt lässt die Vielfalt der unterschiedlichen Darstellungspraktiken von Tänzerinnen und Tänzern keine Strukturierung des Materials nach gängigen und weniger üblichen Inszenierungsweisen zu.[484] So widerspricht beispielsweise die Inszenierung einer afrikanisch- und einer europäischstämmigen Tänzerin in *Love changes everything* von Climie Fisher (1988) der verbreiteten Vorstellung, nach der im Zweifelsfall die ‚schwarze' Frau die sexualisierte, verfügbare sei, die ‚weiße' jedoch die unberührte ‚Heilige'.[485] Hier wird die europäischstämmige Darstellerin in kurzem Rock und mit tiefem Dekolletee inszeniert, während Körper und Haare der afrikanischstämmigen Darstellerin durch wenig aufreizende (Alltags-)Kleidung bedeckt sind. Festzustellen ist jedoch insgesamt, dass der Bezug auf eine erotisierte weibliche Körperlichkeit, dargestellt durch entsprechende Kleidung und Bewegun-

---

[484] Aufgrund der Vorstrukturierung des Materials in Bezug auf die Kategorie ‚Ethnizität' ist der zugrunde liegende Materialkorpus für eine ähnliche Vorgehensweise hinsichtlich der Kategorie ‚Geschlecht' zu klein.

[485] Vgl. Castro Varela/Dhawan in AntidiskriminierungsBüro Köln (ADB)/cyberNomads (cbN) 2004, S. 74ff.

gen, bei weiblichen Darstellern weitaus expliziter inszeniert wird als bei männlichen Darstellern. Auf diese Weise werden Frauen meist immer noch mit dem relativ eindimensionalen Etikett ‚attraktiv & verfügbar' versehen und so auf die Körperlichkeit ihrer Darstellung reduziert. In der Mehrzahl der Videos werden die von Bechdolf herausgearbeiteten affirmativen Repräsentationspraktiken angewendet: Ausschluss des Weiblichen, die ‚dekorative' Inszenierung von Frauenkörpern als Ornamente und der auf diese Weise hergestellte Bezug zu männlichem Begehren und männlichen Blicken.

Nur sehr wenige Clips des untersuchten Samples zeigen weibliche Darsteller unabhängig von einer erotisch konnotierten, ‚dekorativen' Inszenierung oder der Darstellung in Berufsrollen als ‚Subjekte'. Heraus sticht diesbezüglich lediglich eine Szene in *True Colors* von Cyndi Lauper (1986), in welcher zwei elegant gekleidete Frauen – eine afrikanisch- und eine europäischstämmige – in einer etwas surrealistisch anmutenden Szene in einem Boot sitzen und Tee trinken. Bei dieser Darstellung handelt es sich um eine der seltenen Inszenierungen, in denen weibliche Darsteller jenseits der Dreißig und darüber hinaus (oder gerade deswegen?) nicht in Bezug zu einem männlichen Darsteller gezeigt werden. Zwar kann aufgrund der Kürze der Szene innerhalb des Videos nicht von einer expliziten ‚Einforderung eines weiblichen Subjektstatus' im Sinne von Bechdolf gesprochen werden; jedoch ist auf der Grundlage des untersuchten Materials die Tatsache bemerkenswert, dass weibliche Darstellerinnen unabhängig von einem direkten oder indirekten Bezug zu einem männlichen Darsteller inszeniert werden. Diese Art der Inszenierung, die *nicht* direkt auf das bipolare System der heterosexuellen Zweigeschlechtlichkeit verweist, ist in Bezug auf weibliche Darsteller unüblich, in Bezug auf ihre männlichen Kollegen jedoch nicht außergewöhnlich. Beispielsweise wird sie (im vorliegenden Sample) angewendet auf die traditionell männlich geprägten Sphären von Sport, Berufskarriere und Rap, die auch ohne weibliche Präsenz ‚daseinsberechtigt' sind. Insofern spiegelt sich im fiktionalen Kontext von Musikvideos die (alltags)reale Tatsache wider, dass Männlichkeit die ‚unabhängige' Norm darstellt, auf die ‚abhängige' Weiblichkeit in meist erotisierter Funktion bezogen ist. So spielt in *Shut up* von Sin with Sebastian (1995) zwar eine nicht-weiße Darstellerin eine der ‚Hauptrollen' des Videos, jedoch kommt ihr im Binnenkontext des Clips durch die erotisierte Bekleidung sowie ein ‚lolitahaftes' Verhalten eine eher erotisch-dekorative als vom männlichen Blick ‚unabhängige' und eigenständige Rolle zu (siehe auch Kap. 6.1.3). Bechdolf stellt in diesem Zusammenhang fest:

„… in vielen narrativen Videos [werden] (…) beide Geschlechter auf eine stereotype, im dominanten Diskurs der Zweigeschlechtlichkeit fixierte Männlichkeit bzw. Weiblichkeit festgelegt. Während Männern jedoch eine große Auswahl von Rollen zur Verfügung steht, in denen ihr sexuelles, wie auch ihr romantisches Begehren zum Ausdruck kommen kann (autonomer Musiker, freiheitsliebender Abenteurer, knallharter Rocker, romantischer Träumer, unglücklich Liebender, verzweifelter Jugendlicher, sozialkritischer Ankläger oder sexueller Aggressor), greift bei Frauen nach wie vor die altbekannte Dichotomie Hure/Heilige."[486]

Weibliche Darsteller dienen in Musikvideos – ebenso wie in zahlreichen anderen Mediengattungen – als visuelle Reizmittel, welche den beim Fernsehen eher zerstreuten (männlichen) Blick durch die Inszenierung von visuell verfügbaren und in ihrer massenmedialen Existenz öffentlich zugänglichen weiblichen Körpern auf den Bildschirm fokussieren – wobei im Fall der nicht-weißen Darstellerinnen die doppelte Markierung von ‚Nicht-männlich-Sein' und ‚Nicht-weiß-Sein' greift.[487]

In der vorliegenden Untersuchung fanden sich nur sehr wenige Videos, bei denen von *möglichen* Gegenentwürfen zum hegemonialen Diskurs die Rede sein kann (siehe dazu auch Kap. 6.3.4). Heraus sticht hier wieder einmal die europäisch-amerikanische Interpretin Madonna mit der Überwindung gängiger Darstellungskonventionen, wenn sie beispielsweise in *Justify my Love* (1991) oder *Like a Prayer* (1989) das immer noch gepflegte Tabu selbstbestimmter weiblicher Sexualität aufbricht – in letzterem Beispiel noch dazu in Bezug auf einen zum Heiligen stilisierten ‚Schwarzen'. Sie nimmt sich was und wen sie braucht, gibt im Liebesspiel die Befehle und inszeniert weibliches lustvolles Begehren. In diesem Zusammenhang kann durchaus vom ‚Einfordern eines weiblichen Subjektstatus' und von der ‚visuellen Überwindung von Konventionen' im Anschluss an Bechdolf gesprochen werden. Neben der Tatsache, das Umstrittenheit zur Ertragssicherung von Madonnas Image gehört, liegt in diesem Fall jedoch auch die Vermutung nahe, dass sie sich Tabubrüche vor allem aufgrund ihres Status als ‚Pop-Ikone' leisten kann, dass sie von Madonna im Grunde genommen auch erwartet werden. Würde die Hauptrolle in ihrem Clip *Like a Prayer* statt mit Madonna mit einem unbekannten, aufstrebenden Pop-Sternchen besetzt – der aufmerksamkeitserregende Effekt und damit verbundene kommerzielle Erfolg wären vermutlich in Frage zu stellen. Was jedoch in den genannten Videos nicht realisiert wird, und hier zeigt sich die Fragwürdigkeit eines ‚emanzipatorischen Effekts', ist die von Bechdolf genannte oppositionelle Repräsentationspraxis der ‚Umdeutung und Erweiterung weiblicher Ausdrucksmöglichkeiten'. Zum einen handelt es sich um eine ‚unkonventionelle' Inszenierung auf Kosten eines erneuten Verweises auf erotisierte weibliche Körperlichkeit, zum anderen bewegen sich die Darstellungen eben dadurch wieder im hierarchisierten Sys-

---

[486] Castro Varela/Dhawan, a.a.O., S. 104 – Dabei ist an dieser Stelle deutlich zwischen Frauen europäischer und Frauen nicht-europäischer Herkunft zu unterscheiden. Historisch tradiert ist die Konnotation der Heiligen nur für die ‚weiße' Frau. Für ‚nicht-weiße' Frauen dominieren Zuschreibungen der leichten sexuellen Stimulierbarkeit und der körperlichen Unkontrollierbarkeit (vgl. Castro Varela/Dhawan, a.a.O., S. 75).

[487] Aufschlussreich sind in diesem Zusammenhang die Überlegungen von Susan Arndt, die zeigt, wie in der deutschsprachigen Terminologie über Afrika die Existenz ‚schwarzer' Frauen ausgeblendet wird (in AntiDiskriminierungsBüro (ADB) Köln/cyberNomads (cbN) 2004, S. 91-115).

tem der heterosexuellen Zweigeschlechtlichkeit, in welcher die Frau sozusagen ‚automatisch' auf die männliche Norm bezogen bleibt. Ausdrucksmöglichkeiten jenseits einer körperbezogenen, erotisierten Weiblichkeit sind im fiktionalen Kontext von Musikvideos nicht vorgesehen.

Ansätze von Gender Blending werden im vorliegenden Sample kaum betrieben. Ein Ausnahmestatus kommt insofern dem Video *Only when I lose myself* von Depeche Mode (1998) zu: Hier wird die Verführung eines ‚weißen' Mannes durch einen afrikanischstämmigen Transvestiten angedeutet (siehe auch Kap. 6.3.4). Gleichgeschlechtliches Begehren wird auch in *Fastlove* von George Michael (1998) durch Andeutungen von lesbischen Liebesszenen zwischen einer europäisch- und einer afrikanischstämmigen Darstellerin inszeniert. Im selben Clip wird neben der wiederholten Repräsentation prototypischer muskulöser Männlichkeit auch männliche Androgynität in Szene gesetzt. In *Forever Love* des ehemaligen Take That-Sängers Gary Barlow (1996) werden in einem (fiktiven) Casting von Paaren neben mehreren ‚weiß' – ‚nicht-weißen' auch einige homosexuelle Paare gezeigt – entsprechend der Liedzeile „Love it has so many beautiful Faces"; wobei es sich in diesem Fall eher um die Inszenierung eines offenen und toleranten Gesellschaftsbildes handelt als um eine ‚ernsthafte' Infragestellung heterosexueller Geschlechternormen. So ist die Inszenierung der homosexuellen Männer z.B. als ‚ausgeflippt' und ‚nicht normal' konnotiert (ausgedrückt durch entsprechende Kleidung, Make up, wildes Tanzen beim Casting); das äußere Erscheinungsbild der homosexuellen Frauen lässt auf die soziale Verortung innerhalb des ‚Szene'-Kontextes und weniger in einem ‚normalen' (normativen) bürgerlichen Zusammenhang schließen. Insofern impliziert Gender Blending nicht automatisch ein subversives Moment und muss immer auf seine Bedeutung im konkreten Kontext hinterfragt werden.

‚Crossdressing' und die von Bechdolf so benannte ‚Demaskierung von starren Geschlechtszugehörigkeiten durch Überstrapazierung von Stereotypen' wird in einem Video, *All the small Things* von Blink 182, praktiziert. Bei diesem Clip handelt es sich um eine Parodie auf die Musikvideos populärer Mainstreampop-Interpreten. So werden unter anderem Clips von Christina Aguilera, Take That und Robbie Williams parodistisch imitiert. In zwei Szenen inszenieren sich Bandmitglieder als Frauen, einmal als Tänzerin einer Tanzformation mit ausgestopftem Bustier, einmal als blonde, leichtbekleidete Frau die, in Zeitlupe gefilmt, am Strand entlangläuft. In einer anderen Szene wälzt sich der Leadsänger mit einer blondierten Schönheit auf ‚übertriebene' Weise am Strand und überzeichnet so klischeehafte mediale Inszenierungen heterosexueller Zweigeschlechtlichkeit. Zwar handelt es sich bei den genannten Darstellungen um explizite ironische Verweise auf heterosexuelle Geschlechterkonstruktionen, im Binnenkontext des Clips sind diese jedoch eher als parodistische Seitenhiebe auf Musikerkollegen aus dem Pop-Kontext inszeniert denn als kritische Thematisierung von konventionellen Geschlechterrepräsentationen.

Obwohl die Zahl der Interpretinnen, die in ihren Videos die Grenzen traditioneller Geschlechterkategorien und -rollen überschreiten (siehe auch nachfolgend Kap. 6.2.3.2) schon allein aufgrund der verstärkten Medienpräsenz weiblicher Musiker gestiegen ist, stellt sich im Anschluss an den oben aufgezeigten Befund die Frage der Breitenwirkungen solcher gegendiskursiven Darstellungen angesichts einer übergroßen Zahl von geschlechts- wie auch ethnizitätsstereotypen Inszenierungen.

6.2.3.2 Weitere Forschungsbefunde

In verschiedenen älteren Studien, die hauptsächlich aus den 1980er Jahren stammen, wurde die eindimensionale Darstellung von Frauen empirisch herausgearbeitet. So belegte Steven A. Seidman anhand einer Untersuchung von 182 Musikvideos aus dem Jahr 1987 (ausgestrahlt auf MTV), dass Männer und Frauen vornehmlich in stereotypen Kontexten und mit stereotypen Eigenschaften versehen gezeigt werden.

> „Male characters were more adventuresome, domineering, aggressive, violent, and victimized than female characters, while females were more affectionate, dependent, nurturing and fearful than males. It was also found that a large percentage of female characters wore revealing clothing and that they initiated and received sexual advances more often than males."[488]

Von den insgesamt 1.942 Darstellern, die in den 182 untersuchten Clips gezeigt wurden, waren 64% männlich und 36% weiblich. 89% der Darsteller waren weiß, 11% nicht-weiß. Von den männlichen Darstellern wurden die meisten in typisch männlichen Rollen wie der des Arbeiters, Feuerwehrmannes oder Arztes gezeigt. Frauen wurden entsprechend mit als typisch weiblich geltenden Tätigkeiten wie Sekretärin, Telefonistin oder Cheerleader in Verbindung gebracht. Relativ gleich verteilt waren die Geschlechterrollen bei ‚neutralen' Berufen wie Künstler, Sänger, Schauspieler oder Büroangestellter.

Dieser Befund bestätigt die Ergebnisse einer früheren Studie von Jane D. Brown und Kenneth Campbell, die auf der Basis einer Stichprobe von 75 Videos des Senders MTV und 37 Clips des Black Entertainment Television (BET) aus dem Jahr 1984 v.a. die tätigkeitsbezogene Darstellung von Geschlecht und Ethnizität in populären Musikvideos untersuchten. Unter anderem fanden sie heraus, dass 83% der MTV-Clips weiße männliche Sänger oder Bands zeigten. Nur 11% der Videos zeigten Sängerinnen oder weibliche Bandleader, nur 5% nicht-weiße Sänger oder Bandleader. Was die in den Clips gezeigten Tätigkeiten der männlichen Hauptdarsteller betrifft, so arbeiteten Brown und Campbell heraus, dass diese selten im Zusammen-

---

[488] Seidmann 1992, S. 209.

hang mit häuslichen Tätigkeiten (Haus- und Gartenarbeit, Kinderbetreuung etc.) gezeigt werden – Weiße dabei noch weniger als Schwarze. Sowohl schwarze als auch weiße Frauen wurden weitaus seltener als Männer in hochdotierten Jobs dargestellt. Schwarze Männer in professionellen Jobs waren in der Mehrzahl in Clips des Black Entertainment Television zu sehen. Alle Hauptdarsteller waren meist in soziale Situationen wie Gruppengespräche, gemeinsame Autofahrten, Sport oder Mediennutzung involviert oder wurden beim Musizieren bzw. Singen oder Tanzen gezeigt. Dabei war beim Singen und Tanzen der Anteil ‚Schwarzer‘, vor allem schwarzer Frauen höher als der Weißer (29% weiße Männer [„white males"], 30% weiße Frauen [„white females"], 35% schwarze Männer [„black males"], 50% schwarze Frauen [„black females"]). Brown und Campbell kommen zu dem Schluss:

> „White men, primarily by virtue of their greater numbers, are the center of attention and power and are more often aggressive and hostile than helpful and cooperative. Women and blacks are rarely important enough to be a part of the foreground."[489]

Die Ergebnisse dieser quantitativen Untersuchungen verweisen insofern auf das stereotype Bild weiß-männlich-hegemonialer Darstellungen von Geschlecht und Ethnizität, welches vor allem in den Anfangsjahren von MTV dominant war. Lisa Lewis arbeitet diesbezüglich in ihrer grundlegenden Studie anhand der Entwicklungsgeschichte von MTV heraus, dass der Sender anfangs von einer „preferred address to male adolescents"[490] geprägt war; gezeigt wurden vornehmlich Clips weißer Rock-Musiker. Vorstellungen von Rockmusik und (‚weißer‘) Männlichkeit waren eng verknüpft und schlossen ‚schwarze‘ Musiker weitestgehend aus. Erst der Erfolg von Michael Jacksons Album *Thriller* (1982) und die Konkurrenz von Sendern wie dem Black Entertainment Television (BET) bewirkten nachhaltige Änderungen in der Programmpolitik von MTV. Was den Status von Frauen innerhalb des Programms von MTV betrifft, so führte MTVs Reproduktion einer männlichen ‚Rock-Ideologie‘ dazu, so Lewis, dass die Plattenfirmen die von ihnen produzierten Videos entsprechend diesem Image ausrichteten und mit einer „male-oriented textual address"[491] versahen. Entsprechend wurde der Sender bald für gewalttätige und sexuell-diskriminierende Inhalte der ausgestrahlten Videos kritisiert. Der Widerstand von Musikerinnen führte schließlich dazu, dass vermehrt auch Clips von weiblichen Interpreten ausgestrahlt wurden – mit entsprechenden positiven Folgen für die Akzeptanz des Senders seitens der weiblichen Rezipienten.

---

[489] Brown/Campbell 1986, S. 104. Zu beachten ist, dass die Interpretation der Ergebnisse durch die Vermischung von zwei unterschiedlichen Musikkanälen – einem ‚schwarzen‘ und einem ‚weißen‘ – teilweise erschwert werden.

[490] Lewis 1995, S. 5.

[491] Lewis, a.a.O., S. 42, vgl. auch dies. in Dines/Humez 1995.

Zwar sind die aufgeführten Studien aufgrund unterschiedlicher Erhebungsweisen nicht mit der im vorliegenden Kontext durchgeführten Untersuchung vergleichbar. Dennoch entsprechen sie sich hinsichtlich des Befundes einer stereotyp-konventionellen Darstellungspraxis geschlechtsbezogener Tätigkeiten sowie der quantitativen Unterrepräsentation von weiblichen (und nicht-weißen) Darstellern wie auch Interpreten. Den Befund einer nach wie vor stereotypen Inszenierungspra-xis von Weiblichkeit fasst Andrew Goodwin zusammen:

> „What is at stake here is the routine denial of subjectivity to women in music videos and their repeated display as helpers, assistants, objects of lust, groupies, backup sing-ers, and so on, without sufficient programming that redresses these representations. (Men appear as objects, but *also* as actors.)"[492]

Diese Feststellung wird von Bechdolf bestätigt: „Während Männer als handelnde Subjekte repräsentiert sind (sie agieren, musizieren, erzählen Geschichten, sehen Frauen an), ist Frauen der Objektstatus vorbehalten – sie werden behandelt, sie wer-den beschrieben, sie werden betrachtet."[493]

Zweifelsohne gibt es auch Clips, welche den gängigen Zuschreibungen widerste-hen. Quantitativ untersucht wurde diese Möglichkeit in einer älteren Studie von Richard C. Vincent, Dennis K. Davis und Lilly Ann Boruszkowski auf der Basis einer Stichprobe von 110 MTV-Clips aus dem Jahr 1985. Zugrunde lag eine „scale of sexism [...] that measures how women are portrayed, limited to specific roles and relationships".[494] Diese Skala beinhaltete die Level „Condescending" (Frauen als Sex-Objekt, Opfer), „Keep Her Place" (Stärken und Fähigkeiten von Frauen werden zwar anerkannt, sie bleiben aber dennoch traditionellen Rollen verhaftet; Betonung weiblicher Sexualität), „Contradictory" (ambivalente Darstellung, Frauen bleiben zwar in traditionellen Rollen, zeigen jedoch auch einen gewissen Grad an Unabhän-gigkeit) und „Fully Equal" (nichtstereotype Darstellung von Frauen, traditionelle Hausfrauenrollen spielen z.B. keine Rolle, Frauen werden auch in professionellen Jobs gezeigt).[495] Die Ergebnisse der Untersuchung zeigen, dass von den Videos, die Frauen darstellen, 56,9% dem ersten Level (Condescending) zuzuordnen waren, 17,1% der Kategorie ‚Keep Her Place', 13,8% ‚Fully Equal' und lediglich 12,2% ‚Contradictory'. Der Befund bestätigt die hegemoniale Darstellungspraxis, nach der Frauen üblicherweise als dekorative Objekte gezeigt werden und auch, wenn sie nicht explizit sexualisiert dargestellt werden, häufig als ‚schmückendes Beiwerk' fungieren. Im Gegensatz zu männlichen Darstellern bleibt bei Frauen die Möglich-

---

[492] Goodwin 1992, S. 186, Hervorhg. im Orig.
[493] Bechdolf 1999, S. 110f.
[494] Vincent/Davis/Boruszkowski 1987, S. 751f.
[495] Vincent/Davis/Boruszkowski, a.a.O., S. 752.

keit einer Inszenierung als *nicht* auf einen heterosexuellen Gegenpart bezogenes, individualisiertes Subjekt weitestgehend ausgeblendet.

„One of the most commonly portrayed rites of passage in music videos involves development of a heterosexual relationship. Central to the understanding of such relationships is gender role performance. The depiction of these gender roles in rock videos appears to be fairly traditional. Females are portrayed as submissive, passive, yet sensual and physically attractive."[496]

Vor allem ab der zweiten Hälfte der 1990er Jahre wurden die Möglichkeiten nichthegemonialer, ‚subversiver' Darstellungsweisen hauptsächlich in Einzelclipanalysen herausgearbeitet.[497] Aus der mittlerweile beachtlichen Zahl vorliegender Untersuchungen seien an dieser Stelle lediglich zwei Beispiele genannt, deren Ergebnisse die Vielfalt der Deutungsmöglichkeiten entsprechender Studien veranschaulichen.[498] So untersucht Nicola Dibben auf der Grundlage der Musiktheorie von Theodor Adorno sowie der Semiotik, wie verschiedene, einem Song immanente Lesarten entweder die patriarchalen Verhältnisse bestätigen, diese kritisch hinterfragen oder mehrere, widersprüchliche Versionen der Deutung zulassen. Demnach bestätigt der Song *Ooh, Aah... Just a Little Bit* der Sängerin Gina G. aus dem Jahr 1996 laut Dibben typisch patriarchale Konstruktionen von Weiblichkeit, welche die Frau als dem Mann untergeordnet, unschuldig-kindlich und sexuell verfügbar inszenieren. Im Gegensatz dazu evoziere der Song *Dress* von PJ Harvey (1991) eine eher distanzierte, kritische Haltung gegenüber männlich-hegemonialen Zuschreibungen von Weiblichkeit. Ambivalent deutet Dibben den Song *Say You'll Be There* der Spice Girls von 1997. Auf der einen Seite ermögliche die Präsentation von ‚Girl Power' ein emanzipiertes Bild weiblicher Identität, auf der anderen Seite bestätige es patriarchale Konstruktionen von Weiblichkeit durch die Ausrichtung der (visuellen) Darstellung auf den male gaze. Insofern lässt dieser Song mehrere Lesarten zu. Diese Ambivalenz der Deutungsmöglichkeiten ist laut Dibben jedoch insofern kritisch zu beurteilen, als sie sich immer noch innerhalb des Systems männlicher Hegemonie befindet. „The modes of resistance offered by such tactics therefore contain within them their own downfall: their political power is compromised by working within the forms provided by the dominant ideology."[499] Ähnlich vieldeutig ist

---

[496] Vincent/Davis/Boruszkowski, a.a.O., S. 941.

[497] Die Auseinandersetzung mit medial inszenierter Weiblichkeit stand und steht im Zentrum von Einzelclipanalysen. Eines der wenigen Beispiele für die Auseinandersetzung mit der Konstruktion von Männlichkeit in populären Musikvideos ist die Arbeit von Paul McDonald. Anhand von Videoclips der Band Take That revidiert der Autor klassische Blicktheorien, indem er herausarbeitet, dass auch Männer erotische Objekte des ‚gaze' von Frauen sowie von Männern sein können (McDonald in Whiteley 1997, S. 277-294).

[498] Für einen Einblick in den aktuellen Forschungsdiskurs siehe den Band von Helms/Phleps 2003.

[499] Dibben 1999, S. 351.

der Befund einer qualitativen Analyse mehrerer Videoclips von Erika Funk-Hennings: Auf der Grundlage von vier von Simon Reynolds und Joy Press herausgearbeiteten möglichen Strategien weiblicher Rebellion in der Rockmusik untersucht sie unterschiedliche Inszenierungen von Weiblichkeit in populären Musikclips. In diesem Zusammenhang deutet sie den Clip *Justify My Love* von Madonna aus dem Jahr 1990 als „moralische Provokation"[500], in der Madonna auf der einen Seite Grenzüberschreitungen betreibe, sich auf der anderen Seite aber weiterhin in traditionellen bzw. stereotypen Geschlechterrollen zeigt. Hingegen träten die Sängerinnen des Trios Tic Tac Toe in dem Video zu ihrem Titel *leck mich am a, b, zeh* (1996) selbstbestimmt und ‚untypisch' auf, wobei sie sich ihrer Weiblichkeit durchaus bewusst seien. Schließlich beschreibt Funk-Hennings anhand des Clips *Still in Love With You* (2002) der Popgruppe No Angels, wie die Sängerinnen sich durch die Intonation des Gesangs, durch Kleidung und Bewegungen dem hegemonialen Diskurs patriarchaler Männlichkeit unterwerfen.[501]

Zusammenfassend lässt sich festhalten, dass Inszenierungen, die konventionelle Darstellungspraktiken von Geschlecht potentiell in Frage stellen, im vorliegenden Sample zwar vorhanden sind, aufgrund ihrer geringen Anzahl sowie der jeweiligen Binnenkontexte der einzelnen Clips sind sie in der Prägnanz ihrer Subversivität jedoch kritisch zu hinterfragen. – Diese Feststellung betrifft zunächst einmal nur die Produktebene. Wie die einzelnen Videos in der konkreten Rezeption ‚gelesen' werden, steht auf einem anderen Blatt.

6.2.4   Exkurs II: Rezeption von Geschlechterdarstellungen in Musikvideos

Vor allem im angloamerikanischen Raum wurden verschiedene Studien zu unterschiedlichen Aspekten der Rezeption durchgeführt. Dabei überwiegen Arbeiten aus den späten 1980er und frühen bis mittleren 1990er Jahren, wobei die wenigen im deutschsprachigen Raum erstellten Rezeptionsstudien vorrangig aus der Mitte der 1990er Jahre stammen.[502] Aufgrund unterschiedlicher Fragestellungen und unterschiedlicher methodischer Herangehensweisen lässt sich im Hinblick darauf, wie Musikvideos rezipiert werden und wie sie wirken, nur sehr wenig Konsensfähiges feststellen. Allein die Untersuchung der Rezeption von zwei Madonna-Clips durch eine Reihe von Schülern führte Jane D. Brown und Laurie Schulze zu dem Schluss

---

[500] Funk-Hennings in Helms/Phleps 2003, S. 65.
[501] Funk-Hennings, a.a.O., S. 55-67.
[502] Siehe für einen Überblick Gleich 1995 sowie die neueren Studien von Quandt 1997; Berry/Shelton 1999 und van der Rijt/D'Haenens/Jansen/de Vos 2000.

„Viewers differed dramatically in how they interpreted the two videos and did not all agree about even the most fundamental story elements (...). Even the apparently simple narrative of three to five-minute music videos were interpreted very differently by what some might consider a homogenous group of viewers. (...) the interpretations offered by the older adolescent viewers in this study do appear to differ quite dramatically according to their race, gender, and liking of Madonna."[503]

Was die konkrete Materiallage betrifft, so gibt es neben Arbeiten, die sich auf theoretischer Ebene mit Überlegungen zu möglichen Wirkungsweisen von Musikvideos auseinandersetzen und sich dabei häufig mit dem eher pauschal gehaltenen, mittels Videoclips erzeugten ‚Lebensgefühl' auseinandersetzen[504], eine Reihe von empirischen Studien, die jeweils unterschiedliche Aspekte der Rezeption untersuchen. Ein Großteil der Wirkungsstudien kann dabei unter der Rubrik ‚Sex & Violence' gefasst werden, d.h. es wird überprüft, welche Auswirkungen Musikvideos mit sexuellem und/oder gewalttätigem Inhalt auf Jugendliche haben können.[505] Betreffend die Faktoren Geschlecht und Ethnizität unterscheiden die meisten Studien zwar zwischen männlichen und weiblichen Rezipienten, einige ‚sogar' zwischen verschiedenen ethnischen Rezipientengruppen[506]. Die Frage, inwieweit die durch Musikvideos vermittelten Darstellungen von Geschlecht und Ethnizität jedoch die Vorstellungen der Rezipienten über diese Kategorien prägen, wird nur sehr selten (betreffend den Aspekt ‚Geschlecht') bzw. so gut wie gar nicht (betreffend den Faktor ‚Ethnizität') gestellt.

Eine der wenigen Ausnahmen im Hinblick auf die Auseinandersetzung mit der Rezeption von Geschlechterkonstruktionen in Musikvideos stellt die Dissertation von Ute Bechdolf dar. Auf der Basis von Tiefeninterviews mit 22 Jugendlichen setzt sie sich in ihrer Arbeit mit dieser Thematik auseinander. Dabei wird von ihr die These zugrundegelegt, dass Musikvideos, wie auch andere mediale Repräsentationen, auf soziale und diskursiv erzeugte Geschlechterverhältnisse Bezug nehmen und so verschiedene Perspektiven auf Geschlechterdifferenzen und -hierarchien anbieten. Auf dieser Grundlage geht Bechdolf der Frage nach, wie Geschlecht in Musikvideos dargestellt wird und wie Jugendliche auf diese Repräsentationsweisen reagieren. Im Mittelpunkt steht dabei die Frage,

„wie Geschlechterverhältnisse im Akt des Musikfernsehens wirksam sind bzw. wie sie dabei alltäglich hergestellt werden. Dabei geht es zum einen um die Frage nach der Rekonstruktion eines vorgängigen kulturellen Systems, der Zweigeschlechtlichkeit,

---

[503] Brown/Schulze 1990, S. 94 und 102; vgl. dazu auch die Ergebnisse der qualitativen Studie von Quandt, 1997, S. 223.

[504] Z.B. Barth/Neumann-Braun in Landesanstalt für Kommunikation Baden-Württemberg 1996, S. 249-265 sowie Mikos 1998, S. 32-34.

[505] Z.B. Greeson/Williams 1986; Hansen/Hansen 1990; Wallbott 1992, S. 3-14 sowie Zillmann/Mundorf 1987.

[506] Z.B. Berry/Shelton 1999.

und zum anderen um die Erforschung von Störungs- und Dekonstruktionsmöglichkeiten innerhalb dieses Systems."[507]

Vor der Befragung der Jugendlichen arbeitete Bechdolf drei bereits vorgestellte (siehe Kap. 6.2.3) unterschiedliche Repräsentationsweisen von Geschlecht in Musikvideos heraus, die anschließend im Kontext der Rezeption genauer untersucht wurden: Affirmation gängiger Darstellungspraktiken, Opposition und Gender-Blending.

Was die sog. affirmativen Clips betrifft, so fiel den befragten jungen Frauen stärker als den männlichen Rezipienten der Ausschluss weiblicher Darsteller in entsprechenden Videoclips auf, in anderen Fällen wurde die visuelle Verdinglichung weiblicher Figuren kritisiert. Die meisten der männlichen Befragten bemerkten die Fokussierung auf den weiblichen Körper ebenfalls, standen dieser jedoch in der Regel nicht explizit kritisch gegenüber – kritische Töne zur Erotisierung von Frauen waren eher selten. Betreffend die traditionellen bzw. stereotypen Darstellungen von Geschlecht erkannten zwar die meisten der jungen Männer einen Unterschied in der visuellen Adressierung von Männern und Frauen, brachten diese jedoch nicht explizit mit unterschiedlichen Geschlechtsmerkmalen, sondern mit einer für sie völlig selbstverständlichen gegengeschlechtlichen Anziehungskraft in Verbindung. Bechdolf fasst zusammen:

> „Ihre [gemeint sind die männlichen Befragten, C.S.] Rezeptionsstrategien sind zwar in ihrer Ausprägung verschieden und zudem vom jeweiligen Musikgeschmack abhängig. Doch letztlich akzeptieren sie die Bevorzugung männlicher Blicke, weil sie sich nicht mit den dargestellten Objekten identifizieren und sich auch nicht in die Rolle weiblicher Zuschauerinnen hineinversetzen können. Die visuelle Verdinglichung von Frauen stellt daher für die meisten kein Problem dar."[508]

Männliche Rezipienten, zumindest die von Bechdolf befragten, nehmen in der Regel also die textuell angebotenen Positionen als aktiver Handlungsträger, Voyeur etc. ‚mit Vergnügen' – im wahrsten Sinne des Wortes – an und konstituieren sich so als männliche Subjekte im klassischen Sinne. Dies ermöglicht es ihnen, mittels Rezeption von Videos, welche die traditionellen Geschlechterrollen reproduzieren, traditionelle männliche Identitäten zu erarbeiten.

Die meisten der weiblichen Befragten hingegen entwickelten gegenüber stereotypen Videoclips eine Reihe unterschiedlicher Rezeptionsstrategien. Die Art und Weise, mit der sie mit der Erotisierung weiblicher Darsteller in Videoclips umgingen, waren vielfältig und keineswegs auf eine rein ablehnende Haltung beschränkt. Betreffend die Problematik der Sexualisierung, so Bechdolf, entwickelten die jungen Frauen eine ganze Reihe alternativer Rezeptionsstrategien. Diese reichten von

---

[507] Bechdolf 1999, S. 11.
[508] Bechdolf, a.a.O., S. 180.

direktem Protest, Distanzierung und Relativierung über Ignoranz und dem Ausweichen der Problematik bis zur Abwertung des gesamten Clips (Musik und Bild) oder der Umdeutung der visuellen Machtverhältnisse. Aber auch Vergnügen an der Betrachtung erotisierter Frauenkörper war bei einigen Rezipientinnen zu beobachten.

> „Über diese Umwege, die (...) tatsächlich als widerständige Taktiken bezeichnet werden können, erschaffen sie sich weibliche Identitäten, die nicht von Machtlosigkeit und Ohnmacht gezeichnet sind. Die Rezeptionsstrategien der jungen Frauen bleiben zwar in manchen Fällen den dominanten Geschlechterdiskursen verhaftet, greifen in anderen jedoch oppositionelle Diskurse auf und ermöglichen so eine kritische Haltung gegenüber der in den Produkten encodierten Hierarchie der Geschlechter."[509]

Zum Umgang mit oppositionellen Videos, d.h. jenen, die visuelle Konventionen durchbrechen, indem sie z.B. Frauen einen expliziten Subjektstatus zusprechen, ergab die Studie Folgendes: Geschätzt wurde von vielen Frauen vor allem die Umkehrung üblicher Repräsentationsstrategien, die Männer als erotisierte Objekte darstellen, denen weibliche Darsteller ‚begehrliche' Blicke zuwerfen. In diesem Zusammenhang wurde den Interpretinnen der jeweiligen Videos von den Rezipientinnen explizit ein Subjektstatus zugeordnet. Während alle Interviewpartnerinnen am beispielhaft gezeigten Clip *Shoop* von Salt ‚n' Peppa vor allem die Tatsache schätzten, dass hier die gängigen Blickkonstruktionen und damit auch die üblichen Machtverhältnisse umgekehrt werden, fanden allerdings die meisten der befragten Frauen die hier für ihren voyeuristischen Blick dekorativ inszenierten Männerkörper selbst nicht besonders attraktiv. Aber auch wenn die weiblichen Befragten nicht mit allen Facetten einer oppositionellen Darstellung einverstanden waren, sich z.B. andere männliche Darsteller wünschten, rezipierten sie die für die Sehgewohnheiten ungewöhnlichen Darstellungen überwiegend mit Genuss und Spaß an der Umkehrung. Grundsätzlich jedoch wurde das eigene Vergnügen angesichts visuell inszenierter, erotischer Männlichkeit von allen weiblichen Befragten problematisiert bzw. relativert und im übrigen auch von keiner der jungen Frauen eindeutig bestätigt – hier lässt sich ein gravierender Gegensatz zu den männlichen Rezipienten erkennen, von denen keiner das individuelle (männliche) Begehren problematisierte, sondern es vielmehr als selbstverständlich hinnahm.

Die männlichen Rezipienten hingegen hatten mit erotischen Darstellungen von Männlichkeit eher Probleme, da sie – so Bechdof – männliche Personen in einer sehr ungewohnten und offenbar auch unangenehmen Position als angeblicktes und aktiv begehrtes Objekt wiederfanden. Die ‚Abwehrstrategien', mit denen die jungen Männer sich gegen die audiovisuellen Alternativen zur Wehr setzten, reichten dabei von der Abwertung der musikalischen Kompetenz der Interpretinnen über die Zuschreibung von Aggression und Machthunger bis hin zu einer Einordnung als sexu-

---

[509] Bechdolf, a.a.O., S. 184.

ell unbefriedigte Wesen. Anscheinend, so Bechdolf, fühlen sich viele männliche Zuschauer durch umgekehrte Darstellungsweisen von Geschlecht angegriffen und bedroht. Erst wenn diese Schwelle überwunden ist, ist auch die genussvolle Identifikation mit einem passiven männlichen Objekt angesichts der auf ihn gerichteten weiblichen Blicke möglich.

Betreffend die letzte von Bechdolf untersuchte Clip-Kategorie, die des ‚Gender-Blending', zeigte sich, dass die in einigen wenigen (von der Autorin gezeigten) Clips verwendeten Strategien wie Crossdressing, Inszenierung von Androgynität oder gleichgeschlechtlichem Begehren von den Jugendlichen in den meisten Fällen nicht erkannt bzw. nicht als ausreichend interessant bewertet wurden, um sich näher mit diesen Phänomenen auseinander zu setzen. Insofern stellt Bechdolf fest, „daß die meisten jungen Frauen und Männer in meinem Sample auf klare Geschlechterdifferenzen jeglicher Couleur viel aufgeschlossener reagierten als auf Verschiebungen und Verwischungen, Verwirrungen und Vermischungen." Feststellen ließen sich in diesem Zusammenhang vor allem Reaktionen von Ignoranz und Desinteresse bzw. es wurden andere Elemente eines entsprechenden Clips als interessant genannt (Handlung, technische Effekte etc.); ebenso gab es abwehrende, kritische und faszinierte Reaktionen.

Die Ergebnisse der Studie zeigen – wenn auch auf Basis einer relativ geringen Fallzahl, so doch deutlich –, dass die befragten jungen Frauen generell für alternative Darstellungsweisen jeglicher Art offen sind, während sich die meisten der jungen Männer als weitaus weniger flexibel zeigten. Bechdolf deutet dieses Phänomen mit der Vermutung, dass Männer in jeglicher Hinsicht an die Unterstützung der eigenen Position durch machterhaltende Diskurse gewöhnt sind. Deshalb, so Bechdolf, falle es ihnen häufig schwer, diese Sicherheiten aufzugeben und oppositionelle Repräsentationen nicht nur tolerant zuzulassen, sondern auch Vergnügen aus ihnen zu ziehen.

> „Im kulturellen System der Zweigeschlechtlichkeit ist Männlichkeit als Ausschluß oder Abgrenzung von Weiblichkeit definiert, weshalb sich in den Rezeptionsstrategien ein ähnlicher Effekt zeigt. Was mit weiblicher Erfahrung zusammenhängt oder mit Weiblichkeit konnotiert ist (und sich nicht explizit an einen konsumierenden Blick der Männer richtet), wird von Männern schnell abgewertet."[510]

Hingegen, so Bechdolf, könnten die vielfältigen und zahlreichen Rezeptionsstrategien von Frauen als Ausdruck für das Bestreben angesehen werden, die Machtverhältnisse zwischen den Geschlechtern zugunsten von Frauen zu verändern.

Auf der Grundlage der Ergebnisse der Studie lässt sich festhalten, dass der ‚Erwerb' bzw. die Konstruktion einer Geschlechtsidentität im Einzelfall nicht als bruchlose Übernahme medial vermittelter Werte und Normen funktioniert. Vielmehr handelt es sich dabei um eine ständige Auseinandersetzung mit den visuellen

---

[510] Bechdolf, a.a.O., S. 207.

und klanglichen medialen Repräsentationen, die im Falle der Bewusstmachung – wie es in den Interviews von Bechdolf der Fall ist – durchaus ‚aktiv' vonstatten geht. Die Kategorie ‚Geschlecht' selbst wird von den Rezipienten bis auf geringe, zeitlich und räumlich begrenzte Infragestellungen eindeutig als bipolare Tatsache vorausgesetzt und in den einzelnen Rezeptionsakten immer wieder rekonstruiert – „als Ordnungskategorie, als Differenz, als binäre Opposition, als Mittel zur Segregation, als Komplementarität und vor allem als Platzanweiser in einer stabilen gesellschaftlichen Hierarchie."[511] Bechdolf fasst (an anderer Stelle) zusammen:

> „Jugendliche sind auf der Suche nach Bedeutsamkeit und Bedeutung, sie sind auf unterschiedliche Weise damit beschäftigt, ihre eigene Identität bzw. ihre eigenen Identitätskonglomerate in einer von Geschlechter-Dichotomien und –Hierarchien geprägten Welt zusammenzustellen. [...] Musikvideos können in diesem Prozeß verschiedene Rollen spielen: von der nicht weiter bedeutsamen ‚laufenden Tapete', die für das Hintergrundgeräusch im Zimmer sorgt, bis hin zum Vorbild für typisiertes weibliches oder männliches Verhalten, von dem gelernt werden kann – oder von dem man sich abgrenzt."[512]

In einer anderen Arbeit setzt sich Lisa A. Lewis, allerdings auf theoretischer Ebene, mit dem Einfluss der Videos von Cyndi Lauper und Madonna auf Mädchen und junge Frauen auseinander. Ihre Grundthese lautet in diesem Zusammenhang, dass die beiden Interpretinnen, deren mediale Selbstdarstellung vor allem von Auto*rinnen* meist als ‚subversiv' oder ‚antihegemonial' beschrieben wurde, eine spezifische „female gender experience"[513] in der männlich dominierten MTV-Welt präsentieren.[514] Die Rezeption dieser gender experience, so Lewis, ermögliche es weiblichen Fans, sich vom dominierenden Diskurs angepasster Weiblichkeit zu distanzieren. Eine wesentliche Rolle spielt in diesem Zusammenhang der ‚Style' der Sängerinnen, also Mode und Habitus, welche subversive Lesarten ermöglichen und in der (teilweisen) Übernahme durch die Rezipientinnen eigene Instrumente des Widerstandes werden (können). Den Annahmen von Lewis zufolge eröffnen sich Mädchen und Jungen im Verlauf des Heranwachsens unterschiedliche Welten, was das Bewegen in öffentlichen Räumen, Freizeitaktivitäten und Interessen betrifft. Diese Welten sind geschlechtlich codiert und schließen eine Überschneidung weitgehend aus. Was die traditionelle, auf männliche Jugendliche fixierte Subkulturenforschung bisher vernachlässigt hat, so Lewis, sei eine genauere Betrachtung der Art und Weise, in der Mädchen ihre (all)tägliche kulturelle Welt organisieren. Hier zeigt sich der Autorin zufolge eine spezifische „consumer girl culture and its composite parts of

---

[511] Bechdolf, a.a.O., S. 220.
[512] Bechdolf in Angerer/Dorer 1994, S. 190.
[513] Lewis in Brown 1990, S. 91.
[514] "MTV and the record companies who produce the videos MTV airs, adopted imagery designed fundamentally around the discourse of male adolescence" (Lewis, a.a.O., S. 91).

fashion, shopping, and personal style".[515] In diesem Zusammenhang stellen die Videos sowie das generelle öffentliche Auftreten – das Image – von Madonna wie auch Cyndi Lauper eine "textual address"[516] dar, die Mädchen und junge Frauen nutzen können, um eine (widerständige) geschlechtliche Identität zu entwickeln: „the enacting of subversive styles and roles in their video performances can be interpreted by female readers as textual strategies of opposition."[517] Als prototypisch für die ‚adressierten' Rezipientinnen nennt Lewis die „Lauper ‚dress-alike'" und „Madonna ‚wanna-be' fans".[518] Durch Kleidung und Habitus imitieren diese weiblichen Fans die Dress- und Performance-Codes der Interpretinnen und präsentieren sich zugleich als Mitglieder einer spezifischen Fangemeinde. Diese Praxis, so Lewis, reproduziere „the stars' subversive stance against the femininity discourse and the privileging of male adolescence"[519] durch die Fans. Videos und Images von Cyndi Lauper und Madonna bestätigen so das individuelle 'Aufbegehren' gegen den hegemonialen männlichen Diskurs, der die von Lewis beschriebene 'girl culture' weitgehend ausblendet und bieten zugleich eine Plattform, auf der die Fans sich auch gegenüber der Öffentlichkeit als 'community' identifizieren können. Insofern, so fasst Lewis zusammen, fungiert der von den Interpretinnen präsentierte ‚Style' als „vehicle for self-expression, group identity and subversive pleasure".[520]

Diese Überlegungen werden zum Teil gestützt von der oben bereits genannten empirischen Studie, in der Brown und Schulze 1988 die Reaktionen auf zwei Madonna-Clips aus dem Jahr 1986 (*Papa don't Preach* und *Open your Heart*) von sowohl männlichen und weiblichen als auch europäischstämmigen (‚weißen') und afrikanischstämmigen (‚schwarzen') Rezipienten untersuchten: „(...) the male and female fans derived strikingly different meanings, pleasures, and displeasures from the videos. For the female fans, Madonna offers the pleasures of identification with a strong, successful woman."[521] Einzelne Rezipientinnen beschrieben Madonna im Zusammenhang mit dem Video *Papa don't preach* als selbstbewusste, starke und trendsetzende Künstlerin. Betreffend den Clip *Open your Heart* empfanden weibliche Fans die Anfangsszenen vor allem als sexuell degradierend (Madonna tanzt in einer Peepshow), den Schluss (Madonna verlässt mit einem kleinen Jungen das Etablissement) interpretierten sie jedoch als „escape from a patriarchal construction of woman as something ‚to be looked at' by an objectifying male gaze."[522] Im Ge-

---

[515] Lewis, a.a.O., S. 90.
[516] Lewis, ebd.
[517] Lewis in Brown 1990, S. 96.
[518] Lewis, a.a.O., S. 97.
[519] Lewis, ebd.
[520] Lewis in Brown 1990, S. 101.
[521] Brown/Schulze 1990, S. 96.
[522] Brown/Schulze, a.a.O., S. 97.

gensatz zu den befragten männlichen Rezipienten (insgesamt 140), welche bis auf eine Ausnahme, die Sexualität der Darstellung sowie das damit zusammenhängende Vergnügen der Rezeption in den Vordergrund stellen, entwickeln die weiblichen Rezipienten (insgesamt 150) ein tiefergehendes Verständnis für die Rolle Madonnas und stellen sie nicht als Hure oder ‚gefallenes Mädchen dar', sondern als Frau, die unfreiwillig in die Rolle der Striptänzerin gelangt ist.

Die wenigen vorhandenen Beispiele zur Rekonstruktion von Geschlechterdarstellungen in Musikvideos im Vorgang der Rezeption zeigen, dass Musikvideos durchaus eine prägende Kraft hinsichtlich der Kategorie ‚Geschlecht' (und zu vermuten ist auch hinsichtlich der Kategorie ‚Ethnizität') besitzen. Soweit eine bewusste Rezeption der Clips stattfindet, werden Geschlechterdarstellungen – v.a. von den weiblichen Zuschauern – nicht vorbehaltlos übernommen, sondern durchaus kritisch hinterfragt. Die Auseinandersetzung findet dabei jedoch innerhalb der Grenzen des bipolaren Systems heterosexueller Zweigeschlechtlichkeit statt. Zwar wird die Hierarchie dieser Geschlechterordnung in Frage gestellt, die Ordnung selbst jedoch nicht.

Aufgrund der Kombination von verschiedenen Zeichensystemen – Musik, Bild und Sprache – im übergeordneten Text Musikvideo sind die Möglichkeiten unterschiedlicher Bedeutungszuweisungen, auch im Hinblick auf Konstruktionen von Ethnizität und Geschlecht, zwar besonders groß – angesichts der Tatsache, dass jeder Text zunächst als polysem, d.h. prinzipiell mehrdeutig zu verstehen ist. Dennoch ist diese Polysemie nicht unendlich.

> „Polysemie darf aber nicht mit Pluralismus verwechselt werden. Konnotative Codes sind *nicht* gleichrangig untereinander. Jede Gesellschaft/Kultur neigt, wenn auch mit unterschiedlichen Graden des Schließens dazu, ihre Klassifikation der sozialen und kulturellen und politischen Welt aufzuerlegen. Diese konstituieren eine *dominante kulturelle Ordnung*, auch wenn sie weder univokal noch unumstritten ist."[523]

Auch Goodwin verweist darauf, dass, selbst wenn die Rezeption von kulturellen Texten in unterschiedlichen sozialen, kulturellen und politischen Kontexten stattfindet und somit unterschiedliche Bedeutungszuweisungen möglich sind, die Rezipienten dennoch „positioned"[524] sind. Sie sind Teile jener Diskurse, welche die Realität für jeden Einzelnen prägen. Aufgrund dieser die Realität konstituierenden Macht der Diskurse werden bestimmte Lesarten bevorzugt oder sind zumindest greifbarer als andere, subversive Lesarten. Oder anders formuliert: Bilder können nur erkannt werden wenn sie – im Sinne eines ‚diskursiven Wissens' (siehe Kap. 4.5) – vorher

---

[523] Hall in Bromley/Göttlich/Winter 1999, S. 103, Hervorhg. im Orig.
[524] Goodwin 1992, S. 180.

bereits bekannt sind.[525] Insofern bewegt sich die Rezeption, wie v.a. in der Untersuchung von Bechdolf deutlich wurde, hinsichtlich der Darstellung von Geschlecht im dominierenden System der Zweigeschlechtlichkeit. Vor allem weibliche Rezipienten setzen sich zwar mit der Inszenierung von Weiblichkeit durchaus kritisch auseinander, stellen das übergeordnete bipolare Geschlechtersystem jedoch nicht in Frage. Inszenierungen, die die Grenzen dieses dichtomen Konstrukts in Frage stellen, werden sowohl von weiblichen als auch von männlichen Rezipienten anscheinend für nicht ausreichend interessant befunden, um sich näher damit auseinanderzusetzen. Es ist zu vermuten, dass die in der empirischen Studie nachgewiesene Dominanz konventioneller Inszenierungen von Geschlecht und Ethnizität aus rezeptionspsychologischen wie auch aus produktionsökonomischen Gründen von daher bei den inhaltlichen Darstellungen von Videoclips eine zentrale Rolle spielen.

6.2.5 *Rückschluss des empirischen Befundes auf die theoretischen Grundlegungen*

Durch die vorgenommene systematische Untersuchung einer größeren Anzahl von Musikvideos werden die in Kap. 4.5 vorgenommene theoretische Analyse und die daraus entwickelten Thesen (Kap. 4.6), dass das massenmediale System durch die Reproduktion von diskursivem Wissen die öffentlich wahrgenommene ‚Realität‘ über das ‚Andere‘ in einer Gesellschaft entscheidend prägt, am Beispiel des fiktionalen Produktes Musikvideo empirisch untermauert. Wie gezeigt wurde, ist diese ‚Realität‘ geprägt durch die Existenz von Ethnizitäts- und Geschlechterkategorien, die in der (hierarchisierten) binären Ordnung von ‚weiß‘ – ‚nicht-weiß‘ bzw. ‚männlich‘ – ‚nicht-männlich‘ verortet sind. Etabliert sind diese Kategorien durch die Reproduktion stereotypisierter und naturalisierender Zuschreibungen, die sich – immer in Bezugsetzung zu den normativ gesetzten Kategorien (‚weiß‘, ‚männlich‘) – aus ethnischen bzw. geschlechtlichen Verweisfunktionen des markierten ‚Anderen‘ speisen. Wie empirisch herausgearbeitet wurde, sind ethnische und geschlechtliche Inszenierungen in Musikvideos geprägt von bestimmten Darstellungskonventionen. D.h. es finden sich wiederholte Darstellungen von nicht-weißen Menschen in bestimmten Rollen, situativen Kontexten oder im Zusammenhang mit der Exponierung bestimmter Merkmale und Eigenschaften. Die sich aus diesem häufigen Vorkommen ergebende *Konventionalität* bestimmter Darstellungspraktiken, die Tatsache also, dass diese Darstellungen besonders häufig veröffentlicht sind, lässt darauf schließen, dass es sich bei eben diesen Darstellungskonventionen um *veröffentlichungsrelevante Kriterien* der medialen Repräsentation des ‚Anderen‘ handelt. Als

---

[525] Vgl. Altrogge 2001c, S. 314 sowie Luhmann 2004, S. 121f. In der Systemtheorie wird dieser Sachverhalt als ‚soziales Gedächtnis‘ bezeichnet (vgl. Kap. 4.3).

Veröffentlichungskriterien finden die wiederkehrenden (,konventionellen') Darstellungspraktiken Anschluss im massenmedialen System (genauer dazu siehe unten Kap. 6.3). Insofern wirken die strukturellen Rationalitäten des Massenmediensystems (Kap. 3.3) und die inhaltlichen ,Aussagen' historisch etablierter Diskurse (Kap. 4.1) bei der Reproduktion normativ-hegemonialer Machtordnungen zusammen. Diese Machtordnungen unterscheiden zum einen zwischen einem dominierenden ,Eigenen' und einem subdominanten ,Anderen', sichern zum anderen das hierarchisierte Gefüge durch die Zuschreibungsmacht über das ,Andere', welche dieses im medialen (wie gesellschaftlichen) Kontext in einer marginalisierten Existenz verortet. Der theoretisch und empirisch herausgearbeitete Diskurs über markierte Ethnizität zeigt sehr deutlich, dass Diskurse nicht in einer vorgängigen Ordnung begründet sind, sondern dass ihre Machtwirkungen darin bestehen, eine bestimmte Ordnung erst hervorzubringen und dieser eine eigenständige Realität zu verleihen: Indem im (westlichen) Diskurs über Ethnizität phänotypische Merkmale wie Hautfarbe und Physiognomie zu ausschlaggebenden Kriterien der Betrachtung von Menschen werden, wird eine Ordnung produziert, die zwischen ,weiß' und und ,nicht-weiß' (,schwarz') unterscheidet. Das Prinzip der Naturalisierung, das dieser Ordnung zugrunde liegt, etabliert eine dichotome Ordnung des ,Eigenen', ,Weißen' und des ,Anderen', ,Nicht-Weißen', mit eigenen Regeln der Aussagepraxis über diese Menschengruppen. Durch die zugrundeliegende Ordnung eines binären Konstrukts und die Regeln, die diese Ordnung permanent reproduzieren, ist eine Realität etabliert, in der Aussagen über menschliche Phänotype *identitätsstiftend* wirken. Die Regeln der Hervorbringung dieses Wissens über das ,Eigene' und das ,Andere' sind dem Diskurs nicht voraussetzungslos, d.h. ursprünglich eigen. Vielmehr werden sie erst mit dem Diskurs und ihrer gleichzeitigen (massenmedialen) Einführung als Realität bzw. ,Wirklichkeit' hervorgebracht. Insofern sind diese Regeln kontingent, da es theoretisch immer auch die Möglichkeit anderer Entwicklungen und anderer Diskurse gibt.

6.3 Systemtheoretische Erklärungsansätze für die massenmediale Reproduktion hegemonialer Diskurse

Die durchgeführte Studie hat auf der Grundlage einer systematischen Untersuchung den empirischen Nachweis erbracht, dass die Darstellung ,nicht-weißer' Personen in Musikvideos von ,weißen' Interpreten, abgesehen vom Vorkommen in größeren Menschenmengen, in der Mehrheit der Fälle als stereotyp einzuordnen ist, den hegemonialen Wissensdiskurs also affirmativ reproduziert – dies sowohl hinsichtlich der Kategorie ,Ethnizität' an sich, als auch in Verbindung mit der Kategorie ,Geschlecht'. Wiedergegeben werden in der Regel historisch tradierte und an die Ge-

genwart angepasste ethnisierende (Generationen-)Stereotype die ‚Schwarz-Sein' als solches mit ‚authentischer' (da naturalisierter) Körperlichkeit, Bewegungsästhetik, Rhythmusgefühl und allgemeiner ‚Exotik' in Verbindung bringen – häufig mit einer erotischen und ‚coolen' Konnotation. Daneben gibt es eine Reihe von Darstellungen, die Nicht-Weiße in zeitgenössisch-stereotypen Berufsrollen zeigen bzw. im Kontext historisch tradierter, ethnizitätsbezogener Settings inszenieren. Aufgezeigt wurde auch die überwiegend stereotype Inszenierung von Geschlechterrollen. Sowohl was das rein zahlenmäßige Erscheinen betrifft als auch hinsichtlich des möglichen Rollenspektrums ist eine Dominanz männlicher Darsteller zu verzeichnen. Weibliche Darsteller werden weitaus häufiger als Männer in explizit erotisierter Funktion inszeniert, wobei ihre Körperlichkeit in der Regel auf ein männliches Gegenüber bezogen ist (umgekehrt kann die Körperlichkeit des Mannes, z.B. im Sport, für sich stehen, d.h. ohne Bezug auf eine Frau).

Im Anschluss an die systematische empirische Herausarbeitung gängiger Darstellungspraktiken durch die durchgeführte induktive Clusterbildung stellt sich nun die Frage des *Warum*: Warum werden nicht-weiße Ethnizität und Geschlecht in Musikvideos häufig konventionell-stereotyp dargestellt, während sich Gegenentwürfe zum hegemonialen Diskurs über das Andere sehr in Grenzen halten (siehe dazu Kap. 6.3.4)? – In diesem Zusammenhang bietet die Systemtheorie einen strukturellen Erklärungsansatz, welcher im Anschluss an Kap. 3 im Folgenden entwickelt werden soll.

6.3.1 Grundlage: Verbindung von massenmedialem und ökonomischem System

Wesentlich für die Gestaltung von massenmedialen Inhalten ist auf struktureller Ebene der Zusammenhang von massenmedialem und ökonomischem System. Diese Verbindung äußert sich, wie in Kap. 3.6 theoretisch herausgearbeitet wurde, in zwei Formen: dem Leistungstransfer auf struktureller Ebene und der Interpenetration auf inhaltlicher Ebene.

6.3.1.1 Leistungstransfer

Zur Kenntnis zu nehmen ist zunächst, dass es sich bei Musikvideos des Pop-Mainstreams, um die es im Kontext der vorliegenden Arbeit geht, um ökonomische Produkte handelt (siehe Kap. 3.7), die ihre Verbreitung innerhalb des massenmedialen Systems finden (siehe Kap. 3.8). Bevor Videoclips durch das Musikfernsehen einer breiten Öffentlichkeit zugänglich gemacht werden, werden sie im ökonomischen Subsystem der Musikindustrie zu Zwecken der Generierung von Gewinnen produziert. Damit sind sie Teile dessen, was im ökonomischen Terminus ‚Wertschöpfungswarenketten' genannt wird; sie sind ein Mittel der Distribution von

Popmusik. In diesem Zusammenhang stellen sie ein wesentliches Element im übergeordneten Rahmen der Vermarktung einer Reihe verschiedener musikbezogener Konsumprodukte dar: Tonträger, Konzerte, Ringtones, klassische Merchandising-Artikel usw.

In diesem Vermarktungsprozess sind die Massenmedien von zentraler Bedeutung – allen voran der global agierende Musikfernsehsender MTV. Als subsystem- bzw. gesellschaftsübergreifendes System erbringen Massenmedien die Leistung der Veröffentlichung von Themen. Sie statten Themen mit Publizität aus, d.h. sie schaffen die Verbindung von Öffentlichkeit einer Information oder eines Produktes und darauf gerichteter Aufmerksamkeit (Kap. 3.2). Nur durch das massenmediale System kann Öffentlichkeit für ein Thema hergestellt werden, und nur auf diese Weise entsteht breite Aufmerksamkeit gegenüber einer Sache. Insofern bedeutet dies für den vorliegenden Sachverhalt, dass nur mittels massenmedialer Distribution, v.a. durch Musikfernsehsender wie MTV, Musikvideos an die breitere Öffentlichkeit gelangen. Die so erzeugte Aufmerksamkeit bei den Rezipienten wiederum ist nötig, um Handlungen, d.h. Konsum auslösen zu können. Konsum bedeutet den Absatz von Produkten des ökonomischen Systems – konkret: den Absatz von Tonträgern und musikbezogenen Konsumartikeln der Musikindustrie. Da Absatz bzw. die Erzielung von Gewinn das Ziel des ökonomischen Systems ist, besteht von dieser Seite also ein begründetes Interesse an den (Veröffentlichungs-) Leistungen des massenmedialen Systems. Dabei handelt es sich jedoch nicht nur um einen Leistungstransfer vom massenmedialen zum ökonomischen System. Die Massenmedien ziehen ebenfalls Nutzen aus dem beschriebenen Prozess: Das ökonomische System erbringt gegenüber den Massenmedien u.a. die Leistung, Themen und Informationen für die publizistische Verarbeitung anzubieten. Bezogen auf den vorliegenden Kontext bedeutet dies, dass die Plattenfirmen den Musiksendern Videoclips anbieten, mit denen das Programm gestaltet wird. Darüber hinaus erbringt das ökonomische System die Leistung der Erwirtschaftung von Geldwerten. Diese fließen zum Teil in das massenmediale System ein, beispielsweise in Form der Bezahlung von Werbeschaltungen oder durch Sponsoring. Dieser Leistungstransfer vom ökonomischen zum massenmedialen System ist für kommerzielle Rundfunksender wie MTV deshalb so wichtig, da ihre existenzielle Grundlage auf Werbeeinnahmen beruht.

Die Verbindung zwischen massenmedialem und ökonomischem System, d.h. zwischen MTV und der Musikindustrie, ist zunächst also eine *strukturelle*. Sie äußert sich in einem wechselseitigen *Leistungstransfer*: Der Sender als Teil des Mediensystems ist, was den Input (das Programm) betrifft, auf den Output (die Videos) des ökonomischen Subsystems Musikwirtschaft angewiesen. Die Musikwirtschaft wiederum benötigt den Sender als Teil des massenmedialen Systems zur massenhaften Distribution von Musikvideos.

6.3.1.2 Interpenetration

Die Relevanz des Faktors Geld entspricht im Grunde genommen nicht den Rationalitäten des massenmedialen Systems (siehe Kap. 3.5); sie ist nicht anschlussfähig an den systemeigenen Code veröffentlichbar/nicht veröffentlichbar. Dass der ökonomische Code dennoch im System der Massenmedien akzeptiert und angewendet wird, begründet sich in der Ökonomisierung der Medien und wird systemtheoretisch möglich durch den Prozess der Interpenetration. Wie in Kap. 3.6 beschrieben, ermöglicht Interpenetration die Beeinflussung von Systemen durch systemfremde Rationalitäten. Im Falle der Ökonomisierung hat die Interpenetration zur Folge, dass bei der systemischen Entscheidung über die Veröffentlichung von Medieninhalten zusätzlich zum systemeigenen Steuerungscode veröffentlichbar/nicht veröffentlichbar auch die ökonomischen Rationalitäten gewinnbringend/nicht gewinnbringend systemerhaltend wirken. Unabhängig vom eigenen Code spielen im massenmedialen System also auch ökonomische Kriterien eine Rolle. Das, was publiziert wird, muss bestimmten Gewinnerwartungen entsprechen. Dies ist umso mehr der Fall bei MTV, denn die Besonderheit dieses Senders (wie auch anderer Musikfernsehsender) liegt darin, dass der Programminhalt (die Musikvideos) zugleich auch als Werbung fungiert (für die dazugehörigen Tonträger und andere Konsumprodukte).

Der Prozess der Interpenetration verläuft dabei wechselseitig. Auch die Ökonomie muss Teile ihres Systems vom systemfremden Code der Massenmedien steuern lassen, um für bestimmte Inhalte Anschlussfähigkeit im Distributionssystem der Massenmedien zu gewährleisten. Konkret bedeutet dies, dass, um ein Produkt absetzen zu können, Informationen zu diesem Produkt geschaffen werden müssen (Stichwort Werbung/PR). Die Produktinformationen müssen so aufbereitet sein, dass sie im System der Massenmedien Anschluss finden, also gemäß dem systemeigenen Code veröffentlichbar sind, denn erst diese Anschlussfähigkeit ermöglicht Öffentlichkeit. Für Musikvideos als ökonomische Produkte bedeutet das, dass die inhaltlichen Darstellungen Anschluss im massenmedialen System finden müssen. Wie oben beschrieben, ist massenmedial erzeugte Öffentlichkeit die Voraussetzung für breite Aufmerksamkeit, die wiederum nötig ist, um (massenhaften) Konsum ökonomischer Produkte auszulösen. Konsum bedeutet Absatz und somit Gewinn – das Ziel des ökonomischen Systems.

Neben dem Leistungstransfer sind das massenmediale und das ökonomische System also auch *inhaltlich*, durch *Interpenetration*, verbunden.

6.3.2 Konsequenzen für die inhaltlichen Darstellungen von Musikvideos – die Funktion von Diskursen in Bezug auf massenmediale Systemrationalitäten

Die vorangegangenen Ausführungen machen deutlich, dass beide Subsysteme – Musikfernsehen und Musikindustrie – ein begründetes Interesse an der konsumauslösenden Wirkung von Videoclips haben: Für die Musikindustrie ist das Musikvideo ein Marketinginstrument, um die damit verbundenen Produkte abzusetzen. Für den Musiksender ist es Programminhalt und zugleich Mittel, um die Zielgruppe und damit auch die Plattenfirmen sowie andere Werbekunden an sich zu binden. Insofern stellt das Musikvideo zwar das existenziell notwendige Programmmaterial des Musikfernsehens dar, übergeordnet ist es jedoch in erster Linie Mittel zum Zweck der Konsumentenbindung; diese Konsumentenbindung wiederum ist Teil eines übergeordneten ökonomischen Absatzziels. Das Musikvideo ist also im doppelten Sinne ein ökonomisches Produkt: Erstens wird es im ökonomischen System zu Zwecken der Absatzförderung produziert, zweitens ist es wesentlicher Bestandteil eines ökonomisierten massenmedialen Subsystems. Natürlich besteht immer die Möglichkeit, dass Elemente von Videoclips außerhalb des ökonomischen Systems angesiedelt werden können (beispielsweise im Kunstsystem). Dies ändert jedoch nichts an der Tatsache, dass Musikvideos in aller Regel im ökonomischen Kontext hervorgebrachte, zu ökonomischen Zwecken hergestellte und somit *genuin* ökonomische Produkte sind.

Vor diesem Hintergrund stellt sich die Frage: Was macht Musikvideos im o.g. Sinne erfolgreich? Genauer: Was macht sie im massenmedialen System, dem zentralen Faktor der Distribution, erfolgreich? Die systematische empirische Befragung einer größeren Anzahl von Musikvideos hat ergeben, dass die visuellen Darstellungen der Musikvideos zwar auch Ungewöhnliches hervorbringen, in der Mehrheit der Fälle jedoch von wiederkehrenden Inszenierungspraktiken geprägt sind. Diese Inszenierungsweisen wurden in einer induktiven Clusterbildung zusammengefasst (Kap. 5.2) und beziehen sich im Wesentlichen auf die Darstellung von nicht-weißen Personen in bestimmten Rollen und ihre Ausstattung mit bestimmten Merkmalen und Eigenschaften. Die Ergebnisse der Studie liefern einen auf breiter Materialbasis systematisch herausgearbeiteten Befund, der darauf schließen lässt, dass jene Musikvideos erfolgreich im Sinne von ‚veröffentlichbar' sind, die diese Darstellungskonventionen anwenden. Was bisher erarbeitet wurde, ist also ein Befund, mit Hilfe dessen eine empirisch belegbare Aussage darüber gemacht werden kann, wie es um die Inszenierung von als ‚anders' codierten Personen (siehe dazu v.a. Kap. 2.2.1, 4.2 und 4.6) auf der inhaltlich-visuellen Ebene von Musikvideos steht. Was angesichts dieses Befundes nun noch offen ist, ist eine von der inhaltlichen Aussage losgelöste *strukturelle Erklärung*, wie es zu jenen wiederkehrenden (stereotypisierten) Inszenierungspraktiken kommt. An dieser Stelle ist ein genauerer Blick auf die Systemrationalitäten des massenmedialen Systems, d.h. auf seine Funktionsweisen, notwendig. Dabei geht es nicht um die bereits dargestellten Wechselwirkungen mit dem ökonomischen System, sondern um die inhaltlichen Hervorbringungen des Massenmediensystems selbst.

In Kap. 3.3 wurde aufbauend auf den Erkenntnissen von Luhmann und im Anschluss an Marcinkowski herausgearbeitet, dass der binäre Code veröffentlichbar/nicht veröffentlichbar das massenmediale System steuert. Diese Steuerung dient dem übergeordneten Ziel der Systemprozesse. Wie dargestellt wurde, besteht dieses Ziel im Fall von MTV in der Veröffentlichung und daran gekoppelten Gewinnerwirtschaftung von medialen Inhalten. Folge der Veröffentlichung und zugleich Mittel zum Zweck der Gewinnerwirtschaftung ist die Bindung von Zielgruppen mittels Aufmerksamkeit. Die zentrale Frage in Bezug auf die inhaltlichen Darstellungen von Musikvideos lautet von daher: Was ist in diesem Sinne in Musikvideos veröffentlichbar? Hier kommt der Diskursbegriff (wie in Kap. 4.1 erläutert) ins Spiel: Im Anschluss an die in der vorliegenden Arbeit entwickelten theoretischen Erkenntnisse und gestützt auf die Ergebnisse der empirischen Untersuchung kann die Antwort auf die Frage, warum ethnisierte und vergeschlechtlichte Darstellungen von Personen zum großen Teil stereotyp inszeniert werden, in der *systemrationalen Veröffentlichungsrelevanz des hegemonialen Diskurswissens* betreffend die Kategorien ,Ethnizität' und ,Geschlecht' gefunden werden. Da die Empirie auf der Grundlage einer breiten Materialbasis gezeigt hat, dass es stereotyp-konventionelle Diskurs,aussagen' sind, die in der Inszenierung des ,Anderen' zur Anwendung kommen, kann davon ausgegangen werden, dass das hegemoniale (und nicht etwa das subversive) Diskurswissen aus im Folgenden noch genauer darzulegenden Gründen den Veröffentlichungskriterien des massenmedialen Systems genügt. Dieses Wissen prägt sich in der konkreten medialen Inszenierung in bestimmten, in der empirischen Studie herausgearbeiteten *Darstellungskonventionen* aus. So reproduzieren die häufig angewendeten Darstellungen von afrikanischstämmigen Personen als Tänzer durch die Inszenierung einer ,schwarzen' musikbezogenen, körperlichen Bewegungsästhetik beispielsweise die naturalisierenden Zuschreibungen einer besonderen emotionalen und rhythmischen Ausdrucksfähigkeit wie auch die einer exponierten, erotisierten Körperlichkeit. Ebenso geben die Darstellungen nichtweißer Personen in vornehmlich statusarmen Berufsrollen das – unabhängig von den realen Beschäftigungsverhältnissen – bekannte Bild wieder, wonach ,Nicht-Weiße' vor allem auf den unteren Stufen der sozialen Hierarchie verortet, dem ,weißen' Lebensweltkontext damit nicht im materiellen Sinne erfolgreich angepasst sind. Diese Inszenierungspraktiken entwerfen unterschiedliche Versionen von ,weißen' Gegenweltkonstruktionen: Die markierten ,Anderen' werden mit bestimmten Eigenschaften belegt und in bestimmten Kontexten verortet, die sie in einen Gegensatz, einer *Differenz* zum hegemonialen ,Eigenen' setzen. Zugleich können differenzgeleitete Zuschreibungen jedoch auch der Ausgangspunkt für Adaptionen im ‚Eigenen' sein. Dies geschieht im Kontext der zeitgenössischen jugendlichen Pop-kultur verbreitet durch die Aneignung von Teilen der ethnisierten (‚schwarzen') Rap-Kultur, beispielsweise durch die Übernahme von Kleidungs und Bewegungs-codes, aber auch musikalischen Elementen in den ‚weiß' codierten popkulturellen Kontext (Kap. 6.2.1.1). Entsprechende Darstellungspraktiken beziehen sich auf etabliertes (historisch generiertes und zeitgenössisch transformiertes), verbreitetes und vor allem legitimiertes soziales Wissen. Sie zeigen das, was vom ‚Anderen' zu zeigen auf breiter Basis legitimiert ist. Zu sehen ist das, was die ‚weiß-männlich-heterosexuelle' Hegemonie nicht in Frage stellt, da es das ‚Andere' entweder in Rollen und Kontexten verortet, die dem ‚Eigenen' hierarchisch untergeordnet sind, oder die es für das ‚eigene' Anliegen (in diesem Fall die Visualisierungen in Mu-sikvideos) instrumentalisierbar werden lassen. Das ‚Andere' bezieht sich dabei auf die Metaebene eines vom ‚Eigenen' Differenten. Nicht das Individuum stellt den ethnisierten oder vergeschlechtlichten, für das ‚Eigene' existenznotwendigen Ge-genpart dar, sondern die Verkörperung eines entindividualisierten Gegenübers durch markierte Darsteller. In diesem Sinne werden ‚nicht-weiße', und hier vor allem weibliche, Personen kaum in der Rolle eines individualisierten Hauptdarstellers mit eigenen Handlungsabläufen in Szene gesetzt. Die Regel ist die Inszenierung der ‚Anderen' im Rahmen einer Statistenrolle, in denen sie in den ihnen vom überge-ordneten Diskurs zugewiesenen Rollen mehr oder weniger unauffällig agieren.

Die Anwendung dieser Darstellungspraktiken in Musikvideos dient dem Bestre-ben der Definition und Ansprache einer möglichst großen Zielgruppe, um über ein möglichst großes Absatzfeld zu verfügen und so das Systemziel der Gewinnerwirt-schaftung zu erreichen. Dabei handelt es sich nicht um ein genuin kommerzielles Phänomen. Auch nicht-profitorientierte Unternehmen werden immer versuchen, für ihre Zwecke möglichst viele Menschen zu erreichen und diesbezüglich zu Mitteln greifen, mit denen dieses Ziel erreicht werden kann. Wenn also das ökonomische System, in diesem Fall die Musikindustrie, für die inhaltlichen Darstellungen von Musikvideos bestehende Diskurse aufgreift und dadurch hegemoniales Diskurswis-sen von Geschlecht und Ethnizität in den Medien reproduziert, dann wäre es falsch, in der Tradition der Kulturindustriethese der Frankfurter Schule von ‚Manipulation' oder ‚Ideologisierung' u.ä. zu sprechen. Dieser Gedanke greift zu kurz, da der mu-sikindustrielle Sektor lediglich nach seinen systemeigenen Interessen handelt. D.h. zur Anwendung kommen bei der Gestaltung von Musikclips die systemeigenen Ra-tionalitäten gewinnbringend/nicht gewinnbringend und, im Hinblick auf die mas-senmediale Veröffentlichung, der Code veröffentlichbar/nicht veröffentlichbar; bei-de sind für die Erreichung des Absatzzieles und somit für die Systemerhaltung notwendig.[526] Um dieses Ziel zu erreichen, bedient sich die Produktion passender Instrumente. Sie greift also etablierte gesellschaftliche Diskurse, d.h. massenhaft anschlussfähiges Wissen auf und reproduziert es in Musikvideos. Produktion und Rezeption wirken in diesem Prozess beiderseitig auf die Hervorbringungen bzw. Reproduktionen diskursiven Wissens ein. Sie kreisen gewissermaßen um die ‚Hegemonie' einer Inszenieung, die von beiden Seiten als bekannt vorausgesetzt werden kann. – Das bedeutet nicht, dass Inszenierungen quasi-statisch und unverrückbar die immer gleichen Bilder produzieren. Vielmehr gibt es Grundkonstanten der Repräsentation, auf Grundlage derer Varianzen und Abweichungen stattfinden und die somit auch Überraschendes hervorbringen können. – Konkret bedeutet dies, dass z.B. die Darstellung einer weiblichen Person, wie die Empirie gezeigt hat, fast ausschließlich in Bezug auf einen männlichen Darsteller stattfindet. (Während umgekehrt eine männliche Person in verschiedenen Kontexten, beispielsweise im Sport oder beim Musizieren, auch ohne Bezug auf einen heterosexuellen Gegenpart für sich stehen kann). In der Bezogenheit der Frau auf ein männliches Gegenüber wird die Ideologie der heterosexuellen Geschlechtermatrix reproduziert – diese Darstellung der Frau kann, indem sie an den hegemonialen Diskurs anschließt, als auf breiter Basis ‚verständlich' vorausgesetzt werden. Wie die Inszenierung der heterosexuellen Beziehung konkret aussieht, kann auf unterschiedliche Weise gestaltet werden; grundlegend ist das Bezogensein der Frau auf den Mann. Michael Altrogge spricht diesbezüglich von einer „patriarchale[n] Hegemonie, [die] Sexualität zugleich im Rahmen kapitalistischer Warenproduktion funktionalisiert".[527]

Diese Art der Darstellung ist das, was Luhmann als „Standardisierung aber auch Differenzierung" massenmedialer Inhalte bezeichnet hat bzw. als „Zusammenhang von Kondensierung, Konfirmierung, Generalisierung und Schematisierung".[528] Hegemoniales Diskurswissen, welches sich in bestimmten Zuschreibungen ausdrückt, erfüllt die Kriterien für eine Veröffentlichung. Es liefert die anschlussfähige Grundlage, auf Basis derer weitere inhaltliche Darstellungsmöglichkeiten ausgeführt werden können. Durch die Anwendung dieser Kriterien in der Inszenierung wird Anschlussfähigkeit im Distributionssystem der Massenmedien erreicht, eine notwendige Voraussetzung für das Erreichen der Konsumenten. Dabei können die zur Anwendung gebrachten Diskurse theoretisch in einem Spektrum von affirmativ bis

---

[526] Natürlich kann man unter moralischen, ethischen oder kulturkritischen Gesichtspunkten die Systemrationalitäten in ihrer spezifischen Ausprägung kritisieren, ebenso wie die Art oder Durchführung der Anwendung dieser Rationalitäten. Nicht kritisieren lässt sich unter systemtheoretischen Prämissen jedoch die Anwendung an sich, denn wie alle Anwendungen von Systemrationalitäten ist sie allein ein notwendiger Mechanismus zur Selbsterhaltung des Systems im übergeordneten Gesamtsystem Gesellschaft.

[527] Altrogge 2001a, S. 63.

[528] Luhmann 2004, S. 12 und 74.

subversiv reproduziert werden und so ein prinzipiell unendlich heterogenes Bild der Kategorien ‚Geschlecht' und ‚Ethnizität' wiedergeben. Dass dies in der massenmedialen Realität nicht der Fall ist, wurde am Beispiel von Musikvideos gezeigt. Vielmehr werden auf der Basis eines bestehenden kollektiven (diskursiven) Hintergrundwissens konventionelle Vorstellungsbilder reproduziert.

Abb. 12: Zusammenhang von Massenmedien und Diskursen

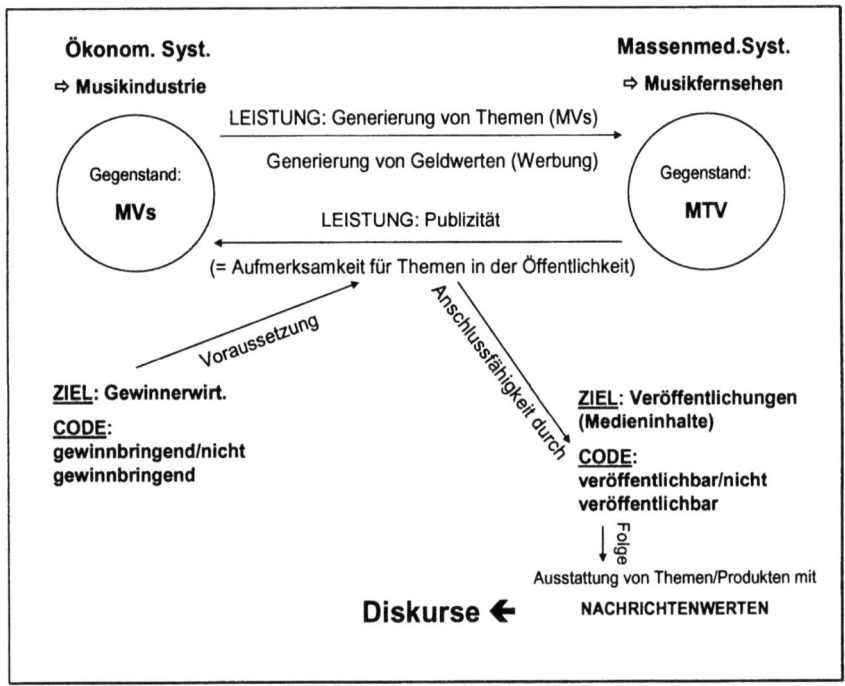

Die Verwendung von Stereotypen als Teilen hegemonialen Diskurswissens hat eine lange historische Tradition:

> „Seit der Commedia del'arte werden in mediale Werke verkürzende (pars pro toto), aber dennoch verlässlich auslösbare Konnotationen eingeplant (zum Beispiel der Stotterer als der Dumme, der Mercedes als das Verbrecherauto, der gezierte Gang als Merkmal für Schwule). In der Sprache der kognitiven Psychologie formuliert, werden hier eingängige Skripts angesprochen, die zwar ins Formelhafte verkürzt sind, aber dennoch ein schnelles Verständnis ermöglichen und eine Realitätsfiktion anzielen. Wenn bereits für romanhafte Gestaltungen Verkürzungen notwendig sind, so sind sie es noch sehr viel mehr für den Filmbereich, da hier aus zeitlichen Gründen der Zwang zur Reduzierung und Schematisierung noch viel stärker ist. Allein aus diesen Eigen-

tümlichkeiten des Mediums ist die Schematisierung eine mit dem Medium ‚Film und Fernsehen' verknüpfte Notwendigkeit."[529]

Bei der Stereotypisierung, so lässt sich festhalten, handelt es sich in Bezug auf fiktionale, mediale Produkte sozusagen um ‚Gattungsmerkmale'. Dies trifft in weitaus höherem Maße, als es schon bei (Spiel-)Filmen der Fall ist, auf Musikvideos zu, da hier die Rezeptionszeiten von den üblichen 90 Minuten aufwärts auf ca. drei bis vier Minuten verkürzt werden.

Es ist zu betonen, dass es sich bei den durch die hegemonialen Diskurse bedingten und hervorgebrachten Darstellungskonventionen, die das untersuchte Bildmaterial dominieren, um Regeln handelt, die für die Videos des Pop-Mainstream gelten. Nur diese sind Gegenstand der vorliegenden Arbeit. Unberücksichtigt bleiben Clips, die z.B. im Kunstsystem erzeugt wurden und anderen Rationalitäten unterliegen. Gesondert zu betrachten sind auch einzelne Videos der (ökonomisch) etablierten Superstars, die durch ihren Status im Pop- und Showbusiness eine gewisse Unabhängigkeit und damit auch Freiheit betreffend die inhaltlichen Darstellungen von Musikvideos besitzen und (siehe z.B. Madonna) eher Experimente wagen. In der Regel, dies hat die empirische Untersuchung gezeigt, ist es jedoch so, dass die hegemonialen Diskurse über Geschlecht und Ethnizität die Inszenierungen von Musikvideos maßgeblich, in vielen Fällen ausschließlich, prägen. Dieses Wissen reproduziert sich – ganz im diskursiven Sinne – weitgehend automatisch im Vollzug seiner Anwendung und speist sich aus einem übergeordneten gesellschaftlichen Konsens, dem ‚sozialen Gedächtnis' oder ‚Hintergrundwissen' (siehe Kap. 4.5), das immer wieder diskursiv hervorgebracht und bestätigt wird. Das ökonomische System, in dem Musikvideos entstehen, instrumentalisiert die in diesem diskursiven Wissen enthaltenen Veröffentlichungskriterien (ausgedrückt durch bestimmte Zuschreibungen), um den Inhalt der Clips ‚mediengerecht' für das massenmediale System aufzubereiten. Denn, und dieser Punkt ist bei der Auseinandersetzung mit Musikvideos des Pop-Mainstrams von zentraler Bedeutung: Die Anschlussfähigkeit von Musikvideos als Produkten des musikindustriellen Systems zielt immer auf die Erreichung einer möglichst großen Konsumentenmasse. Die Anwendung der publizistischen Systemrationalitäten des Massenmediensystems ist dabei Mittel zum Zweck, um die eigenen Systemziele – ökonomischen Gewinn – zu erreichen.

An dieser Stelle zeigt sich, dass es sich beim Musikvideo um einen austauschbaren Gegenstand handelt, da die hier beschriebenen Mechanismen für andere Medienformate und -gattungen ebenso gelten. Gefragt wird fast immer, und dies gilt für fiktionale ebenso wie für nicht-fiktionale Medieninhalte, für kommerzielle ebenso wie für nicht-kommerzielle Medienanbieter: Was kommt bei der Zielgruppe der Zuschauer/Leser/Hörer an? Was ermöglicht Anschluss an die kollektiven und indi-

---

[529] Lukesch in Roters/Klingler/Gerhards 1999, S. 64.

viduellen Vorstellungswelten? Was sorgt am wenigsten für Irritationen, die immer das Risiko der negativen Sanktionierung beinhalten (Wegzappen, ausschalten, nicht kaufen)? Im Bereich der Konsumenten- und Werbeforschung wurde immer wieder nachgewiesen, dass solche medialen Inhalte auf breiter Basis erfolgversprechend sind, d.h. die Akzeptanz des Marktes bzw. des Publikums finden, die sich im Rahmen eines bestimmten Erwartungsspektrums bewegen.[530] Auch das Erkennen von Neuheiten und Überraschungen, beides wichtige Kriterien der Veröffentlichung, erfordert vertraute Kontexte zur Einordnung von Informationen. Wichtig ist, um Irritationen zu vermeiden, ein Wiedererkennungswert, der sich auf etablierten Diskursen begründet und durch diese ausgelöst wird. Die Verwendung von Stereotypen in der visuellen Darstellung erfüllt also hinsichtlich des Rezeptionsvorganges bestimmte Zwecke:

> „Allgemein läßt sich über ihre [die Verwendung von Stereotypen, C.S.] Funktion sagen, dass diese darin besteht, zwischen individueller Psyche und Umwelt aufgrund wiederholter Reize ein stabiles Eindrucksprofil zu entwickeln, das den Perzeptionsvorgang durch eine quasi automatische Zuordnung optimiert."[531]

Die Wahrnehmung von visuellen Darstellungen beruht zunächst also auf gewohnheitsmäßigem Wissen, auch wenn die Verwendung von Stereotypen je nach sozialem oder kulturellem Bezugsfeld unterschiedliche Bedeutungen erfahren kann. In einer Befragung stellen Michael Altrogge und Rolf Amann in Bezug auf die Rezeption von Heavy-Metal-Clips fest:

> „Bilder, deren Bedeutung für Rezipienten unklar ist, stoßen im Zweifelsfall ebenso auf Ablehnung, wie hinsichtlich des Kontextes unmotiviert erscheinende und aus dem Erwartungsrahmen fallende Darstellungen. [...] In diesem Zusammenhang war es immer wieder überraschend festzustellen, wie konservativ im Sinne gewohnheitsorientierter Wahrnehmung die jugendlichen Rezipienten im Durchschnitt mit Heavy-Metal-Videoclips umgehen."[532]

Im Hinblick auf die Darstellung von Geschlecht stellen die Autoren fest, dass von den befragten Jugendlichen in der Regel solche Clips besonders akzeptiert werden, die bestimmte traditionelle gesellschaftliche Rollenbilder eher bestätigen als auflösen.[533] Dieser Befund wird von den Ergebnissen der Rezeptionsstudie von Bechdolf bestätigt (siehe auch Kap. 6.2.4):

> „Es ist daher bereits als ein erstes Ergebnis zu betrachten, daß die meisten jungen Frauen und Männer in meinem Sample auf klare Geschlechterdifferenzen jeglicher

---

[530] Vgl. u.a. Bekmeier in Forschungsgruppe Konsum und Verhalten 1994, v.a. S. 92-95 sowie Kroeber-Riel/Weinberg 2003, v.a. S. 229-235.
[531] Altrogge/Amann 1991, S. 96.
[532] Altrogge/Amann, a.a.O., S. 181.
[533] Altrogge/Amann, a.a.O., S. 182.

Couleur viel aufgeschlossener reagierten als auf Verschiebungen und Verwischungen, Verwirrungen und Vermischungen. (...) Musikvideos, in denen nicht nur Widerstand gegen die traditionellen Geschlechterbilder demonstriert wird, sondern die auf unterschiedliche Weise die Hierarchie wie auch die Differenz an sich in Zweifel ziehen, werden insgesamt nur von den InterviewpartnerInnen mit Vergnügen rezipiert, die auch in Bezug auf ihre eigene Person ein größeres Maß an Offenheit zeigen."[534]

Die Ergebnisse der wenigen vorhandenen Untersuchungen zur Auswirkung von Geschlechterdarstellungen in Musikvideos[535] auf die Rezipienten (siehe Kap. 6.2.4) zeigen, dass der Bezug auf ein *hetero*sexuelles Geschlechtermodell grundlegend für das Verständnis der jeweiligen Clips ist – unabhängig davon, inwieweit eventuelle ungewöhnliche Darstellungen der Rollen von Mann und Frau auch akzeptiert werden. Dieser Umstand mag auch eine Erklärung dafür liefern, dass unter der Minderzahl jener Videos, die subversive Ansätze in ihren Ethnizitäts- und Geschlechterdarstellungen erkennen lassen (Kap. 6.3.4), die Strategie des Gender-B(l)ending, des Aufweichens der dichotomen Geschlechterordnung, weitaus weniger häufig verwendet wird als die Strategie des reinen Opposition, der Variation von Geschlechterrollen auf der weiter beibehaltenen Grundlage der bipolaren Ordnung (zu den Strategien siehe Kap. 6.2.3). In diesem Sinne gibt es zwar auch vom hegemonialen Diskurs abweichende Darstellungen (man denke nur an die beiden sich küssenden weiblichen Roboter in einem Clip der Sängerin Björk oder die Stilisierung eines Schwarzen zum Heiligen in einem Video von Madonna). Die Gefahr besteht jedoch in diesen Fällen immer, dass Abweichungen von hegemonialen, d.h. mehrheitlich ‚akzeptierten' und verinnerlichten, Diskursen negativ sanktioniert werden, die entsprechenden Clips also nicht konsumauslösend wirken. Dies ist ein Risiko, dem sich der wirtschaftlich angeschlagene Mainstream des Popgeschäfts schon aus rein ökonomischen Gründen nicht besonders häufig aussetzen kann. Desweiteren können, um die in diesem Zusammenhang klassischen Termini der Cultural Studies aufzugreifen, die ‚Reader' auch als ‚Writer' tätig sein. D.h. die Rezipienten können medialen Inhalten mit eigenen, nicht-diskurskonformen Lesarten begegnen. Zu berücksichtigen ist jedoch, dass im Falle der jugendlichen bzw. jungen Rezipienten von Musikvideos die Berührung mit den medial vermittelten Diskursen zum einen zeitlich relativ intensiv ist – häufig in Form einer ‚wallpaper function', der permanenten Nebenbei-Rezeption von Musikfernsehen – also auch entsprechende Gewohnheitsmuster hervorbringt, und zum anderen, dass die *Motive* für die Rezeption sich in der Regel nicht gerade in der ausgiebigen Reflexion über die gezeigten Inhalte äußern (siehe Kap. 6.2.4). Auch wenn die Möglichkeiten von Veränderungen

---

[534] Bechdolf 1999, S. 201, 205.

[535] Studien zur Auswirkung ethnisierender Darstellungen in Musikvideos auf die Vorstellung von der Kategorie „Ethnizität" bei den Rezipienten waren zum Zeitpunkt des Abschlusses der Arbeit nicht bekannt.

in einer Diskussion über hegemoniale Inszenierungen immer in Betracht gezogen werden müssen, darf doch die wirklichkeitskonstituierende ‚Macht' von Diskursen nicht unterschätzt werden.

6.3.3 Möglichkeiten der Transformation

Trotz der darstellerischen Wirkungskraft von Diskursen wäre es jedoch verfehlt, die Macht bzw. den Einfluss der diskursreproduzierenden Medienökonomie als allumfassend und ‚manipulierend' einzuschätzen. Wäre dies der Fall, so gäbe es beispielsweise keine ‚Flops', d.h. nicht-akzeptierte und damit nicht-absetzbare Produkte. Deshalb herrscht von Seiten der Produktion Offenheit gegenüber den Rezipienten – jedenfalls soweit sie als Konsumenten fungieren (von Medien- wie auch von Konsumprodukten im klassischen Sinne): Sowohl das Feld der Wirtschaft als auch das der Massenmedien ist durchzogen von einem Geflecht aus Markt-, Meinungs- und Konsumforschungsvorgängen, die alle dem Ziel dienen, herauszufinden, was die Konsumenten/Rezipienten wollen, um auf diese Weise das Absatzrisiko möglichst gering zu halten. Die Praxis zeigt, dass Alles, was auf Widerstand bzw. Desinteresse stößt, d.h. nicht die erwartete Quote bringt, sehr schnell abgesetzt wird. In den konkurrenzgeprägten Systemen der Massenmedien wie der Ökonomie kann sich ein Unternehmen nur wenige bzw. keine Fehltritte leisten. Und die Menge unerklärlicher Flops zeigt, dass den als Konsumenten angesprochenen Rezipienten auch in keiner Weise, geschweige denn durch irgendwelche Vemarktungs- ‚Rezepte', irgendetwas ‚aufoktroyiert' werden kann. Gerade in diesem Zusammenhang geben hegemoniale Diskurse Sicherheit, denn sie beinhalten das, was auf breiter Ebene gesellschaftlich legitimiert und akzeptiert ist. Die Verarbeitung dieser Diskurse in medialen Inhalten birgt also vergleichsweise geringe Risiken, was die Akzeptanz der Produkte betrifft. Insofern begründet sich in diesem minimierten Risiko auch die verbreitete Reproduktion hegemonialer Diskurse.

Die Schwierigkeit der Bewirkung tiefgreifender und nicht nur oberflächlicher Diskursveränderungen liegt darin, dass die Existenz von Diskursen sich in einem Kreislauf bewegt: Massenmedien bringen Diskurse hervor, schicken sie in den gesellschaftlichen Umlauf und nehmen wiederum die in der Gesellschaft zirkulierenden Diskurse auf, um sie publizistisch zu verarbeiten. Die Chance einer Veränderung liegt – systemtheoretisch gesprochen – in der Beobachtungs- und Thematisierungsfunktion der Massenmedien (siehe Kap. 3.2). Obwohl keines der Subsysteme des umfassendsten Systems Gesellschaft wirklich unabhängig von den Massenmedien agiert, können diese doch systemintern eigene, nicht-konventionelle Diskurskonfigurationen hervorbringen, die, soweit sie Anschlussfähigkeit herstellen können, in das massenmediale System eingespeist werden. Die Schwierigkeit und zugleich die Chance einer Änderung von Diskursen liegen also darin, dass die Medien eben durch ihre subsystemübergreifende Beobachter- und Thematisierungsfunktion gesamtgesellschaftliche, massenmedial vermittelte bzw. konstruierte ‚Realität' liefern – auf diese einzuwirken ist schwierig, aber wenn ein Einfluss wirkt, kann er Realitätskonstruktionen nachhaltig beeinflussen.

Die Chance einer Veränderung von Diskursen, die im Hinblick auf die medialen Inszenierungen von (weiblichem) Geschlecht und (nicht-weißer) Ethnizität häufig als diskriminierend und einschränkend zu bezeichnen sind, zeigt sich letztendlich in der Flexibilität des Marktes. Denn dieser ist – bestimmt von Angebot und Nachfrage – kein statisches sondern ein bewegliches Konstrukt. Insofern ist es prinzipiell offen, ob die durch die empirische Studie ermittelten gegenwärtigen Darstellungskonventionen auf Dauer das sind, was beim Publikum Akzeptanz findet – und dies unabhängig von der Frage, wie die Rezipienten diese Darstellungen im möglichen Spielraum von affirmativ bis oppositionell lesen. Die Geschichte zeigt, dass Konventionen sich ändern, den Zeiten anpassen, neue Deutungen erfahren usw. Zum Beispiel gehört die Darstellung eines homosexuellen ‚besten Freundes' der Hauptdarstellerin in eher einfach gestrickten Liebesfilmen heute geradezu zum Standardrepertoire und hebt damit das Tabu der öffentlichen Thematisierung von Homosexualität auf; die Darstellung afroamerikanischer Coolness ist vor allem in der Werbung zum ‚Hip-Faktor' geworden und gibt dem als ‚anders' – ‚schwarz' Klassifizierten so öffentlich die Konnotation des Nachahmenswerten – auch wenn die Frage, inwieweit diese *Präsenz* auch eine Befreiung aus dem engen Spektrum konventioneller Darstellungsweisen bedeutet und nicht nur eine moderne Anpassung traditioneller Stereotype darstellt, auf einem ganz anderen Blatt steht.

6.3.4 *Beispiele für Transformationen*

In einigen der Videoclips des untersuchten Samples lassen die Inszenierungen nicht-weißer (d.h. vor allem afrikanischstämmiger) Darsteller auf eine nicht-affirmative, d.h. den hegemonialen Diskurs nicht unmittelbar bestätigende Repräsentation des ‚Anderen' schließen. In diesen Clips werden andere ‚Geschichten' – im übertragenen und konkreten Sinne – erzählt als in jenen Videos, deren Inszenierungen sich affirmativ in den hegemonialen Diskurs einordnen. Die mangelnde ‚Nachprüfbarkeit' bei der Benennung von sog. Gegenentwürfen entsteht dadurch, dass eine solche Zuordnung nicht aus einem Fundus etablierten Wissens des bekannten, hegemonialen Diskurses schöpft sondern gewissermaßen von den Rändern des diskursiven Mainstreams aus konstituiert wird. Aus diesem Grund werden die im Folgenden genannten Beispiele als *mögliche* Gegenentwürfe zum hegemonialen Diskurs betrachtet.[536] Darüber hinaus kann es im Foucaultschen Sinne kein Wissen außerhalb des herrschenden Diskurses geben, da ein Diskurs stets das repräsentiert, was zu einem bestimmten historischen Zeitpunkt über einen Gegenstand zu wissen und zu sagen möglich ist. – „... schließlich definiert sich ein Wissen durch die Möglichkeiten der Benutzung und der Aneignung, die vom Diskurs geboten werden (...) es gibt kein Wissen ohne definierte diskursive Praxis; und jede diskursive Praxis kann durch das Wissen bestimmt werden, das sie formiert"[537] (vgl. dazu auch Kap. 4.1). Aus diesem Grund muss stets in Rechnung gestellt werden, dass bei jeder visuellen oder textlichen ‚Aussage' auf einer gewissen (sehr subtilen) Ebene immer Reproduktionen des Hegemonialen stattfinden; oder, wie es Luhmann ausdrückt: „kognitive Systeme (...) können sie [die Umwelt, C.S.] (...) nicht unabhängig von eigenen Strukturbildungen kennen".[538] Man kann nur das sehen, was man weiß.

Das Fehlen einer ‚eindeutigen' bzw. konsensfähigen Interpretationsmöglichkeit der polysemen medialen Gegenstände Musikvideos bestätigte sich u.a. in verschiedenen Diskussionsgruppen, in welchen verschiedene Clips des untersuchten Samples einem breiteren (gemischtgeschlechtlichen, europäischstämmigen) Publikum gezeigt wurden. Die Verschiedenheit möglicher Lesarten zeigt sich darüber hinaus in der Forschungsliteratur. Auch hier erweisen sich die Befunde, soweit es die Interpretation eines bestimmten Clips betrifft, als äußerst heterogen. Genannt sei in diesem Zusammenhang nur die Analyse von Ronald B. Scott, der Madonnas Clip *Like a Prayer* aus einer expliziten „black perspective"[539] interpretiert. Diese Lesart befindet sich mit der Bewertung der dargestellten Szenen als positive Vermittlung eines nicht-stereotypisierten Bildes ‚schwarzer' Lebenskultur in teilweise diametralem Gegensatz zu einer Analyse desselben Videos von Ramona Curry, auf die sich Scott in wesentlichen Punkten bezieht. Insofern bestätigt sich das, was in den Cultural Studies bereits Common Sense ist, nämlich die Polysemie jeglicher medialer Artefakte.

Die Relevanz unterschiedlicher ethnisierter Selbstverortungen beim Rezeptionsvorgang wiesen Thomas K. Nakayama und Lisa N. Penaloza am Beispiel der Interpretation von Madonna-Clips durch US-amerikanische Jugendliche nach.[540] Aus den Ergebnissen ihrer Rezeptionsstudie entwickelten sie fünf Interpretationsmuster, die zwar innerhalb aller befragten Gruppen (Selbstverortung der Befragten als asiatischstämmig, afrikanischstämmig, lateinamerikanischstämmig und europäischstämmig) vielfach angewendet wurden, innerhalb der jeweiligen Gruppen jedoch

---

[536] Generell kann nur in einer fundierten Rezeptionsstudie nachgeprüft werden, wie Musikvideos letztendlich von den Mitgliedern der Zielgruppe ‚gelesen' werden.

[537] Vgl. Foucault 1981, S. 260.

[538] Luhmann 2004, S. 191.

[539] Scott in Schwichtenberg 1993.

[540] Nakayama/Penaloza in Schwichtenberg 1993.

auf „dominant reading patterns"[541] basierten. Diese dominierenden Interpretationsmuster gruppierten sich um die Dominanz einer ‚weiß' markierten Lesart:

> „our identification of a multiplicity of readings does not mean that readers engage in a
> semiotic free-for-all. Rather, the reading patterns that emerged pointed to the inclu-
> siveness of a postmodern mainstream that was dominated by the white reading pat-
> terns. The mainstream allowed for multiple readings while leaving the dominant posi-
> tion unchallenged."[542]

Zwar betonen die Autoren die Abhängigkeit jeglicher Lesarten vom individuellen
soziokulturellen Kontext des Rezipienten, in ihrer Gesamtheit verweisen sie auf der
Grundlage der empirischen Ergebnisse jedoch auf die Hegemonie eines ‚weißen'
Blicks' auf die Welt.

Entsprechend dieser Perspektive, die das ‚Andere' im medialen Kontext von
Musikvideos in subdominanten sozialen Zusammenhängen verortet, fallen jene
Szenen ins Auge, in welchen nicht-weiße Darsteller auf den ersten Blick in einer
sozial hohen Stellung exponiert werden. So zeigt *True Colors* von Cyndi Lauper
(1986) u. a. zwei Frauen europäischer und afrikanischer Abstammung. Beide sitzen
in einem auf Sand liegenden Ruderboot und trinken Tee, sie sind mit Handschuhen
und Hut jeweils elegant gekleidet. Am Schluss der Szene halten beide ihre Hand
über den Rand des Bootes in den Sand. Nach einem Schnitt sieht man aus der Perspektive der beiden Frauen über den Rand des Bootes, wo die Hände durch Wasser
gleiten. Dieser Clip zeigt die seltene Inszenierung einer ‚weißen' und einer ‚nicht-
weißen' Darstellerin, die in einer hervorgehobenen Handlungsszene auf einer gleichen, sozial hohen Statusebene gezeigt werden. Eine Referenz ließe sich in diesem
Sinne auch zu dem Titel *True Colors* ziehen.[543] Allerdings, so ließe sich einwenden,
befinden sich die beiden ‚gleichgestellten' Frauen nur aus ihrer Perspektive im
Wasser, d.h. in der ‚Normalität' (da ein Boot üblicherweise ja im Wasser liegt). Von
außen betrachtet sitzen sie ‚auf dem Trockenen'. Darüber hinaus geht der Szene mit
den beiden Frauen eine Einstellung voran, in der ein kleines Mädchen aus der Ferne
das Boot betrachtet, das jedoch leer ist. Es könnte sich also auch nur um eine Imagination handeln. Ähnlich exponiert ist die Darstellung eines afrikanischen Priesters
in dem Clip *Russians* von Sting (1986). Dieser deckt einen im Bett liegenden alten
(europäischstämmigen) Mann zu, der seine ausgestreckte Hand zum Himmel
streckt. Anschließend faltet der Priester die Hände und bleibt neben dem Bett stehen. Hier wird ein alter ‚weißer' Mann in einer Lage der Hilfebedürftigkeit und auf
das Ende zugehend gezeigt. Ein ‚schwarzer' Priester steht wachend neben seinem

---

[541] Nakayama/Penaloza, a.a.O., S. 46.

[542] Nakayama/Penaloza, a.a.O., S. 51.

[543] Im Refrain des Stückes heißt es: „But I see your true colors / Shining through / I see your true
colors / And that's why I love you / So don't be afraid to let them show / Your true colors / True
colors are beautiful / Like a rainbow."

Bett, deckt ihn fürsorglich zu und betet für ihn. Ungewöhnlich ist zum einen auch hier die Inszenierung einer afrikanischstämmigen Person in diesem statushohen Amt, zum anderen die umgedrehte Hierarchie des Bildes, in welcher der ‚Weiße' der ‚Unterlegene', der ‚Schwarze' der ‚Überlegene' ist. Referiert wird auch hier, wie in dem zuvor bereits erwähnten Video *Like a Prayer* (1989) von Madonna auf die Zuschreibung einer besonderen Spiritualität afrikanischstämmiger Menschen. Ein Großteil der Handlung dieses Madonna-Clips findet in einer Kirche statt, in der am Ende des Videos die singenden und tanzenden Mitglieder eines Gospelchors zu sehen sind. Insgesamt verlaufen in dem Video zwei parallele Handlungsstränge. Zum einen wird ein afrikanischstämmiger Mann zu Unrecht festgenommen, da er sich angeblich an einer weißen Frau vergangen hat; am Ende wird er von Madonna nach einem Gespräch mit einem Wachmann bzw. Polizisten aus dem Gefängnis geholt. Der gleiche Mann ist in einer Kirche als Heiligenfigur dargestellt, die zum Leben erwacht und Madonna, die ehrfurchts-/ sehnsuchtsvoll vor diesem Bildnis steht, zunächst wie ein Priester auf die Stirn und dann wie ein Liebhaber leidenschaftlich den Mund küsst. Hier wird zunächst auf das Klischee des sexuellaggressiven ‚Schwarzen' verwiesen, der sich (angeblich) an einer weißen, unschuldigen Frau vergeht; wobei der Zuschauer weiß, dass der Mann eigentlich unschuldig ist und der Frau, die von weißen Männern bedrängt wurde, eigentlich nur zur Hilfe kommen wollte. Gleichzeitig werden jedoch zwei Tabus gebrochen, indem dieser Mann erstens in einer parallelen Handlung als Heiliger inszeniert wird, und zweitens zum Liebhaber der weißen Interpretin und Popikone Madonna (sic!) wird – noch dazu in einer Kirche. Madonna stilisiert sich dabei trotz ihres erotischen Outfits (enges kurzes Kleid mit tiefem Dekolletee und mit Kreuz-Kette) zur Heiligen – in einer Szene werden Stigmata in ihren Handflächen gezeigt. Ein zum Heiligen stilisierter ‚Schwarzer' liebt also die als ‚heilig' geltende ‚weiße' Frau – ein doppelter Tabubruch. Gleichzeitig werden die beiden Figuren des afrikanischstämmigen Hauptdarstellers – Heiliger und von weißen Polizisten Verfolgter – nochmals gleichgesetzt, indem er in einer Szene als Heiliger hinter dem Gitter des Kirchen-Alkoven gezeigt wird und nach einem Schnitt in der gleichen Einstellung hinter den Gittern des Gefängnisses. Am Ende werden diese Inszenierungen jedoch wieder dekonstruiert als klar wird, dass es sich bei dem Geschehenen um eine Theateraufführung handelt.

Die Inszenierung einer erotischen Beziehung zwischen einem ‚schwarzen' Mann und einer ‚weißen' Frau findet sich im untersuchten Sample äußerst selten (siehe auch Kap. 6.1.2). Neben *Like a Prayer* wird zudem nur noch in einem weiteren Clip – *Es könnt ein Anfang sein* (2001) von Rosenstolz – die europäischstämmige Interpretin in einem erotisierten Zusammenhang mit einem nicht-weißen d.h. in diesen Fällen afrikanischstämmigen Mann inszeniert. In diesem Video tanzt das Paar einen innigen Tanz im romantisierten Setting einer ansonsten menschenleeren Naturkulisse (Bootssteg an einem See). Zwar wird auch hier der Stereotyp vom tanzenden, körperbetonten und erotisierten Schwarzen reproduziert. Dennoch ist die explizite Ästhetisierung einer (potentiellen) sexuellen Beziehung zwischen einem ‚schwarzen' Darsteller und einer ‚weißen' Darstellerin im Sample aller der Studie zugrundeliegenden Clips sehr außergewöhnlich.

Losing my Religion von REM (1991) greift bei der Darstellung eines ‚schwarzen Engels' auf ein ästhetisches Motiv aus der Popkultur der beginnenden 1990er Jahre zurück. Hier bezieht sich die Inszenierung des afrikanischstämmigen Darstellers nicht in erster Linie auf eine historisch herzuleitende Zuschreibung wie Spiritualität oder erotisierte (heterosexuelle) Körperlichkeit, sondern schreibt eine Darstellung aus der Werbeästhetik fort. Das Video besteht nicht aus Handlungssträngen, sondern zeigt verschiedene, wiederholte und variierte Motive im Charakter von Tableaux vivants. Unter anderem sieht man einen als Engel inszenierten afrikanischstämmigen Darsteller mit blondierten Haaren, muskulösem Körper und kleinen goldenen Flügeln. Dabei wird der Inszenierungscharakter dieser Figur durch den Kamerablick auf die auf dem Rücken festgeschnallten Flügel zusätzlich betont. Zwar ist die Figur durch die Wahl eines afrikanischstämmigen Darstellers als ‚schwarz' markiert jedoch ist sie im Binnenkontext des Videoclips weniger einem historisch herzuleitenden Vorstellungsbild über ‚das Andere' zuzuordnen, eher dem Repertoire popkultureller Bilder vom Beginn der 1990er Jahre, als z.B. blondierte afrikanischstämmige Models v.a. in der Werbung häufiger eingesetzt wurden. Auch Verweise auf die ästhetisierten Darstellungen der Homosexuellenkultur lassen sich in der Inszenierung der Engel-Figur finden.

Aufgrund der geringen Zahl von nicht-weißen *weiblichen* Darstellern in eigenen Handlungsrollen finden sich im untersuchten Sample nur wenige Videos, die entsprechende Darstellerinnen auf widersprüchliche Weise thematisieren. Ein Beispiel ist *It's no good* von Depeche Mode (1997). Hier wird die ornamentale und erotisierte körperliche Funktion von Backgroundsängerinnen bzw. -tänzerinnen gezielt überzeichnet. Zu sehen sind zwei Auftritte der (männlich besetzten) Band in einer zwielichtigen Bar und einer heruntergekommenen Hotelhalle. Eine sehr große afrikanischstämmige und eine pazifischstämmige Frau, beide körperbetont und leicht bekleidet, begleiten die Band bei ihren Auftritten. Zwar singen sie nicht, bewegen sich jedoch – betont gelangweilt und distanziert (ausgedrückt durch entsprechende Gesichtsmimik oder ‚an-den-Kopf-greifen') – in rhythmischen, tanzenden Bewegungen zur Musik. Durch ihren eher routinierten als engagierten Auftritt distanzieren sich die Backgroundtänzerinnen vom ‚coolen Gehabe' des Leadsängers (Dave Gahan) und der restlichen Band (verdeutlicht durch Gesichtsmimik, Bewegungen, flirtende Blicke zu den Tänzerinnen, demonstrativ lässiges Kaugummikauen etc.). Als sie durch einen Zwischenfall kein Geld für ihren Auftritt bekommen, lassen die Backgroundtänzerinnen die brüskierten Bandmitglieder vor dem Hotel stehen und fahren alleine im Auto weg. Hier werden die ‚nicht-weißen' Darstellerinnen zwar auch in der (für diese Identifikation gängigen) ‚ornamentalen'[544] Funktion erotisierter Weiblichkeit inszeniert, durchbrechen durch die Distanzierung von der ihnen zugewiesenen Rolle und ihren ‚Abgang' am Ende jedoch das Prinzip der verfügbaren Weiblichkeit.

In einem weiteren Clip der Band, *Only when I lose myself* (1998), wird das Thema der Geschlechterrollen – wenn auch in einem anderen Zusammenhang – in Bezug auf nicht-weiße Darsteller thematisiert. Zu sehen ist ein afrikanischstämmiger Transvestit, bekleidet mit einem engen rosa Kleid und silbernen High Heels, glitzernden Ohrclips sowie einer schwarzen, glatten Perücke. Er räkelt sich um einen Sportwagen, in dem ein europäischstämmiger junger Mann sitzt und sich dem Transvestiten mit geschlossenen Augen ‚verlangend' entgegenreckt. Hier werden mehrere Tabus gebrochen: der explizite Verweis auf gleichgeschlechtliches Begehren, die Sexualität des ‚Schwarzen', seine doppelte Existenz als Mann und Frau und die Verführung des ‚Weißen', der in einem Auto sitzt und nicht fliehen kann (er sitzt auf dem Beifahrersitz) durch einen ‚Schwarzen', der in dieser Zweierkonstellation der Dominierende ist.

Die keinenfalls erschöpfenden Anmerkungen zu einer Reihe von Clips, die sich dem hegemonialen Diskurs über das Andere nicht vorbehaltlos zuordnen lassen, verdeutlichen die Herausforderung, welche eine umfassende und gründliche Analyse von einzelnen Musikvideos stellt. Dabei ergeben sich, wie bereits der oben vorgenommene kurze Blick auf die Forschungslage zeigt, angesichts des polysemen Charakters des Gegenstandes je nach Vorgehensweise und Bezug auf unterschiedliche Referenzen verschiedene Lesarten.

---

[544] Vgl. dazu Goodwin 1992, S. 186, Bechdolf 1999, S. 10f, 100-111.

7 ZUSAMMENFASSENDE ANALYSE UND SCHLUSSFOLGERUNGEN

In der vorliegenden Arbeit wurde zunächst der für den weiteren Gang der Untersuchung zentrale empirische Nachweis erbracht, dass Musikvideos als Elemente des musikindustriellen Prozesses in erster Linie kommerzielle Produkte sind. Sie werden hergestellt, um bestimmte ökonomische Zwecke zu erfüllen – allen voran die Erzielung von Gewinn. Die Herstellung, der Vertrieb und die Ausstrahlung von Musikclips im Fernsehen sind Teil der Vermarktung eines Produktverbundes von verschiedenen Konsumartikeln, die sich um den Tonträger (heute meistens die CD) herum gruppieren: Klassische Merchandising-Produkte wie T-shirts, Bildbände, Poster etc. aber auch Handy-Klingeltöne (Ringtones), Konzerte, Interviews, Zeitschriftenartikel usw. Dabei ist die ‚Kommerzialisierung', die intensive Vermarktung von Popsongs, keineswegs etwas, das der Musik sozusagen ‚aufoktroyiert' wird; vielmehr, so wurde gezeigt, wohnt der kommerzielle Prozess der Popmusik inne – ohne die Mechanismen der kommerziellen Musikindustrie gäbe es keine Popmusik in ihrer zeitgenössischen Form.

Bei der Vermarktung eines Popsongs spielt die massenhafte Verbreitung der dazugehörigen Musikvideos mittels Musikfernsehen eine wesentliche Rolle – allen voran steht hier der weltweite Sender MTV. In diesem Zusammenhang ist die ansprechende, d.h. ‚kaufanregende' Gestaltung der visualisierten Musik von zentraler Bedeutung – da nur standardisierte, d.h. wiedererkennbare und nicht-widersprüchliche (nicht in den ‚falschen' Kategorien auftauchende) Inhalte auf *massen*hafter Basis verbreitungs- und anschlussfähig und somit potentiell konsumauslösend sind, ist die Standardisierung visueller (wie auch musikalischer) Inhalte wesentlicher Bestandteil des massenmedialen Produkts Musikvideo. An dieser Stelle kommt die Reproduktion von diskursiv verorteten Stereotypen im Sinne von bestimmten Zuschreibungen zum Tragen, die im Rahmen der in der vorliegenden Arbeit durchgeführten Untersuchung auf breiter Materialbasis empirisch nachgewiesen wurde. Stereotype und die damit verbundenen Darstellungskonventionen sind wesentliche Bestandteile von historisch und kulturell verankerten hegemonialen Diskursen, z.B. den Diskursen über Geschlecht oder Ethnizität. Medien, vor allem Massenmedien, fungieren in diesem Zusammenhang als diskurskonstituierende, -bedingende und -regulierende Systeme. D.h. durch Repräsentationen in den Massenmedien werden Stereotype gesellschaftlich etabliert und stabilisiert; auf diese Weise wird ein standardisiertes Repertoire an stereotypen Darstellungskonventionen geschaffen (beispielsweise, wie in Musikvideos häufig der Fall, leicht bekleidete und dem gängigen Schönheitsideal entsprechende junge Frauen als eye-catcher oder

der Einsatz von afrikanischstämmigen Rappern zur Vermittlung von ‚Coolness'). Aus Gründen der Reduzierung von Komplexität – nicht nur in den Köpfen der Rezipienten bzw. Konsumenten, sondern damit verbunden auch in den Medien – wird bei der Herstellung medialer Produkte auf kulturell etablierte Stereotype zurückgegriffen; dies gilt für die Produktion fiktiver Medienprodukte wie Musikvideos ebenso wie für die Zusammenstellung von nicht-fiktionalen Produkten wie Nachrichten – wenn auch natürlich auf unterschiedliche Weise. Als Bestandteile hegemonialer Diskurse haben Stereotype den Status von Veröffentlichungskriterien; sie schließen an (im Anschluss an Luhmann operative – nicht bildliche!) Schemata an, mit denen Individuen (psychische Systeme) im Prozess der Auseinandersetzung mit der Umwelt arbeiten. Schemata sind Teil der Operation der Unterscheidung zwischen (psychischem) System und Umwelt. Nur durch diese Operation ist die Autopoiesis, und das heißt zugleich die Existenz des Systems, gesichert. Insofern sind Schemata existenznotwendig – zum einen, ganz grundlegend – für die Existenz eines psychischen Systems, zum anderen, um die Auseinandersetzung mit systemfremder Umwelt überhaupt möglich zu machen. Die in dieser Auseinandersetzung zur Anwendung kommenden inhaltsbezogenen, d.h. z.B. sich visuell, textlich und/oder musikalisch ausdrückenden Zuschreibungen beziehen sich unter anderem auf die bedeutungsvollen, da die Lebenswirklichkeit bedingenden und bestimmenden, sozialen Kategorien ‚Geschlecht' und ‚Ethnizität'.

Auf Basis der Systemtheorie Luhmanns wurde herausgearbeitet, wie durch die Systemrationalitäten des ökonomisierten Subsystems (Privat-)Fernsehen hegemonialdiskursive, stereotype Zuschreibungen instrumentalisiert, d.h. in unterschiedlichen Zusammenhängen und in Bezug auf unterschiedliche Themen veröffentlicht werden. Ihre Konventionalität sichert, dies zeigen verschiedene Studien zur Rezeption, zum einen ein möglichst niedriges Irritationspotential, d.h. die ‚Abschreckung' von Konsumenten wird vermieden; zum anderen werden die von Luhmann so benannten Schemata im Kopf des Einzelnen bestätigt, sichern also Akzeptanz und ermöglichen so den Anschluss von Handlungsmöglichkeiten (Konsum). Dieser Prozess ist grundlegend für den Vorgang der Produktion und Rezeption von Musikvideos. Er bedeutet jedoch nicht, dass der mediale Output statisch wiederkehrend die immergleichen Inszenierungen hervorbringt. Wesentlich ist eine ordnende, verständliche Grundlage, die sich im vorliegenden Fall in der Existenz heteronormativer Geschlechter- und Ethnizitätskategorien findet. Auf Basis dieser Grundordnung bleiben Varianzen und Überraschendes in der visuellen Darstellung möglich

An dieser Stelle wurden der im Anschluss an Foucault entwickelte Diskursbegriff und die Systemtheorie (im Sinne Luhmanns) als methodische Analysekonzepte miteinander verknüpft: Systemübergreifend zirkulieren demnach im Gesamtsystem Gesellschaft Diskurse über Geschlecht und Ethnizität, die eine mehr oder weniger prägende Wirkung für sämtliche Subsysteme einer Gesellschaft besitzen. Dieser umfassende Einfluss begründet sich mit der Relevanz, welche die Kategorien ‚Geschlecht' und ‚Ethnizität' für nahezu alle Bereiche des menschlichen Lebens besitzen. Das System der Massenmedien greift Teile dieser Diskurse auf, verarbeitet sie publizistisch und veröffentlicht sie. Das in Diskursen transportierte hegemoniale Wissen und die sich daraus speisenden Zuschreibungen in Bezug auf geschlechtliche und ethnische Kategorien gewinnen in diesem Prozess den Status von Veröffentlichungskriterien. Sie gewährleisten eben aufgrund ihrer (hegemonialen) Diskursivität Anschlussfähigkeit in allen Systemen – sie werden gewissermaßen ‚wiedererkannt'. Aus diesem Grund bedienen sich diejenigen, die Anschlussfähigkeit im massenmedialen System (mit dem Ziel der Veröffentlichung) erreichen wollen, einschließlich der Medienschaffenden selbst, dieser Veröffentlichungskriterien.

Wie die im Rahmen der vorliegenden Arbeit durchgeführte Studie zur Darstellung von markierter Ethnizität und Geschlecht in Musikvideos gezeigt hat, spielt der Rückgriff auf im hegemonialen Diskurs verortete Zuschreibungen bei der visuellen Inszenierung von Musikvideos eine zentrale Rolle. Diese Zuschreibungen sind in der konkreten medialen Darstellung variabel, basieren jedoch auf der grundlegenden Ordnung eines bipolaren Ethnizitäts- und Geschlechtersystems. Aufgegriffen werden historisch tradierte und im zeitgenössischen Kontext etablierte und transformierte Diskurselemente, welche dem codierten ‚Nicht-Männlich-Sein' und ‚Nicht-Weiß-Sein' bestimmte Merkmale, Eigenschaften und Rollenmuster zuweisen bzw. -schreiben. ‚Nicht-Weiße', und dabei handelt es sich im vorliegenden Kontext v.a. um afrikanischstämmige Menschen, so lassen sich die Ergebnisse der Untersuchung zusammenfassen, repräsentieren vor dem Hintergrund des hegemonialen Diskurses im fiktionalen massenmedialen Kontext von Musikvideos das entindividualisierte ‚Andere', vom ‚Eigenen' (,weiß' codierten) Unterschiedene. Die jeweiligen Inszenierungen von als ‚nicht-weiß' codierten Darstellern gründen auf einer ethnischen Verweisfunktion, die sich aus dem Wissen des übergeordneten Diskurses speist. Auf diese Weise ist die Existenz als ethnisiertes ‚Anderes' unabhängig von den jeweils variierenden Inszenierungen der konkreten Darstellung Kern jeglicher Repräsentation von ‚nicht-weißen' Darstellern – sei sie nun eher traditionellen (kolonialhistorisch herzuleitenden) Zuschreibungen oder dem zeitgenössischen Diskurs der Popkultur verpflichtet. Phänotypische Differenz wird inszeniert, um im Rahmen der Visualisierung ‚weißer' Popmusik bestimmte Funktionen im Hinblick auf ethnisierte Zuschreibungen zu erfüllen – meist in Bezug auf Eigenschaften wie Körperlichkeit und/oder Musikalität sowie den allgemeinen Verweis auf ‚Exotik'. ‚Andersheit' wird in und durch diese Inszenierungen relevant gemacht – sowohl in jenen Repräsentationen, die den hegemonialen Diskurs über das ‚Andere' affirmativ bestätigen, als auch in jenen (wenigen), die ihn subversiv unterlaufen. Die der ethnisierten Differenz zugrunde liegenden Kategorien werden im fiktionalen massenmedialen Kontext von Musikvideos mit dem Verweis auf bestimmte diskursive Zuschreibungen reproduziert. ‚Nicht-Weiße' befinden sich im massenmedialen Diskurs des Musikfernsehens auf diese Weise in einem imaginären ‚Ghetto', bestehend aus historisch etablierten und zeitgenössisch transformierten Stereotypen, Zuschreibungen und Darstellungskonventionen. Ähnliches gilt auch für die Inszenierung von als ‚weiblich' codierten Darstellern, wobei im Falle des Zusammenhangs von ‚Nicht-männlich-Sein' und ‚Nicht-weiß-Sein' immer die häufig realisierte Möglichkeit einer doppelten ‚Ghettoisierung' besteht. Afrikanischstämmige Frauen, um die es sich bei der Darstellung ‚nicht-weißer Weiblichkeit' im Zusammenhang mit Musikvideos im Wesentlichen handelt, sind als ‚Frauen' und als ‚Schwarze' weiterhin häufig auf das eingeschränkte Rollenspektrum erotisierter und exotisierter Körperlichkeit begrenzt. Obwohl auch in anderen Mediengattungen gängige Praxis, bewirken gerade die besonderen Kommunikationsbedingungen von Musikvideos (kurze, prägnante Visualisierungen) eine deutliche ‚Markierung des Anderen'. Die dabei häufig zur Anwendung kommende Strategie der Stereotypisierung reproduziert und manifestiert eine sozial hierarchisierte, vergeschlechtlichte und ethnisierte Machtordnung. Die *Bedeutung* der Repräsentation von markierter Ethniztät und Geschlecht im massenmedialen Diskurs liegt in der Reproduktion von Kategorien der Differenz, die grundlegend ist für die Bewahrung hierarchisierter (global-) gesellschaftlicher Machtbeziehungen. Ethnizität und Geschlecht fungieren als „system[s] of organizing difference"[545]; in dem damit verbundenen Prozess wird der Status von ‚Nicht-Männlichem' und ‚Nicht-Weißem' als ‚Anderem' festgeschrieben. Die Reproduktion dieser Differenz und die damit einhergehende Stereotypisierung manifestiert das Ergebnis einer historischen Entwicklung, nämlich die Festschreibung der Kategorien ‚männlich/nicht-männlich' und ‚weiß/nicht-weiß' und das damit implizierte Machtgefälle – die Hegemonie des männlich-weiß(-heterosexuell) Codierten.

Massenmediale Inszenierungen von ‚Nicht-Weiß-Sein' und ‚Nicht-Männlich-Sein' (re-) produzieren das, was den übergeordneten, gesamtgesellschaftlichen Diskurs über ‚das Andere' ausmacht. Innerhalb der dargestellten Prozesse wirkt MTV als zentrales Medium für die Ausstrahlung von Musikvideos als globaler, massenmedialer Gatekeeper. Die zuständigen Redakteure entscheiden, welche Videos auf die Playlist kommen; und was gesendet wird, wirkt häufig trendsetzend. Wie gezeigt wurde, ist MTV als Global Player heute mehr als ein reiner Clipsender. Vielmehr bietet der Musikkanal ein differenziertes Programm mit unterschiedlichen Formaten, und auch außerhalb des rein medialen Kontextes ist MTV mit zahlreichen Events in Sachen trendsetzender Jugendkultur aktiv. Wer heute im Popzirkus vom Sternchen zum Star werden will, kommt an MTV nicht mehr vorbei und muss sich dem anpassen, was als Auswahlkriterien für die Ausstrahlung von Clips vermu-

---

[545] Seshadri-Crooks 2000, S. 4.

tet wird. In einem Artikel mit dem Titel *It's an MTV World* schreibt Mark Levinson „No one espouses the ideal of a united continent more fervently than MTV Europe. It's a single program shown in 37 countries. The network must find common denominators."[546] Solche 'gemeinsamen Nenner' sind auch stereotype, d.h. dem hegemonialen diskursiven Wissen über das 'Andere' entstammende Darstellungsweisen von Geschlecht und Ethnizität.

---

[546] Levinson in duGay 1997b, S. 57.

8 AUSBLICK

Ziel der Arbeit war es, die Mechanismen und Funktionsweisen der medialen Repräsentationen des ‚Anderen' anhand des Gegenstandes Musikvideo aufzuzeigen. Angesichts der Dominanz stereotypisierter und hierarchisierender massenmedialer Darstellungen – nicht nur im Kontext des Musikfernsehens – bleibt am Ende die Frage offen, welche Möglichkeiten sich im Hinblick auf die Veränderung eindimensionaler Machtverhältnisse bieten.

Ein ‚Gegendiskurs', der auch alternative Inszenierungspraktiken in den Mittelpunkt medialer Darstellungen setzt, müsste auf zwei Ebenen ansetzen: der Anwendungsebene der medialen Produktion wie auch Rezeption und der theoretischen Ebene innerhalb des institutionalisierten Wissenschaftsdiskurses. Am Anfang steht bzw. stände auf beiden Ebenen eine kritische Reflexion ethnisierender und vergeschlechtlichender Zuschreibungen und Kategorisierungen im medialen (und alltagsbezogenen) Kontext. Eine solche Reflexion wurde im westlichen wissenschaftlichen Kontext durch die Entwicklung der Postcolonial Studies und der Whiteness Studies wie auch der neueren Geschlechterforschung bereits begonnen.[547]

Was das massenmediale System selbst betrifft, also den konkreten massenmedialen Kontext, so müsste auf der Grundlage einer substantiellen Reflexion ein Überdenken jener automatisierten Handlungen stattfinden, welche allzu häufig hegemoniales Wissen durch Visualisierung reproduzieren. Da die Änderung systemischer Rationalitäten innerhalb der existierenden Gesellschaft auf breiter Ebene nicht möglich ist, muss ein Gegendiskurs auf der Akteursebene ansetzen. Die Konsequenzen aus solchen Reflexionen – veränderte Darstellungspraktiken – hätten sich am Markt zu bewähren; denn wie gezeigt wurde, sind die ökonomischen Rationalitäten des Marktes das leitende Paradigma jeglicher Produktion von Konsumgegenständen – auch im massenmedialen Bereich. Infolgedessen wird auch nur das, was sich auf breiter Basis am Markt bewährt, gehört bzw. gesehen. Insofern ist es nicht die ‚Warenform', die an Popmusik bzw. Musikvideos zu kritisieren ist, sondern die *inhaltliche Gestaltung* dieser Ware. Die maßgebliche *Chance* eines Gegendiskurses der Repräsentation von Ethnizität und Geschlecht liegt darin, dass eine Ordnung, welche die Welt auf der Grundlage kontingenter Kategorien klassifiziert, zugleich auch

---

[547] Siehe für einen aktuellen Stand des noch relativ jungen Wissenschaftsdiskurses der Postcolonial- und Whiteness Studies Wollrad 2005. Wollrad verweist in ihrem Band mehrfach auf die Notwendigkeit des Austausches ‚schwarzer' und ‚weißer' Perspektiven – sowohl im forschungsorientierten Wissenschaftskontext als auch im anwendungsorientierten Feld praktischer antirassistischer Arbeit (u.a. S. 51, 128, 174ff, in Bezug auf die Gender-Kategorie S. 10ff).

das Potential zur Veränderung dieser Ordnung beinhaltet. Auf den in diesem Zusammenhang zentralen strukturellen Schema-Begriff bezogen bedeutet dies:

> „Das Schema ermöglicht Ergänzungen und Ausfüllungen, es lässt sich nicht ‚schematisch' anwenden. Gerade an Hand des Schemas überrascht die Abweichung; sie fällt auf und prägt sich dadurch dem Gedächtnis ein. Schemata sind Instrumente des Vergessens – und des Lernens, sind Beschränkungen der Flexibilität, die Flexibilität innerhalb vorstrukturierender Schranken überhaupt erst ermöglichen. (…) Vom Individuum her gesehen haben Schemata den Vorzug, daß sie das Gedächtnis strukturieren, aber das Handeln nicht festlegen. Sie befreien zugleich von allzu konkreten Belastungen und bieten eine Folie, an der man auch Abweichungen, Gelegenheiten zum Handeln und Beschränkungen erkennen kann."[548]

Die Verwirklichung medialer Alternativen der Inszenierung von Ethnizität und Geschlecht beginnt in diesem Sinne bei der fundierten Auseinandersetzung mit dem, was zu einem gegebenen Zeitpunkt faktisch existent ist. Die vorliegende Arbeit versteht sich insofern als ein Beitrag zur notwendigen empirisch-systematischen Aufarbeitung gegenwärtiger medialer Diskurse, deren Kenntnisnahme als Ausgangspunkt für jegliche Suche nach Alternativen grundlegend ist.

Da hierarchisierende und stereotypisierende Diskurse über Ethnizität und Geschlecht sich maßgeblich im visuellen Kontext äußern, gilt es, eine visuelle Kultur zu entwickeln, die eben diese hierarchisierenden Repräsentationen *nicht* (automatisch) affirmativ reproduziert. Insofern ist – wieder auf die konkrete Ebene der massenmedialen Hervorbringungen bezogen – der Aussage von Christoph Gurk zuzustimmen

> „Auch im Zeitalter der Information wird die Option auf Differenz vor allem als Ware gehandelt. Gerade deshalb kommt es darauf an, die kulturelle Leistung von Pop gegen seine ökonomischen Funktionen starkzumachen."[549]

Nur infolge einer alternativen Repräsentationspraxis ist es möglich, die Rezeptionsgewohnheiten des ‚wissenden Blicks' langfristig aus ihrer Beharrlichkeit zu lösen. Und nur durch eine so ausgelöste Infragestellung gängiger Inszenierungspraktiken auf Seiten von Produzenten und Rezipienten lassen sich übergeordnete gesellschaftliche Verhältnisse im Hinblick auf nötige Veränderungen reflektieren.

---

[548] Luhmann 2004, S. 193, 198.
[549] Gurk in Holert/Terkessidis 1997, S. 20.

LITERATUR

Adolph, Jörg: Lost and found in Music-Television. In: Bleicher, Joan Kristin (Hg.): Programmprofile kommerzieller Anbieter. Analysen zur Entwicklung von Fernsehsendern seit 1984. Opladen 1997, S. 165-195.

Allan, S.: News Culture. Buckingham 1999.

Altrogge, Michael: Tönende Bilder. Interdisziplinäre Studie zu Musik und Bildern in Videoclips und ihrer Bedeutung für Jugendliche. Bd. 1: Das Feld und die Theorie. Berlin 2001a.

Altrogge, Michael: Tönende Bilder. Interdisziplinäre Studie zu Musik und Bildern in Videoclips und ihrer Bedeutung für Jugendliche. Bd. 2: Das Material: Die Musikvideos. Berlin 2001b.

Altrogge, Michael: Tönende Bilder. Interdisziplinäre Studie zu Musik und Bildern in Videoclips und ihrer Bedeutung für Jugendliche. Bd. 3: Die Rezeption: Strukturen und Wahrnehmung. Berlin 2001c.

Altrogge, Michael: Alphabet Street. Prince oder die Kunst der Re-de-Konstruktion. In: Neumann-Braun, Klaus (Hg.): VIVA MTV! Popmusik im Fernsehen. Frankfurt a.M. 1999, S. 230-255.

Altrogge, Michael/Amann, Rolf: Videoclips – die geheimen Verführer der Jugend? Ein Gutachten zur Struktur, Nutzung und Bewertung von Heavy Metal Videoclips. Berlin 1991.

Angerer, Marie-Luise/Dorer, Johanna (Hg.): Gender und Medien. Theoretische Ansätze, empirische Befunde und Praxis der Massenkommunikation. Ein Textbuch zur Einführung. Wien 1994.

Angerer, Marie-Luise/Dorer, Johanna: Einleitung. In: dies. (Hg.): Gender und Medien. Theoretische Ansätze, empirische Befunde und Praxis der Massenkommunikation. Ein Textbuch zur Einführung. Wien 1994a, S. 1-4.

Angerer, Marie-Luise/Dorer, Johanna: Auf dem Weg zu einer feministischen Kommunikations- und Medientheorie. In: dies. (Hg.): Gender und Medien. Theoretische Ansätze, empirische Befunde und Praxis der Massenkommunikation. Ein Textbuch zur Einführung. Wien 1994b, S. 8-23.

Arndt, Susan: Kolonialistische Mythen und Weiß-Sein. Rassismus in der deutschen Afrikaterminologie. In: The Black Book. Deutschlands Häutungen. Hg. vom AntiDiskriminierungsBüro (ADB) Köln und cyberNomads (cbN). Frankfurt a.M./London 2004, S. 91-115.

Aufderheide, Pat: Music Videos: The Look of the Sound. In: Journal of Communication, Vol. 36, No. 1, Winter 1986, S. 57-78.

Baecker, Dirk: Vorwort. In: Luhmann, Niklas. Soziale Systeme. Grundriß einer allgemeinen Theorie. Hg. von Dirk Baecker. Frankfurt a.M. 2002, S. 7-10.

Banks, Jack: Video in the Machine: the incorporation of music video into the recording industry. In: Popular Music (1998), Vol. 16/3, S. 193-309.

Banks, Jack: Monopoly Television. MTV's Quest to Control the Music. Boulder, Colorado/Oxford 1996a.

Banks, Jack: Music Video Cartel: A Survey of Anti-Competitive Practices by MTV and Major Record Companies. In: Popular Music and Society. Vol. 20.2/Summer 1996b, S. 173-196.

Barrett, Michèle: The Politics of Truth. From Marx to Foucault. Stanford, California 1991.

Barth, Michael/Neumann-Braun, Klaus: Mythos Straße oder die erfolgreiche "Verkehrspolitik" von PRINCE alias TAFKAP. In: Neumann-Braun, Klaus (Hg.): VIVA MTV! Popmusik im Fernsehen. Frankfurt a.m. 1999, S. 256-261.

Barth, Michael/Neumann-Braun, Klaus: Augenmusik. Musikprogramme im deutschen Fernsehen – am Beispiel von MTV. In: Fernseh- und Radiowelt für Kinder und Jugendliche. Hg. von der Landesanstalt für Kommunikation Baden-Württemberg (Karin Stipp-Hagmann). Villingen-Schwenningen 1996, S. 249-265.

Bauer, Martin W./Aarts, Bas: Corpus Construction: a Principle for Qualitative Data Collection. In: Bauer, Martin W./Gaskell, George: Qualitative Researching with Text, Image and Sound. A Practical Handbook. London/Thousand Oaks/New Delhi 2000, S. 19-37.

Bauer, Martin W./Gaskell, George/Allum, Nicholas C.: Quality, Quantity and Knowledge Interests. Avoiding Confusions. In: Bauer, Martin W./Gaskell, George: Qualitative Researching with Text, Image and Sound. A Practical Handbook. London/Thousand Oaks/New Delhi 2000, S. 3-17.

Bechdolf, Ute: Puzzling Gender. Re- und De-Konstruktion von Geschlechterverhältnissen im und beim Musikfernsehen. Weinheim 1999.

Bechdolf, Ute: Männlich versus weiblich? De- und Rekonstruktionen der Geschlechterdifferenz in Musikvideos. In: Beinzger, Dagmar/Eder, Sabine/Luca, Renate/Röllecke, Renate (Hg.): Im Wyberspace – Mädchen und Frauen in der Medienlandschaft. Dokumentation, Wissenschaft, Essay, Praxismodelle. Bielefeld 1998, S. 125-136.

Bechdolf, Ute: De- und Rekonstruktionen von Geschlecht beim Musikfernsehen. Eine Fallstudie. In: ASPM (Arbeitskreis Studium Populärer Musik e.V.): Beiträge zur Popularmusikforschung 19/20: Step Across the Border. Neue musikalische Trends – neue massenmediale Kontexte. Hg. von Helmut Rösing. Karben 1997, S. 184-199.

Bechdolf, Ute: Verhandlungssache ‚Geschlecht': Eine Fallstudie zur kulturellen Herstellung von Differenz bei der Rezeption von Musikvideos. In: Hepp, Andreas/Winter, Rainer (Hg.): Kultur – Medien – Macht: Cultural Studies und Medienanalyse. Opladen 1997, S. 201-214.

Bechdolf, Ute: Music Video HIStories. Geschichte – Diskurs – Geschlecht. In: Hackl, Christiane/Prommer, Elisabeth/Scherer, Brigitte (Hg.): Models und Machos? Frauen und Männerbilder in den Medien. München 1996, S. 277-299.

Bechdolf, Ute: Musikvideos im Alltag: Geschlechtsspezifische Rezeptionsweisen. In: Angerer, Marie-Luise/Dorer, Johanna (Hg.): Gender und Medien: theoretische Ansätze, empirische Befunde und Praxis der Massenkommunikation. Ein Textbuch zur Einführung. Wien 1994, S. 186-193.

Behne, Klaus-Ernst/Müller, Renate: Rezeption von Videoclips – Musikrezeption. Eine vergleichende Pilotstudie zur musikalischen Sozialisation. In: Rundfunk und Fernsehen, 44. Jahrgang 1996/3, S. 365-380.

Behne, Klaus-Ernst: Zur Rezeptionspsychologie kommerzieller Video-Clips. In: ders. (Hg.): Film – Musik – Video oder Die Konkurrenz von Auge und Ohr. Regensburg 1987, S. 113-126.

Beier, Lars-Olav/Wellershoff, Marianne: Die Entfesselung der Kamera. In: Der Spiegel Nr. 1/2004, S. 134-136.

Bekmeier, Sigrid: Emotionale Bildkommunikation mittels nonverbaler Kommunikation. Eine interdisziplinäre Betrachtung der Wirkung nonverbaler Bildreize. In: Konsumentenverhalten. Hg. von der Forschungsgruppe Konsum und Verhalten. München 1994, S. 89-105.

Bennett, H. Stith/Ferrell, Jeff: Music Videos and epistemic Socialization. In: Youth & Society, Vol. 18, No. 4, June 1987, S. 344-362.

Bentert, Anne: Die Suche nach dem Paradies. Heimat der „Edlen Wilden". In: Lorbeer, Marie/Wild, Beate (Hg.): Menschenfresser, Negerküsse. Das Bild vom Fremden im deutschen Alltag. Berlin 1991, S. 26-34.

Bernold, Monika: "Let's talk about Clips". Feministische Analysen von MTV. Ein Blick auf die anglo-amerikanische Diskussion. In: Medien Journal, 16. Jahrgang, Nr. 3/1992, S. 133-139.

Berry, Venise T./Shelton, Vanessa: Watching Music: Interpretations of Visual Music Performance. In: Journal of Communication Inquiry 23:2 (April 1999), S. 132-151.

Bethge, Philip: Die Musik-Formel. In: Der Spiegel Nr. 31 vom 28.07.03, S. 130-140.

Bitterli, Urs: Der „Edle Wilde". In: Theye, Thomas (Hg.): Wir und die Wilden. Einblicke in eine kannibalische Beziehung. Reinbek bei Hamburg 1985, S. 270-287.

Bloedner, Dominik: Differenz, die einen Unterschied macht. Geschichtlicher Pfad und Abweg der Cultural Studies. In: Engelmann, Jan (Hg.): Die kleinen Unterschiede. Der Cultural Studies-Reader. Frankfurt a.M./New York 1999, S. 64-79.

Bloss, Monika: Musik(fern)sehen und Geschlecht hören? Zu möglichen (und unmöglichen) Verhältnissen von Musik und Geschlecht. Oder: Geschlechterkonstruktionen im Videoclip. In: Wicke, Peter (Hg.): Rock- und Popmusik (Handbuch der Musik im 20. Jahrhundert, Bd. 8). Laaber 2001, S. 187-225.

Bloß, Monika: Musikwissenschaft. In: von Braun, Christina/Stephan, Inge (Hg.): Gender Studien. Eine Einführung. Stuttgart/Weimar 2000, S. 313-327.

Bloß, Monika: „Weibliche Schlüsse" als Anfang feministischer Musik-Kritik? – Anmerkungen zu einem Konzept. In: Zwischentöne 13: Musikgeschichte als Kulturgeschichte. Bericht vom VII. Studentischen Symposium für Musikwissenschaft Freiburg i. Br. 1992. Freiburg 1993, S. 41-44, abgerufen unter http://www2.hu-berlin.de/fpm/list.htm am 13.07.03.

Blümner, Heike: Street Credibility. HipHop und Rap. In: Kemper, Peter/Langhoff, Thomas/Sonnenschein, Ulrich (Hg.): "Alles so schön bunt hier." Die Geschichte der Popkultur von den Fünfzigern bis heute. Leipzig 2002, S. 292-306.

Bode, Katja Nele: Das Madonna-Ding. In: Focus Nr. 17/2003, S. 158-160.

Bódy, Veruschka/Weibel, Peter: Clip, Klapp, Bum. Von der visuellen Musik zum Musikvideo. Köln 1987.

Böhm, Andreas: Theoretisches Codieren: Textanalyse in der Grounded Theory. In: Flick, Uwe/v. Kardorff, Ernst/Steinke, Ines (Hg.): Qualitative Forschung. Ein Handbuch. Reinbek bei Hamburg 2000, S. 475-485.

Bogle, Donald: Black Beginnings: From „Uncle Tom's Cabin" to „The Birth of a Nation". In: Smith, Valerie (Hg.): Representing Blackness. Issues in Film and Video. London 1997, S. 13-24.

Bonfadelli, Heinz: Medieninhaltsforschung. Grundlagen, Methoden, Anwendungen. Konstanz 2002.

Bostnar, Nils: Männlichkeit und Werbung. Inszenierung, Typologie, Bedeutung. Kiel 2002.

Bradby, Barbara/Laing, Dave: Introduction to ‚Gender and Sexuality' special issue. In: Popular Music (2001), Vol 20/3, S. 295-300.

Bräunlein, Peter J.: Magier, Märtyrer, Markenzeichen. Tucherbräu und Mohren-Apotheken. In: Lorbeer, Marie/Wild, Beate (Hg.): Menschenfresser, Negerküsse. Das Bild vom Fremden im deutschen Alltag. Berlin 1991, S. 104-115.

Brent Zook, Kristal: Reconstructions of Nationalist Thought in Black Music and Culture. In: Dines, Gail/Humez, Jean M. (Hg.): Gender, Race and Class in Media. A Text-Reader. Thousand Oaks/London/New Delhi 1995, S. 518-523.

Bromley, Roger: Cultural Studies gestern und heute. In: ders./Göttlich, Udo/Winter, Carsten (Hg.): Cultural Studies. Grundlagentexte zur Einführung. Lüneburg 1999, S. 9-24.

Brosius, Hans-Bernd/Koschel, Friederike: Methoden der empirischen Kommunikationsforschung. Eine Einführung. Wiesbaden 2001.

Brosius, Hans-Bernd/Staab, Joachim Friedrich: Emanzipation in der Werbung? Die Darstellung von Frauen und Männern in der Anzeigenwerbung des „Stern" von 1969-1988. In: Publizistik, 35. Jg. 1990, Heft 3, Juli-Sept. 1990, S. 292-303.

Brown, Jane D./Campbell, Kenneth: Race and Gender in Music Videos: The Same Beat but a Different Drummer. In: Journal of Communication. Winter 1986, Vol. 36, No.1, S. 94-105.

Brown, Jane D./Schulze, Laurie: The Effects of Race, Gender, and Fandom on Audience Interpretations of Madonna's Music Videos. In: Journal of Communication Nr. 40 (2), Spring 1990, S. 88-102.

Bublitz, Hannelore: Differenz und Integration. Zur diskursanalytischen Rekonstruktion der Regelstrukturen sozialer Wirklichkeit. In: Keller, Reiner/Hirseland, Andreas/Schneider, Werner/Viehöver, Willy (Hg.): Handbuch Sozialwissenschaftliche Diskursanalyse. Bd. 1: Theorien und Methoden. Opladen 2001, S. 225-260.

Bublitz, Hannelore: Diskursanalyse als Gesellschafts-‚Theorie'. „Diagnostik" historischer Praktiken am Beispiel der ‚Kulturkrisen'-Semantik und der Geschlechterordnung um die Jahrhundertwende. In: dies./Bührmann, Andrea D./Hanke, Christine/Seier, Andrea (Hg.): Das Wuchern der Diskurse. Perspektiven der Diskursanalyse Foucaults. Frankfurt a.M./New York 1999, S. 22-48.

Bublitz, Hannelore/Bührmann, Andrea D./Hanke, Christine/Seier, Andrea: Diskursanalyse – (k)eine Methode? Eine Einleitung. In: dies. (Hg.): Das Wuchern der Diskurse. Perspektiven der Diskursanalyse Foucaults. Frankfurt a.M./New York 1999, S. 10-21.

Bundesverband der Phonographischen Wirtschaft e.V./Deutsche Landesgruppe IFPI e.V. u.a. (Hg.): Jahrbuch 2004 der Phonographischen Wirtschaft. München 2004.

Burger, Jörg: In der Gemeinde des Erlösers. In: Die Zeit vom 5. Juni 2003, S. 48f.

Burkart, Roland: Kommunikationswissenschaft. Grundlagen und Problemfelder. Umrisse einer interdisziplinären Sozialwissenschaft. 3., überarb. u. aktualisierte Aufl. Wien/Köln/Weimar 1998.

Butler, Judith: Zwischen den Geschlechtern. Eine Kritik der Gendernormen. In: Politik und Zeitgeschichte. Beilage zur Wochenzeitung Das Parlament. 19. August 2002, S. 6-8.

Carl, Florian: Was bedeutet uns Afrika? Zur Darstellung afrikanischer Musik im deutschsprachigen Diskurs des 19. und frühen 20. Jahrhunderts. Münster 2004.

Castro Varela, María do Mar/Dhawan, Nikita: Rassismus im Prozess der Dekolonialisierung. Postkoloniale Theorie als kritische Intervention. In: The Black Book. Deutschlands Häutungen. Hg. vom AntiDiskriminierungsBüro (ADB) Köln und cyberNomads (cbN). Frankfurt a.M./London 2004, S. 64-81.

Cavallaro, Dani: Critical and Cultural Theory. Thematic Variations. London/New Jersey 2001.

Coates, Norma: (R)Evolution Now? Rock and the political potential of gender. In: Whiteley, Sheila (Hg.): Sexing the Groove. Popular music and gender. London/New York 1997, S. 50-64.

Curry, Ramona: Madonna von Marilyn zu Marlene: Pastiche oder Parodie? In: Neumann-Braun, Klaus (Hg.): VIVA MTV! Popmusik im Fernsehen. Frankfurt a.M. 1999, S. 175-204.

Daley, Mike: „Why Do Whites Sing Black?": The Blues, Whiteness, and Early Histories of Rock. In: Popular Music and Society, Vol. 26, No. 2/2003, S. 161-167.

de Lauretis, Teresa: Technologies of Gender. Essays on Theory, Film and Fiction. Bloomington/Indianapolis 1987.

Darschin, Wolfgang/Gerhard, Heinz: Tendenzen im Zuschauerverhalten. Fernsehgewohnheiten und Fernsehreichweiten 2003. In: Media Perspektiven, Nr. 4/2004, S. 142-150.

Darschin, Wolfgang/Gerhard, Heinz: Tendenzen im Zuschauerverhalten. Fernsehgewohnheiten und Fernsehreichweiten 2002. In: Media Perspektiven, Nr. 4/2003, S. 158-166.

Davis, Wolfgang: „Der Neger denkt ja nicht". Fremde im deutschen Fernsehen. In: Lorbeeer, Marie/Wild, Beate (Hg.): Menschenfresser, Negerküsse – Das Bild vom Fremden im deutschen Alltag. Berlin 1991, S. 96-103.

Denzin, Norman K.: Reading Film – Filme und Videos als sozialwissenschaftliches Erfahrungsmaterial. In: Flick, Uwe/v. Kardorff, Ernst/Steinke, Ines (Hg.): Qualitative Forschung. Ein Handbuch. Reinbek bei Hamburg 2000, S. 416-428.

Deuber-Mankowsky, Astrid: Geschlecht als philosophische Kategorie. In: Die Philosophin. Forum für feministische Theorie und Philosophie, 12. Jg., Heft 23/April 2001, S. 11-29.

Diaz-Bone, Rainer: Probleme und Strategien der Operationalisierung des Diskursmodells im Anschluss an Michel Foucault. In: Bublitz, Hannelore/Bührmann, Andrea D./Hanke, Christine/Seier, Andrea (Hg.): Das Wuchern der Diskurse. Perspektiven der Diskursanalyse Foucaults. Frankfurt a.M./New York 1999, S. 119-135.

Dibben, Nicola: Representations of femininity in popular music. In: Popular Music (1999), Vol. 18/3, S. 331-355.

Die Formierung eines Diaspora-Intellektuellen. Interview mit Stuart Hall. In: Stuart Hall. Cultural Studies. Ein politisches Theorieprojekt. Ausgewählte Schriften 3. Hg. von Nora Räthzel. Hamburg 2000, S. 8-33.

„Diese Kurzsichtigkeit" – Ein epd-Interview mit dem Afrika-Korrespondenten Hans-Josef Dreckmann. In: epd medien Nr. 82 vom 21. Oktober 1998, S. 3-6.

Diederichsen, Diedrich: MTV und andere. Neue Gattung, neues Medium oder neues Produkt? In: Matejovski, Dirk/Kittler, Friedrich (Hg.): Literatur im Informationszeitalter. Frankfurt a.M./New York 1996, S. 219-236.

Dietze, Gabriele: Race Class Gender. Differenzen und Interdependenzen am Amerikanischen Beispiel. In: Die Philosophin. Forum für feministische Theorie und Philosophie. 12. Jg., Heft 23/April 2001, S. 30-49.

Doderer, Achim/Neumann-Braun, Klaus: Traumpfade und Fable(s) – die Techno-Trance des Robert Miles. Eine musikwissenschaftliche Clipanalyse. In: Neumann-Braun, Klaus (Hg.): VIVA MTV! Popmusik im Fernsehen. Frankfurt a.M. 1999, S. 279-293.

Dorer, Johanna/Geiger, Brigitte (Hg.): Feministische Kommunikations- und Medienwissenschaft. Ansätze, Befunde und Perspektiven der aktuellen Entwicklung. Wiesbaden 2002.

Dyer, Richard: The Matter of Images. Essays on Representation. 2. Aufl. London/New York 2002.

Eckes, Thomas: Geschlechterstereotype: Von Rollen, Identitäten und Vorurteilen. In: Becker, Ruth/Kortendiek, Beate (Hg.): Handbuch Frauen- und Geschlechterforschung. Theorie, Methoden, Empirie. Wiesbaden 2004, S. 165-176.

Ellmeier, Andrea: Special British Mix. Feminismus und Cultural Studies. In: Medien Journal, 16. Jahrgang Nr. 3/1992, S. 141-146.

Engelmann, Jan: Think different. Eine unmögliche Einleitung. In: ders. (Hg.): Die kleinen Unterschiede. Der Cultural Studies-Reader. Frankfurt a.M./New York 1999, S. 7-31.

Fahlenbrach, Kathrin: Feeling Sounds. Emotional aspects of music videos. Paper zur IGEL-Konferenz Pécs 2002, abgerufen unter http://www.arts.ualberta.ca/igel/IGEL2002/Fahlenbrach.pdf am 25.10.03.

Feierabend, Sabine/Klingler, Walter: Medienverhalten Jugendlicher in Deutschland. Fünf Jahre JIM-Studie Jugend, Information, (Multi-)Media. In: Media Perspektiven, Nr. 10/2003, S. 450-462.

Fischer, Jonathan: Chic im Oriental Club. In: Die Zeit vom 5. Juni 2003, S. 44.

Fischermann, Thomas: Robbie, mit Haut und Haaren. In: Die Zeit vom 17. Juli 2003.

Flick, Uwe: Design und Prozess qualitativer Forschung. In: ders./v. Kardorff, Ernst/Steinke, Ines (Hg.): Qualitative Forschung. Ein Handbuch. Reinbek bei Hamburg 2000a, S. 252-265.

Flick, Uwe: Konstruktivismus. In: ders./v. Kardorff, Ernst/Steinke, Ines (Hg.): Qualitative Forschung. Ein Handbuch. Reinbek bei Hamburg 2000b, S. 150-164.

Flick, Uwe/v. Kardorff, Ernst/Steinke, Ines: Was ist qualitative Forschung? Einleitung und Überblick. In: dies. (Hg.): Qualitative Forschung. Ein Handbuch. Reinbek bei Hamburg 2000, S. 13-29.

Forman, Murray: ‚Represent': race, space and place in rap music. In: Popular Music (2000), Vol. 19.1, S. 65-90.

Foucault, Michel: Die Ordnung des Diskurses. 9. Aufl. Frankfurt a.M. 2003.

Foucault, Michel: Die Maschen der Macht. In: ders.: Botschaften der Macht. Der Foucault-Reader Diskurs und Medien. Hg. von Jan Engelmann. Stuttgart 1999a, S. 172-186.

Foucault, Michel: Die politische Funktion des Intellektuellen. In: ders.: Botschaften der Macht. Der Foucault-Reader Diskurs und Medien. Hg. von Jan Engelmann. Stuttgart 1999b, S. 22-29.

Foucault, Michel: Wie wird Macht ausgeübt? In: ders.: Botschaften der Macht. Der Foucault-Reader Diskurs und Medien. Hg. von Jan Engelmann. Stuttgart 1999c, S. 187-202.

Foucault, Michel: Technologien des Selbst. In: Martin, Luther H./Gutman, Huck/Hutton, Patrick H. (Hg.): Technologien des Selbst. Frankfurt a.M. 1993, S. 24-62.

Foucault, Michel: Archäologie des Wissens. Frankfurt a.M. 1981.

Frielingsdorf, Britta/Haas, Sabine: Fernsehen zum Musikhören. Stellenwert und Nutzung von MTV und VIVA beim jungen Publikum in Nordrhein-Westfalen. In: Media Perspektiven, Nr. 7/95, S. 331-339.

Frith, Simon: Das Gute, das Schlechte und das Mittelmäßige. Zur Verteidigung der Populärkultur gegen den Populismus. In: Bromley, Roger/Göttlich, Udo/Winter, Carsten (Hg.): Cultural Studies. Grundlagentexte zur Einführung. Lüneburg 1999, S. 191-214.

Frith, Simon: Musik und Identität. In: Engelmann, Jan (Hg.): Die kleinen Unterschiede. Der Cultural Studies-Reader. Frankfurt a.M./New York 1999, S. 149-169.

Frith, Simon: Youth/Music/Television. In: ders./Goodwin, Andrew/Grossberg, Lawrence (Hg.): Sound and Vision. The Music Video Reader. London/New York 1993, S. 67-83.

Frith, Simon/Goodwin, Andrew/Grossberg, Lawrence (Hg.): Sound and Vision. The Music Video Reader. London/New York 1993.

Frith, Simon: Zur Ästhetik der Populären Musik. In: PopScriptum Nr. 1/92, S. 68-88, abgerufen unter http://www2.hu-berlin.de/fpm/list.htm am 13.07.03.

Fritz, Helmut: Negerköpfe, Mohrenküsse. Der Wilde im Alltag. In: Theye, Thomas (Hg.): Wir und die Wilden. Einblicke in eine kannibalische Beziehung. Reinbek bei Hamburg 1985, S. 132-142.

Früh, Werner: Inhaltsanalyse. Theorie und Praxis. 4., überarbeitete Auflage. Konstanz 1998.

Funk-Hennings, Erika: Musikvideos im Alltag: Geschlechtsspezifische Darstellungsweisen. In: Helms, Dietrich/Phleps, Thomas (Hg.): Clipped Differences. Geschlechterrepräsentationen im Musikvideo. Bielefeld 2003, S. 55-67.

Garofalo, Reebee: Musik und Musikindustrie. In: Wicke, Peter (Hg.): Rock- und Popmusik (Handbuch der Musik im 20. Jahrhundert, Bd. 8). Laaber 2001, S. 107-186.

Garofalo, Reebee: Die Relativität der Autonomie. In: PopScriptum Nr. 2/94, S. 9-30, abgerufen unter http://www2.hu-berlin.de/fpm/list.htm am 13.07.03.

Gebhardt, Gerd: „Die Musik macht's." Keynote zur Internationalen Funkausstellung (IFA) am 03.09.2003, abgerufen unter www.ifpi.de am 12.09.04.

Geisenhanslüke, Ralph: Kassenklingeln. In: Die Zeit vom 23. September 2004, S. 65.

Gerhards, Jürgen: Diskursanalyse als systematische Inhaltsanalyse. Die öffentliche Debatte über Abtreibungen in den USA und in der Bundesrepublik Deutschland im Vergleich. In: Keller, Reiner/Hirseland, Andreas/Schneider, Werner/Viehöver, Willy (Hg.): Handbuch sozialwissenschaftliche Diskursanalyse. Bd. 2: Forschungspraxis. Opladen 2003, S. 299-324.

Geuen, Heinz/Rappe, Michael: Chromatische Identität und Mainstream der Subkulturen. Eine audiovisuelle Annäherung an das Stilphänomen Madonna am Beispiel des Songs „Music". In: Helms, Dietrich/Phleps, Thomas (Hg.): Clipped Differences. Geschlechterrepräsentationen im Musikvideo. Bielefeld 2003, S. 41-53.

Ghosh-Schellhorn, Martina: Hegemonie. In: Nünning, Ansgar (Hg.): Metzler Lexikon Literatur- und Kulturtheorie. 2., überarb. u. erw. Aufl. Stuttgart/Weimar 2001.

Gildemeister, Regine: Doing Gender: Soziale Praktiken der Geschlechterunterscheidung. In: Becker, Ruth/Kortendiek, Beate (Hg.): Handbuch Frauen- und Geschlechterforschung. Theorie, Methoden, Empirie. Wiesbaden 2004, S. 132-140.

Gildemeister, Regine: Geschlechterforschung (Gender Studies). In: Flick, Uwe/v. Kardorff, Ernst/Steinke, Ines (Hg.): Qualitative Forschung. Ein Handbuch. Reinbek bei Hamburg 2000, S. 213-223.

Gleich, Uli: Musik in Videoclips und Werbespots im Fernsehen. In: Media Perspektiven, Nr. 7/95, S. 348-353.

Göttlich, Udo: Unterschiede durch Verschieben. Zur Theoriepolitik der Cultural Studies. In: Engelmann, Jan (Hg.): Die kleinen Unterschiede. Der Cultural Studies-Reader. Frankfurt a.M./New York 1999, S. 49-63.

Göttlich, Udo/Winter, Carsten: Wessen Cultural Studies? Zur Rezeption der Cultural Studies im deutschsprachigen Raum. In: Bromley, Roger/dies. (Hg.): Cultural Studies. Grundlagentexte zur Einführung. Lüneburg 1999, S. 25-39.

Goffmann, Erving: Geschlecht und Werbung. Frankfurt a.M. 1981.

Goldman, Robert/Papson, Stephen: Sign Wars. The Cluttered Landscape of Advertising. New York/London 1996.

Goldmann, Stefan: Zwischen Panoptikum und Zoo. Exoten und Völkerschauen um 1900. In: Lorbeer, Marie/Wild, Beate (Hg.): Menschenfresser, Negerküsse. Das Bild vom Fremden im deutschen Alltag. Berlin 1991, S. 52-57.

Goodwin, Andrew: Fatal Distractions: MTV meets postmodern Theory. In: Frith, Simon/ders./Grossberg, Lawrence (Hg.): Sound and Vision. The Music Video Reader. London/New York 1993, S. 45-66.

Goodwin, Andrew: Dancing in the Distraction Factory. Music Television and Popular Culture. Minneapolis 1992.

Gottlieb, Joanne/Wald, Gayle: Smells Like Teen Spirit. Riot Grrrls, Revolution and Women in Independent Rock. In: Ross, Andrew/Rose, Tricia (Hg.): Microphone Fiends. Youth Music & Youth Culture. London/New York 1994, S. 250-274.

Gramsci, Antonio: Gedanken zur Kultur. Hg. von Guido Zamis. Köln 1987.

Green, Michael: The Centre for Contemporary Cultural Studies. In: Storey, John (Hg.): What is Cultural Studies? A Reader. New York 1998, S. 49-60.

Greeson, Larry E./Williams, Rose Ann: Social Implications of Music Videos for Youth. An Analysis of the Content and Effects of MTV. In: Youth & Society, Vol. 18 No. 2, December 1986, S. 177-189.

Grether, Kerstin: Kampf, Kritik – und alles anders. In: Badische Zeitung vom 22.04.03.

Grether, Kerstin: Barbies Seele. In: Die Zeit vom 18.09.2003, S. 46.

Gross, Larry: Out of Mainstream. Sexual Minorities and the Mass Media. In: Dines, Gail/Humez, Jean M. (Hg.): Gender, Race and Class in Media. A Text-Reader. Thousand Oaks/London/New Delhi 1995, S. 61-69.

Gross, Thomas: Der Fluch der fetten Jahre. In: Die Zeit vom 14.08.03, S. 29.

Grossberg, Lawrence: Zur Verortung der Populärkultur. In: Bromley, Roger/Göttlich, Udo/Winter, Carsten (Hg.): Cultural Studies. Grundlagentexte zur Einführung. Lüneburg 1999, S. 215-236.

Grossberg, Lawrence: The Media Economy of Rock Culture: Cinema, Post-Modernity and Authenticity. In: Frith, Simon/Goodwin, Andrew/ders. (Hg.): Sound and Vision. The Music Video Reader. London/New York 1993, S. 185-209.

Gurk, Christoph: Wem gehört die Popmusik? Die Kulturindustriethese unter den Bedingungen postmoderner Ökonomie. In: Holert, Tom/Terkessidis, Mark (Hg.): Mainstream der Minderheiten. Pop in der Kontrollgesellschaft. 2. Aufl., Berlin 1997, S. 20-40.

Hachmeister, Lutz/Rager, Günther (Hg.): Wer beherrscht die Medien? Die 50 größten Medienkonzerne der Welt. München 1997.

Hall, Stuart: Das theoretische Vermächtnis der Cultural Studies. In: Stuart Hall. Cultural Studies. Ein politisches Theorieprojekt. Ausgewählte Schriften 3. Hg. von Nora Räthzel. Hamburg 2000a, S. 34-51.

Hall, Stuart: Was ist „schwarz" an der popularen Schwarzen Kultur? In: Stuart Hall. Cultural Studies. Ein politisches Theorieprojekt. Ausgewählte Schriften 3. Hg. von Nora Räthzel. Hamburg 2000b, S. 98-112.

Hall, Stuart: Ethnizität: Identität und Differenz. In: Engelmann, Jan (Hg.): Die kleinen Unterschiede. Der Cultural Studies-Reader. Frankfurt a.M./New York 1999, S. 83-98.

Hall, Stuart: Kodieren/Dekodieren. In: Bromley, Roger/Göttlich, Udo/Winter, Carsten (Hg.): Cultural Studies. Grundlagentexte zur Einführung. Lüneburg 1999, S. 92-110.

Hall, Stuart: Cultural Studies: two paradigms. In: Storey, John (Hg.): What is Cultural Studies? A Reader. 3. Aufl., London/New York 1998, S. 31-48.

Hall, Stuart: Race, Culture and Communication: looking backward and forward at cultural studies. In: Storey, John (Hg.): What is Cultural Studies? A Reader. 3. Aufl., London/New York 1998, S. 336-343.

Hall, Stuart: Introduction. In: ders. (Hg.): Representation. Cultural Representations and Signifying Practices. London/Thousand Oaks/New Delhi 1997a, S. 1-11.

Hall, Stuart: The Spectacle of the 'Other'. In: ders. (Hg.): Representation. Cultural Representations and Signifying Practices. London/Thousand Oaks/New Delhi 1997b, S. 223-291.

Hall, Stuart: The Work of Representation. In: ders. (Hg.): Representation. Cultural Representations and Signifying Practices. London/Thousand Oaks/New Delhi 1997c, S. 13-74.

Hall, Stuart: What is This „Black" in Black Popular Culture? In: Smith, Valerie (Hg.): Representing Blackness. Issues in Film and Video. London 1997, S. 123-133.

Hall, Stuart: The Whites of Their Eyes. Racist Ideologies and the Media. In: Dines, Gail/Humez, Jean M. (Hg.): Gender, Race and Class in Media. A Text-Reader. Thousand Oaks/London/New Delhi 1995, S. 18-22.

Hall, Stuart: Der Westen und der Rest: Diskurs und Macht. In: Stuart Hall. Rassismus und kulturelle Identität. Ausgewählte Schriften 2. Hg. von Ulrich Mehlem, Dorothee Bohle, Joachim Gutsche, Matthias Oberg und Dominik Schrage. Hamburg 1994a, S. 137-179.

Hall, Stuart: Die Frage der kulturellen Identität. In: Stuart Hall. Rassismus und kulturelle Identität. Ausgewählte Schriften 2. Hg. von Ulrich Mehlem, Dorothee Bohle, Joachim Gutsche, Matthias Oberg und Dominik Schrage. Hamburg 1994b, S. 180-222.

Hall, Stuart: Die Konstruktion von „Rasse" in den Medien. In: Stuart Hall. Ausgewählte Schriften. Ideologie, Kultur, Medien, Neue Rechte, Rassismus. Hg. von Nora Räthzel. Berlin 1989, S. 150-171.

Hamann , Götz: Prinzip Sternschnuppe. In: Die Zeit vom 13.11.03, S. 21f.

Hanke, Christine: Diskursanalyse zwischen Regelmäßigkeiten und Ereignishaftem – am Beispiel der Rassenanthropologie um 1900. In: Keller, Reiner/Hirseland, Andreas/Schneider, Werner/Viehöver, Willy (Hg.): Handbuch Sozialwissenschaftliche Diskursanalyse. Bd. 2: Forschungspraxis. Opladen 2003, S. 97-117.

Hansen, Anders/Cottle, Simon/Negrine, Ralph/Newbold, Chris: Mass Communication Research Methods. Houndmills/Basingstoke/Hampshire/London 1998.

Hansen, Christine H./Hansen, Ranald D.: Music and Music Videos. In: Zillmann, Dolf/Vorderer, Peter (Hg.): Media Entertainment. The Psychology of Its Appeal. Mahwah, New Jersey/London 2000, S. 175-196.

Hansen, Christine Hall/Hansen, Ranald D.: The Influence of Sex and Violence on the Appeal of Rock Music Videos. In: Communication Research, Vol. 17, No. 2, April 1990, S. 212-234.

Hark, Sabine: Feministische Theorie – Diskurs – Dekonstruktion. Produktive Verknüpfungen. In: Keller, Reiner/Hirseland, Andreas/Schneider, Werner/Viehöver, Willy (Hg.): Handbuch Sozialwissenschaftliche Diskursanalyse. Bd. 1: Theorien und Methoden. Opladen 2001, S. 353-371.

Harker, Dave: It's a jungle sometimes. The music industry, the crisis and the state. Abgerufen unter http://www2.hu-berlin.de/fpm/list.htm am 13.07.03.

Heinrich, Jürgen: Ökonomisierung aus wirtschaftswissenschaftlicher Perspektive. In: Medien & Kommunikationswissenschaft, 49. Jg. 2/2001, S. 159-166.

Helduser, Urte/Marx, Daniela/Paulitz, Tanja/Pühl, Katharina (Hg.): Under construction? Konstruktivistische Perspektiven in feministischer Theorie und Forschungspraxis – zur Einführung. In: dies. (Hg.): Under construction? Konstruktivistische Perspektiven in feministischer Theorie und Forschungspraxis. Frankfurt a.M., S. 11-30.

Helms, Dietrich/Phleps, Thomas (Hg.): Clipped Differences. Geschlechterrepräsentationen im Musikvideo. Bielefeld 2003.

Helms, Dietrich: In Bed with Madonna. Gedanken zur Analyse von Videoclips aus medientheoretischer Sicht. In: ders./Phleps, Thomas (Hg.): Clipped Differences. Geschlechterrepräsentationen im Musikvideo. Bielefeld 2003, S. 99-117.

Helms, Dietrich/Phleps, Thomas: Editorial. In: dies. (Hg.): Clipped Differences. Geschlechterrepräsentationen im Musikvideo. Bielefeld 2003, S. 7-8.

Henscher, Sonja: It's the real Queen Bee. Eine Analyse des Videoclips "No Matter What They Say" der Rapperin Lil' Kim. In: Helms, Dietrich/Phleps, Thomas (Hg.): Clipped Differences. Geschlechterrepräsentationen im Musikvideo. Bielefeld 2003, S. 69-79.

Hepp, Andreas: Cultural Studies und Medienanalyse. Eine Einführung. Opladen/Wiesbaden 1999.

v. Herder, Johann Gottfried: Ideen zur Philosophie der Geschichte der Menschheit I. Ausschnitte abgedruckt in: Theye, Thomas (Hg.): Wir und die Wilden. Einblicke in eine kannibalische Beziehung. Reinbek bei Hamburg 1985, S. 120-122.

Hickethier, Knut: Stichworte zur Film- und Fernsehanalyse. In: Medien Journal Nr. 3/1997, S. 41-50.

Hirseland, Andreas/Schneider, Werner: Wahrheit, Ideologie und Diskurse. Zum Verhältnis von Diskursanalyse und Ideologiekritik. In: Keller, Reiner/dies./Viehöver, Willy (Hg.): Handbuch Sozialwissenschaftliche Diskursanalyse. Bd. 1: Theorien und Methoden. Opladen 2001, S. 373-402.

Höhne, Thomas: die Thematische Diskursanalyse – dargestellt am Beispiel von Schulbüchern. In: Keller, Reiner/Hirseland, Andreas/Schneider, Werner/Viehöver, Willy (Hg.): Handbuch Sozialwissenschaftliche Diskursanalyse. Bd. 2: Forschungspraxis. Opladen 2003, S. 389-419.

Hoffmann, Justin: Das Musikvideo als ökonomische Strategie. In: ders./v. Osten, Marion (Hg.): Das Phantom sucht seinen Mörder. Ein Reader zur Kulturalisierung der Ökonomie. Berlin 1999, S. 65-75.

Hofmann, Bernd/Buß, Christoph/Wulf, Ursula: ...another victim of the ghetto? Gestaltungselemente im afro-amerikanischen Videoclip. In: ASPM (Arbeitskreis Studium Populärer Musik e.V.):

Beiträge zur Popularmusikforschung 27/28: Populäre Musik im kulturwissenschaftlichen Diskurs II. Hg. von Thomas Phleps. Karben 2001, S. 53-66.

Holert, Tom/Terkessidis, Mark: Einführung in den Mainstream der Minderheiten. In: dies. (Hg.): Mainstream der Minderheiten. Pop in der Kontrollgesellschaft. 2. Aufl., Berlin 1997, S. 5-19.

Hooks, Bell: Black Looks. Popkultur – Medien – Rassismus. Berlin 1994.

Horkheimer, Max/Adorno, Theodor W.: Dialektik der Aufklärung. Philosophische Fragmente. Frankfurt a.M. 1996.

Introduction: Music Videos and Rap Music: Cultural Conflict and Control in the Age of the Image. In: Dines, Gail/Humez, Jean M. (Hg.): Gender, Race and Class in Media. A Text-Reader. Thousand Oaks/London/New Delhi 1995, S. 479-487.

Jacke, Christoph: Kontextuelle Kontingenz: Musikclips im wissenschaftlichen Umgang. In: Helms, Dietrich/Phleps, Thomas (Hg.): Clipped Differences. Geschlechterrepräsentationen im Musikvideo. Bielefeld 2003, S. 27-40.

Jäckel, Michael: Zwischen Autonomie und Vereinnahmung. Kindheit, Jugend und die Bedeutung der Medien. In: Roters, Gunnar/Klingler, Walter/Gerhards, Maria (Hg.): Mediensozialisation und Medienverantwortung. Baden-Baden 1999, S. 113-125.

Jäckel, Michael/Peter, Jochen: Cultural Studies aus kommunikationswissenschaftlicher Perspektive. Grundlagen und grundlegende Probleme. In: Rundfunk und Fernsehen, 45. Jg. 1997/1, S. 46-68.

Jäger, Siegfried: Diskurs und Wissen. Theoretische Aspekte einer kritischen Diskurs- und Dispositivanalyse. In: Keller, Reiner/Hirseland, Andreas/Schneider, Werner/Viehöver, Willy (Hg.): Handbuch Sozialwissenschaftliche Diskursanalyse. Bd. 1: Theorien und Methoden. Opladen 2001, S. 81-112.

Jäger, Siegfried: Einen Königsweg gibt es nicht. Bemerkungen zur Durchführung von Diskursanalysen. In: Bublitz, Hannelore/Bührmann, Andrea D./Hanke, Christine/Seier, Andrea (Hg.): Das Wuchern der Diskurse. Perspektiven der Diskursanalyse Foucaults. Frankfurt a.M/New York 1999, S. 136-147.

Jäger, Siegfried: Kritische Diskursanalyse. Eine Einführung. 2., überarb. u. erw. Aufl., Duisburg 1999.

Jahraus, Oliver: Nachwort. In: Luhmann, Niklas. Aufsätze und Reden. Hg. von Oliver Jahraus. Stuttgart 2001, S. 299-333.

Jahrbuch 2004 der Phonographischen Wirtschaft. Hg. vom Bundesverband der Phonographischen Wirtschaft e.V./Deutsche Landesgruppe IFPI e.V. u.a. München 2004.

Jahreswirtschaftsbericht des Bundesverbandes der Phonographischen Wirtschaft e.V./Deutsche Landesgruppe IFPI e.V. 2003, S. 22-29, abgerufen unter www.ifpi.de/jb/2004/absatz.pdf am 12.09.04.

Jahreswirtschaftsbericht des Bundesverbandes der Phonographischen Wirtschaft e.V./Deutsche Landesgruppe IFPI e.V. 2002, S. 54-60, abgerufen unter www.ifpi.de/jb/2003/54-60.pdf am 12.09.04.

Jahrbuch der Europäischen Audiovisuellen Informationsstelle. Bd. 1: Die Wirtschaftslage des audiovisuellen Sektors in Europa. Straßburg 2003.

Johnson, Richard: Was sind eigentlich Cultural Studies? In: Bromley, Roger/Göttlich, Udo/Winter, Carsten (Hg.): Cultural Studies. Grundlagentexte zur Einführung. Lüneburg 1999, S. 139-188.

Jurga, Martin: Texte als (mehrdeutige) Manifestationen von Kultur: Konzepte von Polysemie und Offenheit in den Cultural Studies. In: Hepp, Andreas/Winter, Rainer (Hg.): Kultur – Medien – Macht. Cultural Studies und Medienanalyse. Opladen 1997, S. 127-142.

Kalis, Pamela/Neuendorf, Kimberly A.: Aggressive Cue Prominence and Gender Participation in MTV. In: Journalism Quaterly, Vol. 66/1989, S. 148-155.

Kanzog, Klaus: Einführung in die Filmphilologie. 2., aktualisierte u. erw. Aufl., München 1997.

Kaplan, E. Ann: Rocking around the Clock. Music Television, Postmodernism, and Consumer Culture. New York/London 1987.

Kelle, Udo/Erzberger, Christian: Qualitative und quantitative Methoden: kein Gegensatz. In: Flick, Uwe/v. Kardorff, Ernst/Steinke, Ines (Hg.): Qualitative Forschung. Ein Handbuch. Reinbek bei Hamburg 2000, S. 299-309.

Keller, Reiner: Der Müll der Gesellschaft. Eine wissenssoziologische Diskursanalyse. In: ders./Hirseland, Andreas/Schneider, Werner/Viehöver, Willy (Hg.): Handbuch Sozialwissenschaftliche Diskursanalyse. Bd. 2: Forschungspraxis. Opladen 2003, S. 199-232.

Keller, Reiner/Hirseland, Andreas/Schneider, Werner/Viehöver, Willy (Hg.): Handbuch Sozialwissenschaftliche Diskursanalyse. Bd. 2: Forschungspraxis. Opladen 2003.

Keller, Reiner/Hirseland, Andreas/Schneider, Werner/Viehöver, Willy: Die vielgestaltige Praxis der Diskursforschung – Eine Einführung. In: dies. (Hg.): Handbuch Sozialwissenschaftliche Diskursanalyse. Bd. 2: Forschungspraxis. Opladen 2003, S. 7-18.

Keller, Reiner/Hirseland, Andreas/Schneider, Werner/Viehöver, Willy (Hg.): Handbuch Sozialwissenschaftliche Diskursanalyse. Bd. 1: Theorien und Methoden. Opladen 2001.

Keller, Reiner/Hirseland, Andreas/Schneider, Werner/Viehöver, Willy: Zur Aktualität sozialwissenschaftlicher Diskursanalyse – Eine Einführung. In: dies. (Hg.): Handbuch Sozialwissenschaftliche Diskursanalyse. Bd. 1: Theorien und Methoden. Opladen 2001, S. 7-27.

Kellner, Douglas: Medien- und Kommunikationsforschung vs. Cultural Studies. Wider ihre Trennung. In: Bromley, Roger/Göttlich, Udo/Winter, Carsten (Hg.): Cultural Studies. Grundlagentexte zur Einführung. Lüneburg 1999, S. 341-363.

Kellner, Douglas: Cultural Studies, Multiculturalism and Media Culture. In: Dines, Gail/Humez, Jean M. (Hg.): Gender, Race and Class in Media. A Text-Reader. Thousand Oaks/London/New Delhi 1995, S. 5-17.

Kepplinger, Hans Mathias: Zum Charakter des manifesten Inhalts von Kommunikation. In: Medien Journal Nr. 3/1997, S. 4-10.

Kiefer, Marie-Luise: Die ökonomische Zwangsjacke der Kultur. Wirtschaftliche Bedingungen der Kulturproduktion und -distribution durch Massenmedien. In: Saxer, Ulrich (Hg.); Medienkulturkommunikation. Opladen/Wiesbaden 1998, S. 97-114.

Kittler, Friedrich: Zum Geleit. In: Foucault, Michel: Botschaften der Macht. Der Foucault-Reader Diskurs und Medien. Hg. von Jan Engelmann. Stuttgart 1999, S. 7-9.

Klaus, Elisabeth: Kommunikationswissenschaftliche Geschlechterforschung. Zur Bedeutung der Frauen in den Massenmedien und im Journalismus. Opladen 1998.

Klaus, Elisabeth/Röser, Jutta/Wischermann, Ulla (Hg.): Kommunikationswissenschaft und Gender Studies. Wiesbaden 2001.

Klaus, Elisabeth/Röser, Jutta/Wischermann, Ulla: Kommunikationswissenschaft und Gender Studies. Anmerkungen zu einer offenen Zweierbeziehung. In: dies. (Hg.): Kommunikationswissenschaft und Gender Studies. Wiesbaden 2001, S. 7-18.

Klaus, Elisabeth/Lünenborg, Margaret: Der Wandel des Medienangebots als Herausforderung an die Journalismusforschung. Plädoyer für eine kulturorientierte Annährung. In: Medien und Kommunikation, 48. Jg. 2/2000, S. 188-211.

Klingler, Walter/Feierabend, Sabine/Franzmann, Bodo: Mediennutzung von Jugendlichen in Deutschland. Die Jugendmedienstudie JIM '98. In: Roters, Gunnar/Klingler, Walter/Gerhards, Maria (Hg.): Mediensozialisation und Medienverantwortung. Baden-Baden 1999, S. 173-195.

Kniebe, Tobias: Hintergrund-Pornos. Wie HipHop-Videos das Frauenbild und die Sexualität verändern. In: Neon Nr. 1/2003, S. 70-75.

Knoche, Manfred: Kapitalisierung der Medienindustrie aus politökonomischer Perspektive. In: Medien und Kommunikationswissenschaft, 49. Jg. 2/2001, S. 177-194.

Koebner, Thomas/Pickerodt, Gerhart: Der europäische Blick auf die andere Welt. Ein Vorwort. In: dies.: Die andere Welt. Studien zum Exotismus. Frankfurt a.M. 1987, S. 7-9.

Köhler, Lutz/Hess, Thomas: „Deutschland sucht den Superstar" – Entwicklung und Umsetzung eines cross-medialen Produktkonzepts. In: Medien Wirtschaft, 1. Jg. Nr. 1/2004, S. 30-37.

Köpp, Dirke: „Afrika ist der letzte Ort, an dem ein vernünftiger Mensch es aushalten kann". Afrika in populären deutschen Zeitschriften 1946-2000. In: The Black Book. Deutschlands Häutungen. Hg. vom AntiDiskriminierungsBüro (ADB) Köln und cyberNomads (cbN). Frankfurt a.M./London 2004, S. 271-285.

Konersmann, Ralf: Der Philosoph mit der Maske. Michel Foucaults L'ordre du discours. Nachwort zu: Foucault, Michel: Die Ordnung des Diskurses. 9. Aufl., Frankfurt a.M. 2003, S. 53-91.

Kortmann, Christian: Elena und Julia tun es. In: Die Zeit Nr. 21 vom 15.05.03.

Kramer, Jürgen: British Cultural Studies. München 1997.

Kreimeier, Klaus: „In die schwarze Farbe der Nacht gehüllt..." Afrika und wir. In: Theye, Thomas (Hg.): Wir und die Wilden. Einblicke in eine kannibalische Beziehung. Reinbek bei Hamburg 1985, S. 96-120.

Kretzschmar, Sonja: Fremde Kulturen im europäischen Fernsehen. Zur Thematik der fremden Kulturen in den Fernsehprogrammen von Deutschland, Frankreich und Großbritannien. Wiesbaden 2002.

Kroeber-Riel, Werner/Weinberg, Peter: Konsumentenverhalten. 8. Aufl., München 2003.

Krotz, Friedrich: Kultur, Kommunikation und die Medien. In: Saxer, Ulrich (Hg.): Medienkultur-kommunikation. Opladen/Wiesbaden 1998, S. 67-85.

Küchenhoff, Erich et al.: Die Darstellung der Frau und die Behandlung von Frauenfragen im Fernsehen. Stuttgart 1975.

Kurp, Matthias/Hauschild, Claudia/Wiese, Klemens: Musikfernsehen in Deutschland. Politische, soziologische und medienökonomische Aspekte. Wiesbaden 2002.

Laclau, Ernest/Mouffe, Chantal: Hegemony & Socialist Strategy. Towards a Radical Democratic Politics. London/New York 1985.

Langhoff, Thomas: Video Killed the Radio Star. MTV und Clip-Kultur. In: ders./Kemper, Peter/Sonnenschein, Ulrich (Hg.): "Alles so schön bunt hier." Die Geschichte der Popkultur von den Fünfzigern bis heute. Leipzig 2002, S. 261-275.

Lassen, Hans P.: Schöner fremder Mann. Das Bild des Fremden im deutschen Schlager. In: Lorbeer, Marie/Wild, Beate (Hg.): Menschenfresser, Negerküsse. Das Bild vom Fremden im deutschen Alltag. Berlin 1991, S. 142-145.

de Lauretis, Teresa: Technologies of Gender. Essays on Film and Fiction. Bloomington/Indianapolis 1987.

Leach, Elizabeth Eva: Vicars of ‚Wannabe': authenticity and the Spice Girls. In: Popular Music (2001), Vol. 20/2, S. 143-167.

Lehmann, Monika: Stereotype. Die Bilder in unserem Kopf. In: Lorbeer, Marie/Wild, Beate (Hg.): Menschenfresser, Negerküsse. Das Bild vom Fremden im deutschen Alltag. Berlin 1991, S. 8-11.

Ledbetter, James: Imitation of Life. In: Dines, Gail/Humez, Jean M. (Hg.): Gender, Race and Class in Media. A Text-Reader. Thousand Oaks/London/New Delhi 1995, S. 540-544.

Levinson, Marc: Gut, Gut, Alles Super Gut! In: du Gay, Paul (Hg.): Production of Culture/Cultures of Production. London/Thousand Oaks/New Delhi 1997a, S. 60.

Levinson, Marc: It's an MTV world. In: du Gay, Paul (Hg.): Production of Culture/Cultures of Production. London/Thousand Oaks/New Delhi 1997b, S. 56-59.

Lewis, Lisa A.: Form and Female Authorship in Music Video. In: Dines, Gail/Humez, Jean M. (Hg.): Gender, Race and Class in Media. A Text-Reader. Thousand Oaks/London/New Delhi 1995, S. 499-507.

Lewis, Lisa A.: Being Discovered: The Emergence of Female Address on MTV. In: Frith, Simon/Goodwin, Andrew/Grossberg, Lawrence (Hg.): Sound and Vision. The Music Video Reader. London/New York 1993, S. 129-151.

Lewis, Lisa A.: Consumer Girl Culture: How Music Video Appeals to Girls. In: Brown, Mary Ellen (Hg.): Television and Women's Culture. The Politics of the Popular. London/Newbury Park/New Delhi 1990, S. 89-101.

Lewis, Lisa A.: Gender Politics and MTV. Voicing the Difference. Philadelphia 1990.

Lieb, Claudia: Gemütserregungskunst. Der Grenzfall Unterhaltung in funktionalistischen Medientheorien. In: Schmidt, Siegfried J./Westerbarkey, Joachim/Zurstiege, Guido (Hg.): a/effektive Kommunikation: Unterhaltung und Werbung. Münster 2001, S. 25-52.

Long, Elizabeth: Feminism and Cultural Studies. In: Storey, John (Hg.): What is Cultural Studies? A Reader. New York 1998, S. 197-207.

Lorey, Isabell: Macht und Diskurs bei Foucault. In: Bublitz, Hannelore/Bührmann, Andrea D./Hanke, Christine/Seier, Andrea (Hg.): Das Wuchern der Diskurse. Perspektiven der Diskursanalyse Foucaults. Frankfurt a.M./New York 1999, S. 87-96.

Luger, Kurt: Populärkultur und Identität. Symbolische Ordnungskämpfe im Österreich der Zweiten Republik. In: Saxer, Ulrich (Hg.): Medienkulturkommunikation. Opladen/Wiesbaden 1998, S. 115-138.

Luhmann, Niklas: Die Realität der Massenmedien. 3. Aufl., Wiesbaden 2004.

Luhmann, Niklas: Einführung in die Systemtheorie. Hg. von Dirk Baecker. Heidelberg 2002.

Luhmann, Niklas: Die Unwahrscheinlichkeit der Kommunikation. In: ders.: Aufsätze und Reden. Hg. von Oliver Jahraus. Stuttgart 2001a, S. 76-93.

Luhmann, Niklas: Was ist Kommunikation? In: ders.: Aufsätze und Reden. Hg. von Oliver Jahraus. Stuttgart 2001b, S. 94-110.

Luhmann, Niklas: Die Wirtschaft der Gesellschaft. 2. Aufl., Frankfurt a.M. 1989.

Luhmann, Niklas: Soziale Systeme. Grundriß einer allgemeinen Theorie. Frankfurt a.M. 1987.

Lukesch, Helmut: Das Forschungsfeld „Mediensozialisation" – eine Übersicht. In: Roters, Gunnar/Klingler, Walter/Gerhards, Maria (Hg.): Mediensozialisation und Medienverantwortung. Baden-Baden 1999, S. 59-84.

Lynch, Christopher: Ritual Transformation through Michael Jackson's Music Video. In: Journal of Communication Inquiry 52:2 (April 2001), S. 114-131.

Mangold, Ijoma: Faszinosum Nougatbraun. In: Süddeutsche Zeitung vom 29./30.11.03, S. V.

Marcinkowski, Frank: Publizistik als autopoietisches System. Politik und Massenmedien. Eine systemtheoretische Analyse. Opladen 1993.

Marschik, Matthias: Kleines Glück: Botschaften der Werbung als Rückrat des Selbst. In: Hepp, Andreas/Winter, Rainer (Hg.): Kultur – Medien – Macht. Cultural Studies und Medienanalyse. Opladen 1997, S. 215-223.

Mayer, Ruth: Artificial Africas. Colonial Images in the Times of Globalization. Hanover/London 2002.

Mayer, Ruth: Vielbevölkerte Zone. Kulturwissenschaften zwischen Gutmenschentum und dem Glamour der Rebellion. In: Engelmann, Jan (Hg.): Die kleinen Unterschiede. Der Cultural Studies-Reader. Frankfurt a.M./New York 1999, S. 231-243.

Mayer Ruth: Schmutzige Fakten. Wie sich Differenz verkauft. In: Holert, Tom/Terkessidis, Mark (Hg.): Mainstream der Minderheiten. Pop in der Kontrollgesellschaft. 2. Aufl., Berlin 1997, S. 153-168.

Mayring, Philipp: Qualitative Inhaltsanalyse. Grundlagen und Techniken. 8. Aufl., Weinheim 2003.

Mayring, Philipp: Kombination und Integration qualitativer und quantitativer Analyse. In: Forum Qualitative Sozialforschung/Forum Qualitative Social Research 2001, Vol. 3 No. 1 (Online-Journal), keine Seitenanagaben, abgerufen unter: http://www.qualitative-research.net/fqs-texte/1-01/1-01mayring-d.htm am 19.08.03.

Mayring, Philipp: Qualitative Inhaltsanalyse. In: Forum Qualitative Sozialforschung/Forum Qualitative Social Research 2000, Vol. 1 No. 2 (Online-Journal), keine Seitenangaben, abgerufen unter: http://www.qualitative-research.net/fqs-texte/2-00/2-00mayring-d.htm am 19.08.03.

Mayring, Philipp: Qualitative Inhaltsanalyse. In: Flick, Uwe/v. Kardorff, Ernst/Steinke, Ines (Hg.): Qualitative Forschung. Ein Handbuch. Reinbek bei Hamburg 2000, S. 468-474.

McClary, Susan: Feminine Endings. Music, Gender, and Sexuality. Minnesota/Oxford 1991.

McDonald, Paul: Feeling and Fun. Romance, dance and the performing male body in the Take That Videos. In: Whiteley, Sheila (Hg.): Sexing the groove. Popular music and gender. London/New York 1997, S. 277-294.

McGuigan, Jim: Cultural Populism Revisited. In: Ferguson, Marjorie/Golding, Peter (Hg.): Cultural Studies in Question. London/Thousand Oaks/New Delhi 1997, S. 138-154.

Media Perspektiven Basisdaten. Daten zur Mediensituation in Deutschland 2003. Frankfurt a.M. 2003.

Media Perspektiven Basisdaten. Daten zur Mediensituation in Deutschland 2004. Frankfurt a.M. 2004.

Meier, Werner A./Jarren, Otfried: Ökonomisierung und Kommerzialisierung von Medien und Mediensystem. Einleitende Bemerkung zu einer (notwendigen) Debatte. In: Medien & Kommunikation, 49. Jahrgang 2/2001, S. 145-158.

Mercer, Kobena: Monster Metaphors: Notes on Michael Jackson's Thriller. In: Frith, Simon/Goodwin, Andrew/Grossberg, Lawrence (Hg.): Sound and Vision. The Music Video Reader. London 1993, S. 93-108.

Merkens, Hans: Auswahlverfahren, Sampling, Fallkonstruktion. In: Flick, Uwe/v. Kardorff, Ernst/Steinke, Ines: Qualitative Forschung. Ein Handbuch. Reinbek bei Hamburg 2000, S. 286-299.

Merten, Klaus: Inhaltsanalyse. Einführung in Theorie, Methode und Praxis. 2., verbesserte Aufl., Opladen 1995.

Merten, Klaus/Großmann, Brit: Möglichkeiten und Grenzen der Inhaltsanalyse. In: Rundfunk und Fernsehen. 44. Jg. 1996/1, S. 70-85.

Middleton, Jason/Reebe, Roger: The racial politics of hybridity and ‚neo-eclecticism' in contemporary popular music. In: Popular Music (2002), Vol. 21/2, S. 159-172.

Middleton, Richard: Musikalische Dimensionen. Genres, Stile, Aufführungspraktiken. In: Wicke, Peter (Hg.): Rock- und Popmusik (Handbuch der Musik im 20. Jahrhundert, Bd. 8). Laaber 2001, S. 61-106.

Mikos, Lothar: „It's only Rock 'n' Roll, but I like it!" Zur Rolle von Musik, Medien und Jugendkultur im Alltag. In: medien praktisch, Nr. 2/98, S. 32-34.

Mikos, Lothar: Die Rezeption des Cultural Studies Approach im deutschsprachigen Raum. In: Hepp, Andreas/Winter, Rainer (Hg.): Kultur – Medien – Macht. Cultural Studies und Medienanalyse. Opladen 1997, S. 160-169.

Mikos, Lothar: Selbstreflexive Bilderflut. Zur kulturellen Bedeutung des Musikkanals MTV. In: medien praktisch. Nr. 4/93, S. 17-20.

Mosbach, Doris: Was macht Bilder politisch inkorrekt? Vom Umgang mit Bildern ethnischer Minoritäten in der deutschen und US-amerikanischen Populärkultur. Unveröffentlichtes Manuskript 2005.

Mosbach, Doris: Bildermenschen – Menschenbilder. Exotische Menschen als Zeichen in der neueren deutschen Printwerbung. Berlin 1999.

Mühlen Achs, Gitta: Geschlecht bewusst gemacht. Körpersprachliche Inszenierungen. Ein Bilder- und Arbeitsbuch. München 1998.

Mühlen Achs, Gitta: Schicksal oder Maskerade? Die Inszenierung der Geschlechterdifferenz in visuellen Medien. In: medien praktisch. Zeitschrift für Medienpädogogik. Nr. 3/1996, S. 4-8.

Mühlen-Achs, Gitta/Schorb, Bernd: Einleitung. In: dies. (Hg.): Geschlecht und Medien. München 1995, S. 7-12.

Mühlen Achs, Gitta: Frauenbilder: Konstruktionen des anderen Geschlechts. In: dies./Schorb, Bernd (Hg.): Geschlecht und Medien. München 1995, S. 13-37.

Mühlen Achs, Brigitta: Wie sich Macht gebärdet. In: Psychologie heute, August 1984, S. 60-66.

Müller, Christian: Medien, Macht und Ethik. Zum Selbstverständnis der Individuen in der Medienkultur. Wiesbaden 2001.

Müller, Eggo: Populäre Visionen. Ein Sampler zur Debatte um Musikclips und Musikfernsehen in den Cultural Studies. In: Neumann-Braun, Klaus (Hg.): VIVA MTV! Popmusik im Fernsehen. Frankfurt a.M. 1999, S. 75-89.

Müller, Eggo: „Lust for Life". Ansätze zu einer Diskursanalyse von Trainspotting. In: Texte: Sonderheft der Zeitschrift medien praktisch. Nr. 1/Oktober 1998, S. 32-37.

Müller, Marion G.: Grundlagen der visuellen Kommunikation. Konstanz 2003.

Musner, Lutz/Wunberg, Gotthart: Kulturstudien heute. Eine Gebrauchsanleitung. In: Bundesministerium für Wissenschaft und Kultur/Internationales Forschungszentrum Kulturwissenschaften (Hg.): The Contemporary Study of Culture. Wien 1999, S. 9-15.

Nakayama, Thomas K./Penaloza, Lisa N.: Madonna T/Races: Music Videos Through the Prism of Color. In: Schwichtenberg, Cathy (Hg.): The Madonna Connection. Representational Politics, Subcultural Identities, and Cultural Theory. Boulder/San Francisco/Oxford 1993, S. 39-55.

Nance, Scott: Music you can see. The MTV Story. Las Vegas 1993.

Neal, Mark Anthony: Sold out on Soul. The Corporate Annexation of Black Popular Music. In: Popular Music and Society. Vol. 21.3, Fall 1997, S. 117-135.

Nederveen Pieterse, Jan: White on Black. Images of Africa and Blacks in Western Popular Culture. New Haven/London 1992.

Negus, Keith: Cultural production and the corporation: musical genres and the strategic management of creativity in the US recording industry. In: Media Culture & Society 1998, Vol. 20, S. 359-379.

Negus, Keith: The Production of Culture. In: du Gay, Paul (Hg.): Production of Culture/Cultures of Production. London/Thousans Oaks/New Delhi 1997, S. 67-118.

Negus, Keith/Street, John: Introduction to 'Music and Television' special issue. In: Popular Music (2002), Vol. 21.03, S. 245-248.

Neumann-Braun, Klaus (Hg.): VIVA MTV! Popmusik im Fernsehen. Frankfurt a.M. 1999.

Neumann-Braun, Klaus/Schmidt, Axel: McMusic. Einführung. In: Neumann-Braun, Klaus (Hg.): VIVA MTV! Popmusik im Fernsehen. Frankfurt a.M. 1999, S. 7-42.

Neumann-Braun, Klaus/Barth, Michael/Schmidt, Axel: Kusthalle und Supermarkt – Videoclips und Musikfernsehen. Eine forschungsorientierte Literatursichtung. In: Rundfunk und Fernsehen, 45. Jahrgang 1997/1, S. 69-86.

Nexica, Irene J.: Tropes of Hybrids, Crossovers, and Cultural Dialogue through Music. In: Popular Music and Society. Vol. 21.3, Fall 1997, S. 61-82.

Niggemeyer, Stefan: Es war einmal Viva. In: Frankfurter Allgemeine Zeitung vom 25.06.04, S. 46.

N.N.: Am Start: Sony BMG Music Entertainment. Pressemeldung vom 06.08.04, abgerufen unter http://www.musikmarkt.de am 26.09.04.

N.N.: Bereichsleiter. In: Frankfurter Allgemeine Zeitung vom 03.11.04, S. 38.

N.N.: Bertelsmann Music Group. In: mobil Nr. 11/2003, S. 38.

N.N.: Der Mohr kann gehn. In: Frankfurter Allgemeine Zeitung vom 06.02.04, S. 37.

N.N.: „Die Superstars haben uns gepusht". Interview mit Thomas M. Stein. In: mobil Nr. 11/2003, S. 36-38.

N.N.: EMI gerät in Zugzwang. In: Frankfurter Allgemeine Zeitung vom 07.11.03, S. 17.

N.N.: EU ebnet Weg für größten Musikkonzern. In: Frankfurter Allgemeine Zeitung vom 19.06.04, S. 10.

N.N.: In der Medienbranche geht der Trend weg vom großen Konglomerat. In: Frankfurter Allgemeine Zeitung vom 12.07.05, S. 18

N.N.: In der Musikindustrie steht eine Großfusion bevor. In: Frankfurter Allgemeine Zeitung vom 07.11.03, S. 14.

N.N.: Mehr Shows, weniger Musik. In: Badische Zeitung vom 19.10.04, S. 29.

N.N.: Neue Fusionsrunde in der Musikindustrie. In: Frankfurter Allgemeine Zeitung vom 07.11.03, S. 17.

N.N.: Neuordnung bei Musiksendern. In: Badische Zeitung vom 09.04.05, S. 39.

250

N.N.: Phonoline steht vor dem Aus. Pressemeldung vom 25.09.04, abgerufen unter http://www.musikmarkt.de am 26.09.04.

N.N.: Rotzfrech reagiert: MTV zieht an die Spree. In: Der Tagesspiegel vom 08.04.03, S. 10.

N.N.: Sony BMG: erste Strukturen erkennbar. Pressemeldung vom 02.09.04, abgerufen unter http://www.musikmarkt.de am 26.09.04.

Parker, Ian: Die diskursanalytische Methode. In: Flick, Uwe/v. Kardorff, Ernst/Steinke, Ines (Hg.): Qualitative Forschung. Ein Handbuch. Reinbek bei Hamburg 2000, S. 546-556.

Perry, Imani: It's my Thang and I'll Swing It the Way That I Feel! Sexuality and Black Women Rappers. In: Dines, Gail/Humez, Jean M. (Hg.): Gender, Race and Class in Media. A Text-Reader. Thousand Oaks/London/New Delhi 1995, S. 524-530.

Pettegrew, John: A Post-Modernist Moment. 1980s Commercial Culture and the Founding of MTV. In: Dines, Gail/Humez, Jean M. (Hg.): Gender, Race and Class in Media. A Text-Reader. Thousand Oaks/London/New Delhi 1995, S. 488-498.

Pfadenhauer, Michaela: Tanz in den Ruinen. Members of Maydays Sonic Empire. In: Neumann-Braun, Klaus (Hg.): VIVA MTV! Popmusik im Fernsehen. Frankfurt a.M. 1999, S. 294-306.

Poenicke, Anke: Afrika in deutschen Medien. In: Zukunftsforum Politik. Hg. von der Konrad-Adenauer-Stiftung e.V. Sankt Augustin 2001, S. 1-59, abgerufen unter http://www.kas.de/db_files/dokumente/zukunftsforum_politik/7_dokument_dok_pdf_177_1.pdf am 06.12.03.

Postmoderne und Artikulation. Ein Interview mit Stuart Hall. Zusammengestellt von Lawrence Grossberg. In: Stuart Hall. Cultural Studies. Ein politisches Theorieprojekt. Ausgewählte Schriften 3. Hg. von Nora Räthzel. Hamburg 2000, S. 52-77.

Pressemitteilungen der Deutschen Landesgruppe IFPI e.V./des Bundesverbandes der Phonographischen Wirtschaft e.V., abgerufen unter www.ifpi.de am 12.09.04.

Pürer, Heinz: Publizistik- und Kommunikationswissenschaft. Ein Handbuch. Konstanz 2003.

Quandt, Thorsten: Musikvideos im Alltag Jugendlicher. Umfeldanalyse und qualitative Rezeptionsstudie. Wiesbaden 1997.

Rauh, Reinhold: Videoclips, Bilderflut und audiovisuelle Geschichten. In: medien + erziehung, 29. Jahrgang, Nr. 4/85, S. 210-217.

Reetze, Jan: Videoclips im Meinungsbild von Schülern. Ergebnisse einer Befragung in Hamburg. In: Media Perspektiven, Nr. 2/89, S. 99-105.

Rhodes, Jane: The Visibility of Race and Media History. In: Dines, Gail/Humez, Jean M. (Hg.): Gender, Race and Class in Media. A Text-Reader. Thousand Oaks/London/New Delhi 1995, S. 33-39.

Rich, Michael/Woods, Elizabeth R./Goodman, Elizabeth/Emans, Jean S./DuRant, Robert H.: Aggressors or Victims: Gender and Race in Music Video Violence. In: Pediatrics, Vol. 101, No. 4 April 1998, S. 669-674, abgerufen unter http://www.lionlamb.org/research_articles/Aggressors%20or20victims.pdf am 25.10.03.

Richard, Birgit: Repräsentationsräume: Kleine Utopien und weibliche Fluchten. Grotesken im HipHop-Clip. In: Helms, Dietrich/Phleps, Thomas (Hg.): Clipped Differences. Geschlechterrepräsentationen im Musikvideo. Bielefeld 2003, S. 81-97.

Rietveld, Hillegonda: Im Strom des Techno. „Slow Mix"-DJ-Stile in der Dance Music der 90er Jahre. In: Wicke, Peter (Hg.): Rock- und Popmusik (Handbuch der Musik im 20. Jahrhundert, Bd. 8). Laaber 2001, S. 267-299.

van der Rijt, Gerrit A. J./D'Haenens, Leen S.J./Jansen, Ronald H.A./de Vos, Cor J.: Young People and Music Television in the Netherlands. In: European Journal of Communication, Vol. 15 (1) 2000, S. 79-91.

Röhl, Amadeus Vargas: VIVA gegen MTV. Ein Einblick in den wichtigsten Distributionszweig der Musikindustrie. Humboldt Universität Berlin 2001, abgerufen unter http://www2.huberlin.de/fpm/list.htm am 13.07.03.

Röschentahler, Ute: Mohren: Kannibalen und Heilige. Unser Bild vom Afrikaner im Wandel der Zeit. In: Lorbeer, Marie/Wild, Beate (Hg.): Menschenfresser, Negerküsse. Das Bild vom Fremden im deutschen Alltag. Berlin 1991, S. 58-65.

Rösing, Helmut: Bilderwelt der Klänge – Klangwelt der Bilder. Beobachtungen zur Konvergenz der Sinne. In: Helms, Dietrich/Phleps, Thomas (Hg.): Clipped Differences. Geschlechterrepräsentationen im Musikvideo. Bielefeld 2003, S. 9-25.

Rösing, Helmut: Männlichkeitssymbole in der Musik – Eine Spurenlese. In: Ekkehard Jost. Festschrift zum 65. Geburtstag. Hg. von Bernd Hoffmann, Franz Kerschbaumer, Franz Krieger und Thomas Phleps. Graz 2002, S. 243-256.

Rösing, Helmut: Zur medialen Konstruktion musikalischer Lebenswelten. In: ASPM (Arbeitskreis Studium populärer Musik): Beiträge zur Popularmusikforschung 25/26: Populäre Musik im kulturwissenschaftlichen Diskurs. Hg. von Helmut Rösing und Thomas Phleps. Karben 2000, S. 11-21.

Rötter, Günther: Videoclips und Visualisierung von E-Musik. In: Kloppenburg, Josef (Hg.): Musik multimedial. Filmmusik, Videoclip, Fernsehen. Laaber 2000, S. 259-294.

Rosenbach, Marcel: Straße nach Nirgendwo. In: Der Spiegel Nr. 42/2003 vom 13.10.03, S. 114-116.

Ross, Hannes: Die Protzer. In: Stern Nr. 50 vom 02.12.04, S. 202-208.

v. Rutenberg, Jürgen: Was reimt sich auf Gucci? In: Die Zeit vom 13.11.2003, S. 55f.

Rutten, Paul: Local Music and the International Marketplace. Beitrag zum 4. Theoretischen Seminar des Forschungszentrums für populäre Musik an der Humboldt Universität Berlin, Mai 1991, keine Seitenangeben, abgerufen unter http://www.2.hu-berlin.de/fpm/list.htm am 13.07.03.

Ryan, John/Calhoun III, Legare H./Wentworth, William M.: Gender or Genre? Emotion Models in Commercial Rap and Country Music. In: Popular Music and Society, Vol. 20.2, Summer1996, S. 121-154.

Sanjek, David: Funkentelechy vs. the Stockholm Syndrome: The Place of industrial Analysis in Popular Music Studies. In: Popular Music and Society, Spring 1997, Vol. 21.1, S. 73-92.

Saxer, Ulrich: Einleitung. In: ders. (Hg.): Medienkulturkommunikation. Opladen/Wiesbaden 1998, S. 9-43.

Saxer, Ulrich: Medienkommunikation und geplanter Gesellschaftswandel. In: Kaase, Max/Schulz, Winfried (Hg.): Massenkommunikation. Theorien, Methoden, Befunde. Sonderheft der Kölner Zeitschrift für Soziologie und Sozialpsychologie. Opladen 1989, S. 85-96.

Schmidbauer, Michael/Löhr, Paul: See me, feel me, touch me! Das Publikum von MTV Europe und VIVA. In: Neumann-Braun, Klaus (Hg.): VIVA MTV! Popmusik im Fernsehen. Frankfurt a.M. 1999, S. 325-249.

Schmidt, Axel: Sound and Vision go MTV – die Geschichte des Musiksenders bis heute. In: Neumann-Braun, Klaus (Hg.): VIVA MTV! Popmusik im Fernsehen. Frankfurt a.M. 1999, S. 93-131.

Schmidt, Eva: Eine Jagd durch die Nacht – The Prodigy und ihr ausgzeichneter/zensierter Videoclip *Smack my bitch up*. In: Neumann-Braun, Klaus (Hg.): VIVA MTV! Popmusik im Fernsehen. Frankfurt a.M. 1999, S. 307-322.

Schrage, Dominik: Was ist ein Diskurs? Zu Michel Foucaults Versprechen, „mehr" ans Licht zu bringen. In: Bublitz, Hannelore/Bührmann, Andrea D./Hanke, Christine/Seier, Andrea (Hg.): Das Wuchern der Diskurse. Perspektiven der Diskursanalyse Foucaults. Frankfurt a.M./New York 1999, S. 63-74.

Schulz, Thomas: New York, Tokio, Gütersloh. In: Der Spiegel Nr. 46/2003 vom 10.11.03, S. 220.

Schwab-Trapp, Michael: Methodische Aspekte der Diskursanalyse. Probleme der Analyse diskursiver Auseinandersetzungen am Beispiel der deutschen Diskussion über den Kosovokrieg. In: Keller, Reiner/Hirseland, Andreas/Schneider, Werner/Viehöver, Willy (Hg.): Handbuch Sozialwissenschaftliche Diskursanalyse. Bd. 2: Forschungspraxis. Opladen 2003, S. 169-195.

Schwab-Trapp, Michael: Diskurs als soziologisches Konzept. Bausteine für eine soziologisch orientierte Diskursanalyse. In: Keller, Reiner/Hirseland, Andreas/Schneider, Werner/Viehöver, Willy (Hg.): Handbuch Sozialwissenschaftliche Diskursanalyse. Bd. 1: Theorien und Methoden. Opladen 2001, S. 261-283.

Schwichtenberg, Catyh (Hg.): The Madonna Connection. Representational Politics, Subcultural Identities, and Cultural Theory. Boulder/San Francisco/Oxford 1993.

Schwichtenberg, Cathy: Music Video. The Popular Pleasures of Visual Music. In: Lull, James (Hg.): Popular Music and Communication. 2. Aufl., Newbury Park/London/New Delhi 1992, S. 116-133.

Scott, Ronald B.: Images of Race & Religion in Madonna's Video Like a Prayer: Prayer & Praise. In: Schwichtenberg, Cathy (Hg.): The Madonna Connection. Representational Politics, Subcultural Identities, and Cultural Theory. Boulder/San Francisco/Oxford 1993, S. 57-77.

Seidman, Steven A.: An Investigation of Sex-Role Stereotyping in Music Videos. In: Journal of Broadcasting & Electronic Media, Vol. 36/1992, S. 209-216.

Seier, Andrea: Kategorien der Entzifferung: Macht und Diskurs als Analyseraster. In: Bublitz, Hannelore/Bührmann, Andrea D./Hanke, Christine/Seier, Andrea (Hg.): Das Wuchern der Diskurse. Perspektiven der Diskursanalyse Foucaults. Frankfurt a.M./New York 1999, S. 75-86.

Seifert, Ruth: Machtvolle Blicke. Genderkonstruktion und Film. In: Mühlen-Achs, Gitta/Schorb, Bernd (Hg.): Geschlecht und Medien. München 1995, S. 39-56 .

Seshadri-Crooks, Kalpana: Desiring Whiteness. A Lacanian analysis of race. London/New York 2000.

Shelton, Marla L.: Can't Touch This! Representations of the African American Female Body in Urban Rap Videos. In: Popular Music and Society, Vol. 21.3, Fall 1997, S. 107-116.

Sheperd, John: Warum Popmusikforschung? In: PopScriptum Nr. 1/92, S. 43-67, abgerufen unter http://www2.hu-berlin.de/fpm/list am 13.07.03.

Sheperd, John: Music and male hegemony. In: Leppert, Richard/McClary, Susan (Hg.): Music and Society. The politics of composition, performance and reception. Cambridge 1987, S. 151-172.

Shilling, Chris: The Body and Difference. In: Woodward, Kathryn (Hg.): Identity and Difference. London/Thousand Oaks/New Delhi 1997, S. 63-120.

Shuker, Roy: Key Concepts in Popular Music. London/New York 1998.

Sieber, Markus: Videoclips – Ökonomie, Ästhetik und soziale Bedeutung. In: medien + erziehung, 28. Jg. Nr. 4/1984, S. 194-201.

Siegert, Gabriele: Ökonomisierung der Medien aus systemtheoretischer Perspektive. In: Medien und Kommunikationswissenschaft, 49. Jg. 2/2001, S. 167-176.

Siegert, Gabriele: Die Beziehung zwischen Medien und Ökonomie als systemtheoretisches Problem. In: Mast, Claudia (Hg.): Markt – Macht – Medien. Publizistik im Spannungsfeld zwischen gesellschaftlicher Verantwortung und ökonomischen Zielen. Konstanz 1996, S. 43-55.

Signorelly, Nancy/McLeod, Douglas/Healy, Elaine: Gender Stereotypes in MTV Commercials: The Beat Goes On. In: Journal of Broadcasting & Electronic Media. Vol. 38, No. 1/1994, S. 91-101.

Smith, Stacy L./Boyson, Aaron R.: Violence in Music Videos: Examining the Prevalence and Context of Physical Aggression. In: Journal of Communication, March 2003, S. 61-83.

Smudits, Alfred: Die Kleinen und die Großen. Lokale und minoritäre Sounds und der globale Musikmarkt. In: ASPM (Arbeitskreis Studium Populärer Musik e.V.): Beiträge zur Popularmusikforschung. Heft 29/30: Heimatlose Klänge? Regionale Musiklandschaften – heute. Karben 2002, S. 34-55.

Springsklee, Holger: Video-Clips-Typen und Auswirkungen. In: Behne, Klaus-Ernst (Hg.): film – musik – video oder die Konkurrenz von Auge und Ohr. Regensburg 1987, S. 127-152.

Steinke, Ines: Gütekriterien qualitativer Forschung. In: Flick, Uwe/v. Kardorff, Ernst/dies. (Hg.): Qualitative Forschung. Ein Handbuch. Reinbek bei Hamburg 2000, S. 319-331.

Storey, John: Cultural Studies. An Introduction. In: ders. (Hg.): What is Cultural Studies? A reader. New York 1998, S. 1-13.

Strinati, Dominic: An introduction to theories of popular culture. London/New York 2000.

Stroebe, Wolfgang: Grundlagen der Sozialpsychologie I. Stuttgart 1980

Sturken, Marita/Cartwright, Lisa: Practices of looking. An introduction to visual culture. Oxford 2001.

Sun, Se-Wen/Lull, James: The Adolescent Audience for Music Videos and Why They Watch. In: Journal of Communication. Winter 1986, Vol. 36, No.1, S, 115-127.

Theurer, Marcus: Die heile Welt ist krisensicher. In: Frankfurter Allgemeine Zeitung vom 17.07.04, S. 18.

Theye, Thomas: Sexualität und Photographie vor 100 Jahren. In: Lorbeer, Marie/Wild, Beate (Hg.): Menschenfresser, Negerküsse. Das Bild vom Fremden im deutschen Alltag. Berlin 1991, S. 46-49.

Theye, Thomas: Gesucht: Die Adresse des Schneemenschen. In: ders. (Hg.): Wir und die Wilden. Einblicke in eine kannibalische Beziehung. Reinbek bei Hamburg 1985, S. 7-17.

Thomsen, Kai/Pape, Winfried: Zur Problematik der Analyse von Videoclips. ASPM (Arbeitskreis Studium Populärer Musik e.V.): Beiträge zur Popularmusikforschung 19/20: Step Across the Border. Neue musikalische Trends – neue massenmediale Kontexte. Hg. von Helmut Rösing. Karben 1997, S. 200-219.

Thwaites, Toni/Davis, Lloyd/Mules, Warwick: Introducing Cultural and Media Studies. A Semiotic Approach. Basingstoke/New York 2002.

Turner, Graeme: British Cultural Studies. An Introduction. 2. Aufl., London 1998.

Vaillant, Kristina: Fern-sehen. Verzerrte Weltbilder – eine Tradition. In: Lorbeer, Marie/Wild, Beate (Hg.): Menschenfresser, Negerküsse. Das Bild vom Fremden im deutschen Alltag. Berlin 1991, S. 88-93.

Velte, Jutta: Die Darstellung von Frauen in den Medien. In: Fröhlich, Romy/Holtz-Bacha, Christina (Hg.): Frauen und Medien. Eine Synopse der deutschen Forschung. Opladen 1995, S. 181-253.

Vernallis, Carol: The aesthetics of music video: an analysis of Madonna's ‚Cherish'. In: Popular Music (1998), Vol. 17/2, S. 153-185.

Vincent, Richard C./Davis, Dennis K./Boruszkowski, Lilly Ann: Sexism on MTV: The Portrayal of Women in rock Videos. In: Journalism Quaterley, Vol. 64, 1987, S. 750-756 und 941.

Waldschmidt, Anne: Der Humangenetik-Diskurs der Experten: Erfahrungen mit dem Werkzeugkasten der Diskursanalyse. In: Keller, Reiner/Hirseland, Andreas/Schneider, Werner/Viehöver, Willy (Hg.): Handbuch Sozialwissenschaftliche Diskursanalyse. Bd. 2: Forschungspraxis. Opladen 2003, S. 147-168.

Wallbott, Harald G.: Sex, Violence, and Rock 'n' Roll – Zur Rezeption von Musikvideos unterschiedlichen Inhalts. In: Medienpsychologie, Jg. 4 (1992), Heft 1, S. 3-14.

Walser, Robert: Forging Masculinity: Heavy Metal Sounds and Images of Gender. In: Frith, Simon/Goodwin, Andrew/Grossberg, Lawrence (Hg.): Sound and Vision. The Music Video Reader. London/New York 1993, S. 153-181.

255

Weber, Stefan: Was steuert Journalismus? Ein System zwischen Selbstreferenz und Fremdsteuerung. Konstanz 2000.

Wedgwood, Nikki/Connell, Robert W.: Männlichkeitsforschung: Männer und Männlichkeiten im internationalen Forschungskontext. In: Becker, Ruth/Kortendiek, Beate (Hg.): Handbuch Frauen- und Geschlechterforschung. Theorie, Methoden, Empirie. Wiesbaden 2004, S. 112-121.

Weiderer, Monika: Das Frauen- und Männerbild im deutschen Fernsehen. Eine inhaltsanalytische Untersuchung der Programme von ARD, ZDF und RTL Plus. Regensburg 1993.

Weigel, Sigrid: Die nahe Fremde – das Territorium des ‚Weiblichen'. Zum Verhältnis von ‚Wilden' und ‚Frauen' im Diskurs der Aufklärung. In: Koebner, Thomas/Pickerodt, Gerhart (Hg.): Die andere Welt. Studien zum Exotismus. Frankfurt a.m. 1987, S. 171-194.

Welke, Jan Ulrich: Zweckoptimismus ist das Gebot der Branche. In: Stuttgarter Zeitung vom 12.09.05, S. 14

Wenzel, Ulrich: Pawlows Panther. Zur Rezeption von Musikvideos zwischen bedingtem Reflex und zeichentheoretischer Reflexion. In: Neumann-Braun, Klaus (Hg.): VIVA MTV! Popmusik im Fernsehen. Frankfurt a.m. 1999, S. 45-73.

Wetterer, Angelika: Konstruktion von Geschlecht: Reproduktionsweisen der Zweigeschlechtlichkeit. In: Becker, Ruth/Kortendiek, Beate (Hg.): Handbuch Frauen- und Geschlechterforschung. Theorie, Methoden, Empirie. Wiesbaden 2004, S. 122-131.

Whiteley, Sheila: Seduced by the sign. An analysis of the textual link between sound and image in pop videos. In: dies. Sexing the groove. Popular music and gender. London/New York 1997, S. 259-276.

Wicke, Peter: Sound-Technologien und Körper-Metamorphosen. Das Populäre in der Musik des 20. Jahrhunderts. In: ders. (Hg.): Rock- und Popmusik (Handbuch der Musik im 20. Jahrhundert, Bd. 8). Laaber 2001, S. 11-60.

Wicke, Peter: Von Mozart zu Madonna. Eine Kulturgeschichte der Popmusik. Leipzig 2001.

Wicke, Peter: Popmusik – Konsumfetischismus oder kulturelles Widerstandspotential? Gesellschaftliche Dimensionen eines Mythos. In: Henger, M./Prell, M.: Popmusic yesterday today tomorrow. Regensburg 1995, S. 21-35, abgerufen unter http://www2.hu-berlin.de/fpm/list.htm am 13.07.03.

Wicke, Peter: „Video Killed the Radio Star". Glanz und Elend des Musikvideos. In: Positionen – Beiträge zur Musik, 1994/18, S. 7 ff, keine genaueren Seitenangaben, abgerufen unter http://www2.hu-berlin.de/fpm/list.htm am 13.07.93.

Wicke, Peter: Popmusik als Industrieprodukt. In: ders.: Vom Umgang mit Popmusik. Berlin 1993a (keine Seitenangaben), abgerufen unter http://www2.hu-berlin.de/fpm/list.htm am 13.07.03.

Wicke, Peter: Popmusik als Medium im Klang. In: ders.: Vom Umgang mit Popmusik. Berlin 1993b, S. 66-88, abgerufen unter http://www2.hu-berlin.de/fpm/list.htm am 13.07.03.

Wicke, Peter: „Populäre Musik" als theoretisches Konzept. In: PopScriptum Nr. 1/92, S. 6-42, abgerufen unter http://www2.hu-berlin.de/fpm/list.htm am 13.07.03.

Wicke, Peter/Ziegenrücker, Kai-Erik und Wieland: Handbuch der populären Musik. 4. Aufl. 2004.

Wilkens, Katrin: Das MTV-Geheimnis. In: Allegra Nr. 11/2003, S. 40-48.

Willems, Herbert/Kautt, York: Der Körper in der Werbung: Überlegungen zu den Sinnbezügen und Formen seiner Inszenierung. In: Rundfunk und Fernsehen, 47. Jahrgang 1999/4, S. 515-530.

Wimmer, Fred: Die Musikkanäle MTV und VIVA. In: medien + erziehung, 39. Jg. Nr.1/Februar 1995, S. 23-25.

Winter, Rainer: Cultural Studies. In: Flick, Uwe/v. Kardorff, Ernst/Steinke, Ines (Hg.): Qualitative Forschung. Ein Handbuch. Reinbek bei Hamburg 2000, S. 204-213.

Winter, Rainer: Spielräume des Vergnügens und der Interpretation. Cultural Studies und die kritische Analyse des Populären. In: Engelmann, Jan (Hg.): Die kleinen Unterschiede. Der Cultural Studies Reader. Frankfurt a.M./New York 1999, S. 35-48.

Winter, Rainer: Dekonstruktion von Trainspotting. Filmanalyse als Kulturanalyse. In: Texte. Sonderheft der Zeitschrift medien praktisch. Nr. 1/Oktober 1998, S. 38-49.

Winter, Rainer: Cultural Studies als kritische Medienanalyse. Vom ‚encoding/decoding'-Modell zur Diskursanalyse. In: Hepp, Andreas/ders. (Hg.): Kultur – Medien – Macht. Cultural Studies und Medienanalyse. Opladen 1997, S. 47-63.

Wollrad, Eske: Weißsein im Widerspruch. Feministische Prespektiven auf Rassismus, Kultur und Religion. Königstein/Taunus 2005.

Woodward, Kathryn: Concepts of Identity and Difference. In: dies. (Hg.): Identity and Difference. London/Thousand Oaks/New Delhi 1997, S. 7-61.

Wulff, Hans J.: The Cult of Personality – Authentisch simulierte Rockvideos. In: Neumann-Braun, Klaus (Hg.): VIVA MTV! Popmusik im Fernsehen. Frankfurt a.M. 1999, S. 262-276.

Zillmann, Dolf/Bhatia, Azra: Effects of Associating with Musical Genres on Heterosexual Attraction. In: Communication Research. Vol. 16, No. 2/April 1989, S. 263-288.

Zillmann, Dolf/Mundorf, Norbert: Image Effects in the Appreciation of Video Rock. In: Communications Research, Vol. 14, No. 3/June 1987, S. 316-334.

van Zoonen, Liesbet: Feminist Media Studies. London/Thousand Oaks/New Delhi 1994.

Zurstiege, Guido: Mannsbilder – Männlichkeit in der Werbung. Eine Untersuchung zur Darstellung von Männern in der Anzeigenwerbung der 50er, 70er und 90er Jahre. Opladen/Wiesbaden 1998.

Internetseiten ohne Angabe des Autors:

http://www.clipland.de/Wissen/Musikvideos/ (Stand: 29.10.03)

http://www.ifpi.de (Stand: 12.09.04)

http://www.ifpi.de/jb/2004/absatz.pdf (Stand: 12.09.04)

http://www.ifpi.de/jb/2003/54-60.pdf (Stand: 12.09.04)

http://www.mtv-media.de/html/index.html (Stand: 12.09.04)

http://www.mtv.de/20jahre/mtv20jahre.rtf (Stand: 12.09.04)

http://www.riaa.com (Stand: 12.09.04)

htttp://www.sinus-milieus.de (Stand: 14.11.2002)

ANHANG

Codierbogen

Kassette Nr.

Interpret:_____

Titel:_____

Jahr:_____

Land:_____

Stil:_____

Sprache:_____

Kategorie:_____

Darsteller:_____

Soundtrack:_____

Besetzung:_____

Visuell dargestellt?:_____

Geschlecht Einzelinterpret:_____

Ethnizität Einzelinterpret:_____

Geschlecht Duo:_____

Ethnizität Duo:_____

Geschlecht Band:_____

Ethnizität Band:_____

Geschlecht Darsteller:_____

Ethnizität Darsteller:_____

Qualitative Analyse?:_____

Codierung

Interpret

Jahr

Land
1 USA
2 GB
3 restliches Europa
4 Andere
5 USA & GB (Duo)
6 USA & restl. Europa (Duo)
7 USA & andere (Duo)
8 GB & restl. Europa (Duo)
9 GB & andere (Duo)
10 Andere & andere (Duo)

Stil
1 Rock / Pop / Soul / R'n'B (Mainstream)
2 Rap / HipHop
3 Dance / Techno / Elektro
4 Andere

Sprache
1 englisch
2 andere
3 gem.: engl. & andere
4 gem.: andere
5 keine

Kategorie
1 Performance
2 Konzeptperformance
3 reines Konzept

Darsteller
1 große Menge
2 kleine Menge
3 einzelne
4 keine
5 große & kleine
6 große & einzelne
7 kleine & einzelne

| Soundtrack | 1 ja |
| | 2 nein |

Besetzung	1 Sänger
	2 Duo
	3 Band

| Visuell Dargestellt? | 1 ja |
| | 2 nein |

Geschlecht Sänger	1 männlich
	2 weiblich
	3 gemischt (Duos)

Ethnizität Sänger	1 europäischstämmig (Euro-Europäer)
	2 nordafrikanisch-vorderasiatischstämmig (Orientalen)
	3 vorderindischstämmig (Singhalesen, Bengalen, Kaschmiri)
	4 afrikanischstämmig (Schwarzafrikaner)
	5 asiatischstämmig (Fernost- und Südostasien)
	6 amerikanischstämmig (Indianer)
	7 arktischstämmig (Inuit)
	8 australisch-ozeanischstämmig (Aborigenes und Melanesier)
	9 pazifischstämmig (Poly- und Mikronesier)
	10 gemischt (Duos)
	11 Andere (nicht zuzuordnen / gemischt)

Geschlecht Duo	1 männlich
	2 weiblich
	3 gemischt

Ethnizität Duo	1 weiß
	2 nicht-weiß (gemischt)
	3 nicht-weiß: afrikanischstämmig
	4 gemischt: afrikanisch- & europäischstämmig
	5 gemischt: afrikanisch- & europäischstämmig & andere
	6 gemischt: europäischstämmig & andere

Geschlecht Band	1 männlich
	2 weiblich
	3 gemischt

Ethnizität	1 weiß
Band	2 nicht-weiß (gemischt)
	3 nicht-weiß: afrikanischstämmig
	4 gemischt: afrikanisch- & europäischstämmig
	5 gemischt: afrikanisch- & europäischstämmig & andere
	6 gemischt: europäischstämmig & andere

Geschlecht	1 männlich
Darsteller	2 weiblich
	3 gemischt

Ethnizität	1 weiß
Darsteller	2 nicht-weiß (gemischt)
	3 nicht-weiß: afrikanischstämmig
	4 gemischt: afrikanisch- & europäischstämmig
	5 gemischt: afrikanisch- & europäischstämmig & andere

Qualitative	1 ja
Analyse?	2 nein
	3 vielleicht

Vorstudie

Datenbasis

Materialbasis für die Vorstudie war die im Jahr 2003 von MTV herausgebrachte Doppel-DVD *20 Years of Pop*, welche insgesamt 50 Videoclips aus den Jahren 1981 bis 2001 beinhaltet. Jedes Jahr ist mit einem bis vier Titeln vertreten, wobei insgesamt mehr Stücke aus den 1990ern repräsentiert sind. Insgesamt verteilten sich die Clips folgendermaßen (in 5-Jahres-Schritten): Je 11 Titel aus den Jahren 1981 bis 1985 und 1986 bis 1990 sowie je 14 Titel aus den Jahren 1991 bis 1995 und 1996 bis 2001.

Die Sängerin des Pop-Duos Eurythmics, Annie Lennox, ist in zwei Clips zu sehen – einmal als Mitglied der Eurythmics und einmal als Solo-Interpretin. Ansonsten ist kein Einzelinterpret bzw. keine Band doppelt vertreten.

Die Mehrzahl der auf der DVD vertretenen Interpreten ist amerikanischer oder britischer Herkunft (33 Titel). Konkret sieht die Verteilung wie folgt aus: Großbritannien 17 Titel, USA 16, Deutschland 7, Australien 3, Finnland 2 und Österreich, Israel, Kanada, Spanien und Frankreich jeweils ein Titel. Davon wird ein Song in französischer Sprache gesungen und je einer in englisch/spanisch bzw. englisch/deutsch. Zwei Titel werden komplett in deutscher Sprache gesungen und bei dem Titel *Rock Me Amadeus* des österreichischen Interpreten Falco wird nur der kurze Refrain "Rock me Amadeus" englisch gesungen, die Strophen hingegen deutsch. Der nicht-englische Teil des Liedes von Ofra Haza konnte keiner Sprache mit endgültiger Sicherheit zugeordnet werden. Aufgrund ihrer israelischen Herkunft wird jedoch angenommen, dass es sich um Hebräisch handelt.

Bei den einzelnen Stücken handelt es sich um sehr bekannte, auch heute noch oft im (deutschen) Radio gespielte Titel. In der An- oder Abmoderation, die allerdings nicht bei jedem Clip stattfindet, wird oft darauf verwiesen, dass der Song wochenlang auf Platz 1 der Charts stand – häufig allerdings ohne einen Verweis, um welche Charts es sich dabei handelt.

Die quantitative Auswertung der Clips fokussierte sich entsprechend der Fragestellung auf die beiden Faktoren ‚Ethnizität' und ‚Geschlecht'. Zunächst wurden als formale Daten Jahr, Titel und Einzelinterpret bzw. Band sowie der visuelle Darstellungsmodus (Performance, Konzeptperformance oder reines Konzept) des jeweiligen Clips erhoben. Festgehalten wurde weiterhin der Musikstil des Songs. Die Kategorien ‚Musikstil' und ‚Darstellungsmodus' sollten dabei lediglich eine grobe Orientierungslinie bei der ersten Erfassung des Materials darstellen, um die Erinnerung bei den späteren Durchgängen der Codierbögen zu erleichtern. Festgehalten wurden außerdem Geschlecht und Ethnizität der Interpreten sowie der im Video zusätzlich gezeigten Darsteller. In diesem Zusammenhang wurde auch die Menge der sonstigen gezeigten Personen grob eingeschätzt, d.h. mit zusätzlichen Bemerkungen versehen (z.b. viele Menschen auf der Straße, Gruppe von Jugendlichen, Liebespaar usw.).

Zur Thematisierung nicht-weißer Darsteller ‚im Titel', ‚visuell' und ‚musikalisch' wurde in Stichworten kurz festgehalten, wie und in welchem Rahmen die betreffenden Personen dargestellt werden (z.b. ‚afrikanischstämmiger Darsteller, als Mohr inszeniert, in einer Menge von europäischstämmigen, im Rokokostil gekleideten Menschen'). Diese Stichpunkte waren Grundlage für die anschließende Clusterbildung von ‚Inszenierungsstrategien'. Ein zusätzliches Feld wurde freigehalten für sonstige Bemerkungen, etwa wenn es sich bei einem Clip um ein Stück aus einem Film-Soundtrack handelt. Die zu Beginn eines Videos eingeblendete und im Codierbogen festgehaltene Angabe der Internet-Adresse der jeweiligen Interpreten bzw. des Labels diente der späteren zusätzlichen Information über das Internet.

Nach einem ersten Auswertungsdurchgang wurde der Codierbogen nochmals überarbeitet, d.h. die Kategorien wurden differenziert und in einer Codieranleitung präzise beschrieben.

Codierbogen

Kassette:	Codierbogen-Nr.

Jahr:

Titel: Musikstil:

Interpret: Band:

Geschlecht und Ethnizität des Interpreten:

Geschlecht und Ethnizität der Band:

Menge der Darsteller (Einschätzung):

Geschlecht der Darsteller:

Ethnizität der Darsteller:

Thematisierung nicht-weißer Darsteller:

im Titel:

visuell:

musikalisch:

Kategorie des Clips:

Bemerkungen:

Internet-Adresse:

Musikstil: Beim Musikstil wird unterschieden nach Rock, Pop, Rap/HipHop, Soul/R 'n' B und Dance/Techno/elektronische Musik. Stile wie Hard Rock, Heavy Metal oder Grunge werden unter die Kategorie ‚Rock' gefasst. Alles, was nicht unter diese Kategorien zu fassen ist (z.b. Reggae oder Blues), wird extra aufgeführt. Bei Schwierigkeiten, den Stil eines Titels zu erfassen, wird dies mit einem Fragezeichen vermerkt.

Ethnizität und Geschlecht des Interpreten: Basierend auf der übergeordneten Fragestellung der Arbeit interessiert bei der Erfassung der Ethnizität des Interpreten zunächst die Dichotomie ‚weiß' – ‚nicht-weiß'. Darüber hinaus soll ggf. die phänotypische ethnisierte Herkunft (im Sinne von afrikanischstämmig, asiatischstämmig etc.) festgehalten werden. Diese Herangehensweise begründet sich darin, dass das ‚Andere' sowohl medial als auch im Alltag zunächst einmal visuell wahrgenommen und so auch konstruiert wird. Die Kategorie ‚Geschlecht' wird gemäß dem hegemonialen Diskurs in männlich/weiblich eingeteilt.

Ethnizität und Geschlecht der Band: Das gleiche wie für die Erfassung der Ethnizität der Einzelinterpreten gilt auch für Bands. Soweit im Video ersichtlich, soll auch erfasst werden, um wieviele sichtbare Mitglieder es sich handelt und wer davon welcher Ethnizität bzw. welchem Geschlecht zuzuordnen ist. Der Übersichtlichkeit halber soll dabei zwischen Instrumentalisten und Sängern unterschieden werden. Backgrounddarsteller (Sänger und Tänzer) werden extra erfasst.

Menge der Darsteller: Bei den Darstellern handelt es sich um alle Personen, die nicht der unmittelbaren Übermittlung des Songs zuzurechnen sind (die also nicht als Sänger oder Instrumentalisten fungieren). Angegeben werden soll, ob es sich im jeweiligen Clip um nicht zu erfassende größere Menschenmengen handelt (entweder 'kompakt', z.B. wenn eine Demonstration oder eine Festgesellschaft gezeigt wird oder ‚verteilt', durch z.B. Menschen, die über eine Straße laufen), überschaubare Gruppen (z.B. Schulklassen, Cliquen) oder wenige, einzeln zu erfassende Personen.

Geschlecht der Darsteller: Je nach Anzahl der Darsteller ist festzuhalten, ob es sich um eine gemischte Gruppe handelt, ob dabei ein Geschlecht überwiegt oder nur vereinzelt repräsentiert ist oder ob nur ein männlicher bzw. ein weiblicher Darsteller gezeigt wird. Bei kleinen Gruppen soll die Geschlechtszuordnung zahlenmäßig belegt werden (z.B. 2 Frauen, 1 Mann).

Ethnizität der Darsteller: Entsprechend soll die Ethnizität der Darsteller, soweit es möglich ist, diese entsprechend visueller Markierungen zuzuordnen, aufgeführt werden, sofern es sich um wenige, einzeln erfassbare Personen handelt. Bei größeren Menschenmengen soll bei der Darstellung von weißen und nicht-weißen Personen das ungefähre Verhältnis angegeben werden. D.h. ,homogene Gruppe', ,ungefähr gleiche Verteilung', ,Überwiegen einer Gruppe', ,sehr vereinzelte Darstellung einer Gruppe', ,Einzeldarstellung einer Person' usw.

Thematisierung nicht-weißer Darsteller: Festgehalten werden soll zunächst, auf welcher Ebene das ,Nicht-Weiße' thematisiert wird, d.h. textlich, musikalisch oder visuell. Der Einfachheit halber werden auf der textlichen Ebene nur die Songtitel berücksichtigt (z.B. *Walk Like An Egyptian* von den Bangles). Visuell kann es sich bei der Thematisierung des Anderen sowohl um einen direkten Bezug zu nichtweißen Darstellern handeln als auch um symbolische Übernahmen des ,Anderen' durch ,Weiße', z.B. wenn eine europäischstämmige Sängerin ein indisches Kostüm anlegt. Auf musikalischer Ebene sollen jene Songs erfasst werden, in denen als ,weiß' markierte Musiker nicht-weiß konnotierte musikalische Elemente übernehmen. Wenn sie also z.B. rappen, Reggae-Musik machen oder scratchen.

Kategorie des Clips: Kategorie bezieht sich hier auf die Darstellungsebenen bzw. das visuelle Konzept eines Clips. Um die Erhebung möglichst übersichtlich zu halten, werden in diesem ersten quantitativen Schritt drei Kategorien unterschieden: ,Performance' (P), ,Konzeptperformance' (KP) und ,reines Konzept' ohne Interpreten (K).

Ein *Performance-Clip* liegt dann vor, wenn in der visuellen Umsetzung eines Songs lediglich auf die Darstellung des Singens bzw. Musizierens der Interpreten referiert wird. Wenn also außer dem Musizieren und Singen und damit in Verbindung stehenden Handlungen (z.B. Tanzen) keine Vorgänge gezeigt werden. Dabei spielt zunächst keine Rolle, in welchem Rahmen, also in welcher ,Kulisse', die Performance stattfindet.

Das *,reine' Konzept* ist sozusagen das Gegenteil der Performance. D.h. die Sänger bzw. Musiker treten nicht im Rahmen einer stimmlichen oder instrumentalen Präsentation eines Stückes in Erscheinung; sie singen und musizieren also nicht bzw. treten im Musikvideo gar nicht in Erscheinung.

Die *Konzeptperformance* ist eine Mischform von Performance und reinem Konzept. D.h. die Interpreten sind sowohl singend und musizierend als auch bei anderen Handlungen zu sehen (z.B. Autofahren, Laufen durch wechselnde Szenen, Interaktion mit Menschen oder außermusikalischen Gegenständen) oder es werden sonstige Darsteller, Landschaften, Gegenstände etc. gezeigt. Vereinfacht könnte man sagen: als Konzeptperformance werden alle Clips bezeichnet, in der neben der stimmlichen und instrumentalen Präsentation eines Stückes in einer bestimmten Kulisse auch noch andere Dinge zu sehen sind.

Auswertung

Allgemeine Daten

32 der insgesamt 50 Titel sind von Bands, 18 von Einzelinterpreten – wobei auch solche Songs als Titel von Einzelinterpreten gezählt wurden, für die sich normalerweise alleine singende Interpreten zusammengetan haben (z.B. Kylie Minogue und Nick Cave). Von den 32 vertretenen Bands sind die Mitglieder von 21 Gruppen europäischstämmig, von 4 Bands afrikanischstämmig und von einer Band spanisch. 6 Bands sind gemischt (afrikanisch- und europäischstämmig). Was die Einzelinterpreten betrifft, so sind 12 europäischstämmig, 4 afrikanischstämmig, eine Interpretin ist israelischer Herkunft und der Interpret eines Titels ist im Video selbst nicht zu sehen (aber europäischstämmig).

Was die Geschlechterkategorien betrifft, so waren die Mitglieder von 23 der insgesamt 32 Bands ausschließlich männlich, von 2 Bands weiblich und von 7 Bands männlich und weiblich. Bei vier dieser gemischten Bands bestand der ‚weibliche Anteil' der Gruppe aus einer Frontsängerin. Von den insgesamt 18 Einzelinterpreten waren je 8 männlich und 8 weiblich. Zwei unter die Kategorie ‚Einzelinterpret' gefasste Titel wurden von einer Frau und einem Mann gesungen (Nick Cave und Kylie Minogue sowie Thomas D. und Franka Potente). Nur zwei der Solointerpretinnen – Ofra Haza und Toni Braxton – waren nicht-weiß.

Den musikalischen Stil der einzelnen Titel betreffend lässt sich ungefähr die Hälfte der Songs dem Pop-Mainstream zurechnen (ca. 25 Titel). Daneben gibt es einige Rocksongs und Rockballaden sowie Rap-Titel, Elektro- bzw. Dance-Stücke, und Songs, die keinen spezifischen Mainstream-Stil vertreten. Diese Klassifikation ist noch sehr grob und insofern mit Vorsicht zu behandeln, da zum einen die eindeutige Zuordnung eines Titels zu einem bestimmten Stil nur schwer möglich ist, zum anderen eine solche Zuordnung der stilistischen Komplexität eines Titels in den meisten Fällen nicht gerecht wird. Aus diesem Grund werden im Zusammenhang mit der quantitativen Erhebung des Materials nur grob die dominierenden Musikstile festgehalten.

Selektion des Materials gemäß der Fragestellung

Im Anschluss an die Erfassung aller Clips und das Ausfüllen der Codierbögen wurden die einzelnen Clips zu Gruppen (Clustern) zusammengefasst. Dieser Prozess folgte einer negativen Selektion auf der Grundlage der Fragestellung. D.h. alle Videos, die für die Frage, wie nicht-weiße Personen in Clips von weißen Interpreten dargestellt werden, *nicht* relevant waren, wurden aussortiert. Insgesamt waren dies 32 Clips, die zu folgenden Gruppen zusammengefasst wurden:

1. Clips, in denen ausschließlich weiße oder gar keine Darsteller zu sehen sind, und die sowohl im Titel als auch musikalisch oder visuell keinen Bezug zu nicht-weißen Ethnizitäten erkennen lassen. Insgesamt waren dies 15 Clips: Soft Cell: Tainted Love (GB, 1981), Men At Work: Down Under (Australien, 1982), OMD: Maid of Orleans (USA, 1982), Talk Talk: Such A Shame (GB, 1984), Annie Lennox: Why (GB, 1992), Depeche Mode: I Feel You (GB, 1993), 4 Non Blondes: What's Up (USA, 1993), Lucilectric: Mädchen (D, 1994), Nick Cave & Kylie Minogue: Where The Wild Roses Grow (Australien, 1995), Guano Apes: Open Your Eyes (1997), N'SYNC: Tearin' Up My Heart (1997), Thomas D. & Franka Potente: Wish (D, 1998), Him: Join Me (Finnland, 1999), Bomfunk MC's: Freestyler (Finnland, 2000), Reamonn: Supergirl (D, 2000).

2. Clips, in denen ein oder mehrere Mitglieder der Band (zahlenmäßige Minderheit) nicht-weiß sind, die jedoch nicht auf besondere Art inszeniert werden. D.h. sie werden wie die anderen Bandmitglieder auch beim Musizieren gezeigt. Im Musikvideo von Babylon Zoo ist außerdem mindestens eine nicht-weiße Person in einer Menschenmenge zu sehen, die jedoch nicht weiter hervorgehoben wird. 3 Clips: Simple Minds: Don't You Forget About Me (GB, 1985), Babylon Zoo: Spaceman (GB, 1996), Moloko: The Time Is Now (GB, 2000).

3. Clips von weißen Interpreten, in denen große Menschenmengen bzw. größere Menschengruppen – Menschen auf der Straße, Konzertpublika, Partygäste etc. – gezeigt werden, in denen Weiße und Nicht-Weiße (mit unterschiedlichen Anteilen) erkennbar sind, die aufgrund der Masse jedoch nicht auf besondere Art und Weise thematisiert werden. 3 Clips: The Bangles: Manic Monday (USA, 1986), John Farnham: You're The Voice (Australien, 1987), Dido: Here With Me (GB, 2001)

4. Clips von nicht-weißen Interpreten, in denen ausschließlich nicht-weiße Darsteller zu sehen sind. Insgesamt 3: Ofra Haza: I'm Nin Alu (Israel, 1988), Snap: Rhythm is a Dancer (D, 1992), Shaggy: Boombastic (USA, 1995).

5. Clips von nicht-weißen Interpreten, in denen weiße Darsteller als Teil einer Menschenmasse bzw. einer großen Gruppe von Menschen vorkommen. 2 Clips: Tone Loc: Funky Cold Medina (USA, 1989) und Toni Braxton: Un-Break My Heart (USA, 1996).

6. Clips von nicht-weißen Interpreten, in denen weiße Darsteller als Individuen, d.h. jenseits eines Erscheinens in großen Menschengruppen, individuell dargestellt werden. In einem Fall (Londonbeat) handelt es sich dabei um ein weißes Bandmitglied: 6 Clips: Bobby McFerrin: Don't Worry, Be Happy (USA, 1988), Londonbeat: I've Been Thinking About You (GB, 1990), Naughty By Nature: OPP (USA, 1991),

Faithless: Insomnia (GB, 1995), TLC: Waterfalls (USA, 1995), Los Del Rio: Macarena (Spanien, 1996).

Die vorgenommene Clusterbildung macht deutlich, dass die notwendige Eingrenzung des Materials auf der Grundlage der Fragestellung einige Aspekte ausblendet. So wäre es beispielsweise im Hinblick auf die Gruppen 2 und 3 interessant, genauer festzustellen, in welchem Verhältnis die zeitliche und quantitative Präsenz von nicht-weißen und weißen Darstellern in entsprechenden Musikvideos zueinander steht, wie und in welchem Kontext sie gezeigt werden usw. Obwohl auch eine genauere Untersuchung von Musikvideos dieser Gruppen interessant und aufschlussreich wäre, werden diese Clips in den Materialkorpus für die qualitative Analyse nicht miteinbezogen. Zum einen aus technischen Gründen – das Einbeziehen dieser Clips würde eine gründliche und adäquate qualitative Analyse des Materials aufgrund der auf diese Weise entstehenden Menge an Videos unmöglich machen. Zum anderen aus inhaltlichen Gründen: Die durchzuführende Untersuchung richtet den Fokus des Interesses auf die Darstellung von als ‚nicht-weiß' markierter Ethnizität. Darstellung bedeutet in diesem Fall, dass solche Musikvideos in die qualitative Analyse einbezogen werden sollen, in denen nicht-weiße Ethnizität jenseits ihres bloß deskriptiven Erscheinens in der Masse bedeutsam wird. Auf der visuellen Ebene heißt dies, dass neben der Verwendung nicht-weißer Symbole durch Weiße (z.B. das Tragen eines indischen Saris) jene Darsteller von Interesse sind, denen eine bestimmte, herausgehobene Rolle in einem Musikvideo zugewiesen wird und in deren Inszenierung die Individualität eines Schicksals, eines Charakters oder einer Handlung sichtbar wird.

Strukturierung des Materialkorpus durch Clusterbildung

Die Clusterbildung der übrig gebliebenen 18 Musikvideos erwies sich aufgrund der Vielfalt der gezeigten Darstellungsmuster als schwierig. Die gebildeten Gruppen stellen von daher eine erste Möglichkeit der Clusterbildung dar, die nach der Erfassung des Hauptmaterials – der 426 auf VHS-Kassetten aufgenommenen Clips – nochmals überprüft werden muss.

Aussortiert wurden zunächst zwei Clips: Der Titel *19* des Engländers Paul Hardcastle sowie *Walk This Way* von den amerikanischen Gruppen Rum DMC und Aerosmith.

In *19* wird ausschließlich filmdokumentarisches Material aus dem Vietnamkrieg verwendet. Zu sehen sind in den meisten Szenen amerikanische weiße und nicht-weiße Soldaten, die Übrigen zeigen vietnamesische Zivilisten und nicht-uniformierte Kämpfer. Auch hier wäre es interessant, die gewählten Szenen sowie die Häufigkeit bestimmter Einstellungen einer genaueren Analyse zu unterziehen.

Aufgrund der Tatsache, dass es sich hier um die Verwendung bereits bestehenden Materials handelt und nicht um die gezielte Inszenierung von visuellen Inhalten für die Umsetzung eines Songs in Bilder, wurde das Video nicht in den Materialkorpus einbezogen.

Walk This Way wird gemeinsam inszeniert von der weißen Rockband Aerosmith und der afroamerikanischen Rapgruppe Run DMC. Der Clip zeigt, wie die beiden Gruppen in zwei nebeneinanderliegenden Räumen versuchen zu musizieren und jeweils von der Musik im benachbarten Raum gestört und unterbrochen werden. Dies geht solange, bis der Sänger von Aerosmith, Steven Tylor, wütend ein Loch in die trennende Wand bricht. Zum Schluss des Clips sieht man dann beide Gruppen auf einer Bühne vor großem Publikum gemeinsam auftreten. Walk This Way ist ein frühes Beispiel für die v.a. ab dem Ende der 1990er äußerst erfolgreich betriebene Vermischung von Rap-Gesang mit dem Rock- und Pop-Mainstream. Da im vorliegenden Fall sowohl eine weiße als auch eine nicht-weiße Gruppe an der Inszenierung des Stückes beteiligt sind, es sich also nicht um ein Musikvideo eines weißen Interpreten handelt, in dem nicht-weiße Ethnizität dargestellt wird, wird dieser Titel nicht in den Materialkorpus aufgenommen.

Die verbleibenden 16 Videos wurden in folgende Gruppen aufgeteilt:
1. Clips, die sich visuell auf nicht-weiße Ethnizität beziehen, jedoch ausschließlich weiße Darsteller zeigen. Unterschieden werden kann hier zwischen einzelnen *Verweisen* auf nicht-weiße Ethnizität und der ‚*Übernahme*' nicht-weißer Ethnizität. 3 Videos: *Sweet Dreams* von den Eurythmics (GB, 1983) zeigt Annie Lennox und David A. Stewart in einer Szene in Meditationshaltung sitzend, zusätzlich trägt die Sängerin das für traditionelle Inderinnen typische Stirnmal. In dem Video *Voyage, Voyage* von Desireless (F, 1987) wird auf Elemente fremder Kulturen verwiesen: Zu sehen ist, wie verschiedene Dias an die Wand eines Zimmers geworfen werden. Darunter zeigen zwei eine Art Beduinenskulptur sowie ein indisch anmutendes, altes Gemälde. *Jein* von der HipHop-Band Fettes Brot (D, 1996) spielt komplett in einem mexikanisch inszenierten Setting. Zu sehen sind eine wüstenartige Landschaft mit Geröll, Felsen und Kakteen sowie ein Mais verarbeitender Bauen. Die Bandmitglieder sind, was die Kleidung betrifft, als ‚typische' Mexikaner inszeniert, reiten auf Eseln und haben große Schnurrbärte angeklebt.

2. Videos, in denen Nicht-Weiße – in diesem Fall afrikanischstämmige Menschen – als Tänzer fungieren. Auch hier gibt es wieder verschiedene Varianten. 3 Videos: In *Genie In A Bottle* von Christina Aguilera (USA, 1999) sind drei Gruppen von Darstellern zu sehen: Eine Mädchenclique (Weiße und Nicht-Weiße), eine Jungenclique (nur Weiße) sowie eine Gruppe von Tänzern (überwiegend nicht-weiß, alle männlich bis auf die Sängerin). Zwar wird hier kein Tänzer besonders hervorgehoben, interessant ist jedoch die Tatsache, dass eine Gruppe ausschließlich weißer

Jungen um eine ethnisch gemischte Gruppe von Mädchen buhlt und in den dazwischengeschnittenen Tanzszenen mit der Interpretin fast ausschließlich nicht-weiße Tänzer zu sehen sind. Dieses Prinzip der Inszenierung nicht-weißer Tänzer, verbunden mit Körperbeherrschung, Athletik und Erotik, kommt in zwei weiteren Clips vor. Im Gegensatz zu Genie In A Bottle werden die Tänzer hier jedoch explizit hervorgehoben. In *Never Gonna Give You Up* von Rick Astley (GB, 1987) sind fünf Darsteller zu sehen: Drei weiße Tänzerinnen, sowie ein europäischstämmiger und ein afrikanischstämmiger Tänzer. Der weiße Tänzer taucht nur am Ende des Videos kurz auf, während sich die Figur des schwarzen Tänzers wie ein roter Faden durch den Clip zieht. Zuerst sieht man ihn als fröhlich lächelnden, sich im Takt zum Gesang von Rick Astley bewegenden Barkeeper hinter einem Tresen. In der Hand hält er ein Handtuch, mit dem er zwischenzeitlich den Tresen bzw. Gläser abwischt. Im weiteren Verlauf agiert er dann als Tänzer sowie, in einem anderen Kostüm, als Salto schlagender Akrobat. In *Tell It To My Heart* von Taylor Dayne (USA, 1988) gibt es neben der Sängerin noch zwei Tänzer – einen europäisch- und einen afrikanischstämmigen. Zuerst sieht man nur den farbigen Tänzer in einigen Einstellungen, beispielsweise auch in einem Close Up auf seine kreisenden Hüften, bevor auch der zweite, weiße Tänzer von der Kamera erfasst wird. Im Verlauf des Clips werden Körper und Gesicht des afrikanischstämmigen Tänzers dann wesentlich häufiger gezeigt.

3. Videos, in denen einzelne nicht-weiße Darsteller von der Kamera hervorgehoben werden. 3 Clips fallen unter diese Kategorie, in denen jeweils nur ein afrikanischstämmiger Darsteller zu sehen ist. In *Vienna* von Ultravox (GB, 1981) wird unter anderem eine Ballgesellschaft gezeigt, in der in einer kurzen Einstellung am Ende des Clips eine korpulente afrikanischstämmige Frau auftaucht, die mit einem jungen weißen Mann flirtet. Das Video zu *Rock Me Amadeus* von Falco (Österreich, 1985) zeigt eine größere, im Rokokostil gekleidete Gruppe von Menschen, darunter – in mehreren Einstellungen – einen als Mohr inszenierten afrikanischstämmigen Darsteller. In *Mmmh Mmmh Mmmh* von den Crash Test Dummies (Kanada, 1994) geht es um eine Theateraufführung von Kindern vor ihren Eltern, in der die Schicksale einzelner Kinder szenisch umgesetzt sind. Hier ist ein afrikanischstämmiges Kind zu sehen, das in einer Nebenrolle einen Polizisten spielt.

4. Clips, in denen nicht-weiße und weiße Darsteller in ähnlichen Rollen gezeigt werden. Dabei variieren die jeweiligen Häufigkeiten des Auftretens und der Grad der Individualisierung eines Charakters. 3 Videos: Ähnliche Rollen, von denen keine besonders hervorgehoben wird, finden sich in dem Clip *Narcotic* von Liquido (D, 1998). Zu sehen ist hier ein von stilisierten Hochhäusern umgebener Innenhof, in dem die Band spielt. Nach und nach öffnen sich Fenster, aus denen junge Leute schauen, die sich im Folgenden vor allem mit den Pflanzen in den vor den Fenstern

hängenden Blumenkästen beschäftigen. Gezeigt werden neben der Mehrzahl europäischstämmiger Darsteller verschiedene Personen asiatischer, afrikanischer und lateinamerikanischer Herkunft. Im Video *Runaway Train* der Gruppe Soul Asylum (USA, 1993) geht es um vermisste Kinder. Es werden sowohl Fotos von real vermissten amerikanischen Kindern, zusammen mit ihren Namen und dem Jahr, seit dem sie vermisst werden gezeigt als auch fiktive Szenen von weglaufenden Kindern. Drei Schicksale von weißen Kindern werden in diesem Zusammenhang konkreter thematisiert. Ein Junge, der zusieht, wie der Großvater seine Großmutter misshandelt und aus diesem Grund wegläuft, ein Mädchen, das aufgrund des Weglaufens zur Prostitution gezwungen wird und als Folge einer Vergewaltigung von einem Krankenwagen abgeholt wird und ein Säugling, der seiner Mutter aus dem Kinderwagen geraubt wird, nachdem sie diesen kurz vor einem Geschäft stehen gelassen hat. Von den 12 eingeblendeten Fotos zeigen 9 weiße Kinder, eins ein Kind afrikanischer und zwei – Aussehen und Namen nach zu urteilen – Kinder lateinamerikanischer Herkunft. Der eingeblendete Schriftzug "Mississippi, 1870" zu Beginn von *Karma Chameleon* der Gruppe Culture Club (GB, 1983) verweist auf Ort und Zeit der fiktiven Handlung. Zu sehen ist eine Gruppe von farbigen und weißen Darsteller, die am Ufer eines Flusses auf einen Dampfer warten. Gezeigt werden ärmlich und vornehm gekleidete Darsteller sowie drei Can Can-Tänzerinnen. Alle Gruppen bestehen sowohl aus Farbigen als auch aus Weißen. Hervorgehoben werden neben dem Sänger Boy George besonders eine arrogant wirkende, wohlhabend gekleidete farbige Frau sowie die ebenfalls wohlhabend gekleideten restlichen drei Mitglieder der Band, zwei weiß, einer farbig, und ein weißer Darsteller, der später als Taschendieb entlarvt wird und in Folge dessen von den übrigen Passagieren des Dampfers ins Wasser gestoßen wird.

5. Musikvideos, in denen nicht-weiße Darsteller im Sinne einer Narration, einer erzählten Geschichte, eine Rolle spielen, d.h. in denen Darsteller aneinandergereihte Handlungen vollziehen. Für diesen Fall gab es nur ein Beispiel innerhalb des Samples: *Two Princes* von den Spin Doctors (USA, 1993). Im Video konkurrieren das einzige nicht-weiße Bandmitglied (der Bassist) und ein dicker, unsympathisch dargestellter afrikanischstämmiger Darsteller in verschiedenen Szenen um eine hübsche Kellnerin.

6. Clips, die sich auf musikalischer Ebene auf nicht-weiße Musik beziehen. 3 Clips: In *Fight For Your Right* von den Beastie Boys (USA, 1985) und *Unbelievable* von E.M.F (USA, 1991) sind Rap- und Rock-Elemente miteinander vermischt. Während in dem Video zu Unbelievable, einem Konzertmitschnitt, jedoch ausschließlich weiße Darsteller zu sehen sind, sind bei Fight For Your Right bei einer Partyszene auch einige afroamerikanische Darsteller zu sehen. *Ice Ice Baby* von Vanilla Ice (USA, 1990) ist ein komplett gerappter Song; in dem dazugehörigen

Video sind fast ausschließlich afrikanischstämmige Darsteller zu sehen und das für den Rap typische Ghetto-Motiv wird visuell aufgegriffen und umgesetzt.

Natürlich überschneiden sich die gebildeten Cluster. Die kurze und keineswegs erschöpfende Beschreibung der für die Fragestellung relevanten Clips macht die Komplexität und Vielschichtigkeit – sowohl des Gegenstandes Musikvideo im Allgemeinen als auch des Themas der Darstellung ,nicht-weißer Ethnizität' in Clips von ,Weißen' – sehr deutlich. Die gebildeten Gruppen stellen einen ersten möglichen Zugang zum Material dar. Im Anschluss an die quantitative Erfassung des Hauptmaterials ist zu überprüfen, ob die Kategorien auch auf eine größere Fallzahl übertragbar sind.

■ Rebecca Grotjahn / Freia Hoffmann (Hrsg.)
**Geschlechterpolaritäten in der Musikgeschichte
des 18. bis 20. Jahrhunderts**
2002, 294 Seiten, Abb., ISBN 3-8255-0330-5, 25,90 €

■ Hochschule für Musik und Theater Hannover /
Kathrin Beyer / Annette Kreutziger-Herr (Hg.)
Musik. Frau. Sprache. Interdisziplinäre Frauen- und Genderforschung
an der Hochschule für Musik und Theater Hannover
2003, 364 Seiten, Abb., ISBN 3-8255-0403-4, 25,80 €

■ Olaf Jubin
Entertainment in der Kritik. Eine komparative Analyse von
amerikanischen, britischen und deutschsprachigen Rezensionen
zu den Musicals von Stephen Sondheim und Andrew Lloyd Webber
2005, 1230 Seiten, Abb., 2 Teilbände, ISBN 3-8255-0531-6, 52,50 €

■ Kerstin Knopf / Monika Schneikart (Hg.)
Sex/ismus in den Medien
2007, ca. 200 Seiten, ISBN 3-8255-0627-4, ca. 22,– €

■ Cornelia Kühn-Leitz
Theater – Spiel und Wirklichkeit. Erfahrungen
und Begegnungen
2006, ca. 160 Seiten, geb., ISBN 3-8255-0461-1, ca. 17,– €

■ Sigrid Nieberle
FrauenMusikLiteratur. Deutschsprachige
Schriftstellerinnen im 19. Jahrhundert
2., verbesserte Auflage 2002, 274 Seiten, ISBN 3-8255-0371-2, 25,40 €

■ Monika Woitas
Im Zeichen des Tanzes. Zum Diskurs der
darstellenden Künste zwischen 1760 und 1830
2004, 44 Seiten, Abb., ISBN 3-8255-0421-2, 29,90 €

Besuchen Sie unsere Internetseite!

www.centaurus-verlag.de

.

MIX
Papier aus verantwortungsvollen Quellen
Paper from responsible sources
FSC® C105338

If you have any concerns about our products,
you can contact us on
ProductSafety@springernature.com

In case Publisher is established outside the EU,
the EU authorized representative is:
Springer Nature Customer Service Center GmbH
Europaplatz 3, 69115 Heidelberg, Germany

Printed by Libri Plureos GmbH
in Hamburg, Germany